Hausrecht und Hausfriedensbruch
(§ 123 StGB) in Gerichtsgebäuden

Europäische Hochschulschriften
Publications Universitaires Européennes
European University Studies

Reihe II
Rechtswissenschaft

Série II Series II
Droit
Law

Bd./Vol. 3117

PETER LANG
Frankfurt am Main · Berlin · Bern · Bruxelles · New York · Oxford · Wien

Robert Olizeg

Hausrecht und Hausfriedensbruch (§ 123 StGB) in Gerichtsgebäuden

PETER LANG
Europäischer Verlag der Wissenschaften

Die Deutsche Bibliothek - CIP-Einheitsaufnahme

Olizeg, Robert:

Hausrecht und Hausfriedensbruch (Paragraph 123 StGB) in Gerichtsgebäuden / Robert Olizeg. - Frankfurt am Main ; Berlin ; Bern ; Bruxelles ; New York ; Oxford ; Wien : Lang, 2001
(Europäische Hochschulschriften : Reihe 2, Rechtswissenschaft ; Bd. 3117)
Zugl.: Berlin, Freie Univ., Diss., 2000
ISBN 3-631-37580-8

D 188
ISSN 0531-7312
ISBN 3-631-37580-8

Dank

Mein Dank gilt Herrn Professor Dr. Klaus Geppert. Er hat die Dissertation betreut und auch deren Thema angeregt. Dank auch den Justizbeamten und Richtern, die für ein Gespräch zur Verfügung standen.

– Inhaltsverzeichnis –

Gegenstand der Arbeit

Der Straftatbestand des Hausfriedensbruchs nennt neben anderen Tatobjekten auch abgeschlossene Räume, welche zum öffentlichen Dienst bestimmt sind. Hier verläuft eine Nahtstelle zwischen Strafrecht und Verwaltungsrecht. Der Träger des "öffentlichen Dienstes" wird diese Räume, ihrer Bestimmung gemäß, typischerweise in öffentlich-rechtlicher Form nutzen. Ob dann auch das etwaige Recht, über den Aufenthalt von Personen zu bestimmen, ein öffentlich-rechtliches ist oder dem Hoheitsträger nicht anders als dem privaten Hausherrn als privatrechtliches zusteht, ist umstritten. Die Beantwortung dieser Frage dürfte auf die Strafbarkeit nach § 123 StGB nicht ohne Auswirkung sein.[1] Tatsächlich hat sich in der verwaltungsrechtlichen Rechtsprechung und Literatur die Auffassung durchgesetzt, daß Hoheitsträger sich zum Schutz der von ihnen genutzten Gebäude – zumindest auch – des sogenannten öffentlich-rechtlichen Hausrechts bedienen.[2] In welchem Verhältnis dieses Ordnungsinstrument zum Straftatbestand des Hausfriedensbruchs steht, dessen Rechtsgut obendrein ebenfalls überwiegend mit dem Begriff Hausrecht bezeichnet wird,[3] ist klärungsbedürftig.

Die vorliegende Arbeit hat es sich zur Aufgabe gemacht, die hier entstandenen Verwerfungen und Verspannungen aufzudecken und gebietsübergreifend zu lösen. Das soll am Beispiel von Gerichtsgebäuden geschehen, wo die Problematik zusätzliche Komplizierungen erfährt. Anders als von der Exekutive genutztes Territorium dienen sie auch und hauptsächlich den Rechtsprechungsorganen zu einer Tätigkeit, für die Art. 97 GG richterliche Unabhängigkeit garantiert. Dementprechend gibt das Gesetz dem verhandelnden Richter mit den sitzungspolizeilichen Befugnissen (§§ 175 Abs. 1 und 176 ff. GVG) ein besonderes Instrument in die Hand, die Ordnung in der Sitzung aufrechtzuerhalten. Dessen Verhältnis zu möglicherweise existenten ungeregelten Ordnungsinstituten sowie seine Strafbewehrung werden zu untersuchen sein.

Das Schwergewicht wird nicht so sehr auf die Besprechung einzelner Fallkonstellationen gelegt werden, sondern auf die dogmatisch schlüssige, konsistente Verknüpfung verwaltungsrechtlicher, prozeßrechtlicher und strafrechtlicher Komplexe. Dies tut namentlich deshalb not, weil das Thema nur immer ausschnittweise, d. h. entweder aus strafrechtlicher oder aus prozeßrechtlicher oder aus verwaltungsrechtlicher Sicht (mit-)behandelt

---

[1] Vgl. zunächst nur Schönke/Schröder-*Lenckner*, § 123 StGB, Rdnr. 20.

[2] Vgl. BVerwGE 35, 103, 106 f.; OVG Münster NJW 1998, 1425 f.; OVG Schleswig NJW 1994, 340; *Wolff/Bachof/Stober*, VwR Bd. 1, § 22 Rdnr. 51; *Ehlers* in Erichsen, AllgVwR, § 2 Rdnr. 59.

[3] Vgl. etwa BayObLGSt 1990, 63, 64; Schönke/Schröder-*Lenckner*, § 123 StGB, Rdnr. 1.

worden ist. Um die Begriffe von Hausrecht, Sitzungspolizei und Hausfriedensbruch ist auf diese Weise eine besondere Unübersichtlichkeit entstanden, die es zu beseitigen gilt.

Erster Teil: Ordnungsbefugnisse in Gerichtsgebäuden

Für die Abwehr von Störungen zum Schutz öffentlicher Gebäude (Verwaltungsgebäude, darunter Gebäude öffentlicher Einrichtungen)[1] scheint die Rechtswissenschaft ein ganzes Arsenal von Ordnungsinstituten anzubieten. Genannt werden das Hausrecht, die Hausgewalt, die Anstaltsgewalt, zuweilen mit Anstaltspolizei und Anstaltsdisziplin gekoppelt, und die Ordnungsgewalt. Zu diesen Begriffen, deren Wucherung dadurch begünstigt worden ist, daß Landes- und Bundesgesetze eine Regelung der Ordnungsbefugnisse in öffentlichen Gebäuden weithin nicht getroffen haben[2], gesellt sich im Fall von Gerichtsgebäuden noch die Sitzungspolizei (§§ 175 Abs. 1 und 176 ff. GVG). Fundierung und Abgrenzung der Institute sind nach einer Vielzahl von überwiegend beziehungslos nebeneinander stehenden Stellungnahmen unklar geblieben. Dem immensen Aufwand an begrifflicher Differenzierung und definitorischer Bemühung steht, wie im einzelnen zu zeigen sein wird, ein nennenswerter dogmatischer oder praktischer Gewinn nicht gegenüber.

Die Rechtsprechung operiert vorwiegend mit dem Begriff des Hausrechts und sieht sich in der Rechtswegfrage stets vor die Entscheidung gestellt, ob dieses – regelmäßig nicht normierte – Hausrecht ein öffentlich-rechtliches oder ein privatrechtliches ist. An den oft einander widersprechenden Entscheidungen entzündete sich ein literarischer Meinungsstreit, im Rahmen dessen auch zu Geltungsgrund des Hausrechts in öffentlichen bzw. Verwaltungsgebäuden und dessen Abgrenzung zu anderen Begriffen Stellung genommen wurde.[3]

Ein anderer Kristallisationspunkt liegt auf den ersten Blick weitab: Im Recht der öffentlichen Anstalt diskutiert man auch nach Verabschiedung des "besonderen Gewaltverhältnisses" als Begriff[4], welche Ordnungsbefugnisse sich aus der sogenannten Anstaltsgewalt in Abgrenzung zum Hausrecht ergeben.[5]

Schwierigkeiten bereitet die Einpassung der sitzungspolizeilichen Befugnisse des vorsitzenden Richters nach dem Gerichtsverfassungsgesetz in den Kontext der sonstigen im Gerichtsgebäude bestehenden Ordnungsrechte.[6]

---

[1] Der (unscharfe) Begriff des öffentlichen oder Verwaltungsgebäudes wird im folgenden für alle Gebäude verwendet, in denen ein Träger öffentlicher Gewalt in öffentlich-rechtlicher Form tätig ist.

[2] Von punktueller Erwähnung des Hausrechts – z.B. in Art. 40 Abs. 2 S. 1 GG, § 62 Abs. 1 S. 3 HRG, § 51 Abs. 1 GO NW – abgesehen.

[3] Hierzu unten Erster Teil I 1 b, S. 19 ff.

[4] Im Gefolge von BVerfGE 33, 1 – Strafgefangenenbeschluß.

[5] Hierzu unten Erster Teil II 2 b S. 68 ff.

[6] Hierzu unten Erster Teil IV, S. 114 ff.

I. Das Hausrecht

1. Einleitung

Für Gerichtsgebäude ausgesprochene Hausverbote, Hinaus- oder Zurückweisungen werden – so die Sprachregelung von Rechtsprechung und herrschender Lehre – auf das "Hausrecht des Gerichtspräsidenten"[1] gestützt, das im zeitlichen und räumlichen Bereich einer mündlichen Verhandlung seine Grenze an den sitzungspolizeilichen Befugnissen des vorsitzenden Richters finde.[2] Weil nur der Verstoß gegen eine hausrechtliche Maßnahme zur Strafbarkeit wegen Hausfriedensbruchs führen können soll[3], wird empfohlen, das Hausrecht auf den vorsitzenden Richter zu übertragen.[4]

Um die Ordnungsbefugnisse in den unmittelbar der Rechtsprechung dienenden Gebäuden der Justizverwaltung schlüssig darzustellen, ist es erforderlich, dieses Hausrecht der herrschenden Ansicht im allgemeinen, Rechtsnatur, Inhalt und Grenzen, ja seine dogmatische Daseinsberechtigung insgesamt zu hinterfragen.

a) Dogmatische Ungereimtheiten

Die Aufforderung an unerwünschte Personen, ein Haus oder ein umhegtes Territorium zu verlassen oder es nicht zu betreten, wird im allgemeinen Sprachgebrauch als Geltendmachung des Hausrechts angesehen. Der Griffigkeit des Begriffs, der sich scheinbar selbst erklärt, sind auch Rechtsprechung und Rechtslehre weithin erlegen. Die Befugnis, Hausverbote auszusprechen, wird schlicht auf "das Hausrecht" gestützt, ohne daß man sich bemüßigt fühlt, zu dessen materiell-gesetzlicher Grundlage, Inhalt und Grenzen Stellung zu nehmen.[5] Das Hausrecht erscheint als wohlfeiles Instrument, das immer dann zum Einsatz kommt, wenn die Beeinträchtigung räumlich radizierter sozialer Prozesse nur durch die Trennung von Störer und zu schützendem Territorium beendet oder abgewendet werden kann. Es ist der Eindruck entstanden, als habe der "Hausherr" neben den geregelten

---

[1] Vgl. BGHSt 24, 329, 330.

[2] BGHSt 24, 329, 330; OLG Celle DRiZ 1979, 376; *Kissel*, § 176 GVG, Rdnr. 3.

[3] BGHSt 30, 350, 354; OLG Celle DRiZ 1979, 376; *Kissel*, § 12 GVG, Rdnr. 47; Löwe/Rosenberg-*Schäfer/Wickern*, § 176 GVG, Rdnr. 3; *Engeln*, S. 149; Münch-Komm-ZPO-*Wolf*, § 169 GVG, Rdnr. 39 in Fn. 114; LK-*Schäfer*, § 123 StGB, Rdnr. 35.

[4] Kleinknecht/*Meyer-Goßner*, § 176 GVG, Rdnr. 3; *Kissel*, § 12 GVG, Rdnr. 47; Löwe/ Rosenberg-*Schäfer/Wickern*, § 176 GVG, Rdnr. 3; KK-*Diemer*, § 176 GVG, Rdnr. 5. BGHSt 30, 350, 354 hingegen stellt allein auf den Willen des Gerichtspräsidenten als des Hausrechtsinhabers ab und vermutet, daß dieser im Regelfall dem sitzungspolizeilichen Ausschlußwillen des verhandelnden Richters oder Gerichts entspricht.

[5] So z.B. BGHZ 124, 39, 43 (Hausverbot als Gebrauchmachen vom Hausrecht); OLG München AfP 1992, 78, 80.

(z.B. zivilrechtlicher Eigentums- und Besitzschutz) und etwaigen ungeregelten Ordnungsbefugnissen (Ordnungsgewalt, Anstaltsgewalt) mit dem Hausrecht immer noch ein normativ eigenständiges, gleichsam voraussetzungslos existierendes Mittel bei der Hand, mindestens über den Aufenthalt von Personen in einem Gebäude zu bestimmen. Verwendung findet der Begriff des Hausrechts – keineswegs mit einheitlicher Bedeutung – in verschiedensten Rechtsgebieten: als strafrechtliches Schutzgut des Hausfriedensbruchs (§ 123 StGB)[6], als zivilrechtliche Grundlage für Private, Hausverbote auszusprechen[7], und als hoheitliches Ordnungsmittel, dessen sich Verwaltungsträger zum Schutze ihrer Gebäude bedienen können.[8] Je selbstverständlicher und unbefangener man aus verschiedenen Richtungen auf das Institut Hausrecht zurückgreift, um so mehr verschwimmen seine Konturen. Daß, wie immer wieder betont wird,[9] kein einheitliches Verständnis des Hausrechts herrscht, seine Reichweite und Grundlage unklar sind, wird vom Fehlen einer bereichsübergreifend nutzbar zu machenden gesetzlichen Regelung begünstigt. Die wenigen gesetzlichen Erwähnungen des Hausrechts sind auf zwei Sachgebiete in der Verwaltung beschränkt, nämlich die Aufrechterhaltung der Ordnung in parlamentarischen Versammlungen und in Bildungseinrichtungen,[10] und benennen nur den Ausübungsberechtigten.

Vor allem krankt die Figur des Hausrechts daran, daß sie von Rechtsprechung und Lehre nur punktuell behandelt wird. Als Folge von im Zeichen des Hausrechts voneinander isoliert geführten Diskussionen sind Verwerfungen entstanden, die an der Leistungsfähigkeit des Hausrechtsbegriffs insgesamt zweifeln lassen.

Einige Beispiele:

Zu Art. 40 Abs. 2 Satz 1 GG vertritt die verfassungsrechtliche Literatur seit eh und je – dies in Anknüpfung an die Vorkriegsposition zur Weimarer Reichsverfassung[11] – und weiterhin mehrheitlich die Auffassung, das dort erwähnte Hausrecht des Bundestagspräsidenten fuße auf dem zivilrechtlichen

---

[6] H.M. vgl. unten unter Zweiter Teil I 1 b, S. 154 f.
[7] BGHZ 124, 39, 43; OLG Frankfurt/Main NJW-RR 1993, 788, 789.
[8] Vgl. hier nur: *Ronellenfitsch*, Verwaltungsarchiv 73 (1982), 465, 472 ff.; *Knemeyer*, DÖV 1970, 596, 599; *U. Schmitt*, S. 46 ff. und passim; *Ehlers* in Erichsen, AllgVwR, § 2 Rdnr. 59; *Wolff/Bachof/Stober*, VwR Bd. 1, § 22 Rdnr. 51.
[9] *Ehlers*, DÖV 1977, 737 f. ; *Bethge*, Die Verwaltung 1977, 313, 315; *Zeiler*, DVBl. 1981, 1000; *Ronellenfitsch*, Verwaltungsarchiv 73 (1982), 465, 467 f.; *Kargl*, JZ 1999, 930, 934.
[10] Z.B. Bundestag: Art. 40 Abs. 2 S. 1 GG, Landtag: Art. 39 Abs. 2 S. 3 Verf NW; Gemeinderat: § 51 Abs. 1 GO NW; Schulen: § 20 Abs. 2 S. 6 SchulVwG NW, Hochschulen: § 19 Abs. 2 S. 3 UnivG NW.
[11] Art. 28 S. 1 WRV, vgl. *U. Schmitt*, S. 26 m.N.

Eigentum des Bundes am Tagungsgebäude.[12] Nicht zur Kenntnis genommen werden dabei die Gründe, wegen derer das Hausrecht von Hoheitsträgern durch Rechtsprechung und verwaltungsrechtliche Literatur längst auch[13] oder ausschließlich[14] als öffentlich-rechtlich qualifiziert wird, während eine durchweg zivilrechtliche Deutung des Hausrechts an öffentlichen Gebäuden fast[15] allgemein abgelehnt wird.[16] Bei dieser öffentlich-rechtlichen Rechtsmacht der Verwaltung gegenüber dem Bürger muß es sich ihrem Wesen nach um ganz etwas anderes handeln als um die Privaten zustehende, ebenfalls als Hausrecht bezeichnete willkürlich auszuübende Befugnis, andere von "ihrem" räumlichen Bereich fernzuhalten. Das einheitliche Hausrecht mußte, seitdem dessen öffentlich-rechtliche Natur in Verwaltungsgebäuden anerkannt ist, aus einem selbständigen Ordnungsmittel zur Hülse werden, die Unvereinbares nur noch begrifflich umschließt.

Diese im Streit um die Rechtsnatur behördlicher Hausverbote vorgenommene Spaltung des Hausrechts durch die Entdeckung öffentlich-rechtlicher Wurzeln unter Beibehaltung eines Hausrechts Privater kollidiert auch insgesamt mit dem Hausrecht, das Rechtsgut des Straftatbestandes des Hausfriedensbruchs sein soll. Wenn dieses in der herrschenden Diktion einheitlich die Freiheit oder Befugnis ist, über den Aufenthalt anderer in Wohnungen, Räumen des öffentlichen Dienstes und Verkehrs usw. zu entscheiden[17], und die private oder öffentliche Funktion der Tatobjekte für das Rechtsgut Hausrecht gerade keine Rolle spielen soll[18], so paßt das nicht zur verwaltungsrechtlich herrschenden Lehre, für die das Hausrecht in eben diesen öffentlichen Diensträumen geradezu Annex der Funktion dieser Räume, der Erfüllung öffentlicher Aufgaben, ist, es in der Funktion seine Grundlage findet[19].

---

[12] Sachs-*Magiera*, Art. 40 GG, Rdnr. 29; *Jarass/Pieroth*, Art. 40 GG, Rdnr. 9; v. Münch/Kunig-*Verstyl*, Art. 40 GG, Rdnr. 23; Maunz/Dürig-*Maunz*, Art. 40 GG, Rdnr. 24; *Köhler*, DVBl. 1992, 1577, 1578; v. Mangoldt/Klein/Achterberg/*Schulte*, Art. 40 Abs. 2 GG, Rdnr. 63; – anders Dreier-*Morlok*, Art. 40 GG, Rdnr. 34 (originär öffentlich-rechtliche Herleitung zur Sicherung der ordnungsgemäßen Funktionserfüllung).

[13] Nach dem Beweggrund des Störers differenzierend: BVerwGE 35, 103, 106; OVG Münster DVBl. 1963, 450; DVBl. 1975, 587; *Bettermann*, DVBl. 1971, 112; *Kortmann*, DVBl. 1972, 772.

[14] BayVGH NJW 1980, 2722; OVG Schleswig NJW 1994, 340 und h.L. im verwaltungsrechtlichen Schrifttum, etwa *Knemeyer*, DÖV 1970, 596, 599; *Ehlers* in Erichsen, AllgVwR, § 2 Rdnr. 59; *Bull*, Rdnr. 858; *Zeiler*, DVBl. 1981, 100, 1001 ff.

[15] Anders nur *Stürner*, Privatrechtliche Gestaltungsformen, S. 108 ff. (und öfter) sowie *Engeln*, S. 125 f.

[16] Vgl. die Nachweise in Fn. 13 und 14.

[17] Vgl. nur Schönke/Schröder-*Lenckner*, § 123 StGB, Rdnr. 1; *Tröndle/Fischer*, § 123 StGB, Rdnr. 1.

[18] OLG Hamm NJW 1982, 2676, 2677; OLG Köln NJW 1982, 2674, 2675; *Seier*, JA 1982, 232, 235 f.; *Schild*, NStZ 1986, 346, 349; *M. Weber*, S. 232 f.

[19] *Knemeyer*, DÖV 1970, 596, 598 f. ; *Wolff/Bachof/Stober*, VwR Bd. 1, § 22 Rdnr. 51; *Bull*, Rdnr. 858; *Zeiler*, DVBl. 1981, 1000, 1004; *Bethge*, Die Verwaltung 1977, 313, 324; vgl. auch BayVGH Bay VBl. 1981, 657; OVG Münster NVwZ-RR 1989, 316, 317; DÖV 1990, 979 f.

Mit der Anerkennung eines öffentlich-rechtlichen Hausrechts hat überdies die Unterscheidung zur ebenfalls öffentlich-rechtlichen Ordnungsgewalt an Überzeugungskraft verloren. Stand herkömmlicherweise der funktionsbezogenen Ordnungsgewalt das sachbezogene private "Jedermannshausrecht" der Verwaltung gegenüber, so zielen beide Institute heute in dieselbe Richtung, den Schutz der öffentlichen Aufgabenerfüllung.[20]

Die Zersplitterung des Hausrechtsverständnisses kommt gleichfalls darin zum Ausdruck, daß ein Obergericht der Zivilgerichtsbarkeit das Hausrecht für nicht notwehrfähig angesehen hat.[21] Es soll also, was keinesfalls einleuchtet, ein Wert nicht rechtmäßigerweise verteidigt werden können, dessen Verletzung nach herrschendem Verständnis sogar als kriminelles Unrecht gemäß § 123 StGB bestraft wird und der damit dem Kernbereich der notwehrfähigen Rechtsgüter angehört.[22]

Eine gebietsübergreifende einheitliche Deutung des Hausrechts, die, da Privaten keine öffentlich-rechtlichen Befugnisse zustehen können,[23] privatrechtlich gefärbt sein mußte, hat *Engeln*[24] versucht. Er hat das Hausrecht in Straf-, Verwaltungs- und Zivilrecht auf den kleinsten gemeinsamen Nenner, den Besitz, zurückgeführt,[25] jedoch die Hausrechtsausübung als schneidigen Besitzschutz nicht in das vielschichtige öffentliche Recht einzupassen vermocht.[26]

b) Der Streit um die Rechtsnatur des Hausrechts in öffentlichen Gebäuden

Ausgehend von der Frage, welchen Rechtsweg Klagen gegen behördliche Hausverbote zu nehmen haben, ist seit Jahrzehnten in Streit, ob das Hausrecht

[20] Trotz funktionaler, öffentlich-rechtlicher Fundierung des Hausrechts in Verwaltungsgebäuden halten an einer Abgrenzung zur Ordnungsgewalt (auch als Anstaltsgewalt bezeichnet) fest: *Knemeyer*, DÖV 1970, 596, 597 f., 600 f.; *ders.*, VBlBW 1982, 249, 251; *Ehlers*, DÖV 1977, 737, 740; *Wolff/Bachof/Stober*, VwR II, § 99 Rdnr. 5 f.; *Berg*, JuS 1982, 260; *Axer*, S. 194; *Greifeld*, DÖV 1981, 906, 910; *Tettinger*, WissR 1983, 221, 231 ff.; – während *Knoke*, AöR 94 (1969), 388, 403 f.; *Frühling*, S. 160, 167; *U. Schmitt*, S. 80 ff., 87; *Karpen*, WissR 1972, 195, 201 f.; *Zeiler*, DVBl. 1981, 1000, 1004 Ordnungsgewalt und öffentlich-rechtliches Hausrecht dogmatisch miteinander identifizieren.

[21] OLG Frankfurt/Main NJW 1994, 946 f.; – ablehnend *Löwisch/Rieble*, NJW 1994, 2596; OLG Düsseldorf (Z) NJW 1997, 3383, 3384.

[22] Daher ist die Notwehrfähigkeit des Hausrechts in strafrechtlicher Rechtsprechung und Literatur anerkannt, BGH bei Holtz, MDR 1979, 986; BGH StV 1982, 219 f.: Schönke/Schröder-*Lenckner*, § 32 StGB, Rdnr. 5 a m.w.N.

[23] Von den seltenen Fällen öffentlich-rechtlicher Beleihung abgesehen.

[24] "Das Hausrecht und die Berechtigung zu seiner Ausübung", Berlin 1989.

[25] *Engeln*, S. 43 f., 125 f.

[26] Vgl. dazu die Passage a.a.O., S. 126 f.

an Verwaltungsgebäuden privatrechtlichen oder öffentlich-rechtlichen Charakter besitzt. Neben Rathäusern, Ministerien, öffentlichen Sportstätten und Schulen sind auch Gerichtsgebäude Gegenstand der umstrittenen hausrechtlichen Maßnahmen gewesen.[27]

aa) Privatrechtliche Theorie

Für eine Ansicht fußt das Hausrecht stets auf dem Fiskaleigentum.[28] Vereinzelt wird das Hausrecht dem Eigentum und Besitz[29] oder ausschließlich dem Besitz[30] am Verwaltungsgebäude zugeordnet. Demnach soll ein Hausverbot nur auf die Störungsabwehrnormen des Bürgerlichen Rechts gestützt werden können. Zur Begründung wird vorgetragen, daß sich die Annahme eines öffentlich-rechtlichen Hausrechts als Grundlage von Hausverboten[31] verbiete, weil das öffentliche Recht keine Ermächtigungsgrundlage bereitstelle.[32]

bb) Differenzierende Theorie

Die ältere verwaltungsgerichtliche Judikatur[33] und einige Stimmen im Schrifttum[34] stellen auf den Beweggrund des Störers ab: Wolle dieser eine öffentlich-rechtliche Angelegenheit im Verwaltungsgebäude besorgen, so trage ein daraufhin ausgesprochenes Hausverbot öffentlich-rechtlichen Charakter; hingegen ergehe ein privatrechtliches Hausverbot, wenn der

---

[27] Z.B. in den Fällen von BayVGH NJW 1980, 2722 mit Anmerkung *Berg*, JuS 1982, 260; OVG Schleswig NJW 1994, 340.

[28] BGHZ 33, 230, 231 f.; BGH NJW 1967, 1911 f.; BayObLG NJW 1977, 261; OLG Hamburg NJW 1978, 2520, 2521; und h.M. im verfassungsrechtlichen Schrifttum für das Hausrecht des Bundestagspräsidenten: Maunz/Dürig-*Maunz*, Art. 40 GG, Rdnr. 24, 28; *Jarass/Pieroth*, Art. 40 GG, Rdnr. 9; v. Münch/Kunig-*Verstyl*, Art. 40 GG, Rdnr. 23; Sachs-*Magiera*, Art. 40 GG, Rdnr. 29.

[29] *Stürner*, Privatrechtliche Gestaltungsformen, S. 108 ff.; *ders.*, JZ 1971, 98 f.; *ders.*, JZ 1977, 312 f.

[30] *Engeln*, S. 125 f.; OVG Münster DVBl. 1963, 303, 304.

[31] *Stürner*, Privatrechtliche Gestaltungsformen, S. 109 ff.; *ders.*, JZ 1971, 98 f. und *Engeln*, S. 125 f. unterscheiden dabei vom (privatrechtlichen) Hausverbot die öffentlich-rechtliche Verfahrensentscheidung, wobei nach *Stürner* die Geltendmachung des Hausrechts unter Berufung auf die §§ 1004, 859 BGB von der öffentlichen Zweckbestimmung begrenzt wird, nach *Engeln*, S. 126 f. jedoch nicht.

[32] *Stürner*, Privatrechtliche Gestaltungsformen, S. 108; *ders.*, JZ 1971, 98; *Engeln*, S. 120 ff.

[33] BVerwGE 35, 103, 106; OVG Hamburg MDR 1957, 188; OVG Münster DVBl. 1963, 450; DVBl. 1968, 157 f.; DVBl. 1975, 587; BayVGH BayVBl. 1964, 24; s. aber auch VGH Mannheim NJW 1994, 2500; OVG Münster NJW 1995, 1573; NJW 1998, 1425 f.

[34] *Bettermann*, DVBl. 1971, 112; *Koenig*, BayVBl. 1964, 14; *Kortmann*, DVBl. 1972, 772; *Oehler*, JR 1981, 33; SK-*Rudolphi*, § 123 StGB, Rdnr. 35; im Ansatz auch *Ipsen/Koch*, JuS 1992, 809, 815.

Störer das Gebäude zu anderen Zwecken aufgesucht habe. Der Nebenakt Hausverbot teile die Natur des Hauptaktes bzw. Grund-Rechtsverhältnisses.[35]

Ein anderes Abgrenzungskriterium benutzt eine neuere Ansicht.[36] Nach ihr beurteilt sich die Rechtsnatur des Hausrechts an Verwaltungsgebäuden aus der Sicht der den Störer ausschließenden Behörde. Wird danach ein Hausverbot zum Zweck der Aufrechterhaltung des Dienstbetriebs erlassen, so gehört es dem öffentlichen Recht zu, dient das Hausverbot der Unterbindung von Störungen im Rahmen privatrechtlicher Beziehungen, so hat es privatrechtlichen Charakter.

cc) Öffentlich-rechtliche Theorie

Die Lehre von der öffentlich-rechtlichen Natur des Hausrechts an öffentlichen Gebäuden[37] ist – unterstützt von mehreren Obergerichten[38] – zur herrschenden geworden. Begründet wird sie mit dem Zweck von Hausrechtsmaßnahmen in öffentlichen Gebäuden. Wie diese dienten sie der Erfüllung öffentlicher Aufgaben. Dabei wird nicht verkannt, daß auch der Staat und andere juristische Personen des öffentlichen Rechts ein privates Abwehrrecht geltend machen können, das aus dem Eigentumsrecht des Fiskus fließe.[39] In Gebäuden, die unmittelbar der öffentlichen Verwaltung dienen, bestehe hingegen eine öffentlich-rechtlich fundierte Sachherrschaft, die nicht an Eigentum oder Besitz, sondern an die Funktion des Gebäudes anknüpfe.[40]

---

[35] BVerwGE 35, 103, 106 f.; *Bettermann*, DVBl. 1971, 112.

[36] *Salzwedel* in Erichsen, AllgVwR (10. Aufl.), § 46 Rdnr. 4 a.E.; *Ronellenfitsch*, Verwaltungsarchiv 73 (1982), 465, 473 f.; *D. Schmidt*, S. 309.

[37] *Frühling*, S. 94, 126 f.; *U. Schmitt*, S. 46 ff., 61, 67 f.; *Folz*, JuS 1965, 41, 45 f.; *Haak*, DVBl. 1968, 134, 136 f.; *Denninger*, ZRP 1968, 42, 45; *Knoke*, AöR 94 (1969), 388, 401, 403; *Knemeyer*, DÖV 1970, 596, 599; *ders.*, DÖV 1971, 303, 304; *ders.*, VBlBW 1982, 249, 250; *Bahls*, DVBl. 1971, 275 ff.; *Karpen*, WissR 1972, 197, 201; *Hardinghaus*, S. 139 f.; *Bethge*, Die Verwaltung 1977, 313, 315, 324, 327; *Ehlers*, DÖV 1977, 737, 739 f.; *ders.*, NWVBl. 1993, 327, 330; *ders.* in Erichsen, AllgVwR, § 2 Rdnr. 59; *Gerhardt*, BayVBl. 1980, 724 f.; *Zeiler*, DVBl. 1981, 1000, 1001 ff.; *Bernsmann*, Jura 1981, 465, 469; *Berg*, JuS 1982, 260, 263; *Kromer*, S. 60 ff.; *Bachof*, Festgabe BVerwG, S. 1, 19; *Tettinger*, WissR 1983, 221, 220; *Pestalozza*, S. 182 mit Fn. 128; *Wolff/Bachof/Stober*, VwR Bd. 1, § 22 Rdnr. 51; *Pappermann/Löhr/Andriske*, S. 164 f.; *Bull*, Rdnr. 858; *Axer*, S. 193 f.; *Drews/Wacke/Vogel/Martens*, § 3, 1, S. 34 f.; *Witthohn*, S. 157; *v. Mutius/Ruge*, LKV 1998, 377, 381; AK-StGB-*Ostendorf*, § 123 StGB, Rdnr. 33; sympathisierend auch *Schall*, S. 159 ff.

[38] BayVGH NJW 1980, 2722 f.; BayVBl. 1981, 657; OVG Münster NVwZ-RR 1989, 316 f.; DÖV 1990, 979 f.; OVG Schleswig NJW 1994, 340; auch VG Frankfurt/Main NJW 1998, 1424. Dahinstehen lassen den Streit: BayVGH NJW 1982, 1717; OVG Bremen 1990, 931 f.; VGH Kassel NJW 1990, 1250.

[39] Genannt werden Sachen des Finanzvermögens wie Staatliche Porzellanmanufakturen und Mietshäuser, *Knemeyer*, DÖV 1971, 303; *Bethge*, Die Verwaltung 1977, 313, 332; *Ehlers* in Erichsen, AllgVwR, § 2 Rdnr. 59.

[40] *Ehlers*, DÖV 1977, 737, 739 f.; *Zeiler*, DVBl. 1981, 1000 f.; *Bethge*, Die Verwaltung 1977, 313, 320. Dabei stellen *Ehlers* in Erichsen, AllgVwR, § 2 Rdnr. 59, *ders.*, NWVBl. 1993, 327 ff., 330 und *Axer*, S. 194 f. in Abrede, daß sich die öffentlich-rechtliche Natur des

Rechtsgrundlage für den Erlaß von Hausverboten sei die Annexkompetenz[41] oder die gewohnheitsrechtliche Befugnis[42] der Verwaltung, zur Erfüllung ihrer Sachaufgaben Störer von ihrem räumlichen Herrschaftsbereich fernzuhalten.

2. Die Erweiterung der Perspektive

a) Hausrechtsbefugnis und Hausrechtsnorm

Mit der Frage, ob "das Hausrecht der Verwaltungsbehörden" und mit ihm ein ergangenes Hausverbot von öffentlich-rechtlicher oder privatrechtlicher Natur ist, sind verschiedene Probleme angesprochen. Sie liegen auf dogmatisch getrennt zu haltenden Ebenen und bedingen einander. Dies wurde in der Diskussion selten deutlich gemacht. Der Streit um die Rechtsnatur von Hausverboten bzw. des Hausrechts bietet nicht nur einen Anlaß, nein, er erzwingt es, über das im Einzelfall ergehende Hausverbot hinauszugreifen, die begriffliche Fessel des Hausrechts zu sprengen und die Grundlagen der Berechtigung, Hausverbote und andere Verhaltensanordnungen auszusprechen, offenzulegen. Wenn sich Autoren trotz der Erkenntnis, daß ungeklärt ist, "was man unter Hausrecht zu verstehen hat"[43], auf einen "allgemein anerkannten Mindestgehalt des Hausrechts" zurückziehen und damit "das Hausrecht" anerkennen, bevor sie zu seiner Rechtsnatur Stellung nehmen,[44] so verengen sie von vornherein den Blickwinkel. Die im Verlauf der Diskussion um behördliche Hausverbote vorgenommene eigenartige und verwirrende Verquickung der Rechtsweg- mit der Rechtsgrundlagenproblematik[45] wird im folgenden, schrittweise vorgehend, aufgelöst. Erst am Ende, nach Durchmusterung der materiell-gesetzlichen Grundlagen, kann an

---

Hausrechts aus der Widmung und Eigenschaft von Verwaltungsgebäuden als öffentliche Sachen herleiten ließe.

[41] OVG Münster NVwZ-RR 1989, 316, 317; DÖV 1990, 979 f.; BayVGH BayVBl. 1981, 657; *Scholz*, DVBl. 1968, 732, 740; *Knoke*, AöR 94 (1969), 388, 401; *Wolff/Bachof/Stober*, VwR Bd. 1, § 22 Rdnr. 51; *Drews/Wacke/Vogel/Martens*, § 3, 1, S. 34; *Pappermann/Löhr/Andriske*, S. 165; *Kromer*, S. 61 f.; *Bull*, Rdnr. 858; *Bethge*, Die Verwaltung 1977, 313, 324; *Knemeyer*, DÖV 1970, 596, 598 f.; *Zeiler*, DVBl. 1981, 1000, 1004;

[42] *Tettinger*, WissR 1983, 221, 228 f.; *Gerhardt*, BayVBl. 1980, 724, 725; *Berg*, JuS 1982, 260, 262; *Knoke*, AöR 94 (1969), 388, 401; *Karpen*, WissR 1972, 195, 202; *Papier*, Recht der öffentlichen Sachen, S. 36; *ders.* in Erichsen, AllgVwR, § 41 Rdnr. 50; *Pappermann/Löhr/Andriske*, S. 165; *Schrameyer*, S. 85; *Ronellenfitsch*, Verwaltungsarchiv 73 (1982), 465, 476; *Wolff/Bachof/Stober*, VwR Bd. 1, § 25 Rdnr. 16; *Witthohn*, S. 157; – gegen die Annahme von Gewohnheitsrecht trotz öffentlich-rechtlicher Konzeption: BayVGH NJW 1980, 2722, 2723; *Bethge*, Die Verwaltung 1977, 313, 329; *Ehlers*, DÖV 1977, 737, 740; *Zeiler*, DVBl. 1981, 1000, 1003.

[43] *Zeiler*, DVBl. 1981, 1000.

[44] So *Knemeyer*, DÖV 1970, 596, 597; *Ehlers*, DÖV 1977, 737 f.; *Zeiler*, DVBl. 1981, 1000.

[45] Vgl. *Knemeyer*, DÖV 1970, 596; *Witthohn*, S. 72.

die Oberfläche zurückgekehrt werden: Die Beantwortung der eigentlich dem Streit um die "Rechtsnatur des Hausrechts" zugrunde liegende Frage, ob nämlich ein konkretes Rechtsverhältnis, ein Sachverhalt, ein Hausverbot nach Normen oder Normzusammenhängen des Privatrechts oder des öffentlichen Rechts zu beurteilen, ob es dem privaten oder dem öffentlichen Recht *zuzuordnen* ist[46], dürfte dann nicht mehr schwerfallen.

Als für die Rechtswegfrage unmittelbar entscheidend steht die Frage nach der Qualifikation des angegriffenen oder anzugreifenden Einzelakts, regelmäßig eines Hausverbots, im Vordergrund des Interesses. Handelt es sich um eine öffentlich-rechtliche Maßnahme, so ist gemäß § 40 Abs. 1 VwGO der Verwaltungsrechtsweg eröffnet. War das Hausverbot ein privatrechtliches, so sind die ordentlichen Gerichte zuständig, § 13 GVG.

Unter der Ebene der einen konkreten Sachverhalt betreffenden und gestaltenden Einzelfallregelungen befindet sich die Ebene der Berechtigung, eine solche Regelung zu treffen. Dem "Hausherrn" (um die Person des Berechtigten neutral zu bezeichnen) kann ein subjektives öffentliches Recht oder ein subjektives privates Recht zustehen, von Personen das Verlassen oder Nichtbetreten "seiner" Räume zu verlangen.

Diese subjektiv-rechtliche Macht wiederum wird ihm von Normen, objektiv-rechtlichen Rechtssätzen, eingeräumt. Auch hier stellt sich die Frage nach der Rechtsnatur: Gehört diese Vorschrift eines Parlamentsgesetzes, jener Gewohnheitsrechtssatz dem öffentlichen oder dem Privatrecht an?

Die Verwendung des Begriffs Hausrecht changiert schwer greifbar zwischen den beiden letztgenannten Kategorien. Ist vom Hausrecht "an Verwaltungsgebäuden"[47], "des Landgerichtspräsidenten"[48], "der öffentlichen Hand"[49] die Rede, so meint man wohl die subjektiv-rechtliche, bereits auf einen Sachverhalt oder eine Sachverhaltsgruppe bezogene Befugnis. Formuliert man schlicht und kommentarlos, das Hausrecht sei Rechtsgrundlage für den Erlaß von Hausverboten[50] oder gar, das Hausrecht begründe Ordnungsbefugnisse[51], so gewinnt es den Charakter einer Norm des objektiven Rechts.

---

[46] Deutlich *Bachof*, Festgabe BVerwG, S. 1, 15; *Christ*, S. 28; *Maurer*, § 3 Rdnr. 24; *Ipsen/Koch*, JuS 1992, 809, 813.
[47] *Zeiler*, DVBl. 1981, 1000; *Tettinger*, WissR 1983, 221, 224 ("an öffentlichen Gebäuden").
[48] *Berg*, JuS 1982, 260.
[49] *Bethge*, Die Verwaltung 1977, 313.
[50] OVG Münster DÖV 1990, 979; NVwZ-RR 1989, 316; BayVGH BayVBl. 1981, 657; BGHZ 124, 39, 43.
[51] OVG Münster DÖV 1990, 979.

Als solche würde sich das Hausrecht zwischen einer Unzahl verschiedenster Normen, gesetzlicher und vertraglicher Anspruchsgrundlagen wiederfinden, die wie dieses dem Hausherrn ebenfalls die Rechtsmacht verleihen, von einer anderen Person mindestens das Verlassen oder Nichtbetreten eines umgrenzten Territoriums zu verlangen.

b) Der Hausrechtsbegriff im Gefüge der Ordnungsnormen

Die Zugehörigkeit der außerhalb des Hausrechts stehenden, zum Erlaß von Hausverboten berechtigenden Vorschriften entweder zum Zivil- oder zum öffentlichen Recht ist eindeutig. Niemand bezweifelt, daß die §§ 1004, 985, 823, 859 ff. BGB, die dem Eigentümer, sonst dinglich Berechtigten bzw. dem Besitzer eine derartige Abwehrbefugnis verleihen, zur Privatrechtsordnung gehören.[52] Auch die Qualifikation der Ordnungsgewalt, einer "Anstaltsgewalt", der Normen, die öffentlich-rechtliche Störungen durch Hoheitsträger abwehren[53] oder von Grundrechten[54] als öffentliches Recht ist nicht zweifelhaft. Wäre das Hausrecht ein eigenständiger Rechtssatz, eine objektivrechtliche Norm mit unabhängigem Geltungsanspruch, so könnte es entweder durchgängig – d. h. sowohl in bezug auf Räumlichkeiten Privater als auch in bezug auf Räumlichkeiten der hohen Hand – zivilrechtlicher oder durchgängig öffentlich-rechtlicher Natur sein. Im letzteren, hier nur als Denkmöglichkeit aufgezeigten Fall würde die Hausrechtsnorm Private jedenfalls gegenüber Privaten nicht berechtigen, weil öffentliches Recht zwischen Privaten nicht gilt, sondern immer einen Hoheitsträger zum Zuordnungssubjekt hat und haben muß.[55] Es könnten aber zwei Hausrechtsnormen mit verschiedener Rechtsnatur existieren. Neben das Eigentum, den Besitz und die Vorschriften, die daraus fließende Abwehransprüche und Selbsthilferechte verbriefen, träte das zivilrechtliche Hausrecht, neben Ordnungs- und Anstaltsgewalt könnte der Hoheitsträger auf ein besonders öffentlich-rechtliches Hausrecht zurückgreifen und Befugnisse daraus herleiten. Es gäbe dann nicht "das Hausrecht", sondern zwei

---

[52] Dasselbe gilt etwa von einem zwischen Privaten abgeschlossenen Wohnungsmietvertrag, dem z.B. die (nur relativ wirksame) Norm entnommen werden kann, daß der Mieter vom Vermieter das Verlassen der Wohnung verlangen kann, nachdem dieser den gemeldeten Mietmangel in Augenschein genommen hat.

[53] Sog. allgemeiner öffentlich-rechtlicher Unterlassungsanspruch bzw. Folgenbeseitigungsanspruch, vgl. BVerwGE 68, 62, 66 ff.; 79, 254, 257.

[54] Auch aus den Grundrechten kann der Bürger unmittelbar staatliche Störungen abwehren, etwa aus Art. 13 und Art. 1 Abs. 3 GG verlangen, daß Polizeibeamte seine Wohnung nicht betreten, sofern dafür weder die gesetzlichen Voraussetzungen des Polizeirechts noch des Strafprozeßrechts gegeben sind.

[55] Subjekts-, Zuordnungs- oder Sonderrechtstheorie zur Abgrenzung von öffentlichem und Privatrecht, vgl. *Ehlers* in Erichsen, AllgVwR, § 2 Rdnr. 17 ff.; *Wolff/Bachof/Stober*, VwR Bd. 1, § 22 Rdnr. 25 ff. je m.w.N.

wesensverschiedene, je eigenen Regeln folgende Institute, die nur eben noch denselben Namen tragen.

In dieser Reinheit tritt die Lehre, die das "öffentlich-rechtliche Hausrecht" einem privatrechtlichen gegenüberstellt,[56] aber nicht auf. Wer zur Erforschung der Rechtsnatur des Hausrechts der öffentlichen Hand die Frage nach seiner Grundlage stellt, und als Grundlage des Hausrechts z. B. den ungeschriebenen Rechtssatz, Hoheitsträger könnten zur Erfüllung ihrer Sachaufgaben per Verhaltensanordnung Störungen abwehren, ausmacht,[57] der verschiebt die Bedeutung des Hausrechtsbegiffs. Unausgesprochen wird hier bereits Abschied genommen vom Hausrecht als eigenständiger objektivrechtlicher Norm. Das so hinterfragte Hausrecht erscheint schon nicht mehr als das traditionelle sich selbst genügende Rechtsinstitut, sondern nur noch als Bezeichnung für eine Befugnis, die sich aus jener Norm speist.

Allerdings beeinflußt die Unklarheit, ob das Hausrecht als eigenständige Norm Teil der objektiven Rechtsordnung oder lediglich auf anderen materiell-gesetzlichen Vorschriften beruhende subjektive Berechtigung ist, die Bestimmung der Rechtsnatur von Hausverboten nicht unmittelbar. Denn die von einer Norm eingeräumte Befugnis, das ihr zu entnehmende subjektive Recht, teilt zwingend deren Rechtscharakter. Es steht also die Rechtsnatur eines Hausverbotes, sobald dieses erst einmal dem öffentlich-rechtlichen oder dem privatrechtlichen Hausrecht zugeordnet worden ist, fest, gleichgültig, ob das Hausrecht nur als subjektives Recht oder (auch) als Norm, als Rechtsquelle begriffen wird.

Die zur Abgrenzung von privatem und öffentlichem Recht entwickelten Grundsätze und Theorien[58] können zur Verortung des Hausrechts an sich sowie zur Bestimmung der Rechtsnatur von Hausverboten nichts beitragen.[59] Sie leisten lediglich die Qualifikation von *Rechtsnormen*, nicht die Zuordnung eines bestimmten *Sachverhalts* zum öffentlichen oder privaten Recht.[60] So ist

---

[56] Gemeint sind alle Autoren, die zumindest auch ein öffentlich-rechtliches Hausrecht anerkennen, vgl. die Nachweise oben unter Erster Teil I 1 b bb und cc, S. 20 f., Fn. 35 - 37.

[57] H.M., BayVGH BayVBl. 1981, 547; OVG Münster NVwZ-RR 1989, 316, 317; DÖV 1990, 979 f.; *Scholz*, DVBl. 1968, 730, 739 f.; *Knemeyer*, DÖV 1970, 596, 598 f.; *Bethge*, Die Verwaltung 1977, 313, 324; *Zeiler*, DVBl. 1981, 1000, 1004; *Wolff/Bachof/Stober*, VwR Bd. 1, § 22 Rdnr. 51; *Pappermann/Löhr/Andriske*, S. 165.

[58] Vorherrschend ist die sogenannte modifizierte Subjektstheorie, nach der öffentliches Recht als Sonderrecht des Staates vorliegt, wenn ein Träger öffentlicher Gewalt als solcher berechtigt und verpflichtet wird, *Wolff/Bachof/Stober*, VwR Bd. 1, § 22, Rdnr. 25 ff.; *Ehlers* in Erichsen, AllgVwR, § 2 Rdnr. 17 ff. m.w.N.

[59] Anders offenbar *Knemeyer*, DÖV 1970, 596, 599.

[60] *Ehlers* in Erichsen, AllgVwR, § 2 Rdnr. 14, 31; *Pestalozza*, S. 174 f.; *Zuleeg*, Verwaltungsarchiv 73 (1982), 384, 387 f.; *Maurer*, § 3 Rdnr. 20; *Christ*, S. 26 ff., 40. Siehe aber auch *D. Schmidt*, S. 26 ff., 37 f., der als Gegenstand des Streits um die Abgrenzung der Rechtsgebiete nicht nur Rechtssätze, sondern auch Rechtsverhältnisse

denn auch bis auf wenige Ausnahmen[61] die Qualifikation einzelner Rechtssätze als privatrechtlich bzw. als öffentlich-rechtlich unproblematisch.[62] Hier ist aber erst herauszuarbeiten, welche Rechtsnorm oder Rechtsnormen es neben denen des geschriebenen Rechts sind, kraft derer die Ordnung in Gerichtsgebäuden aufrechterhalten werden kann, und ob das Hausrecht dazugehört.

Gerichtsgebäude, Verwaltungsgebäude, Gebäude öffentlicher Einrichtungen sind öffentliche Sachen.[63] Sie stehen trotz öffentlich-rechtlicher Sachherrschaft nicht völlig außerhalb der Privatrechtsordnung. Zivilrechtliches Eigentum und zivilrechtlicher Besitz bestehen auch nach Unterstellung unter eine öffentlich-rechtliche Nutzungsordnung durch Widmung an öffentlichen Sachen fort.[64] Die hauptsächlich im Bürgerlichen Gesetzbuch niedergelegten Normen, die es dem privaten Eigentümer, sonst dinglich Berechtigten oder Besitzer eines Raumes ermöglichen, den Aufenthalt von Personen zu regeln oder das Unterlassen von Störungen zu verlangen, sind also nicht von vornherein unanwendbar, – wie dies etwa die Lehre von einem besonderen "öffentlichen Eigentum"[65] annehmen müßte. Als zivilrechtliche Vorschriften seien noch einmal angeführt: §§ 985, 1004, 903 BGB für den Eigentümer und §§ 1004, 823 BGB[66] und §§ 859 ff. BGB für den Besitzer[67]. Zu bemerken ist, daß die funktionstragende juristische Person des öffentlichen

---

ausmacht. Vereinzelt wird die Zuordnungsfrage durch Aufstellen einer "Kollisionsnorm" in die vertretene Theorie zur Abgrenzung von privatem und öffentlichem Recht inkorporiert, so von *Pestalozza*, S. 174 f. und *D. Schmidt*, S. 41, 43, 255, die die Subjektstheorie um die (radikale) Regel erweitern, daß öffentliches Recht auf alle Fälle anzuwenden sei, an denen der Staat beteiligt ist, sowie von *Zuleeg*, a.a.O., 393 ff., 397, dessen "Hoheitstheorie" sich aus der Subjektstheorie und einer Vermutung fur die Anwendbarkeit von öffentlichem Recht zusammensetzt.

[61] Genannt werden Normen über Erb-, Aneignungs- und Anfallrechte des Fiskus (§§ 45 Abs. 3, 46, 88, 928 Abs. 2, 1936 BGB) und sozialrechtliche Vorschriften, vgl. *D. Schmidt*, S. 38.

[62] *Christ*, S. 29 f.; *Zuleeg*, Verwaltungsarchiv 73 (1982), 384, 387; *Maurer*, § 3 Rdnr. 20; *D. Schmidt*, S. 37 f.

[63] Für Dienstgebäude der Justiz: *Papier*, Recht der öffentlichen Sachen, S. 34; *Pappermann/Löhr/Andriske*, S. 10 f.

[64] "Theorie des modifizierten Privateigentums", BGHZ 21, 319, 327; *Papier*, Recht der öffentlichen Sachen, S. 9 ff.; *ders.* in Erichsen, AllgVwR, § 40 Rdnr. 18 ff.; *Forsthoff*, § 20, 1, S. 379 ff.; *Pappermann/Löhr/Andriske*, S. 16 ff.; *Engeln*, S. 125; – Vereinzelt wendet man sich gegen die Einordnung von Verwaltungsgebäuden als öffentliche Sachen, *Ehlers*, NWVBl. 1993, 327 ff., 330; *ders.* in Erichsen, AllgVwR, § 2 Rdnr. 59; *Axer*, S. 194 f.

[65] Dafür heute noch (in Grenzbereichen) *Kromer*, S. 99 ff.

[66] Der berechtigte Besitz ist als sonstiges Recht i.S.v. § 823 Abs. 1 BGB anerkannt, vgl. Palandt-*Thomas*, § 823 BGB, Rdnr. 13; § 858 BGB (verbotene Eigenmacht) ist Schutzgesetz i.S.v. § 823 Abs. 2 BGB, vgl. BGHZ 79, 232, 237.

[67] In privatrechtlichen Nutzungsverhältnissen öffentlicher Einrichtungen (z.B. Kindergarten-Betreuungsvertrag, öffentlicher Personennahverkehr) treten die relativen Ordnungsnormen des jeweils geltenden Vertrages hinzu.

Rechts über ihre Organe[68] zwar immer[69] Besitzerin von Grundstück und Gebäude, häufig aber, nämlich dann, wenn die Räumlichkeiten nur gemietet worden sind,[70] nicht deren Eigentümerin sein wird.

Als ungeschriebene Sätze des öffentlichen Rechts, die zu Verhaltensanordnungen bis hin zum Hausverbot berechtigen, werden neben dem Hausrecht die Ordnungsgewalt und die Anstaltsgewalt genannt. Einigkeit besteht darüber, daß die gesetzlichen Vorschriften über die Ausübung des Hausrechts in parlamentarischen Versammlungen und Bildungsstätten, als deren prominentestes Beispiel Art. 40 Abs. 2 S. 1 GG anzuführen ist, nicht selbst Rechtsgrundlage für Ordnungsmaßnahmen und Hausverbote sind, sondern nur Zuständigkeitsregelungen enthalten. Sie schaffen keine Befugnisse, sie setzen sie voraus,[71] weil und soweit es an der Ausbildung eines Gefahrentatbestandes und einer Rechtsfolgeanordnung fehlt.[72]

---

[68] Zur Figur des Organbesitzes juristischer Personen vgl. Palandt-*Bassenge*, § 854 BGB, Rdnr. 12; BGHZ 57, 166, 167.

[69] Unrichtig insofern *Zeiler*, DVBl. 1981, 1000.

[70] Neuerdings im "sale and lease back"-Verfahren (vgl. dazu kritisch *Kirchhof*, DÖV 1999, 242 ff.) auch von ausländischen Gesellschaften.

[71] *Knemeyer*, DÖV 1970, 596, 598; *Engeln*, S. 16, 129; *Tettinger*, WissR 1983, 221, 225; *Folz*, JuS 1965, 41, 44; *Axer*, S. 192; *U. Schmitt*, S. 20.

[72] Als Befugnisnorm mögen daher z.B. §§ 98 f. UnivG BW und Art. 93 Bay HochschulG (für Ordnungsmaßnahmen gegen Hochschulangehörige) gelten, weitergehend aber BayVGH BayVBl. 1981, 657; HessVGH DVBl. 1979, 925; *Knemeyer*, VBlBW 1982, 249, 252 bei Fn. 26.

II. Die öffentlich-rechtliche Haus- und Ordnungsgewalt

1. Die Grundlegung

a) Die Basis der ungeschriebenen Ordnungsnorm: Die Annexkompetenz zur Ordnungswahrung

Die allgemeinen Polizeibehörden sind zur Abwehr von Gefahren für die Erfüllung hoheitlicher Aufgaben, die über den räumlichen Bereich des jeweiligen Aufgabenträgers nicht hinauswirken, sachlich unzuständig. Die Polizei darf hier nicht ungerufen gegen Störer vorgehen, der Gebrauch der Befugnisnormen der allgemeinen Sicherheitsgesetze ist ihr nicht eröffnet.[1] Das Eingriffsverbot[2] ist der Polizei nicht nur hinsichtlich der Gefahren, für die der andere Verwaltungsträger selbst verantwortlich ist, auferlegt[3] (das eigentliche Problem der Polizeipflichtigkeit von Hoheitsträgern[4]), es gilt auch in Situationen, in denen ausschließlich ein Träger öffentlicher Gewalt von dritter Seite in seiner Aufgabenerfüllung gefährdet wird.[5] Ein kompetenziell unzulässiger Übergriff in einen fremden Hoheitsbereich läge mithin sowohl gegenüber dem – auch nach außen – störenden als auch gegenüber dem – nur intern – gestörten Hoheitsträger vor.[6]

Kann nun die Polizei – zunächst und grundsätzlich[7] – in den räumlich abgegrenzten Bereich[8] anderer Verwaltungsstellen nicht per Exekutivbefehl

---

[1] *Rudolf*, S. 26 f.; *Folz*, JuS 1965, 45, 46; *Scholz*, DVBl. 1968, 732, 739; *Thieme*, DÖV 1956, 521, 525; *Zeiler*, DVBl. 1981, 1000, 1004; *Drews/Wacke/Vogel/Martens*, § 15, 3 b, S. 239; Lisken/Denninger-*Denninger*, E 12; *Götz*, Rdnr. 121; *Karpen*, WissR 1972, 195, 213 f.; *Knoke*, AöR 94 (1969), 388, 413; *Leinius*, NJW 1973, 448, 449; *Engeln*, S. 138; OVG Münster DVBl. 1963, 303, 304; – abweichend *Ehlers*, DÖV 1977, 737, 742 f., der einem (behaupteten) Befugnisdefizit auf Seiten des Aufgabenträgers mit einer Ausweitung polizeilicher Zuständigkeiten begegnen will.

[2] Vgl. *Gebhard*, DÖV 1986, 545, 547.

[3] Dies entspricht der h.M.: BVerwGE 29, 52, 59; OVG Lüneburg, ZfW 1992, 317, 318; NVwZ-RR 1993, 405, 406; Lisken/Denninger-*Denninger*, E 80, 82; *Gebhard*, DÖV 1986, 545, 546 ff.; *Würtenberger* in Achterberg/Püttner, BesVwR II, 7/1 Rdnr. 178; *Drews/Wacke/Vogel/Martens*, § 15, 3 b, S. 240 ff. m.w.N. in Fn 44; – kritisch *Scholz*, DVBl. 1968, 732 ff.; *Schrameyer*, S. 133 ff..

[4] Unumstritten ist aber, daß Hoheitsträger materiell-rechtlich an die Normen des Polizeirechts gebunden sind, also jegliche Gefährdung der öffentlichen Sicherheit und Ordnung zu unterlassen haben, BVerwGE 29, 52, 58 f.; *Drews/Wacke/Vogel/Martens*, § 15, 3 b, S. 240; Lisken/Denninger-*Denninger*, E 80 f.; *Würtenberger* in Achterberg/Püttner, BesVwR II, 7/1, Rdnr. 178.

[5] Vgl. BGHZ 33, 230, 231.

[6] Wer entgegen der h.M. die Eingriffsbefugnisse der Polizei gegenüber störenden Hoheitsträgern erweitert (*Scholz*, DVBl. 1968, 732 ff.; *Rudolf*, S. 27 ff.), erkennt doch immer noch an, daß ein Übergriff in den funktionsbezogenen Bereich innerer Ordnung eines gestörten Verwaltungsträgers kompetenzverletzend wirken würde, *Scholz*, a.a.O., 739; *Rudolf*, S. 26 f.

[7] Besondere Sachverhaltsgestaltungen – "gefährdete Orte", Ersuchen um Amts- oder Vollzugshilfe – bleiben noch außer Betracht.

zur Abwehr von diesen Verwaltungsstellen drohenden Gefahren und zur Störungsbeseitigung hineingreifen, so besteht doch kein ordnungsrechtliches Vakuum. Was sich der Zuständigkeit der allgemeinen Polizeibehörden hier entzieht, ist der Sachkompetenz des jeweiligen Verwaltungsträgers und seiner Organe entsprechend angelagert. Ihnen kommt die Befugnis, Gefahren für die sachliche Verwaltungstätigkeit hintanzuhalten, abzuwehren und eingetretene Störungen zu beseitigen, als Aufgabe zur eigenen Wahrnehmung zu.[9]

Der damit angesprochene Gedanke der Annexkompetenz diente zuerst zur Begründung von ungeschriebenen Gesetzgebungszuständigkeiten des Bundes: Besteht zugunsten des Bundes ein ausdrücklicher Kompetenztitel zur Regelung einer Materie, so darf der Bundesgesetzgeber ein Sachgebiet mitregeln, das zu jener in einem unlösbaren[10] oder sehr intensiven[11] Zusammenhang steht. Die Annexkompetenz greift in die Tiefe einer Materie und zieht damit die Zuständigkeit zum Erlaß von Regelungen zur Vorbereitung und Durchführung, der Umsetzung, des Verfahrens zum sachlichen Kompetenztitel.[12] Die (sonstige[13]) Kompetenz kraft Sachzusammenhangs greift dagegen in die Breite der Palette sachlicher Zuständigkeitsmaterien.[14] Anerkannt ist, daß die Gewährleistung von Sicherheit und Ordnung zur Durchsetzung eines Sachgegenstandes über die Annexzuständigkeit gesetzlich geregelt werden darf.[15]

Bald hat man den Annexgedanken auf die Abgrenzung der *Verwaltungs*kompetenzen[16] von Bund und Ländern übertragen.[17] Dies fiel um

---

[8] Auf die Bedeutung der räumlichen Komponente für die Ordnungsbefugnisse von Behörden wird noch einzugehen sein, siehe unten unter Erster Teil II 2 c, S. 81 ff.
[9] OVG Münster NVwZ-RR 1989, 316, 317; DÖV 1990, 979 f.; BayVGH BayVBl. 1981, 657; *Scholz*, DVBl. 1968, 732, 740; *Knoke*, AöR 94 (1969), 388, 401; *Wolff/Bachof/Stober*, VwR Bd. 1, § 22 Rdnr. 51; *Drews/Wacke/Vogel/Martens*, § 3, 1, S. 34; *Pappermann/Löhr/Andriske*, S. 165; *Kromer*, S. 61 f.; *Bull*, Rdnr. 858; *Bethge*, Die Verwaltung 1977, 313, 324; *Knemeyer*, DÖV 1970, 596, 598 f.; *Zeiler*, DVBl. 1981, 1000, 1004.
[10] v. Münch/Kunig-*Kunig*, Art. 70 GG, Rdnr. 25.
[11] Maunz/Dürig-*Maunz*, Art. 30 GG, Rdnr. 25.
[12] Maunz/Dürig-*Maunz*, Art. 70 GG, Rdnr. 49; v. Münch/Kunig-*Kunig*, Art. 70 GG, Rdnr. 26; Dreier-*Stettner*, Art. 70 GG, Rdnr. 64.
[13] Denn genaugenommen ist die Annexkompetenz nur der durch die vertikal-akzessorische Verbindung der Zusammenhangsmaterien gekennzeichnete Unterfall der Kompetenz kraft Sachzusammenhangs i.w.S., vgl. *Voitl*, S. 51 f.; *Witthohn*, S. 21, Fn. 34 – je m.w.N.
[14] Maunz/Dürig-*Maunz*, Art. 70 GG, Rdnr. 49; Dreier-*Stettner*, Art. 70 GG, Rdnr. 60.
[15] BVerfGE 3, 407, 433; 8, 143, 149 f.; 28, 119, 146; 33, 206, 217; 41, 344, 355; 78, 374, 386 f.; BVerwGE 96, 302, 306 (unter Hinweis auf BVerfGE 28, 119, 146 ff.); Dreier-*Stettner*, Art. 70 GG, Rdnr. 68.
[16] Gemeint ist immer die sachliche Zuständigkeit, also die Befugnis, bestimmte Aufgaben dem Gegenstande nach wahrnehmen zu dürfen.
[17] Das übersieht *Ehlers*, DÖV 1977, 737, 741; vgl. zur Entwicklung: Schmidt-Bleibtreu/Klein-*Brockmeyer*, Art. 30, Rdnr. 7; *Kölble*, DÖV 1963, 660, 666.

so leichter, als bereits das Bundesverfassungsgericht in seiner Leitentscheidung formuliert hat, daß "die Ordnungsgewalt ein Annex des Sachgebietes ist, auf dem sie tätig wird"[18] und daraus, also aus der Verwaltungsannexkompetenz, erst die Annexzuständigkeit zur Gesetzgebung folgerte. Im übrigen hat das Bundesverfassungsgericht einen Zusammenhang zwischen Gesetzgebungs- und Verwaltungskompetenzen selbst hergestellt, indem es aussprach, daß nach der Systematik der Verfassung die Gesetzgebungskompetenzen des Bundes die äußerste Grenze für seine Verwaltungsbefugnisse bezeichnen.[19]

Die Gewährleistung der inneren Sicherheit und Ordnung einer Verwaltungsstelle, die Abwehr von der materiellen Verwaltungstätigkeit drohenden Gefahren stehen in engem Zusammenhang mit der ihr ausdrücklich zugewiesenen Sachaufgabe.[20] Der jeweilige Hoheitsträger bzw. seine Organe können anders als die von außen hinzutretende Polizei beurteilen, ob ein Verhalten, eine Situation die Erfüllung der öffentlichen Aufgabe beeinträchtigen kann. Nur der Aufgabenträger selbst kennt die von Verwaltungsgebäude zu Verwaltungsgebäude, von Fall zu Fall verschiedenen Verhältnisse, Zugangsbefugnisse, Verfahrensrechte, die sowohl darauf, ob eine Gefahr vorliegt, als auch auf das Ob und Wie einer abwehrenden Reaktion von Einfluß sind. Muß, zum Schutz der Sachtätigkeit, in manchen Verwaltungsbereichen bereits der schlichte Eintritt einer Person eine scharfe Abwehrmaßnahme (bestimmtes Hinausführen aus dem Sicherheitsbereich) hervorrufen, so wird in anderen die verwaltungsfremde Person als Anstaltsbenutzer, als ratsuchender Gemeindebürger gerade der Aufgabenerfüllung wegen willkommen geheißen. Gefahrenabwehr zum Schutz der öffentlichen Funktion wird dann erst spät und gelinde (Aufforderung, noch fünf Minuten Platz zu nehmen, Hinweis auf ein Rauchverbot) einsetzen. Würde man der Verwaltungseinheit nicht für ihren räumlichen Bereich die Ordnungszuständigkeit zuerkennen, wäre die sachliche Aufgabenerfüllung gefährdet. Die Aufrechterhaltung der Ordnung durch die Behörde selbst ist notwendige Voraussetzung für die Erfüllung der Verwaltungsaufgaben. Dies unter Erweiterung der Eingriffszuständigkeit der allgemeinen Polizeibehörden auf interne Störungen zu leugnen,[21] geht nicht an. Die Polizei ist weder befähigt, die im Verwaltungsinnenraum höchst komplexe Gefahrbeurteilung und Ermessensabwägung vorzunehmen und kennt die dafür maßgeblichen Tatsachen, noch ist sie auch überhaupt zur Stelle.

---

[18] BVerfGE 3, 407, 433; s. a. BVerfGE 8, 143, 149 f.; 28, 119, 146.
[19] BVerfGE 12, 205, 229; 78, 374, 386.
[20] Für die Gerichtsverwaltungen der Länder finden sich ausdrückliche Normen der Sachaufgabenzuweisung in den Justizausführungsgesetzen, z.B. in § 8 S. 1 Sächs JustizausführungsG, § 12 S. 1 Nds AGGVG.
[21] So *Ehlers*, DÖV 1977, 737, 741 mit 743.

Die Gerichte bieten dafür ein besonders anschauliches Beispiel: Weil Rechtsprechung im Bezugsrahmen ganz eigener verfassungsrechtlicher und verfahrensgesetzlicher Vorgaben abläuft, ist der Schutz dieser Tätigkeit den Organen übertragen, die sowohl die nötige Sachnähe als auch die nötige Sachkunde besitzen. Ausdruck dieser Erkenntnis ist es, wenn "das Hausrecht" vom Gerichtspräsidenten auszuüben sein soll.[22] So ist nicht ein etwa anwesender Polizeibeamter, der auf seine Vernehmung als Zeuge wartet, berufen, auf dem Gerichtsflur Lärmende des Hauses zu verweisen. Die Beurteilung, ob der Lärm die Verwaltungs- und Rechtsprechungstätigkeit "polizeilich" gefährdet oder beeinträchtigt und ob und mit welchem Mittel dagegen einzuschreiten ist, obliegt den Verwaltungs- und Rechtsprechungsorganen der Organisationseinheit Gericht. Diese kennen die Stärke und Dichtigkeit der Saaltüren, sie wissen oder können intern leicht in Erfahrung bringen, ob der Lärmende die Stellung eines geladenen Zeugen, eines Angeklagten oder eines Zuhörers besitzt. Und das Gesetz selbst treibt den Gedanken auf die Spitze, indem es in §§ 176 ff. GVG für den Bereich einer Sitzung, wo die Grundsätze der richterlichen Unabhängigkeit, der Öffentlichkeit, des rechtlichen Gehörs erst zur vollen Bedeutung kommen, die Prozeßrollen und Beteiligungsrechte sich in der persönlichen Konfrontation entfalten, eine Spezialregelung trifft. Für diesen Ausschnitt anerkennt das Gesetz die größere Sachnähe des in der Verhandlungssituation befindlichen Spruchkörpers. Dessen Leiter bekommt die Ordnungszuständigkeit unter Verdrängung der allgemeinen Zuständigkeit des Gerichtspräsidenten[23] zugewiesen, da nur er die Gefahr für die Rechtsprechungsaufgabe im Gefüge der aktualisierten Verfahrensgrundsätze unter Berücksichtigung des Verfahrensstandes beurteilen kann. – Weil die nicht aus dem Verwaltungsbereich hinauswirkenden ordnungsrechtlichen Gefahren so notwendig auf die der jeweiligen Verwaltungsstelle zugewiesenen öffentlichen Aufgaben bezogen sind, ist es diese Verwaltungsstelle, die sachnah und zweckgebunden die Kompetenz zur Aufrechterhaltung der Ordnung ausübt.

Zunächst ist für die Verbandskompetenz geklärt, daß dem Bund als Annex zu geregelten Sachgebieten der Bundesverwaltung (Art. 30, 87 ff. GG) die Verwaltungszuständigkeit für vorbereitende und durchführende Maßnahmen der Verwaltung, insbesondere zur Aufrechterhaltung von Sicherheit und Ordnung, zusteht.[24] Die eben gegebene Begründung trägt jedoch weiter.

---

[22] BGHSt 24, 329, 330; BayVGH NJW 1980, 2722; *Berg*, JuS 1982, 260.

[23] BGHSt 24, 329, 330; OLG Celle DRiZ 1979, 376; *Kissel*, § 176 GVG, Rdnr. 3.

[24] BVerfGE 8, 104, 118 f.; 97, 198, 221 f.; *Kölble*, DÖV 1963, 660, 669 f.; *Achterberg*, DÖV 1966, 695, 699; *ders.*, AllgVwR, § 5 Rdnr. 43 f.; *Scholz*, DVBl. 1968, 732, 739; Maunz/Dürig-*Maunz*, Art. 30 GG, Rdnr. 25; Schmidt-Bleibtreu/Klein-*Brockmeyer*, Art. 30 GG, Rdnr. 7; Dreier-*Pernice*, Art. 30 GG, Rdnr. 35; v. Münch/Kunig-*Gubelt*, Art. 30 GG, Rdnr. 19. Man streitet insofern noch über die Verwendung des Begriffs der "ungeschriebenen" Kompetenz; Einigkeit besteht, daß jedenfalls "stillschweigend

Deshalb ist jede organisatorisch verselbständigte Stelle eines Trägers öffentlicher Gewalt, also die Untergliederungen der öffentlich-rechtlichen Körperschaften, Anstalten und Stiftungen, berechtigt, die zwecksichernde Aufgabe der Gewährleistung interner Ordnung wahrzunehmen. Der Annexgedanke auf dem Gebiet der Verwaltungszuständigkeiten ist daher über das Verhältnis von Bund und Ländern, über das Feld der Verbandskompetenz hinaus fruchtbar zu machen. Er gilt ebenso im Verhältnis von Behörden desselben Verwaltungsträgers untereinander (Organkompetenz) wie auch zwischen den drei Gewalten (Funktionskompetenz).[25]

Nichts anderes ist ausgesagt, wenn man – allerdings ohne nähere Begründung – in der Annexkompetenz die Grundlage für das "Hausrecht der Behörden" findet.[26] Diese Lehre überträgt bewußt und ausgesprochen die vom Bundesverfassungsgericht zur Annexzuständigkeit des Bundes gegenüber den Ländern aufgestellten Grundsätze auf die haus- oder ordnungsrechtlichen Maßnahmen einzelner Behörden und Leitungsorgane.[27] Ausdruck des Annexgedankens sind schließlich die gesetzlichen Vorschriften[28], die den Leiter einer parlamentarischen Versammlung oder Bildungseinrichtung für die Ausübung des Hausrechts und die Aufrechterhaltung der Ordnung für zuständig erklären. Diese Aufgabenzuweisung bestätigt die angestellten Überlegungen zum Zusammenhang zwischen Ordnungs- und Sachaufgabe, wobei im Fall der Parlamente und der wissenschaftlichen Hochschulen Selbstverwaltungsaspekte hinzutreten.[29]

Die Regelungen in den Polizeigesetzen, welche der Vollzugspolizei die Befugnis zu Identitätsfeststellungen, Durchsuchungen von Sachen und Personen unabhängig vom Vorliegen einer konkreten Gefahr geben, wenn sich die Person oder Sache an einem gefährdeten Ort, insbesondere auch in einem Amtsgebäude befindet,[30] schließen die ungeschriebene Ordnungs-

---

mitgeschrieben" gemeint ist, da jegliche Bundeskompetenz ihre Grundlage im Grundgesetz haben muß und Verfassungsgewohnheitsrecht Bundeskompetenzen nicht begründen kann, Sachs-*Erbguth*, Art. 30 GG, Rdnr. 7; v. Münch/Kunig-*Gubelt*, Art. 30 GG, Rdnr. 14 m.w.N.

[25] *Achterberg*, DÖV 1966, 695, 699; *ders.*, AllgVwR, § 13 Rdnr. 26, § 22 Rdnr. 176.

[26] OVG Münster NVwZ-RR 1989, 316, 317; DÖV 1990, 979 f.; BayVGH BayVBl. 1981, 657; *Scholz*, DVBl. 1968, 732, 740; *Knoke*, AöR 94 (1969), 388, 401; *Wolff/Bachof/Stober*, VwR Bd. 1, § 22 Rdnr. 51; *Drews/Wacke/Vogel/Martens*, § 3, 1, S. 34; *Pappermann/Löhr/Andriske*, S. 165; *Kromer*, S. 61 f.; *Bull*, Rdnr. 858; *Bethge*, Die Verwaltung 1977, 313, 324; *Knemeyer*, DÖV 1970, 596, 598 f.; *Zeiler*, DVBl. 1981, 1000, 1004.

[27] *Scholz*, DVBl. 1968, 732, 740; *Knoke*, AöR 94 (1969), 388, 401; *Karpen*, WissR 1972, 195, 202; *Zeiler*, DVBl. 1981, 1000, 1004; *Knemeyer*, VBlBW 1982, 249, 252; *Drews/Wacke/Vogel/Martens*, § 3, 1, S. 34.

[28] Beispiele s.o. unter Erster Teil vor I 1, S. 3, Fn. 2.

[29] Vgl. *Karpen*, WissR 1972, 195, 204 f.

[30] Vgl. z.B. §§ 12 Abs. 1 Nr. 3, 39 Abs. 1 Nr. 5, 40 Abs. 1 Nr. 5 PolG NW; §§ 21 Abs. 2 Nr. 3, 34 Abs. 2 Nr. 3, 35 Abs. 2 Nr. 3 ASOG Bln.

zuständigkeit der dort tätigen Verwaltungsstelle nicht aus. Die Polizei ist nur dann eingriffsbefugt, wenn "Tatsachen die Annahme rechtfertigen, daß in oder an einem Objekt dieser Art Straftaten begangen werden sollen, durch die Personen oder dieses Objekt gefährdet sind"[31]. Es handelt sich darum, schweren Straftaten, terroristischen Anschlägen, die aufgrund konkreter Anhaltspunkte drohen, vorzubeugen.[32] Damit ist nur für einen kleinen Ausschnitt der Gefahrenabwehr im räumlichen Bezirk von Hoheitsträgern die Eingriffssperre beseitigt.

Betont sei noch, daß die Annexaufgabe ebenso wie die Sachaufgabe, von der sie sich ableitet, eine öffentliche ist. Das unter Inanspruchnahme der Annexzuständigkeit geltend gemachte Ordnungsinstitut, das die Grundlage für Einzelfallmaßnahmen bildet, ist ein öffentlich-rechtliches.[33]

b) Die gewohnheitsrechtliche Befugnisnorm

Mit der Feststellung, daß die Aufrechterhaltung der Ordnung in einem Verwaltungsgebäude Annex ist zur hoheitlich dort zu erfüllenden Sachaufgabe, ist aber der Bereich der Verwaltungszuständigkeiten nicht verlassen. Den Schritt zur im Einzelfall zu Ordnungsmaßnahmen ermächtigenden Norm hat die Lehre vom öffentlich-rechtlichen Hausrecht meist nicht bewußt vollzogen: Wer den erkannten Aufgabenzusammenhang als "Annexbefugnis" sogleich zur Grundlage von hausrechtlichen Verfügungen erklärt,[34] übergeht den Unterschied zwischen Aufgaben- und Befugnisnorm.[35] So wurde denn den Anhängern des als Annexbefugnis auftretenden Hausrechts der bekannte polizeirechtliche Merksatz "Kein Schluß von der Aufgabe auf die Befugnis" entgegengehalten.[36]

Die Lücke in der Grundlegung zwecksichernder Ordnungsmaßnahmen ließe sich möglicherweise durch einen entsprechend formulierten Satz des Gewohnheitsrechts schließen. Das sogenannte Hausrecht an Verwaltungsgebäuden zumindest hat man durchaus mehrheitlich für gewohnheitsrechtlich

[31] § 21 Abs. 2 Nr. 3 ASOG Bln.
[32] Lisken/Denninger-*Rachor*, F 216.
[33] Vgl. *Karpen*, WissR 1972, 195, 202; *Knoke*, AöR 94 (1969), 388, 403.
[34] *Bethge*, Die Verwaltung 1977, 313, 324 (Befugnis als Annex zur Sachkompetenz); *Knemeyer*, DÖV 1970, 596, 598 f. (Befugnis, über den Zutritt von Personen zu bestimmen als Annex zur Sachkompetenz); *Knoke*, AöR 94 (1969), 388, 401 (Annexkompetenz als Grundlage der Ermächtigung zur Störungsabwehr); *Zeiler*, DVBl. 1981, 1000, 1004; *Karpen*, WissR 1972, 195, 201.
[35] Dieser Unterscheidung folgt auch die Mehrzahl der Polizeigesetze der Länder, vgl. die Übersicht bei *Drews/Wacke/Vogel/Martens*, § 2, 2, S. 18 ff.
[36] BayVGH NJW 1980, 2722, 2723; *Engeln*, S. 122; *Ronellenfitsch*, Verwaltungsarchiv 73 (1982), 465, 470, 477; auch *Zeiler*, DVBl. 1981, 1000, 1001, der aber dann (a.a.O., 1004) doch die Annexkompetenz als Ermächtigungsgrundlage ausreichen läßt.

verankert angesehen.[37] Bevor dem aber nachgegangen werden kann, sind noch zwei Probleme als logisch vorrangig zu behandeln.

Zunächst erhebt sich die Frage, ob die Annexaufgabe des öffentlich-rechtlichen Funktionsschutzes von Verwaltungsstellen überhaupt nur aufgrund einer Befugnisnorm, d. h. eines in Tatbestands- und Rechtsfolgenseite gegossenen Rechtssatzes, wahrgenommen werden darf. Unterfiele die Materie nicht dem Vorbehalt des Gesetzes, so würde bereits die Aufgabeneröffnung durch die eben herausgearbeitete Zuständigkeitsnorm (Annexkompetenz) Gefahrenabwehrmaßnahmen bis hin zum Hausverbot legitimieren.[38] Daran schließt sich die – davon nicht völlig zu lösende – Frage an, ob Gewohnheitsrecht im allgemeinen und im besonderen (den Anforderungen des Prinzips vom Vorbehalt des Gesetzes genügend) als Ermächtigungsgrundlage, als Eingriffsbefugnis fungieren kann.

In der Diskussion um das öffentlich-rechtliche Hausrecht wird eine gesetzliche Ermächtigungsgrundlage überwiegend für notwendig gehalten.[39] Man fordert allerdings nur vereinzelt eine Regelung durch formelles (Parlaments-) Gesetz[40] und begnügt sich mit – lediglich materiell-gesetzlichem – Gewohnheitsrecht.[41] Zu vermissen ist dabei eine Auseinandersetzung mit den Forderungen des Vorbehaltsprinzips und der Stellung von Gewohnheitsrecht in diesem Zusammenhang. Die Problematik wird meist in wenigen Worten abgehandelt. Oftmals zeigt erst das Ergebnis der Darlegungen, daß der Autor in diesem stark zerklüfteten und umstrittenen

[37] *Tettinger*, WissR 1983, 221, 228 f.; *Gerhardt*, BayVBl. 1980, 724, 725; *Berg*, JuS 1982, 260, 262; *Knoke*, AöR 94 (1969), 388, 401; *Folz*, JuS 1965, 41, 46; *Papier*, Recht der öffentlichen Sachen, S. 36; *ders.* in Erichsen, AllgVwR, § 41 Rdnr. 50; *Pappermann/Löhr/Andriske*, S. 165; *Schrameyer*, S. 85; *Ronellenfitsch*, Verwaltungsarchiv 73 (1982), 465, 476; *Wolff/Bachof/Stober*, VwR Bd. 1, § 25 Rdnr. 16; *Witthohn*, S. 157.
[38] Dieser Zusammenhang von Annexzuständigkeit der Verwaltung, Befugnisnorm und Vorbehaltsproblematik wird häufiger verdunkelt denn erkannt, so z.B. bei *Bethge*, Die Verwaltung 1977, 313, 328 ff.
[39] *Berg*, JuS 1982, 260, 262; *Zeiler*, DVBl. 1981, 1000, 1002; *Tettinger*, WissR 1983, 221, 226; *Papier* in Erichsen, AllgVwR, § 41 Rdnr. 50; *Ehlers*, DÖV 1977, 737, 740; *Engeln*, S. 120 ff.; *Knemeyer*, VBlBW 1982, 249, 251 f.; BayVGH NJW 1980, 2722; – dagegen: *Gerhardt*, BayVBl. 1980, 724 f.; *Ronellenfitsch*, Verwaltungsarchiv 73 (1982), 465, 477; BayVGH BayVBl. 1981, 657.
[40] So *Ehlers*, DÖV 1977, 737, 740, 742, der aber wiederum die Aufgabenzuweisungsnormen für das Hausrecht in Parlamenten, Gemeindevertretungen und Hochschulen als dort ausreichende Ermächtigung ansieht, und *Knemeyer*, DÖV 1970, 596; *ders.*, VBlBW 1982, 249, 251 f. Dieser hält nur für die zwangsweise Vollstreckung eines Hausverbotes eine positivrechtliche, spezialgesetzliche Normierung für notwendig, während für dessen Erlaß das "Rechtsinstitut der Annexkompetenz" ausreichende Ermächtigungsgrundlage sein soll.
[41] Vgl. nochmals *Tettinger*, WissR 1983, 221, 228 f.; *Gerhardt*, BayVBl. 1980, 724, 725; *Berg*, JuS 1982, 260, 262; *Knoke*, AöR 94 (1969), 388, 401; *Folz*, JuS 1965, 41, 46; *Papier*, Recht der öffentlichen Sachen, S. 36; *ders.* in Erichsen, AllgVwR, § 41 Rdnr. 50; *Pappermann/Löhr/Andriske*, S. 165; *Schrameyer*, S. 85; *Ronellenfitsch*, Verwaltungsarchiv 73 (1982), 465, 476; *Wolff/Bachof/Stober*, VwR Bd. 1, § 25 Rdnr. 16; *Witthohn*, S. 157.

Bereich von einem bestimmten Verständnis des Gesetzesvorbehaltes ausgegangen sein muß. Das ungeregelte "öffentlich-rechtliche Hausrecht" der herrschenden Meinung steht und fällt mit der Einstellung zur Vorbehaltsproblematik. Es ist deshalb geboten, etwas weiter auszuholen.

aa) Ordnungsmaßnahmen und Gesetzesvorbehalt

Das Problem des Gesetzesvorbehalts[42] – eine der "ewigen Streitfragen des Staats- und Verfassungsrechts"[43] – hat, das muß man sich gegenwärtig halten, zwei Seiten. Auf der einen fragt sich, welche Gegenstände und Bereiche dem Prinzip vom Vorbehalt des Gesetzes unterfallen (Sachvorbehalt), auf der anderen, in welcher Form und Tiefe die erfaßten Materien einer rechtssatzmäßigen Regelung zugeführt werden müssen (Formvorbehalt[44]).[45] Mißt man den Bereich des Sachvorbehalts mit dem gleitenden Maßstab der "Wesentlichkeit" aus, so findet sich auf der Seite der Regelungsform ein in seiner Nähe zum parlamentarischen Gesetzgeber abgestuftes Instrumentarium von Fixierungsmöglichkeiten, für das wiederum das Kriterium der Wesentlichkeit leitend sein soll.[46] Mit einem bestimmten Maß an Wesentlichkeit, Grundrechtsberührung, Eingriffscharakter staatlichen Handelns korrespondiert dann eine bestimmte Qualität und Regelungsdichte der Norm und damit rechtsstaatlicher Sicherung und demokratischer Legitimität.

(1) Der Sachvorbehalt

Auf der Sach- oder Tatbestandseite des Vorbehaltsprinzips haben Bundesverfassungsgericht und die dessen Rechtsprechung begleitende Wissenschaft

---

[42] Gemeint ist der aus Rechtsstaats- und Demokratieprinzip fließende allgemeine Vorbehalt des Gesetzes, der in den besonderen Gesetzesvorbehalten der einzelnen Grundrechtsvorschriften sowie etwa in Art. 103 Abs. 2, 80 Abs. 1 und Art. 59 Abs. 2 S. 1 GG lediglich Ausprägungen gefunden hat, BVerfGE 47, 46, 79; 49, 89, 126 f.; Dreier-*Schulze-Fielitz*, Art. 20 GG, Rdnr. 96; *Hermes*, S. 79 f.; – kritisch gegenüber diesem Verständnis z.B. *Papier* in Götz/Klein/Starck, S. 36, 46 ff.

[43] *Ossenbühl* in Erichsen, AllgVwR, § 9 Rdnr. 9.

[44] Begriffe von *Ossenbühl* (u.a. in Götz/Klein/Starck, S. 9, 22).

[45] Die Zweiseitigkeit der Vorbehaltsproblematik ist vom BVerfG nur vereinzelt erwähnt (BVerfGE 49, 89, 127; 83, 130, 152), in der Literatur aber nicht selten betont worden: *Kloepfer*, JZ 1984, 685, 691 f.; *Papier* in Götz/Klein/Starck, S. 36, 40 f.; *Hermes*, S. 103, 121 ("Tatbestands- und Rechtsfolgenseite") m.w.N.

[46] BVerfGE 49, 89, 127; 83, 130, 152; – Die Wesentlichkeitsrechtsprechung des BVerfG (z.B. BVerfGE 33, 125, 163; 40, 237, 248 ff.; 98, 218, 251 f.), nach der – über den Bereich des klassischen "Eingriffs in Freiheit und Eigentum" hinaus – der Gesetzgeber "in den grundlegenden normativen Bereichen alle wesentlichen Entscheidungen selbst zu treffen" hat, ist im ihrem Ausgangspunkt weitgehend anerkannt, vgl. BVerwGE 64, 308, 310 f.; OVG Schleswig NJW 1997, 2536, 2537; Maunz/Dürig-*Herzog*, Art. 20 GG, Rdnr. 85; Sachs-*Sachs*, Art. 20 GG, Rdnr. 116 f.; *Kuhl*, S. 91 f.; *Erbguth*, Verwaltungsarchiv 86 (1995), 327, 339 f. m.w.N.; – kritisch etwa *Schnapp*, NWVBl. 1996, 415, 416 f. m.N.

das Kriterium der Wesentlichkeit zu konkretisieren versucht.[47] Danach bedeutet Wesentlichkeit auch jenseits der speziellen grundrechtlichen Gesetzesvorbehalte – die durch unmittelbares Eingriffshandeln aufgerufen werden – zunächst Grundrechtswesentlichkeit.[48] Bedeutung erlangte diese Ausdehnung des Vorbehaltsbereichs vor allem für von grundrechtlichen Gemengelagen gekennzeichnete Materien, insbesondere das Schulverhältnis, wo sich die Schutzbereiche verschiedener Grundrechte überlagern und die Kategorisierung staatlichen Verhaltens in Rechtsgewährung oder Rechtseingriff schwerfallen muß.[49] Als weitere Indizien[50] für die Wesentlichkeit einer Angelegenheit nennt man deren grundlegende Bedeutung für die Allgemeinheit[51], ihre politische Umstrittenheit[52] und die Intensität der geplanten oder getroffenen Regelung[53] Seit einiger Zeit rückt das Bundesverfassungsgericht die demokratische Komponente des Vorbehaltsprinzips in den Vordergrund. Es betont, daß das Parlament die Regelungsaufgabe in einem transparenten Verfahren behandelt und der Ort ist, gegenläufige Interessen über die Repräsentanten der gesellschaftlich relevanten Gruppen zu einem Ausgleich zu bringen.[54] Gegenläufige Wirkung entfaltet das Gewaltenteilungsprinzip: Die organisatorische und funktionelle Unterscheidung und Trennung der Gewalten durch das Grundgesetz zielt darauf, staatliche Entscheidungen möglichst sachrichtig treffen zu können. Aufgaben sollen von den Organen wahrgenommen werden, die dafür nach ihrer Organisation, Zusammensetzung und Funktion am besten geeignet sind.[55] Insofern kann es auch jenseits der ausdrücklich anderen Organen als dem Parlament zugewiesenen Befugnisse[56] Sachbereiche geben, die nach ihrer Eigenart der Regelung durch den Gesetzgeber nicht oder nur beschränkt

---

[47] Zur Notwendigkeit, die Gleitformel (BVerfGE 47, 46, 79 anerkennt selbst, daß es sich nur um einen "heuristischen Begriff" handelt) zu konkretisieren vgl. *Papier* in Götz/Klein/Starck, S. 36, 41 f.; *Erbguth*, Verwaltungsarchiv 86 (1995), 327, 340; *Ossenbühl* in Hdb. d. StaatsR III, § 62 Rdnr. 44.

[48] BVerfGE 40, 237, 248 ff. – st. Rspr., zuletzt etwa BVerfGE 95, 267, 308; vgl. auch *Hermes*, S. 104 ff.

[49] Vgl. *Papier* in Götz/Klein/Starck, S. 36, 39; BVerfGE 41, 251, 259 f.; 57, 295, 321; 83, 130, 142.

[50] *Schnapp*, NWVBl. 1996, 415, 416.

[51] BVerfGE 49, 89, 127 (friedliche Nutzung der Kernenergie); BVerfGE 77, 170, 231 (Stationierung chemischer Waffen); *Erbguth*, Verwaltungsarchiv 86 (1995), 327, 342, 345 f. (Erweiterung eines Braunkohletagebaus); *Ossenbühl* in Hdb. d. StaatsR III, § 62 Rdnr. 33; *Kloepfer*, JZ 1984, 685, 692.

[52] BVerfGE 40, 237, 249 f.; 98, 218, 251; OVG Münster DVBl. 1978, 62, 64; *Erbguth*, Verwaltungsarchiv 86 (1995), 327, 342 m.N.

[53] BVerfGE 49, 89, 127; OVG Münster DVBl. 1978, 62, 64; *Erbguth*, Verwaltungsarchiv 86 (1995), 327, 343 m.w.N.

[54] BVerfGE 85, 386, 403 f.; 95, 267, 307 f.

[55] BVerfGE 49, 89, 124 ff.; 68, 1, 86; 95, 1, 15; 98, 218, 252; *Ossenbühl* in Hdb. d.StaatsR III, § 62 Rdnr. 48 f.

[56] Z.B. Bestimmung der Richtlinien der Polizik durch den Bundeskanzler (Art. 56 S. 1 GG), Auflösung des Bundestages (Art. 68 GG), Erklärung des Gesetzgebungsnotstandes (Art. 81 GG).

zugänglich sind. Hierzu gehören außer Materien ohne Regelungsreife, Sachbereichen dynamischer Entwicklung und persönlichkeitsgeprägten Beziehungen auch die verwaltungsrechtlichen Sonderverhältnisse.[57] Zu weit geht es allerdings, dem Wesentlichkeitskriterium, das zur Ausdehnung des sachlichen Vorbehaltsbereichs geschaffen wurde,[58] selbst beschränkende Funktion zuzuschreiben.[59] Dem Gesetzgeber ist es nicht von vornherein verwehrt, sich auch "unwesentlicher" Angelegenheiten anzunehmen.[60] Ob der "Kernbereich der Exekutive" betroffen ist, kann die "Wesentlichkeitstheorie" nicht beantworten, sondern nur eine Analyse einzelner Kompetenzvorschriften des Grundgesetzes und der sie tragenden Verfassungsprinzipien im Einzelfall.

Die hier in Rede stehenden Maßnahmen von Hoheitsträgern, nämlich Ordnungsverfügungen gegenüber verwaltungsfremden Personen, die sich im räumlichen Bereich hoheitlicher Tätigkeit aufhalten bzw. Zutritt begehren, greifen in grundrechtlich gewährleistete Freiheit ein. Verhaltensanordnungen können die Schutzbereiche von speziellen Verbürgungen berühren: die Grundrechte der Meinungs-, Presse- und Rundfunkfreiheit (Art. 5 Abs. 1 GG), der körperlichen Bewegungsfreiheit (Art. 2 Abs. 2 S. 2), auf rechtliches Gehör (Art. 103 Abs. 1 GG), auf effektiven Rechtsschutz (Art. 19 Abs. 4 GG). Ist das nicht der Fall, so treffen sie auf das Auffanggrundrecht der allgemeinen Handlungsfreiheit (Art. 2 Abs. 1 GG), das jedes denkbare Verhalten erfaßt[61] und so den status negativus des Bürgers lückenlos bewehrt.[62] Daß bestimmte Gefahrenabwehrmaßnahmen wie Zutrittsverweigerungen und Verlassensaufforderungen auch einfachgesetzliche Rechte (z. B auf Betreten der Geschäfts- oder Rechtsantragsstelle eines Gerichts, um einen Rechtsbehelf mündlich zu Protokoll der Geschäftsstelle anzubringen[63]) beschneiden können,[64] tritt hinzu. Dies verstärkt den Eingriffscharakter bei

---

[57] Vgl. *Ossenbühl* in Hdb. d. StaatsR III, § 62 Rdnr. 63 ff.; *Loschelder* in Hdb. d. StaatsR V, § 123 Rdnr. 54 ff.; eingehend *Kuhl*, S. 133 ff.; 138 f.; *Hermes*, S. 71 f.

[58] Vgl. *Gassner*, DÖV 1996, 18, 22; *Ossenbühl* in Hdb. d. StaatsR III, § 62 Rdnr. 40 a.E.

[59] In diese Richtung allgemein *Loschelder* in Hdb. d. StaatsR V, § 123 Rdnr. 55; für das öffentlich-rechtliche Hausrecht *Gerhardt*, BayVBl. 1980, 724, 725.

[60] *Kloepfer*, JZ 1984, 685, 695.

[61] BVerfGE 6, 32, 36 ff.; 80, 137, 152; 95, 167, 303; *Bleckmann*, StaatsR II, § 22 Rdnr. 6 ff. m.w.N.

[62] Ein allgemeiner verfassungsrechtlich verbürgter Anspruch Privater, öffentlich-rechtlich beherrschte Gebäude betreten zu dürfen (in welches Recht ein Hausverbot automatisch eingriffe) – so *Haak*, DVBl. 1968, 134, 136 f. ("demokratische Publizität der öffentlichen Verwaltung"); *Bahls*, DVBl. 1971, 275 – existiert jedoch nicht, vgl. *Zeiler*, DVBl. 1981, 1000, 1002 f.; *Bethge*, Die Verwaltung 1977, 313, 318; *Tettinger*, WissR 1983, 221, 225; BayVGH BayVBl. 1964, 24 f. Diese Erkenntnis ändert aber – entgegen *Zeiler*, DVBl. 1981, 1000, 1001 – nichts daran, daß die Zutrittsverweigerung oder Verlassensaufforderung in das Grundrecht aus Art. 2 Abs. 1 GG eingreift.

[63] Vgl. etwa § 341 StPO; § 81 Abs. 1 S 2 VwGO.

[64] Worauf *Knemeyer*, VBlBW 1982, 249, 251 und *Zeiler*, DVBl. 1981, 1000, 1003 hinweisen.

entsprechender Fallgestaltung, ist aber für das "Ob" der Geltung des Vorbehaltsprinzips angesichts der Grundrechtsberührung bedeutungslos.

Loschelder hat für durch "öffentlich-rechtliche Sonderbindungen" gekennzeichnete Eingliederungslagen ein vom klassischen Funktionsverständnis abweichendes Konzept der Wirkungsweise der Grundrechte vorgestellt. Dies wirkt sich auf den sachlichen Vorbehaltsbereich aus. Erfaßt sei auch die rein tatsächliche Einbeziehung des Bürgers in die räumliche Sphäre der Verwaltung. Anders als in der Außenlage komme es durch den Eintritt des Grundrechtsträgers zu einer gegenseitigen Durchdringung der Rechtskreise.[65] Der Grundrechtsbereich des Bürgers sei hier nicht mehr abgegrenzt und rundum gesichert, vielmehr bedürfe es einer Punkt-zu-Punkt-Zuordnung von staatlicher Beschränkung und Freiheitsanspruch im Einzelfall, um die Frage zu beantworten, ob sein Tun und Lassen sich auf eine thematisch einschlägige grundrechtliche Freiheitsgewährleistung berufen könne.[66] Wegen der Verflochtenheit der beiden komplexen Sachstrukturen würden Begriffe wie "Freiheitssphäre", "Schranke" und "Eingriff" aussagelos, die Zulässigkeit einer konkreten Betätigung des Betroffenen könne von vornherein nur abwägend ermittelt werden.[67] Gesetze sollen hier den Grundrechten nicht zusätzliche Schranken setzen, sondern nur "Strukturierungsmittel der Sonderordnung", Maßstab grundrechtlicher Freiheit sein.[68]

Richtig ist, daß die besonderen tatsächlichen Verhältnisse räumlich radizierter Verwaltungstätigkeit und der Einbeziehung eines Außenstehenden in den abgeschirmten Bereich für dessen rechtliche Durchformung, darunter die Grundlegung und Ausgestaltung von Ordnungsbefugnissen, nicht ohne Bedeutung sind.[69] Den Schutzgürtel grundrechtlicher Abwehr hier bereits auf der dogmatischen Ebene des Schutzbereichs aufzulösen, wie *Loschelder* dies vorschlägt,[70] ist aber nicht veranlaßt. Die Annahme einer besonderen Wirkungsweise der Grundrechte wird vom schlichten Eintritt in ein hoheitlich beherrschtes Gebäude nicht getragen, ein dogmatischer Gewinn ist nicht erkennbar. Die Eingriffs- und Schrankendogmatik bleibt auch in bezug auf Sonderstatusverhältnisse und sonstige verdichtete Staat-Bürger-Beziehungen, denen man das Verhältnis zwischen Verwaltungsträger und in dessen Gebäude eingetretenen Bürger noch zurechnen kann,[71] leistungsfähig.

---

[65] *Loschelder*, Sonderbindung, S. 391 f., zur räumlichen Eingliederung an sich: S. 204 ff.; *ders.* in Hdb. d. StaatsR V, § 123 Rdnr. 18, 34.
[66] *Loschelder*, Sonderbindung, S. 394.
[67] Ebenda, S. 392, 394; begrifflich nicht mehr so markant in Hdb. d. StaatsR V, § 123 Rdnr. 38 ff.
[68] *Ders.*, Sonderbindung, S. 408 f., 469; *ders.* in Hdb. d. StaatsR V, § 123 Rdnr. 51.
[69] Dazu im einzelnen unten unter Erster Teil II 2 c, S. 81 ff.
[70] Ihm folgen insoweit *N. Klein*, DVBl. 1987, 1102, 1106 f. und wohl auch *Stern*, StaatsR III/1, § 74 III 4, S. 1381.
[71] Vgl. unten unter Erster Teil II 2 c cc, S. 88 ff.

Modifikationen des Grundrechtsschutzes, die hier wegen der Sachstrukturen eventuell notwendig werden, lassen sich – wie sonst auch – auf der Ebene der verfassungsrechtlichen Rechtfertigung ("Schranken" und "Schranken-Schranken") vornehmen.[72] Es ist, sofern nicht durch die Verfassung selbst angeordnet,[73] nicht dem Gesetzgeber überlassen, den Wirkbereich grundrechtlicher Freiheit durch einfaches Gesetz von vornherein zu bestimmen.[74,75]

Die Gegenüberstellung Leistungsverwaltung – Eingriffsverwaltung, etwa mit der Argumentation, Hausverbote bedürften als Maßnahmen der Leistungsverwaltung keiner gesetzlichen Grundlage[76] oder als Maßnahmen der Eingriffsverwaltung einer solchen[77], hilft nicht weiter. Die Begriffe beschreiben – denkbar unscharf – Bereiche der Sachaufgabenerfüllung. Ordnungsmaßnahmen und Hausverbote ermöglichen und sichern die Sachtätigkeit von Hoheitsträgern, und zwar sowohl auf dem Gebiet der Leistungs- als auch dem der Eingriffsverwaltung. Sie greifen in Rechte des Betroffenen ein,[78] sind aber nicht selbst "Eingriffsverwaltung". Und stehen sie auch nicht selten in einem Annexzusammenhang mit Leistungsverwaltung, wie dies zum Beispiel bei der Benutzung öffentlicher Anstalten bzw. Einrichtungen[79] oder dem Besuch eines Sozialamtes der Fall ist, so wird doch die Anordnung, die Lautstärke eines Gespräches zu drosseln oder jenen Raum zu verlassen, nicht selbst zu einer Leistung der Verwaltung.[80] Außerdem wäre man mit der Zuordnungsentscheidung "Leistungsverwaltung" dem Gebiet des

---

[72] Vgl. *Merten* in ders., Das besondere Gewaltverhältnis, S. 53, 73 f.

[73] Z.B. Art. 14 Abs. 1 S. 2 GG: inhalts- und schrankenbestimmende Gesetze.

[74] S. auch *Bleckmann*, StaatsR II, § 12 Rdnr. 10.

[75] *Loschelders* Argumentation ist aber auch in sich nicht schlüssig: Er begründet die Auffassung, die grundrechtliche Freiheit des Betroffenen bestehe im Rahmen von Sonderverhältnissen nur nach Maßgabe einer Abwägung mit den Sachgegebenheiten der hoheitlichen Umgebung und der Beziehung zu ihr, ganz entscheidend damit, daß die jeweilige Sonderordnung im Grundgesetz institutionalisiert (*Loschelder*, Sonderbindung, S. 376 ff., 394 ff.) und damit praktische Konkordanz zwischen zwei *Verfassungs*gütern herzustellen sei (a.a.O., S. 380 f.; 383). Daß das Grundgesetz Sonderbeziehungen, "besondere Gewaltverhältnisse", legitimiert, indem es sie "gewährleistet, zuläßt oder erkennbar voraussetzt" (a.a.O., S. 396), mag für das Beamtenverhältnis (Art. 33 Abs. 4 und 5 GG), das Schul- (Artl. 7 Abs. 1 GG), das Hochschulverhältnis (Art. 5 Abs. 3 GG) und andere zutreffen. Das Sonderbindungsverhältnis, welches durch schlichte räumliche Eingliederung entstehen soll (*Loschelder*, Sonderbindung, S. 204 ff., 345 ff.), ist aber in der Verfassung für sich weder erwähnt noch auch nur stillschweigend vorausgesetzt.

[76] BayVGH BayVBl. 1981, 657; *Gerhardt*, BayVBl. 1980, 724, 725; für Anstaltsordnungen: *Greifeld*, DÖV 1981, 906, 907; *Löwer*, DVBl. 1985, 928, 938.

[77] BayVGH NJW 1980, 2722; *Knemeyer*, VBlBW 1982, 249, 251 f.; *Zeiler*, DVBl. 1981, 1000, 1002; *Engeln*, S. 121.

[78] *Ronellenfitsch*, Verwaltungsarchiv 73 (1982), 465, 477; *Berg*, JuS 1982, 260, 262; *Engeln*, S. 121.

[79] *Greifeld*, DÖV 1981, 906, 907; *Löwer*, DVBl. 1985, 928, 938.

[80] Zur Unterscheidung von Verwaltungsaufgabe und Verwaltungsmittel vgl. *Heydemann*, S. 39 ff.

Gesetzesvorbehalts noch lange nicht entkommen. Für wesentlich, für grundrechtsrelevant und damit einer gesetzlichen Grundlage bedürftig sind im "'Leistungsstaat' der Gegenwart"[81] weite Bereiche der Leistungsverwaltung erkannt worden.[82]

Ordnungsmaßnahmen eines Hoheitsträgers zielen final und intendiert auf das Verhalten einer Person, sie sind, wie Verfügungen der außerhalb des räumlichen Bereichs von Staat und Verwaltung zuständigen Polizei, befehlende Rechtsakte und unterfallen damit sogar dem klassischen Eingriffsbegriff.[83]

Ist auch der Geltungsbereich des allgemeinen Gesetzesvorbehalts "losgelöst vom Merkmal des Eingriffs"[84] zu bestimmen, so bleibt doch die Bedeutung der speziellen grundrechtlichen Gesetzesvorbehalte und erst recht die Vorbehaltsauslösung durch den klassischen (intendierten, unmittelbaren, rechtlichen, imperativen) "Eingriff in Freiheit und Eigentum" erhalten. Die Wesentlichkeitstheorie tritt neben das Eingriffsdenken und ersetzt es nicht.[85] Ohne auf Topoi der Wesentlichkeit jenseits von Grundrechtseingriffen eingehen zu müssen, läßt sich für die sachliche, die Tatbestandsseite des Gesetzesvorbehalts feststellen, daß Ordnungsmaßnahmen, die ein Hoheitsträger aufgrund seiner Verwaltungsannexkompetenz ergreift, einer (materiell-) gesetzlichen Grundlage bedürfen.[86]

(2) Der Formvorbehalt

Auf der Form- oder Rechtsfolgenseite des Vorbehaltsprinzips muß auf die Forderungen der Regelungsmaterie differenzierend reagiert werden. Differenzierend zum einen hinsichtlich der Qualität des Rechtssatzes (formelles Gesetz, Rechtsverordnung, Satzung), zum anderen hinsichtlich der

---

[81] BVerfGE 46, 120, 137.
[82] Vgl. *Papier* in Götz/Klein/Starck, S. 36, 57 ff.; *Erichsen*, FS 125 J. Jur. Ges. Bln, S. 113, 118 f. m.w.N.
[83] Zu diesem allgemein *Bleckmann*, StaatsR II, § 12 Rdnr. 34 ff.; ausführlich für durchsetzbare Verhaltensbindungen in Leistungs- und Ordnungsverwaltung: *Heydemann*, S. 94 ff.; – gegen den Eingriffscharakter von Hausverboten ohne Begründung *Gerhardt*, BayVBl. 1980, 724.
[84] BVerfGE 40, 237, 249; 47, 46, 78 f. und öfter.
[85] *Ossenbühl* in Götz/Klein/Starck, S. 9, 25; *Bumke*, S. 203; *Heydemann*, S. 86 in Fn. 20.
[86] Sie unterliegen damit dem "Rechtssatzvorbehalt" im Sinne eines Vorbehaltes mindestens des materiellen Gesetzes, dürfen also nur aufgrund einer abstrakt-generellen Vorschrift mit Außenwirkung vorgenommen werden, vgl. zum Begriff *Kloepfer*, JZ 1984, 685, 693 f.; *Papier* in Götz/Klein/Starck, S. 36, 50. Daß die grundrechtlichen Gesetzesvorbehalte stets eine Regelung durch oder aufgrund eines formellen Gesetzes verlangen (so *Erichsen*, FS 125 J. Jur. Ges. Bln, S. 113, 121 gegen die ganz h.M.) kann ihnen nicht ohne weiteres entnommen werden. Dagegen spricht bereits die Möglichkeit, aus Art. 104 Abs. 1 S. 1 GG ("förmliches Gesetz") einen Umkehrschluß zu ziehen.

Regelungstiefe – dies betrifft die Bestimmtheit der letztverbindlichen Norm[87] ebenso wie die "Delegationstiefe", also die Frage, inwieweit ein satzungs- oder verordnungsermächtigendes Parlamentsgesetz eine Angelegenheit selbst regeln muß oder ihre rechtssatzmäßige Ausgestaltung der Exekutive überlassen darf. Es versteht sich, daß diese Einordnung nur wieder unter Berücksichtigung der Besonderheiten des Regelungsgegenstandes sowie seiner Eingriffsempfindlichkeit und Wesentlichkeit vorgenommen werden kann. Die Aussagen der Wesentlichkeitslehre zum allgemeinen Gesetzesvorbehalt sind, weil und soweit die speziellen grundrechtlichen Gesetzesvorbehalte keine Bestimmungen zum "Formvorbehalt" treffen, ergänzend heranzuziehen, um die Kompetenzbereiche von Legislative und Exekutive im Einzelfall gegeneinander abzugrenzen.[88]

Mindestanforderung an die Ausformung einer zu Grundrechtseingriffen ermächtigenden abstrakt-generellen Regelung ist, daß sie überhaupt Voraussetzungen und Rechtsfolge des hoheitlichen Handelns fixiert. Verhaltensanordnungen, die ein Hoheitsträger in Ausübung seiner öffentlich-rechtlichen Annexzuständigkeit zur Herstellung und Aufrechterhaltung der Ordnung gegen Verwaltungsfremde erläßt, sind als auf Außenwirkung gerichtete Einzelfallregelungen auf dem Gebiet des öffentlichen Rechts (vgl. § 35 VwVfG und die entsprechenden Vorschriften der Länder) Verwaltungsakte. Für Hausverbote ist das heute anerkannt.[89] Auch aus einer Sicht, die die Eigenschaft der Ordnungsmaßnahmen als – belastende – Verwaltungsakte in den Blick nimmt, gilt daher, daß die Ermächtigungsgrundlage – gleichgültig, auf welcher Stufe in der Hierarchie der Rechtssätze sie angesiedelt ist – eine Tatbestands- und eine Rechtsfolgen-seite aufweisen muß (häufig auch VA-Befugnis genannt).

Wie detailliert diese gesetzliche oder untergesetzliche Norm Voraussetzungen und Möglichkeiten staatlichen Handelns festzulegen hat, was als "grundlegend"[90] abstrakt-genereller Programmierung bedarf, ist für Maßnahmen zur Aufrechterhaltung der allgemeinen Ordnung – "öffentliche Sicherheit und Ordnung" – im Staat-Bürger-Verhältnis außerhalb abge-

---

[87] Bestimmtheitsgrundsatz und die Forderungen der Wesentlichkeitstheorie sind in diesem Bereich identisch, vgl. ausführlich *Gassner*, DÖV 1996, 18 ff.
[88] *Bumke*, S. 203 f.
[89] Vgl. BayVGH BayVBl. 1981, 657; OVG Münster NVwZ-RR 1989, 316; *Ehlers*, DÖV 1977, 737, 739 f.; *U. Schmitt*, S. 78; *Bethge*, Die Verwaltung 1977, 313, 327; *Ronellenfitsch*, Verwaltungsarchiv 73 (1982), 465, 476; *Zeiler*, DVBl. 1981, 1000, 1002; *Berg*, JuS 1982, 260, 262; *Tettinger*, WissR 1983, 221, 231; *Sadler*, § 6 VwVG, Rdnr. 10; – *Knemeyer* hat die Unterscheidung, daß die Verlassensaufforderung als "formloser Hausverweis" kein Verwaltungsakt sei, wohl aber die zwangsweise Entfernung des Störers (DÖV 1970, 596, 599; so auch BayVGH NJW 1980, 2722) inzwischen aufgegeben (BayVBl. 1977, 206, 207 f.; VBlBW 1982, 249, 250 f.).
[90] BVerfGE 40, 237, 250; 49, 89, 126; 84, 212, 226.

schirmter räumlicher Bereiche von Hoheitsträgern verfassungsrechtlich unbeanstandet[91] vom allgemeinen Polizeirecht vorgezeichnet. Die Eigenart des Sachbereichs[92] besteht innerhalb wie außerhalb von Gebäuden in der tatsächlichen Vielfalt sowohl von Störungs- wie von Reaktionsmöglichkeiten. Gefahrenabwehr ist in besonderem Maße an die Umstände einer Situation und deren Einschätzung gebunden. Störungen durch Personen drohen plötzlich und unvorhergesehen; ob und welche Abwehrmaßnahmen sofort oder später zu ergreifen sind, hängt je von der Intensität der Beeinträchtigung, der Rechtsstellung des Verursachers, der Art des gefährdeten Gutes, der Gefahr einer Eskalation und den zur Verfügung stehenden Mitteln ab. Diese hochvariablen Bedingungen lassen sich in Gesetzen nicht bis ins Einzelne fixieren. Der Gesetzesvorbehalt und der rechtsstaatliche Bestimmtheitsgrundsatz senken bei vielgestaltigen Sachverhalten die Anforderungen an die Regelungstiefe von Befugnisnormen.[93] Materielle Gerechtigkeit, inhaltliche Richtigkeit im Einzelfall – auch dies eine Forderung des Rechtsstaatsprinzips – kann hier nur über einen lediglich in Grundzügen rechtlich strukturierten Spielraum der Verwaltung erreicht werden.[94] Die normative Erfassung regelungsfeindlicher Sachbereiche[95] kann und muß deshalb durch unbestimmte Rechtsbegriffe und Generalklauseln erfolgen.

Das spiegelt sich für den Zuständigkeitsbereich der Vollzugspolizeibehörden namentlich in der polizeilichen Generalermächtigung, aber auch in vielen zu Standardmaßnahmen ermächtigenden Befugnisnormen wider. Die Häufung unbestimmter Rechtsbegriffe auf der Tatbestands-, die Einräumung von Ermessen, insbesondere eines denkbar weiten Auswahlermessens (Ermächtigung zu den "notwendigen Maßnahmen") auf der Rechtsfolgenseite folgt den Grenzen der Normierbarkeit der Regelungsmaterie. Mehr kann auch von einer das Innere des Verwaltungsraums regierenden Befugnisnorm zur Gefahrenabwehr nicht verlangt werden. Denn sie ist die innenräumliche Entsprechung der polizeilichen Generalklausel, soweit die Exemtion der allgemeinen Polizeibehörden reicht.

Eine Präzisierung auf der Seite der Eingriffsvoraussetzungen ermöglicht allerdings der Annexcharakter der erforderlichen Befugnisnorm. Die funktionsbezogene Annexkompetenz, Gefahren in ihrem räumlichen Bereich abzuwehren, eröffnet der die zugehörige Sachaufgabe erfüllenden

---

[91] Zur verfassungsrechtlichen Unbedenklichkeit der polizeilichen Generalklausel vgl. BVerfGE 54, 143, 144 f.; *Drews/Wacke/Vogel/Martens*, § 3, 2 a, S. 37 f.
[92] Zu deren Maßgeblichkeit vgl. noch BVerfGE 95, 267, 307 f.; 98, 218, 251.
[93] BVerfGE 21, 1, 3 f.; 28, 175, 183; 49, 89, 133; 71, 108, 115; 92, 1, 12.
[94] Vgl. BVerfGE 59, 104, 114 f., wonach es generalklauselartige Regelungen ermöglichen, das Gebot der inhaltlichen Richtigkeit und materiellen Gerechtigkeit der Entscheidung im Einzelfall zu verwirklichen.
[95] Vgl. *Ossenbühl* in Hdb. d. StaatsR III, § 62 Rdnr. 63 ff.; *Kuhl*, S. 149.

Verwaltungsstelle nicht die Zuständigkeit, die "öffentliche Sicherheit und Ordnung" im Ganzen, also die gesamte positive Rechtsordnung, Individual- und Kollektivrechtsgüter, den Bestand des Staates und seiner Einrichtungen[96] vor Störungen zu schützen. Die Annexkompetenz erschließt der betreffenden Verwaltungsstelle eben nur jene Sachbereiche der Gefahrenabwehr, die in dem engen, "untrennbaren" Zusammenhang zur Anknüpfungsmaterie, der Sachaufgabe, stehen. Das sind Gefahren, die im Einzelfall der Funktionserfüllung der Behörde, des Gerichts, der öffentlichen Anstalt oder Körperschaft drohen, also ein Ausschnitt dessen, was unter "Bestand, Veranstaltungen und Einrichtungen des Staates" als Schutzgut der öffentlichen Sicherheit außerhalb der Mauern des hoheitlichen Gebäudes der Polizeizuständigkeit unterfällt. Nicht jeden Verstoß gegen eine Rechtsvorschrift an sich, nicht jede Bedrohung eines Rechtsgutes an sich durch eine im Gebäude befindliche Person hat die Verwaltungsstelle aus eigener Zuständigkeit zu beenden. Nur wenn und soweit das, was andernorts als Gefahr für die öffentliche Sicherheit die Polizei zum Einschreiten berechtigen würde, sich mindestens auch als Gefahr für die Erfüllung der öffentlichen Sachaufgabe im räumlichen Bereich darstellt, ist der betreffenden hoheitlichen Stelle ein Tätigwerden aufgrund ihrer Annexkompetenz eröffnet. Entsprechend kann und – da die ungeschriebene Befugnis nicht weiter reichen kann als die Zuständigkeit – muß die Tatbestandsseite der Eingriffsnorm gegenüber der polizeirechtlichen Generalklausel eingeengt werden. An die Stelle von "Gefahr für die öffentliche Sicherheit und Ordnung" ist "Gefahr für die Erfüllung der öffentlichen Sachaufgabe" zu setzen.[97]

Ob der Vorbehalt des Gesetzes die Regelung von Standardbefugnissen in der Ausführlichkeit fordert, wie sie die Polizeigesetze ausgebildet haben, erscheint zweifelhaft. Die Einengung des Gefahrentatbestandes jedenfalls erlaubt es, für die Regelungsintensität der Rechtsfolgenseite der innenräumlichen Ordnungsnorm hinter das gesetzte Polizeirecht zurückzugehen. Die Rechtsfolgenbestimmung des ermächtigenden Rechts-satzes kann sich zumindest dort auf die "zur Abwehr notwendigen Maßnahmen" beschränken,

---

[96] Vgl. zum Begriff der öffentlichen Sicherheit und Ordnung *Drews/Wacke/Vogel/Martens*, § 15, 2, S. 233 ff., § 16, S. 145 ff.

[97] In einigen öffentlichen Gebäuden, nämlich den Parlamenten, ist darüber hinaus formellgesetzlich nicht nur die funktionssichernde, sondern die gesamte Gefahrenabwehr der aufgabenerfüllenden Behörde zugewiesen. Mit der Übertragung der "Polizeigewalt" auf den Parlamentspräsidenten (vgl. z.B. Art. 40 Abs. 2 S. 1 GG; Art. 39 Abs. 2 S. 3 Verf NW; Art. 86 S. 4 Hess Verf) hat die Gesamtheit der Aufgaben, die ansonsten den Polizeibehörden obliegen würden, in primärer Zuständigkeit wahrzunehmen, also jegliche Gefahr für die öffentliche Sicherheit und Ordnung abzuwehren (vgl. v. Mangoldt/Klein/Achterberg/*Schulte*, Art. 40 Abs. 2 GG, Rdnr. 64; Dreier-*Morlok*, Art. 40 GG, Rdnr. 35; eingehend *Köhler*, DVBl. 1992, 1577, 1578 ff.). Dies verdeutlicht den Unterschied zwischen lediglich funktionsschützender Annex-Ordnungsgewalt und umfassender Polizeigewalt.

wo im Zuständigkeitsbereich der allgemeinen Polizeibehörden lediglich eine einfache Gefahr für irgendein polizeiliches Schutzgut die Standardmaßnahme auslöst.[98] Ordnungsmaßnahmen, die auch im Polizeirecht zulässigerweise unter die Generalklausel fallen würden, namentlich einfache Verhaltensanordnungen wie ein Rauchverbot oder die Forderung, das Lesen einer nicht den Behördenbesucher betreffenden Akte zu unterlassen, bedürfen erst recht keiner Regelung. Weitere Modifikationen werden hinzutreten: Anders als im allgemeinen Staat-Bürger-Verhältnis unterliegt der in ein öffentliches Gebäude Eingetretene besonderen Bindungen, die aus der Enge des zum Hoheitsträger hergestellten Kontaktes erwachsen. Die Sachstrukturen der Eingliederungslage[99] verändern die rechtlichen Bedingungen, unter denen Ordnung bewahrt wird und damit auch die Anforderungen an die Ordnungsbefugnisse selbst.[100]

Der Annexgedanke ist es auch, der die Gründe hervorhebt, wegen derer die Regelungsmaterie der Ordnungsbewahrung sich der normativen Durchstrukturierung per Parlamentsgesetz entzieht. Der die öffentliche Sachaufgabe erfüllende Hoheitsträger bzw. seine Organe kennen die Verhältnisse ihrer Tätigkeit, die rechtlichen und tatsächlichen Bedingungen, unter denen sie spezielle Verwaltungs- und Rechtsprechungszwecke verwirklichen. Die Beurteilung, ob eine Person die Funktion der eingerichteten hoheitlichen Stelle gefährdet, kann ebensowenig wie im Polizeirecht für die konkrete Situation vom Gesetzgeber abstrakt-generell vorgezeichnet werden. Das Parlament als strukturell sachferne Einheit, dem nur eine verbindliche Handlungsform in einem schwerfälligen Verfahren zur Verfügung steht,[101] hat Regelungsmaterien und Differenzierungsstufen unberührt zu lassen, soweit es sie nicht zu bewältigen vermag.

Die Parallele zu den Befugnissen der im räumlich abgegrenzten Bereich hoheitlicher Stellen vom öffentlich-rechtlichen Funktionsschutz ausgeschlossenen Polizei bietet auch Anhalt für die zu fordernde Qualität des zu Eingriffen ermächtigenden Rechtssatzes. Tritt die die Sachaufgaben erfüllende Behörde hier insoweit an die Stelle der Polizei, übernimmt sie hier bestimmte Aufgaben der Gefahrenabwehr, wie sie die Polizei außerhalb des befriedeten Territoriums ganz ähnlich zu erfüllen hat, so kann jene sich ebensowenig wie diese mit einer untergesetzlichen Befugnisnorm begnügen. Zu fordern ist eine Regelung auf der Ebene einfachen Gesetzesrechts. Über die bereits freiheits- und gleichheitssichernde Wirkung jeder abstrakt-

[98] Also für Identitätsfeststellungen (vgl. z.B. § 21 ASOG Bln) und Platzverweisungen (§ 29 ASOG Bln).
[99] Terminologie von *Loschelder*, Sonderbindung, passim.
[100] Dazu ausführlich unten unter Erster Teil II 2 c cc, S. 88 ff.
[101] Vgl. zu diesen Charakteristika der Legislative *Kuhl*, S. 142 ff.

generellen Regelung[102], also auch von originärem oder abgeleitetem Exekutivrecht, hinaus ist für die Rechtfertigung des klassischen "Eingriffs in Freiheit und Eigentum" ein Grad an demokratischer Legitimation vonnöten, wie ihn die Exekutive allein nicht gewähren kann. Der zu Grundrechtseingriffen ermächtigende Rechtssatz (Befugnisnorm) muß also entweder selbst dem Gesetzesrecht angehören oder – als Satzung, als Rechtsverordnung – auf ein Gesetz zurückzuführen sein.[103]

bb) Gewohnheitsrecht als Eingriffsermächtigung

Hieran knüpft sich nun die Frage, ob die Ermächtigungsnorm – sei es, daß sie die Eingriffsbefugnis selbst, sei es, daß sie nur deren Delegation formuliert – durch Gewohnheitsrecht gebildet werden darf oder ob ein im parlamentarischen Verfahren gewonnenes formelles Gesetz erforderlich ist. Oder ganz äußerlich formuliert: Ist Gewohnheitsrecht Gesetz im Sinne des Gesetzesvorbehalts?

Überwiegend schreibt man Sätzen des Gewohnheitsrechts aus rechtsstaatlicher und demokratischer Sicht Defizite zu, gleichwohl sollen sie – das betrifft vor allem das bereits vor Inkrafttreten des Grundgesetzes gebildete Gewohnheitsrecht – den Anforderungen des Gesetzesvorbehalts noch entsprechen.[104] Andere lassen Gewohnheitsrecht ohne weiteres genügen[105] oder gelangen aufgrund eingehender Untersuchungen zu der Einsicht, daß auch im Lichte der hinter dem Vorbehaltsgrundsatz stehenden Rechtsstaats- und Demokratiegebote des Grundgesetzes zwischen Gewohnheitsrecht und formellem Gesetz kein gradueller Unterschied in der Normenhierarchie bestehe.[106] Vereinzelt bestreitet man rundheraus, daß Gewohnheitsrecht Eingriffsgrundlage im grundrechtsgeschützten Bereich sein kann.[107]

---

[102] *Kloepfer*, JZ 1984, 685, 693 f.; *Papier* in Götz/Klein/Starck, S. 36, 50.

[103] Dreier-*Schulze-Fielitz*, Art. 20 GG, Rdnr. 111; BVerwGE 90, 359, 362 f.

[104] *Kortgen*, Rdnr. 633 ff.; Sachs-*Murswiek*, Art. 2 GG, Rdnr. 90, Fn. 134; *Jarass/Pieroth*, Art. 2 GG, Rdnr. 20; *Krey*, FS Blau, S. 123, 126 f.; *Sachs* in Stern, StaatsR III/2, § 80 IV 3, S. 442 m.w.N.; für Art. 12 GG beschränkende Berufsausübungsregelungen: BVerfGE 9, 338, 343; 15, 226, 233; 22, 114, 121; 28, 21, 28; 34, 293, 303; 36, 212, 216; 60, 215, 229 f.; 76, 171, 189; ohne die Beschränkung auf vorkonstitutionelles Gewohnheitsrecht: v. Münch/Kunig-*Kunig* Art. 2 GG, Rdnr. 23; Maunz/Dürig-*Papier*, Art. 14 GG, Rdnr. 332 (für Art. 14, 12 Abs. 1 S. 2, 2 Abs. 1 GG); – Nur für eine Übergangszeit (ohne festen Endtermin) wollen Gewohnheitsrecht als Eingriffsgrundlage gelten lassen: *Jesch*, S. 234 f.; *H. Müller*, S. 77, 156.

[105] *Tettinger*, WissR 1983, 221, 227 f. (dies sei allgemein anerkannt); *Pappermann/Löhr/Andriske*, S. 133 – je im Zusammenhang mit dem "öffentlich-rechtlichen Hausrecht" sowie Schmidt-Bleibtreu/Klein-*Schmidt-Bleibtreu*, Art. 19 GG, Rdnr. 7.

[106] *Witthohn*, S. 163 ff., 172.

[107] *Erichsen*, FS Wolff, S. 219, 242; *ders.* in Hdb. d. StaatsR VI, § 152 Rdnr. 35; *Freitag*, S. 157, 166, 169 f.; "schon grundsätzliche Bedenken" auch bei BVerfGE 32, 54, 75 (zu Art. 13 GG).

Das Grundgesetz fordert eine differenzierende Antwort. Gewohnheitsrecht wird weithin als die langandauernde, ständige, allgemeine, gleichmäßige Übung eines Sozialverhaltens (longa consuetudo), das von der Rechtsüberzeugung der betroffenen Rechtskreise (opinio iuris) getragen ist, definiert.[108] Es kann sich, je nach Bezugsrichtung von geübter Gewohnheit und Überzeugung, auf verschiedenen Normebenen bilden (Völker-, Verfassungs-, einfachgesetzliches Gewohnheitsrecht, Satzungsgewohnheitsrecht).[109]

(1) Eingrenzungen

Vorab sind Eingrenzungen möglich: Wo der Verfassungstext es – durch Auslegung nicht überwindbar – selbst deutlich macht, scheidet einfachgesetzliches Gewohnheitsrecht für sich genommen als Eingriffsrechtfertigung aus. Für das Grundrecht auf Freiheit der Person (Art. 2 Abs. 2 S. 2 in Verbindung mit Art. 104 Abs. 1 S. 1 GG), das nur aufgrund eines "förmlichen Gesetzes" beschränkt werden darf, ist das allgemein anerkannt.[110] Hier kann auch kollidierendes Verfassungsrecht, das nicht von einem Parlamentsgesetz getragen wird, nicht zur Eingriffsrechtfertigung dienen.[111] Mit der Forderung nach einem "förmlichen Gesetz" hat der Verfassungsgeber deutlich gemacht, daß er die Abwägung und Entscheidung, unter welchen Voraussetzungen einer Person die Freiheit entzogen werden kann, nicht der freihändigen Verfassungsinterpretation durch die Exekutive und die sie kontrollierende Judikative überlassen will, sondern eine "besonders rechtsstaatliche, förmliche Regelung"[112] im parlamentarischen Gesetzgebungsverfahren wünscht. Gewohnheitsrecht genügt also auch dann nicht dem qualifizierten Gesetzesvorbehalt von Art. 104 Abs. 1 S. 1 GG, wenn es Grundrechte Dritter und sonstige Rechtswerte von Verfassungsrang transportiert. Verwandte Überlegungen sind bei vorbehaltlos gewährleisteten Grundrechten anzustellen (hier interessieren der Anspruch auf rechtliches Gehör, Art. 103 Abs. 1 GG, auf effektiven Rechtsschutz, Art. 19 Abs. 4 S. 1 GG,[113] aber auch die Kunstfreiheit, die Wissenschaftsfreiheit, Art. 5 Abs. 3

---

[108] *Larenz/Canaris*, Methodenlehre, S. 176 f.; *Ossenbühl* in Erichsen, AllgVwR, § 6 Rdnr. 73; *Achterberg*, AllgVwR, § 16 Rdnr. 72; *Wolff/Bachof/Stober*, VwR Bd. 1, § 25 Rdnr. 12; *Maurer*, § 4 Rdnr. 19; *H. Müller*, S. 131 ff.; *Kortgen*, Rdnr. 555 sowie BVerfGE 22, 114, 121; 28, 21, 28 f.; 34, 293, 303 f.; BVerwG DVBl. 1961, 593, 596; BGHZ 37, 219, 222; BGHSt 8, 360, 381.

[109] *Wolff/Bachof/Stober*, VwR Bd. 1, § 25 Rdnr. 16; *Witthohn*, S. 31 ff.; *Stern*, StaatsR II, § 37 II 2, S. 580.

[110] Stellvertretend BVerfGE 14, 174, 186 f.; Maunz/Dürig-*Dürig*, Art. 104 GG, Rdnr. 15; *Krey*, FS Blau, S. 123, 146.

[111] *Sachs* in Stern, StaatsR III/2, § 81 IV 2, S. 523.

[112] BVerfGE 29, 183, 196.

[113] Zum Grundrechtscharakter dieser Verbürgungen vgl. *Knemeyer* in Hdb. d. StaatsR VI, § 155 Rdnr. 14; Sachs-*Krüger*, Art. 19 GG, Rdnr. 107; – zu ihrer Vorbehaltlosigkeit: v. Münch/Kunig-*Kunig*, Art. 103 GG, Rdnr. 3 c; *Jarass/Pieroth*, Art. 19 GG, Rdnr. 51.

S. 1 GG, und die Versammlungsfreiheit in geschlossenen Räumen, Art. 8 Abs. 1 GG): Nicht ein einfaches (formelles oder materielles) Gesetz allein, sondern nur kollidierendes Verfassungsrecht kann der Grundrechtsausübung Schranken setzen.[114] Auch[115] bei diesen Grundrechten ist aber – insofern kommt der allgemeine Gesetzesvorbehalt zum Tragen – für die erforderlichen Ausgleichsregelungen der Gesetzgeber zuständig, er hat die verfassungsimmanenten Schranken nachzuzeichnen und zu konkretisieren.[116] Dabei ist – wie auch sonst auf der Rechtsfolgenseite des Vorbehaltsprinzips – nicht gesagt, daß dieses Gesetz ein "förmliches" sein muß. Es ist daher nicht ausgeschlossen, daß vorbehaltlos gewährte Grundrechte durch einfachgesetzliches Gewohnheitsrecht eingeschränkt werden können, wenn nur sich dieses Gewohnheitsrecht zum Schutz von kollidierenden Rechtswerten gebildet hat, die das Grundgesetz mit Verfassungsrang ausgestattet hat.

Darüber hinaus genügt Gewohnheitsrecht den Anforderungen der speziellen Grundrechtsvorbehalte und des allgemeinen Gesetzesvorbehalts (dazu (2)). Dies gilt nicht für Rechtssätze, die nicht unmittelbar zur Erzwingung eines Verhaltens, sondern zu selbständigen Sanktionen ermächtigen (dazu (3)).

(2) Gewohnheitsrecht und Gesetzesvorbehalt

(a) Irrelevanz der Unterscheidung von vor- und nachkonstitutionellem Gewohnheitsrecht

Der Verfassungsgeber hat mit Art. 123 Abs. 1 GG an das traditionelle Verständnis der Rechtsquellen angeknüpft.[117] Die vorgefundenen Rechtsnormen, darunter Gewohnheitsrecht, sollten, sofern sie dem Grundgesetz nicht widersprachen, weitergelten und gemäß Art. 20 Abs. 3 GG und Art. 97 Abs. 1 GG die vollziehende Gewalt und die Rechtsprechung binden.[118] Die dahinterstehende Motivation, regellose Zustände zu

---

[114] BVerfGE 28, 243, 261; 30, 173, 193; 67, 213, 228; 81, 278, 292 ff.; 94, 212, 228; im Grundsatz auch in der Literatur anerkannt, vgl. *Sachs* in Stern, StaatsR III/2, § 81 V 1, S. 571 ff.; Dreier-*Dreier*, Vorb., Rdnr. 88 m.N. in Fn. 347.

[115] Ein Erst-recht-Schluß an dieser Stelle würde eine abstrakte Höherwertigkeit der vorbehaltlos gewährten Grundrechte gegenüber den mit einfachem oder qualifiziertem Gesetzesvorbehalt versehenen voraussetzen. Sie läßt sich aber nicht begründen, vgl. v. Münch/Kunig-*v. Münch*, Vorb. Art. 1-19, Rdnr. 46; Dreier-*Dreier*, Vorb., Rdnr. 89 in Fn. 354; *Hesse*, Rdnr. 316.

[116] Sachs-*Sachs*, vor Art. 1 GG, Rdnr. 125; *Jarass/Pieroth*, vor Art. 1 GG, Rdnr. 48; *Bumke*, S. 158 ff.; *Erichsen*, FS 125 J. Jur. Ges. Bln, S. 113, 117 f.; Dreier-*Dreier*, Vorb., Rdnr. 89 m.w.N.; in diese Richtung auch BVerfGE 41, 29, 50; 57, 70, 99; 83, 130, 142.

[117] Vgl. *Sachs* in Stern, StaatsR III/2, § 80 IV 3, S. 437; *Kortgen*, Rdnr. 634.

[118] Dazu, daß Art. 20 Abs. 3 GG auch Gewohnheitsrecht erfaßt: BVerfGE 78, 214, 227; Maunz/Dürig-*Herzog*, Art. 20 GG VI, Rdnr. 52; v. Münch/Kunig-*Schnapp*, Art. 20 GG, Rdnr. 36; *Jarass/Pieroth*, Art. 20 GG, Rdnr. 38; *Hesse*, Rdnr. 507; *Kortgen*, Rdnr. 525.

vermeiden,[119] betraf das Gewohnheitsrecht in besonderem Maße, waren doch die Lücken, die ihm das formelle Gesetzesrecht damals ließ, noch weit größer als heute.[120] Die Fortgeltung vorkonstitutionellen Gewohnheitsrechts auch als Grundlage belastender hoheitlicher Maßnahmen setzt aber – wie bereits Art. 123 Abs. 1 GG selbst fordert[121] – die Entscheidung voraus, daß es mit dem Vorbehaltsprinzip der Verfassung bzw. den speziellen Gesetzesvorbehalten der betroffenen Grundrechte vereinbar ist. Die Verfassungsvorschrift formuliert keinen allgemeinen "Verzicht auf heutigen Anforderungen entsprechende Eingriffsgrundlagen"[122], sondern stellt nur von den neuen Normerzeugungsregeln des Grundgesetzes frei.[123] Weder läßt sich Art. 123 Abs. 1 GG entnehmen, daß sich unter der Geltung des Grundgesetzes Gewohnheitsrecht nicht bilden kann[124], noch haben sich die Entstehungsvoraussetzungen von gewohnheitsrechtlichen Normen verändert. Zur Frage nach der inhaltlichen Übereinstimmung alten Gewohnheitsrechts mit der Verfassung[125] gehört seine Vereinbarkeit mit dem Rechtsstaatsprinzip und dem Demokratiegebot. Die Auseinandersetzung mit dem Gesetzesvorbehalt haben aber weder das Bundesverfassungsgericht in seiner Rechtsprechung zu Art. 12 GG noch die dem zustimmende Lehre geleistet.[126] Der Hinweis auf Art. 123 Abs. 1 GG ersetzt nicht die Begründung, warum Gewohnheitsrecht Grundlage eingreifenden hoheitlichen Handelns sein kann. Im Ausgangspunkt gilt nichts anderes als für nicht von Art. 123 Abs. 1 GG erfaßtes, also erst nach dem Jahre 1949 zur Ausbildung gekommenes[127] Gewohnheitsrecht.[128] Mag auch Gewohnheitsrecht heutzutage mangels Erreichens der erforderlichen Dauer von gleichmäßiger Übung und

[119] BVerfGE 9, 338, 343.

[120] So wurde z.B. vor Kodifizierung des Verwaltungsverfahrensrechts die freie Rücknehmbarkeit von rechtswidrigen Verwaltungsakten auf Gewohnheitsrecht gestützt (BVerwG DÖV 1977, 606), heute § 48 VwVfG.

[121] "gilt fort, soweit es dem Grundgesetze nicht widerspricht".

[122] BVerfGE 78, 179, 199.

[123] *Sachs* in Stern, StaatsR III/2, § 80 IV 3, S. 437; Maunz/Dürig-*Maunz*, Art. 123 GG, Rdnr. 9.

[124] Daß das Grundgesetz die Entstehung neuen Gewohnheitsrechts zuläßt, wird fast durchgängig vorausgesetzt, vgl. z.B. BVerfGE 34, 293, 303 ff.; 57, 121, 134 f.; 61, 149, 203 f.; *Ossenbühl* in Hdb. d. StaatsR III, § 61 Rdnr. 42 ff.; *Hesse*, Rdnr. 507; *Achterberg*, AllgVwR, § 16 Rdnr. 71 ff.; – ausdrücklich ablehnend *Freitag*, S. 166, 169 f., der eine Ermächtigungsvorschrift zur Setzung von Gewohnheitsrecht im Grundgesetz vermißt, wie sie für formelle Gesetze in Art. 77 GG existiere.

[125] Vgl. Maunz/Dürig-*Maunz*, Art. 123 GG, Rdnr. 9; *Jarass/Pieroth*, Art. 123 GG, Rdnr. 6 f.; *Sachs* in Stern, StaatsR III/2, § 80 IV 3, S. 437 f.; v. Münch-*Kirn*, Art. 123 GG, Rdnr. 5 f.

[126] Vgl. *Witthohn*, S. 120 f., 127.

[127] Auf Schwierigkeiten, Gewohnheitsrecht nach seiner Entstehungszeit zu kategorisieren, weist *Witthohn*, S. 125 hin.

[128] Der Gedanke einer Privilegierung vorkonstitutionellen Gewohnheitsrechts als Mittel zur Überberbrückung regelloser Zustände, ist nach über fünfzigjähriger Geltung des Grundgesetzes überholt, vgl. bereits BVerfGE 78, 179, 199; *Jarass/Pieroth*, Art. 123 GG, Rdnr. 7; *Witthohn*, S. 126.

Überzeugung seltener zur Entstehung kommen, weil sich Verhalten diversifiziert, Rechtsüberzeugungen immer rascher wandeln und der gesellschaftliche Konsens schwindet,[129] mag auch altes Gewohnheitsrecht, das durch NS-Zeit, Krieg und Besatzungshoheit hindurch seine Wirkkraft bewahrt hat, sich als besonders geltungssicher erwiesen haben,[130] so sind das doch Unterschiede, die nur die verschiedenen Entstehungsbedingungen von vor- und nachkonstitutionellem Gewohnheitsrecht betreffen. Hier wie dort ist Gewohnheitsrecht auf seine rechtsstaatliche und seine demokratische Leistungsfähigkeit hin zu überprüfen.[131]

(b) Rechtssicherheit und Bestimmtheit

Die Anerkennung von Gewohnheitsrecht als die Gewalten ebenso wie Parlamentsgesetze bindendes Recht durch Art. 20 Abs. 3, 97 Abs. 1 GG und seine daraus zu folgernde Kraft, geschriebenes Recht nach allgemeinen Grundsätzen derogieren zu können[132], deutet auf umfassende Gleichrangigkeit hin.[133] Aus allgemein rechtsstaatlicher Sicht scheint das Gewohnheitsrecht dagegen Schwächen aufzuweisen. Man hat ihm vorgeworfen, es vermittle weniger Rechtssicherheit und Schutz vor Willkür als formelles Recht, weil über sein Bestehen und seinen Inhalt nur anhand von Indizien geurteilt werden könne.[134] Das ist im Ansatz nicht zu bestreiten:

Anders als bei der lex scripta ist die Geltung von Gewohnheitsrecht nicht sichtbar und nachlesbar materialisiert und sein Inhalt nicht von vornherein in Sprachzeichen ausformuliert. Die Ermittlung des primären Normbefehls ist daher ebenso wie die gegebenenfalls nachfolgende Überprüfung eines Verhaltens mit der Unsicherheit behaftet, ob die erforderliche Formulierung[135] des Rechtssatzes durch den Rechtsanwender (Normbetroffenen oder Verhaltensüberprüfenden[136]) richtiger Ausdruck der dauernden Übung und der sie tragenden Rechtsüberzeugung ist. Hinzu kommt die gegenüber geschriebenem Recht erhöhte Unklarheit der Geltung; wenigstens das abstrakte "Ob" der Geltung eines formellen Rechtssatzes steht außer

[129] *Wolff/Bachof/Stober*, VwR Bd. 1, § 25 Rdnr. 15.
[130] Dazu *Kortgen*, Rdnr. 636 f.
[131] So verfahren denn auch *Witthohn*, S. 127 ff.; *Krey*, FS Blau, S. 123, 144 ff.; *Kortgen*, Rdnr. 633 ff.
[132] H.M., *Wolff/Bachof/Stober*, VwR Bd. 1, § 25 Rdnr. 14; *Ossenbühl* in Erichsen, AllgVwR, § 6 Rdnr. 74; *Forsthoff*, § 7 B 1, S. 147; BVerfGE 9, 213, 221; BVerwG DVBl. 1979, 116, 118; – a.A. *Freitag*, S. 159; *H. Müller*, S. 165 f. m.N.
[133] Vgl. *Kortgen*, Rdnr. 525 f.
[134] *Krey*, FS Blau, S. 123, 145; *Kortgen*, Rdnr. 619 ff. mit 466 ff.
[135] Wobei jede sprachliche Formulierung eines Gewohnheitsrechtssatzes bereits Ergebnis rechtlicher Auslegung ist, *Larenz/Canaris*, Methodenlehre, S. 177.
[136] Das sind neben Richtern auch Verwaltungsorgane.

Frage,[137] während der Normunterworfene Gewohnheitsrecht erst der Wirklichkeit entreißen muß, um es als existent zu begreifen.

Diese Bedenken werden aber weitgehend dadurch entschärft, daß, ist die dauernde Übung samt sie tragender Rechtsüberzeugung einmal festgestellt, nun nicht mehr zweifelhaft ist, ob der betreffende Sachverhalt dem Anwendungsbereich des Gewohnheitsrechtssatzes unterfällt. Das zu beurteilende (unterlassene, nur erwartete) Sozialverhalten ist entweder Bestandteil der langandauernden, ständigen, gleichmäßigen Übung oder es besteht keine solche Übung und damit auch keine gewohnheitsrechtliche Norm. Der Anwender von Gewohnheitsrecht versucht nicht einen Sachverhalt – mit offenen Ergebnis – unter eine unabhängig davon bereitstehende Norm zu subsumieren, sondern erkennt den Sachverhalt, ins Normative gewendet, von vornherein als Teil der Norm. Die Frage kann nur sein, ob Gewohnheitsrecht, *das als bestehend feststeht*, den Grundsätzen der Rechtssicherheit, der Bestimmtheit und damit den rechtsstaatlichen Forderungen des Vorbehaltsprinzips genügt.[138] Die, verglichen mit geschriebenem Recht, abstrakt[139] größeren Schwierigkeiten, das Vorhandensein von Gewohnheitsrecht zu ermitteln,[140] schlagen nicht auf die Ebene der Überprüfung von Gewohnheitsrecht am Rechtsstaatsprinzip und der Frage, ob es Gesetz im Sinne des Gesetzesvorbehalts ist, durch. Mehr noch: Der Rechtsunterworfene trägt regelmäßig[141] den Rechtssatz des Gewohnheitsrechts als seine Überzeugung oder doch die der Allgemeinheit, gegen die er sich stellen will, in sich, während ihm Existenz und Inhalt fast aller formellen Gesetze schlechthin unbekannt bleiben.[142] Er verhält sich also dem Gewohnheitsrecht entsprechend oder verstößt dagegen, – regelmäßig aber im Bewußtsein seiner Geltung und in der Kenntnis seines Inhalts.

[137] Von der Unwirksamkeit wegen Rechtswidrigkeit abgesehen, die Gewohnheitsrecht genauso betreffen kann.
[138] Das klingt bei *Witthohn*, S. 152 f. an.
[139] Im Einzelfall ist einschlägiges förmliches Recht durchaus schwerer ausfindig zu machen als so mancher Gewohnheitsrechtssatz.
[140] Zur Notwendigkeit, im Prozeß über das Bestehen von Gewohnheitsrecht gegebenenfalls Beweis zu erheben, vgl. § 293 ZPO.
[141] Tatsächliche Übung und Rechtsüberzeugung müssen zwar "allgemein" und "gleichmäßig" sein, nicht aber von ausnahmslos allen Rechtsgenossen des betroffenen Rechtskreises getragen werden.
[142] Das mag hinter der Meinung *Jellineks*, S. 124, stehen, daß das Gewohnheitsrecht "seinen tiefsten Rechtfertigungsgrund ... aus der Idee der Rechtssicherheit" nehme. – Gewohnheitsrecht gewinnt weiter an rechtsstaatlicher Anziehungskraft, wenn man bedenkt, daß bereits ein mittelbar im förmlichen Gesetz zum Ausdruck gebrachter gesetzgeberischer Wille (so BVerfGE 95, 167, 306) sowie die analoge Anwendung einer geschriebenen Befugnisnorm (*Ehlers* in Erichsen, AllgVwR, § 2 Rdnr. 8 m.w.N. zum Streitstand) als Eingriffsgrundlage ausreichen soll.

Sind tatsächliche Übung und Überzeugung durch rechtssatzmäßige Formulierung erst einmal zur Norm des Gewohnheitsrechts geronnen, so kann diese Norm dem Bestimmtheitsgrundsatz und den "Rechtsfolge"-Anforderungen des Gesetzesvorbehaltes wie jede andere Norm entsprechen oder nicht entsprechen.[143] Qualifizierteren Ansprüchen an die Bestimmtheit einer Vorschrift, ihre Ausdifferenzierung und Klarheit, lassen sich mit dem – da nur weithin geübtes Sozialverhalten zusammenfassenden – notwendig grobmaschigen Gewohnheitsrecht nur selten begegnen. Anderen, insbesondere nur mit Generalklauseln sachgerecht zu erfassenden Regelungsgegenständen kann Gewohnheitsrecht ebenso wie entsprechend formuliertes formelles Recht im Hinblick auf den Bestimmtheitsgrundsatz auch als Rechtsgrundlage für Eingriffshandeln gerecht werden. Aus dem verfassungsrechtlichen Bestimmtheitsgrundsatz lassen sich daher keine generellen Bedenken gerade gegen Gewohnheitsrecht als Ermächtigungsgrundlage herleiten; vielmehr ist im Einzelfall zu prüfen, ob eine festgestellte gewohnheitsrechtliche Norm hinreichend bestimmt ist oder nicht.[144]

(c) Gewaltenteilungsprinzip

Unter Berufung auf das Gewaltenteilungsprinzip wurde gegen Gewohnheitsrecht als Eingriffsgrundlage eingewandt, es sei fast ausschließlich Richterrecht; die Aufgabe, Gesetze zu normieren, komme aber der Legislative, nicht der Judikative zu.[145] Zum einen führt dieser Schluß (Parlamentsgesetz sei erforderlich) auf seine eigene Voraussetzung (Gesetzgebung liege beim Parlament) zurück. Zum anderen besteht zwischen Gewohnheitsrecht und Richterrecht ein nicht nur theoretischer Unterschied.[146] Gewohnheitsrecht ist echte Rechtsquelle, Gesetz im materiellen Sinne, und bindet über Art. 20 Abs. 3 GG die Rechtsprechung ebenso wie geschriebenes Recht.[147] Richterrecht ist auf einen vorgelegten Einzelfall bezogenes Auslegungsergebnis mit nur mittelbarer, faktischer Auswirkung auf die zukünftige Rechtsanwendung.[148] Der Rechtsanwender ist frei, ihm nicht zu folgen.[149] Eine ständige

---

143 Für verwandte ungeschriebene Normen ("allgemeine Rechtsgrundsätze"): BVerwGE 101, 51, 54 f.

144 Vgl. auch *Witthohn*, S. 153; *Maurer* § 4 Rdnr. 19.

145 *Krey*, FS Blau, S. 123, 145 mit S. 130; *Kortgen*, Rdnr. 622.

146 Ausführlich *Witthohn*, S. 24 ff., 137; *Kortgen*, Rdnr. 552 ff.; vgl. auch *Stern*, StaatsR II, § 37 II 2, S. 581 ff., 586; *Wolff/Bachof/Stober*, VwR Bd. 1, § 25 Rdnr. 23 f. und die dort verzeichneten Schrifttumsnachweise.

147 Vgl. hier nur BVerfGE 78, 214, 227.

148 *Achterberg*, AllgVwR, § 16, Rdnr. 77, 85.

149 BVerfGE 84, 212, 227; vgl. etwa BGHSt (GS) 40, 138, 167 f., wo der Große Senat für Strafsachen die Rechtsfigur der fortgesetzten Handlung nicht als bindendes Gewohnheitsrecht, sondern nur als Richterrecht ansah und daher – weitgehend – aufgeben konnte.

Rechtsprechung kann Gewohnheitsrecht bestätigen und konkretisieren, ist aber nicht Voraussetzung seiner Entstehung.[150]

Freitag will aus Art. 77 Abs. 1 S. 1 GG[151] (und aus entsprechenden Vorschriften der Länderverfassungen) folgern, daß Gesetz im Sinne des Gesetzesvorbehaltsprinzips nur das im Gesetzgebungsverfahtren nach Art. 77 GG zustandegekommene ist. Nur der förmliche Gesetzgeber sei von den Staatsverfasssungen als Gesetzgebungsorgan bestimmt und damit gesetzgebungsbefugt. Dies schließe gewohnheitsrechtliche Ermächtigungsgrundlagen aus.[152]

Das Argument aus Art. 77 GG – es richtet sich gegen die Geltung jeglichen Gewohnheitsrechts – verschlägt nicht. Es wäre nämlich noch der Nachweis zu führen, daß hier mehr geregelt werden sollte als die Organkompetenz und das Verfahren für den Erlaß *formeller* Gesetze. Die Vorschrift beschreibt den Verfahrensfortgang im Anschluß an Art. 76 GG (Einbringung und Behandlung von Gesetzesvorlagen) und wird von Art. 78 GG, der das Zustandekommen der Gesetze regelt, gefolgt. Die Kompetenzzuweisung geschieht damit im systematischen Zusammenhang der Regelung nur der förmlichen Gesetzgebung. Daß die Ordnung des gesetzten Rechts trotz aller Bemühungen der parlamentarischen Gesetzgeber angesichts der Vielfältigkeit der sozialen Wirklichkeit notwendig lückenhaft bleiben muß, war auch den verfassungsgebenden Gremien bewußt.[153] Art. 77 GG schließt folglich nicht aus, daß (materielles) Gesetzesrecht auch auf andere Weise als in dem dort bestimmten Verfahren zur Entstehung kommen kann oder gar muß.[154]

Eine Beschneidung der Kompetenzen der Legislative liegt darin nicht. Das Parlament ist nicht gehindert, geltendes Gewohnheitsrecht durch ein förmliches Gesetz außer Kraft zu setzen, wenn es die bestehende Übung unterbinden will.[155] Die Legitimität des neueren Parlamentsgesetzes setzt sich gegen die Legitimität der älteren Volksüberzeugung durch (lex posterior derogat legi priori; und dabei häufig auch: lex specialis derogat legi generali). Läßt der parlamentarische Gesetzgeber die Lücken in der formellgesetzlichen Rechtsordnung, von denen er weiß, daß sie als gewohnheits-

[150] *Maurer*, § 4 Rdnr. 19; *Witthohn*,S. 20; *Achterberg*, AllgVwR, § 16, Rdnr. 72.
[151] "Die Bundesgesetze werden vom Bundestage beschlossen."
[152] *Freitag*, S. 156 f., 166.
[153] Protokolle des Parlamentarischen Rates, JöR N.F. 1 (1951), 55 f. Deshalb wurde Gewohnheitsrecht als Grundlage für Eingriffe in das Grundrecht aus Art. 2 Abs. 1 GG für ausreichend gehalten, a.a.O.
[154] Vgl.*Stern*, StaatsR II, § 37 II 2, S. 583.
[155] Vgl. *Witthohn*, S. 145. Ein Beispiel ist das Verbot der körperlichen Züchtigung und damit des noch 1978 vom BayObLG (DÖV 1979, 416) bestätigten (angeblichen) landesgewohnheitsrechtlichen Züchtigungsrechts in bayerischen Schulen durch Art. 86 Abs. 3 S. 2 Bay ErzUnterrG im Jahre 1982.

rechtlich ausgestaltet angesehen werden,[156] freiwillig fortbestehen, so macht er selbst deutlich, daß er sich in seinen Kompetenzen nicht beeinträchtigt sieht.[157]

(d) Demokratieprinzip

Die Entstehungsvoraussetzungen von Gewohnheitsrecht stellen dessen besondere und eigenartige demokratische Qualität sicher. Gewohnheitsrecht kann bereits begrifflich nur dann vorliegen, wenn die große Mehrheit der Normbetroffenen selbst seine Geltung anordnet, indem sie das normgesollte Verhalten ausübt und als rechtmäßig billigt. Es leitet seinen Geltungsanspruch unmittelbar aus der Rechtsüberzeugung der Normadressaten ab.[158] Diese verhalten sich ihrer im konkreten Sachbereich bestehenden Überzeugung nach normgemäß und nicht – wie bei förmlichen Gesetzen – bloß deshalb, weil sie anerkennen, daß ein Parlament, über dessen parteipolitische Zusammensetzung sie in langen Abständen mitentscheiden können, mit einfacher Mehrheit einen entsprechenden Beschluß gefaßt hat. Gewohnheitsrecht ist unmittelbar gewachsenes Volksrecht und damit demokratisches Urrecht.[159] Die hohe demokratische Legitimität von Gewohnheitsrecht wird noch deutlicher, wenn man es mit unbeanstandet weiter angewendeten Eingriffsgesetzen und sogar Strafvorschriften[160] vergleicht, die als sog. Regierungsgesetze in der Zeit des Nationalsozialismus ohne Mitwirkung des Parlamentes erlassen wurden.[161]

Es begegnet keinen Bedenken, auf Gewohnheitsrecht indiziell aus den Äußerungen der Exekutive und der Judikative zu schließen, wenn die zugrundeliegende tatsächliche Übung und rechtliche Überzeugung der Eingriffsbetroffenen im Auge behalten wird. Eine Rechtsüberzeugung der Verwaltung, freiheitsbeschränkend tätig werden zu dürfen bzw. die gerichtliche Anerkennung dieser Praxis schafft allein noch kein Gewohnheitsrecht. In jedem Fall erforderlich ist das Vorhandensein des Verhaltens, das die verwaltungsunterworfenen Mitglieder des betroffenen Rechtskreises gleichmäßig und allgemein üben, und ihre Überzeugung von der rechtlichen Verbindlichkeit des hoheitlich garantierten Sollens.[162]

---

[156] Darunter das behördliche Hausrecht, zu weiteren Beispielen im öffentlichen Recht vgl. *Witthohn*, S. 49 ff., *Kortgen*, Rdnr. 14 ff.
[157] *Witthohn*, S. 148.
[158] *Witthohn*, S. 169 ff.
[159] *Kortgen*, Rdnr. 623; *Ossenbühl* in Hdb. d. StaatsR III, § 61 Rdnr. 42.
[160] Z.B. § 240 StGB in seiner heutigen Fassung mit der Verwerflichkeitsklausel in Abs. 2, § 323 c StGB (§ 330 c StGB a.F.).
[161] Vgl. *Kortgen*, Rdnr. 638.
[162] Deshalb greifen die von *Kortgen*, Rdnr. 624, im Hinblick auf das Demokratiegebot geäußerten Bedenken, Gewohnheitsrecht sei als richterliches Gewohnheitsrecht nicht mehr Ausdruck unmittelbarer Demokratie, nicht durch.

Der Einwand, das Grundgesetz und die Landesverfassungen gestalteten das Demokratieprinzip als repräsentativ, als parlamentarisch aus und dem Volkswillen sei nur in den geregelten Fällen der Abstimmung ohne Vermittlung nachzugeben,[163] zielt wiederum auf eine ausschließliche Gesetzgebungsbefugnis des Parlamentes. Von einer Ablehnung des Gewohnheitsrechts durch den Verfassungsgeber kann jedoch keine Rede sein.[164]

(e) Zitiergebot, Art. 19 Abs. 1 S. 2 GG

Allerdings kann ein ungeschriebenes Schrankengesetz nicht "das Grundrecht unter Angabe des Artikels nennen". Aus der formellen Schranken-Schranke des Zitiergebots hat man dennoch kein Argument gegen Gewohnheitsrecht als Eingriffsermächtigung hergeleitet. Vielmehr soll Gesetz im Sinne des Art. 19 Abs. 1 GG nur ein förmliches Gesetz sein.[165] Das ist deshalb zutreffend, weil die "Warn- und Besinnungsfunktion" der Vorschrift[166] nur auf den außerhalb der Normadressaten stehenden Gesetzgeber abhebt, nicht auf den Betroffenen, der die Norm über sein dauerndes Verhalten selbst schafft. Dieser bedarf, da die gewohnheitsrechtliche Grundrechtsbeschränkung in der Überzeugung seines Rechtskreises verankert ist, zudem nicht der Information[167] durch die Nennung des eingeschränkten Grundrechts.[168]

Gerade die nur funktionssichernde Hilfskompetenz der Ordnungsbewahrung in Gebäuden muß nicht formell-gesetzlich fixiert werden. Ist die Sachaufgabe bereits förmlich festgelegt worden – für die Rechtsprechungstätigkeit in Art. 20 Abs. 2 S. 2, 92 GG, §§ 1, 12, 13 GVG, § 40 VwGO und anderen Vorschriften der gerichtlichen Zuständigkeit –, so zeichnen sich damit

---

[163] *Kortgen*, Rdnr. 625.

[164] Vgl. oben unter Erster Teil II 1 b bb (2) (c), S. 51 f. Nicht überzeugend aber *Witthohn*, S. 143 m.N.: "Wenn das Volk bereits mit einfacher Mehrheit über Wahlen und Abstimmungen seine Souveränität ausüben kann, so kann der übereinstimmende Wille der Allgemeinheit nicht ohne Wirkung bleiben."

[165] Bonner Kommentar-*Menger*, Art. 19 Abs. 1 GG, Rdnr. 76, 159; *Jarass/Pieroth*, Art. 19 GG, Rdnr. 2; v. Münch/Kunig-*Krebs*, Art. 19 GG, Rdnr. 4 ("im Ergebnis unstreitig"). Unstreitig ist auch, daß Art. 19 Abs. 1 S. 2 GG nicht auf vorkonstitutionelle Gesetze Anwendung findet, weil ältere Verfassungen die Formvorschrift nicht kannten und Art. 123 Abs. 1 GG nur den inhaltlichen Widerspruch zum Grundgesetz meint, vgl. BVerfGE 2, 121, 122; 5, 13, 16; 35, 185, 188; 61, 82, 113; Bonner Kommentar-*Menger*, Art. 19 Abs. 1 GG, Rdnr. 163; Dreier-*Dreier*, Art. 19 I GG, Rdnr. 20; *Sachs* in Stern, StaatsR III/2, § 83 III 3, S. 749.

[166] BVerfGE 35, 185, 188 f.; 64, 72, 79 f.; Maunz/Dürig-*Herzog*, Art. 19 Abs. I GG, Rdnr. 11; Bonner Kommentar-*Menger*, Art. 19 Abs. 1 GG, Rdnr. 141; *Sachs* in Stern, StaatsR III/2, § 83 III 2, S. 747; v. Münch/Kunig-*Krebs*, Art. 19 GG, Rdnr. 14.

[167] Zur "Informationsfunktion" vgl. Bonner Kommentar-*Menger*, Art. 19 Abs. 1 GG, Rdnr. 142; v. Münch/Kunig-*Krebs*, Art. 19 GG, Rdnr. 14; Dreier-*Dreier*, Art. 19 I GG, Rdnr. 16.

[168] Vgl. aber noch unten unter Erster Teil II 1 b bb (3), S. 55 ff.

zugleich die Umrisse der ordnungsrechtlichen Annexaufgabe ab. Diese Umrisse werden vom Gewohnheitsrecht nur noch ausgefüllt.[169] Anders, wenn die Ordnungsbewahrung nicht Annex-, sondern Sachaufgabe selbst ist. Dann mögen die gegen Gewohnheitsrecht als Eingriffsgrundlage erhobenen Bedenken als gewichtiger erscheinen. Dementsprechend hat auch das allgemeine Polizei- und Ordnungsrecht (hier ist die Ordnungsbewahrung nicht Annexaufgabe), das früher weitgehend als Gewohnheitsrecht galt,[170] eine formell-gesetzliche Regelung erfahren. Hinzu kommt, daß polizeiliche Maßnahmen zur Aufrechterhaltung der öffentlichen Sicherheit und Ordnung den Bürger im allgemeinen Staat-Bürger-Verhältnis treffen, während die annexiellen Ordnungsmaßnahmen, die gegen den räumlich einbezogenen Störer ergriffen werden, diesen als Subjekt eines rechtlichen Sonderbindungsverhältnisses ansprechen.[171] Auch deshalb durfte die Lücke im formellen Recht hier ohne Verstoß gegen das Gesetzesvorbehaltsprinzip fortbestehen.

(3) Gewohnheitsrecht und repressive Eingriffe

Im Bereich des hier erörterten Problems des Gesetzesvorbehalts betrifft Gewohnheitsrecht das Verhalten von Bürgern im Verhältnis zum Staat, das Tun und Lassen in Ausübung grundrechtlicher Freiheit. Eingreifende oder zu einem Eingriff ermächtigende Rechtssätze stellen – letztlich jedenfalls die allgemeine Handlungsfreiheit, Art. 2 Abs. 1 GG, beschneidende – Verhaltenserwartungen. Dabei[172] lassen sich rechtstheoretisch drei Arten von Normen[173] unterscheiden. Die Norm kann sich auf das Aussprechen der Verhaltenserwartung beschränken; ihre Erzwingbarkeit[174] bleibt unformuliert ("Du sollst nicht töten."[175] – schlichte Verhaltensnorm[176]). Die Norm kann

---

[169] In diese Richtung auch BayVGH BayVBl. 1981, 657; *Ronellenfitsch*, Verwaltungsarchiv 73 (1982), 465, 477. Hier liegt auch der Grund dafür, warum das öffentlich-rechtliche Hausrecht manchen (*Gerhardt*, BayVBl. 1980, 724/725; *Witthohn*, S. 111) nicht als so bedeutsam erscheint, daß eine parlamentarische Befassung erforderlich wäre.
[170] Vgl. *Jesch*, S. 114; *Freitag*, S. 28.
[171] Dazu im einzelnen unten unter Erster Teil II 2 c, S. 81 ff.
[172] Andere Arten von Rechtsnormen wie Leistungsnormen und Organisationsnormen können im vorliegenden Zusammenhang nebst ihrer rechtstheoretischen Verortung außer Betracht bleiben.
[173] Normen als abstrakt-generelle Rechtssätze, Vorschriften, nicht Normen als individuelle Normbefehle, vgl. *Lagodny*, S. 84.
[174] Gemeint ist der Zwangscharakter, der jeder Rechtsnorm, zumindest jeder Verhaltensnorm, eigen ist (vgl. *Schilling*, S. 17; *Kortgen*, Rdnr. 141 – je m.w.N.), allerdings nicht im Sinne gegenständlicher Herbeiführbarkeit des gesollten Verhaltens, sondern als implizierte Garantie des Normgebers, die sich nicht notwendig über eine Sanktion, sondern über die Motivation des Normadressaten verwirklicht (vgl. *Schilling*, S. 18 ff.).
[175] Auch das Töten von Menschen fällt in den wertneutralen Schutzbereich des Grundrechts aus Art. 2 Abs. 1 GG, Sachs-*Murswiek*, Art. 2 GG, Rdnr. 53; *Jarass/Pieroth*, Art. 2 GG, Rdnr. 3; vgl. auch *Lagodny*, S. 91 ff. m.w.N.
[176] Dies die "Norm" *Bindings*, die dieser für den Bereich des Strafrechts durch Rückbildung der Strafvorschriften gewonnen hat, *Binding*, Die Normen I, § 6, 3, S. 42 ff.

ausdrücklich einen Dritten zur Herstellung oder Aufrechterhaltung des gesollten Verhaltens ermächtigen ("Wer zu töten sucht, darf daran gehindert werden." – Verhaltenserzwingungsnorm). Schließlich gibt es Vorschriften, die über die Einhaltung von Verhalten hinaus selbständige Zwecke verfolgen. Sie erheben einen nur noch mittelbar mit der Verhaltenserwartung verknüpften gesonderten Vorwurf und sollen Sanktionsnormen im engeren Sinne heißen ("Wer einen Menschen tötet ... wird ... mit Freiheitsstrafe nicht unter fünf Jahren bestraft.", § 212 Abs. 1 StGB).

Zwischen den beiden zuletzt genannten Gruppen von Normen, die insoweit zu Unrecht nivellierend unter den Begriffen Sanktionsnormen, Entscheidungsnormen oder sekundäre Normen[177] zusammengefaßt werden, besteht ein im Hinblick auf ihre gewohnheitsrechtliche Entstehung qualitativer Unterschied. Zunächst stellt das staatlich zu beschränkende Verhalten der Bürger die Grundlage für die Herausbildung von Gewohnheitsrecht dar. Existiert eine dauernde, allgemeine Übung unter den Verwaltungsunterworfenen, sich in Beschränkung ihrer grundrechtlichen Betätigungsmöglichkeiten so oder so zu verhalten und wird diese Verhalteneinengung weithin als rechtlich gesollt anerkannt, dann ist die "schlichte Verhaltensnorm" Gewohnheitsrecht geworden.[178] Weil aber zumindest Verhaltensnormen schon begrifflich nur dann als rechtlich verbindlich angenommen werden können, wenn sie per Zwangsanordnung vom Normgeber garantiert werden,[179] bezieht sich die Billigung der Übung auch auf die zwangsweise Gewährleistung des gebotenen Verhaltens.[180] Die Verhaltenserzwingungsnorm drückt, in Form eines eigenen Rechtssatzes, den Imperativ der schlichten Verhaltensnorm aus, indem sie deren implizierte Zwangsfolge ausformuliert. Greift die öffentlich-rechtliche Primärnorm – in Gestalt eines Rechtssatzes des geschriebenen oder des ungeschriebenen Rechts – auch bereits selbst in ein Grundrecht ein, weil und sofern sie unmittelbar ein Verhalten gebietet oder verbietet,[181] so hat der

[177] Vgl. *Schilling*, S. 24 f., 51 m.N. in Fn. 7; *Kortgen*, Rdnr. 144 f.; *Lagodny*, S. 81 mit Fn. 19.

[178] Daher unrichtig *Witthohn*, S. 169, der meint, daß für die Entstehung von verwaltungsrechtlichem Gewohnheitsrecht immer auch die Anerkennung durch die Exekutivorgane notwendig sei.

[179] Vgl. *Schilling*, S. 17; *Kortgen*, Rdnr. 141 je m.w.N.

[180] Unpräzise *Kortgen*, Rdnr. 483, der daraus, daß "die Bereitstellung von Zwangsmitteln zur Garantie der Rechtsnorm ... zum Wesen eine Bestimmungsnorm als Rechtsnorm" gehört, schlußfolgert, daß das Anerkenntnis der Verhaltensnorm (Bestimmungsnorm) zugleich das Anerkenntnis der "Sanktionsnorm", zu denen er auch Strafvorschriften zählt (a.a.O., Rdnr. 480 mit 144 f.), beinhaltet, Der Zwangscharakter der Verhaltensnorm erfaßt aber nur jene Sanktionen i.w.S., die zur Herstellung oder Aufrechterhaltung des primären Verhaltens dienen, nicht die repressiven, ferneren Zwangsfolgen der Sanktionsnormen i.e.S.

[181] Daß primäre Verhaltensnormen statuierende öffentlich-rechtliche Gesetze mindestens in das Grundrecht aus Art. 2 Abs. 1 GG eingreifen, wenn sie eines Vollzugsaktes nicht bedürfen, ist anerkannt, so in den Fällen BVerfGE 36, 47; 40, 371; 55, 159; 72, 51; vgl. *Lagodny*, S. 56 f., 85. Aber auch Sanktionsnormen, die das primäre Verhaltensgebot nur implizieren, greifen schon mit Erlaß in Grundrechte ein, nicht erst über die Verhängung der Sanktion.

aufgrund der Verhaltenserzwingungsnorm vorgenommene Eingriff dieselbe Wurzel. Denn der Zwangs- oder zwangsbewehrte Akt führt nur wertfrei[182] das herbei, was dem Normadressaten ohnehin über die ständige tatsächliche Übung und Überzeugung des eigenen Rechtskreises geboten war.

Anders die selbständige Sanktionsnorm: Sie dient nicht mehr allein der Durchsetzung der Verhaltenserwartung, sondern formuliert die Ermächtigung zu einem eigenständigen nachgeschalteten Grundrechtseingriff.[183] Dieser liegt in dem staatlichen Vorwurf, wie er namentlich als sozialethisches Unwerturteil im kriminalstrafrechtlichen Schuldspruch[184] und als ordnungsrechtlicher Vorwurf[185] im Bußgeld- oder Verwarnungsbescheid zum Ausdruck kommt.[186] Er wird nur erhoben, wenn das abweichende Verhalten von persönlicher Schuld getragen war, und berührt das allgemeine Persönlichkeitsrecht (Art. 1 Abs. 1 i.V.m. Art. 2 Abs. 1 GG).[187] Die staatliche Mißbilligung richtet sich – öffentlich – gegen die Persönlichkeit des Täters; der strafende oder strafähnliche Eingriff unterscheidet sich damit grundlegend von anderen Eingriffen.[188] Hinzu kommt in der Regel[189] der Eingriff durch die verhängte Sanktion, z. B. eine Geldleistungspflicht (Art. 2 Abs. 1 GG) oder eine Freiheitsentziehung (Art. 2 Abs. 2 S. 2 i. V. m. Art. 104 Abs. 1 S. 1 GG).

Beide repressiven Reaktionen sind für den an der tatsächlichen Übung des primär erwarteten Verhaltens teilhabenden Grundrechtsträger gleichsam zu weit entfernt, um in einer eigenen gewohnheitsrechtlichen Norm Garantiewirkung, Rechtsklarheit und Bestimmtheit zu entfalten. Die Eingriffsnorm hat dem Normadressaten nicht nur das inkriminierte Verhalten als verboten

---

[182] D.h. ohne Schuldvorwurf; Paradebeispiel sind die Verhaltenserzwingungsnormen des Polizei- und Ordnungsrechts, die letztlich über den Begriff der öffentlichen Sicherheit "gleichsam automatisch" jede öffentlich-rechtliche Verhaltensvorschrift im Rahmen der polizeilichen Zuständigkeit mit Zwangsbefugnissen bewehren (*Lagodny*, S. 86 f.); die polizei- und ordnungsrechtliche Verantwortlichkeit setzt weder Schuldfähigkeit noch Verschulden voraus, sie ist "frei von einer moralischen Wertung" (Lisken/Denninger-*Denninger*, E 58; vgl. *Drews/Wacke/Vogel/Martens*, § 19, 3, S. 293; BayVGH DÖV 1984, 433, 434).

[183] Im Anschluß an *Lagodny*, S. 96 ff.

[184] BVerfGE 96, 245, 249; *Jescheck/Weigend*, § 8 I 2, S. 65 m.N.

[185] *Jescheck/Weigend*, § 23 VII 3, S. 228 m.N.

[186] Hierher gehören auch die Disziplinarstrafen, die Schulstrafen und Ungebührstrafen (z.B. § 178 GVG – sitzungspolizeiliche Ordnungsstrafe). Sie alle sind "im Gegensatz zur reinen Präventionsmaßnahme dadurch gekennzeichnet, daß sie – wenn nicht ausschließlich, so doch auch – auf Repression und Vergeltung für ein rechtlich verbotenes Verhalten abzielen" (BVerfGE 20, 323, 331), vgl. auch Sachs-*Degenhardt*, Art. 103 GG, Rdnr. 56.

[187] Eingehend *Lagodny*, S. 115 ff.; vgl. auch BVerfGE 25, 269, 285.

[188] Maunz/Dürig-*Schmidt-Aßmann*, Art. 103 Abs. II GG, Rdnr. 165 m.w.N.

[189] Ausnahmsweise kann von einer gesonderten Sanktion abgesehen werden, es bleibt dann beim im Schuldspruch enthaltenen Vorwurf, z.B. § 60 StGB (Absehen von Strafe), § 56 Abs. 1 S. 2 OWiG (Verwarnung ohne Verhängung eines Verwarnungsgeldes), vgl. *Lagodny*, S. 99 ff.

vor Augen zu führen, sondern auch die staatliche Befugnis, den Unwertvorwurf zu erheben und damit Repressionen zu verknüpfen. Die gesondert eingreifende Sanktionsfolge der staatlichen Mißbilligung muß – auch nach Art und Ausmaß – für den Bürger erkennbar und voraussehbar sein.[190]

Es ist zwar vorstellbar, daß neben der des primären Verhaltens eine dauernde tatsächliche Übung staatlicher Sanktion entsteht, aber diese Übung kann nicht zu (verfassungsgemäßem) Gewohnheitsrecht in Form einer Sanktionsnorm i. e. S. erstarken. Denn das gesollte Verhalten des mit dem gesonderten Eingriff, dem Vorwurf, belegten Bürgers ist nicht Teil dieser Übung. Der Inhalt einer ungeschriebenen Sanktionsnorm i. e. S. wurzelt nicht in der Überzeugung der betroffenen Rechtskreise, d. h. derjenigen, an die sich die dazugehörige Verhaltensnorm wendet, sondern allenfalls in der Überzeugung der die Sanktion verhängenden staatlichen Stellen. Eine solche Norm hätte nicht an der unmittelbaren demokratischen Legitimität teil, die das langgeübte Verhalten und der Wille des Volkes dem Gewohnheitsrecht verleiht. Der von der – über die bloße Verhaltensherbeiführung hinausgehende – Sanktion betroffene Grundrechtsträger erzeugt das Recht nicht selbst. Er wäre nur Objekt einer andersgearteten, vom Verhalten seines Rechtskreises abgelösten hoheitlichen Übung, einer Übung, die ihren Geltungsgrund als Rechtsnorm weder unmittelbar im Verhalten des Volkes noch in eimem Gesetzesbeschluß des parlamentarischen Gesetzgebers fände.

Die Rechtsgrundlage belastenden Handelns, und allemal die Rechtsgrundlage der besonders schwerwiegend belastenden Erhebung staatlichen Vorwurfs und Auferlegung selbständiger Sanktionen muß in Richtung auf den Eingriffsunterworfenen ausgeformt sein. Ihm muß sich die Eingriffsbefugnis des Staates als Rechtssatz darstellen (Garantiefunktion). Das bedeutet für das Gewohnheitsrecht, daß der Eingriffsadressat Teil des Kreises von Rechtsgenossen ist, der die Eingriffsnorm in tatsächlicher Übung des gesollten Verhaltens als verbindlich anerkennt. Nur dann kann sich ihm, in Anknüpfung an sein Verhalten, die Rechtsfolgenseite der gewohnheitsrechtlichen Ermächtigungsgrundlage erschließen: Herbeiführung des rechtlich gesollten Verhaltens. Ob der Staat darüberhinaus einen Schuldvorwurf erheben und gesonderte Sanktionen verhängen darf und welcher Art und welchen Umfangs die Sanktionen sein sollen – die Anforderungen an die Bestimmtheit und Klarheit der Norm sind hierfür höher als für sonstige

---

190 Für Art. 103 Abs. 2 GG: BVerfGE 57, 250, 262; 71, 108, 115; 73, 206, 235; 92, 1, 12; BGHSt 21, 135, 136 f.; Bonner Kommentar-*Rüping*, Art. 103 Abs. 2 GG, Rdnr. 14.

Eingriffe[191] –, vermag der Bürger aus dem Verhalten der Mitglieder seines Rechtskreises nicht abzuleiten.[192] Hierfür bedarf es einer geschriebenen Norm.

Damit hat sich erwiesen, daß Gewohnheitsrecht zwar Ermächtigungsgrundlage für Ordnungsmaßnahmen sein kann, die direkt auf die Aufrechterhaltung oder Herstellung der Ordnung zielen (Gefahrenabwehr und Störungsbeseitigung), nicht aber für darüber hinausgehende Ordnungsmaßnahmen mit Vorwurfs- oder Strafcharakter (repressives Handeln).[193]

cc) Die zwecksichernden Ordnungsbefugnisse als Gewohnheitsrecht

Die Suche nach Gewohnheitsrecht als (materiell-) gesetzliche Eingriffsermächtigung hat am Verhalten der rechtsunterworfenen Bürger anzusetzen. Die von diesen im Bewußtsein ihrer rechtlichen Verbindlichkeit befolgte dauernde Übung setzt die gewohnheitsrechtliche Verhaltensnorm und läßt hoheitliche Maßnahmen zu ihrer zwangsweisen Gewährleistung zu. Die Anerkennung einer ungeschriebenen öffentlich-rechtlichen Norm durch den "Rechtsstab" (Sanktionsnormen anwendende Hoheitsträger und die diese Anwendung überprüfenden Gerichte) ist dagegen ein Akt wertender Erkenntnis über objektives Recht und als solcher nur Indiz, nicht aber Grundlage für die gewohnheitsrechtliche Geltung der Norm.[194]

Es bedarf keiner empirischen Großuntersuchung, um dessen gewahr zu werden: Die Besucher und Benutzer von Verwaltungs- und Gerichtsgebäuden, von öffentlichen Einrichtungen und Anstalten verhalten sich fast durchweg so, daß die Erfüllung der öffentlichen Sachaufgabe nicht

---

[191] Für das Strafrecht, Ordnungswidrigkeitenrecht, Disziplinar- und Standesrecht, die sämtlich von Art. 103 Abs. 2 GG erfaßt werden: BVerfGE 49, 168, 181; Sachs-*Degenhardt*, Art. 103 GG, Rdnr. 67; *Jarass/Pieroth*, Art. 103 GG, Rdnr. 48.

[192] Für repressive Sanktionen würde obendrein Art. 19 Abs. 1 S. 2 GG die Nennung des eingeschränkten Grundrechts im Gesetz fordern, was nur in einer geschriebenen Vorschrift möglich wäre. Denn für derartige Eingriffe gelten die Gründe, wegen derer Gewohnheitsrecht vom Zitiergebot freizustellen ist, nicht. Weil nicht der Eingriffsunterworfene selbst Normgeber der gewohnheitsrechtlichen Sanktionsnorm i.e.S. wäre, sondern die sanktionsausübende hoheitliche Stelle, bedürfte sie dieser "psychologischen Eingriffsschranke" (Maunz/Dürig-*Herzog*, Art. 19 Abs. I GG, Rdnr. 11) ebenso wie der Grundrechtsträger der in der Nennung liegenden Information.

[193] Zugleich ist hiermit eine neuartige Begründung für die allgemeine Ansicht gegeben, daß der spezielle Gesetzesvorbehalt in Art. 103 Abs. 2 GG strafbegründendes und strafschärfendes Gewohnheitsrecht ausschließt (vgl. dazu nur BVerfGE 14, 174, 185; 71, 108, 115; Maunz/Dürig-*Schmidt-Aßmann*, Art. 103 Abs. II, Rdnr. 222; Schönke/Schröder-*Eser*, § 1 StGB, Rdnr. 9).

[194] Gegen *Kortgen*, Rdnr. 500.

beeinträchtigt wird. Hunderte und Tausende von Personen folgen dem Imperativ der sie umgebenden Verhältnisse, passen ihr Tun und Lassen dem öffentlichen Zweck an, bevor es einmal zu einer Störungssituation kommt. Die Verhaltenseinengung geschieht dabei nicht im bewußter Befolgung hoheitlicher Anordnungen (Einzelverfügungen, Hausordnungen), sondern bereits aus sich heraus. Der in ein Verwaltungsgebäude Eintretende kennt mindestens in groben Zügen den sachlichen öffentlichen Zweck des Organisationsgeflechts, dem er sich räumlich eingliedert, einen Zweck, der mehr (leistungserbringende öffentliche Einrichtung) oder minder (Strafgerichtsgebäude hinsichtlich des Angeklagten) direkt auch um seines Wohls willen verfolgt wird. Er richtet sein Verhalten daran aus, um der Gemeinschaft nicht zu schaden und seine eigene Angelegenheit im Gebäude reibungslos besorgen zu können. Diese Übung, die sachliche Aufgabenerfüllung im räumlichen Bereich von Hoheitsträgern nicht zu stören, dauert an, seit erstmals hoheitliche Gewalt öffentliche Aufgaben in abgeschirmten Räumen wahrgenommen hat. Als Garant der Verhaltensbeschränkung erscheint dem Bürger die staatliche Stelle, in deren Bannkreis er getreten. Er billigt nicht nur die Verhaltenserwartung, indem er sie erfüllt, sondern hält auch die Übung der Behörde, Verhaltensanordnungen zu treffen, um ihre Tätigkeit vor Störungen zu schützen, für verbindlich.[195] Das gilt im Störungsfall einerseits für die sich primärnormgemäß verhaltenden Personen – sie wollen die Störung beendet sehen, damit der Verwaltungsapparat auch für sie wieder funktioniere. Das gilt aber auch für den von der ausgesprochenen Verhaltensanordnung Betroffenen – denn in aller Regel befolgt dieser die hoheitliche Verfügung, ohne daß es zu Zwangsmaßnahmen kommt. Störer, die sich abweichend verhalten und daran bewußt festhalten, haben zwar nicht an der allgemeinen, gleichmäßigen Übung und Überzeugung teil, können aber als Angehörige des Rechtskreises der in ein öffentliches Gebäude Eingetretenen als Verantwortliche für eine der Sachaufgabenerfüllung drohende Gefahr ordnungsrechtlich in Anspruch genommen werden. Das Gewohnheitsrecht bindet das Verhalten aller Mitglieder eines Rechtskreises, in dem die ständige Übung eine allgemeine und gleichmäßige ist.

Ans Sophistische grenzt der Einwand, daß sich im Bereich der besonderen Gewaltverhältnisse vorkonstitutionelles Gewohnheits*recht* nicht bilden konnte, weil jene mindestens bis 1945/49 als rechtsfreie Räume angesehen wurden.[196] Entscheidend ist nicht die Etikettierung sozialer Beziehungen durch die Rechtswissenschaft, sondern die tatsächliche Übung und die

[195] Vgl. *Tettinger*, WissR 1983, 221, 228.
[196] v. Münch/Kunig-*Schnapp*, Art. 20 GG, Rdnr. 47: "Gewohnheitsrechtliche Ermächtigungsgrundlagen für ehedem als Nicht-Recht qualifizierte Normen sind ein Widerspruch in sich".

gemeinsame Überzeugung der Beteiligten von ihrer Verbindlichkeit. Das Anstaltsverhältnis als hier einschlägiges besonderes Gewaltverhältnis erlegte dem Benutzer oder Besucher vielfältige Verhaltensbindungen auf, die über die Anstaltsgewalt garantiert und gegebenenfalls durchgesetzt wurden. Den "Zustand verminderter Freiheit und verschärfter Abhängigkeit"[197] ertrug der Einzelne um so deutlicher als staatlich gesollt, als ihm Abwehrrechte nicht zur Seite standen und gerichtlicher Rechtsschutz versagt blieb.[198] Im Zuge der Verrechtlichung der besonderen Gewaltverhältnisse nach 1949 bewertete man sie durchweg als gewohnheitsrechtlich durchformt,[199] bevor nach dem Strafgefangenenbeschluß des Bundesverfassungsgerichts[200] formell-gesetzliche Regelungen für die die Grundrechtsausübung am stärksten betreffenden Bereiche (Strafvollzug, Schulrecht) geschaffen wurden.

Die zur Abwehr einer Gefahr für die öffentliche Aufgabenerfüllung notwendigen Maßnahmen sollen vom hoheitlichen Träger eines Verwaltungsgebäudes auch nach Ansicht des "Rechtsstabes" vorgenommen werden dürfen. Rechtsprechung und Lehre gehen hier weitgehend[201] von ungeschriebenen Befugnisnormen[202] aus und bewerten die entsprechende Übung der Praxis damit als rechtmäßig.[203] Das betrifft sowohl Anordnungen, die das primär gesollte Verhalten herbeiführen sollen (z. B. ein Rauchverbot[204]), wie auch – auf der zweiten Stufe der Gefahrenabwehr – den Ausschluß von der Benutzung und Hausverbote. Der Streit um die Rechtsnatur des Hausrechts in Verwaltungsgebäuden[205] ändert an der allgemeinen Rechtsüberzeugung vom

---

[197] *O. Mayer*, Dt. VwR, Bd. I, S. 101, in seiner klassischen Definition des besonderen Gewaltverhältnisses.

[198] Zum besonderen Gewaltverhältnis vgl. noch unten unter Erster Teil II 2 b aa und cc, S. 68 ff. und 75 ff.

[199] *Jesch*, S. 210 f.; *Witthohn*, S. 126; *Thieme*, DÖV 1956, 521, 524.

[200] BVerfGE 33, 1.

[201] Vereinzelt werden geschriebene Aufgabenzuweisungsnormen als Ermächtigungsgrundlage herangezogen, so von BayVGH BayVBl. 1981, 657; HessVGH DVBl. 1979, 925. Eine formell-gesetzliche Befugnisnorm verlangt *Ehlers*, DÖV 1977, 737, 740, 742. Gegen das Bestehen einer ungeschriebenen öffentlich-rechtlichen Befugnisnorm wenden sich einzig noch *Stürner*, Privatrechtliche Gestaltungsformen, S. 104 ff, 108; *ders.*, JZ 1971, 98 f. und *Engeln*, S. 120 ff., die den Funktionsschutz in öffentlichen Gebäuden jenseits formell-gesetzlicher öffentlich-rechtlicher Ermächtigungsgrundlagen daher im Zivilrecht verankert sehen.

[202] Eine geschriebene Befugnisnorm zur Ausfüllung der ordnungsrechtlichen Annexkompetenz gilt einzig im Bundesland Hamburg, – nach § 3 Abs. 1 Hamb SOG können die Verwaltungsbehörden im Rahmen ihres Geschäftsbereiches Maßnahmen zur Gefahrenabwehr treffen.

[203] Bekanntlich stehen einige Gegenstimmen der Allgemeinheit einer Überzeugung nicht entgegen, BGHZ 37, 219, 222 f.; *Kortgen*, Rdnr. 511; *Ronellenfitsch*, Verwaltungsarchiv 73 (1982), 465, 476.

[204] OVG Berlin, DÖV 1975, 610; OVG Münster DVBl. 1991, 498 f.; BayVGH BayVBl. 1964, 24 f. (Sprechverbot); HessVGH DVBl. 1979, 925 (Verbot, auf Universitätsgelände Zeitschriften allgemeinpolitischen Inhalts zu verkaufen).

[205] Vgl. oben unter Erster Teil I 1 b, S. 19 ff.

Bestehen einer ungeschriebenen öffentlich-rechtlichen Abwehrnorm nichts, weil er nur die Frage betrifft, inwieweit konkrete Maßnahmen dieser Norm oder Vorschriften des Zivilrechts zuzuordnen sind.[206]

Ordnungsbefugnisse gegenüber in öffentliche Gebäude Eingetretene werden unter den Bezeichnungen Ordnungsgewalt, Anstaltsgewalt und Hausrecht häufig ausdrücklich als gewohnheitsrechtlich gegeben anerkannt.[207] Die Überzeugung des Rechtsstabes von der Rechtmäßigkeit dieser Ordnungsmaßnahmen spricht aber ebenso aus der Zuerkennung einer entsprechenden Annexbefugnis[208] oder aus der Bezugnahme auf das "Wesen des Benutzungsverhältnisses" oder die "Natur der Sache".[209] Weiteres Indiz sind die ungezählten Hausordnungen, Benutzungsordnungen und Anstaltssatzungen, die, als konkretisierendes Recht hoheitlich gesetzt, Verhalten in Verwaltungsgebäuden und Gebäuden öffentlicher Einrichtungen beschränken sollen.[210]

Das auf Nichtstörung der im Gebäude verfolgten öffentlichen Zwecke gerichtete Verhaltensgebot samt der Befugnis der Verwaltungsstelle, die zur Bewahrung eines störungsfreien Zustandes und zur Abwehr von der Aufgabenerfüllung drohenden Gefahren erforderlichen Maßnahmen gegen den Störer ergreifen zu dürfen, ist als gewohnheitsrechtliche Norm[211]

---

[206] *Tettinger*, WissR 1983, 221, 228 f.; *Gerhardt*, BayVBl. 1980, 724, 725; *Karpen*, WissR 1972, 195, 202; – entgegen *Bethge*, Die Verwaltung 1977, 313, 329, *Engeln*, S. 122; *Zeiler*, DVBl. 1981, 1000, 1003; *Ehlers*, DÖV 1977, 739, 740; BayVGH NJW 1980, 2722, 2723.

[207] Für das öffentlich-rechtliche Hausrecht: *Tettinger*, WissR 1983, 221, 228 f.; *Gerhardt*, BayVBl. 1980, 724, 725; *Berg*, JuS 1982, 260, 262 (es könne kaum einen eindeutigeren Gewohnheitsrechtssatz geben als das Hausrecht des Behördenleiters); *Knoke*, AöR 94 (1969), 388, 401; *Papier*, Recht der öffentlichen Sachen, S. 36; *ders.* in Erichsen, AllgVwR, § 41 Rdnr. 50; *Pappermann/Löhr/Andriske*, S. 165; *Götz*, Rdnr. 119; *Schrameyer*, S. 85; *Ronellenfitsch*, Verwaltungsarchiv 73 (1982), 465, 476; *Wolff/Bachof/Stober*, VwR Bd. 1, § 25 Rdnr. 16; *Witthohn*, S. 157; Für die Ordnungsgewalt: *Knoke*, AöR 94 (1969), 388, 401; *Folz*, JuS 1965, 41, 46; *Karpen*, WissR 1972, 195, 202; Für die Anstaltsgewalt: *Thieme*, DÖV 1956, 521, 526.

[208] *Bethge*, Die Verwaltung 1977, 313, 324; *Knemeyer*, DÖV 1970, 596, 598 f.; *ders.*, VBlBW 1982, 249, 252; *Zeiler*, DVBl. 1981, 1000, 1004; *Maurer*, § 8 Rdnr. 54; *Pappermann/Löhr/Andriske*, S. 133; *Rüfner*, Die Verwaltung 1984, 19, 31; *Kromer*, S. 61 ff.

[209] OVG Lüneburg, DÖV 1986, 341: "Dies ist eine Frage der Sachgesetzlichkeit, gewohnheitsrechtlicher Begründungen bedarf es dafür nicht."; OVG Münster NVwZ-RR 1994, 642; NVwZ 1995, 814; BayVGH BayVBl. 1981, 657 und VG Frankfurt/Main NJW 1998, 1424 (Befugnis ergebe sich aus der "Natur der Sache"); *Ronellenfitsch*, Verwaltungsarchiv 73 (1982), 465, 474 ("Natur der Sache", "allgemeines Rechtsprinzip").

[210] *Knoke*, AöR 94 (1969), 388, 400 f.

[211] Auch in den Gebäuden der von den Bundesländern getragenen Gerichte mit Ausnahme der Verfassungsgerichte (vgl. Sachs-*Degenhardt*, Art. 74 GG, Rdnr. 18 m.w.N.) tritt diese Ordnungsbefugnis als Bundesgewohnheitsrecht auf (zur Unterscheidung von Bundes- und Landesgewohnheitsrecht allgemein vgl. *Forsthoff*, § 7 B 1, S. 148; *Wolff/Bachof/Stober*, VwR Bd. 1, § 25 Rdnr. 16). Die Ordnungsbewahrung zum Schutz der Rechtsprechungstätigkeit ist auch jenseits der bereits bundesrechtlich geregelten Sitzungspolizei (§§ 176 ff.

hinreichend bestimmt.[212] Sie entspricht den oben[213] für den hier betroffenen Sachbereich herausgearbeiteten Anforderungen an die Befugnisnorm, die die Annexzuständigkeit der räumlich abgeschirmten öffentlichen Stelle ausfüllt. Zwar innerbehördliches Pendant zur polizeirechtlichen Generalermächtigung, ist sie auf der Tatbestandsseite dieser gegenüber eingeschränkt ("Gefahr für die Erfüllung der öffentlichen Sachaufgabe").[214]

Die Maßnahmerichtung kann den Grundsätzen über die polizeiliche Verantwortlichkeit entsprechend entnommen werden.[215] Das bedeutet, daß grundsätzlich nur der Verursacher einer konkreten Gefahr als Handlungs- oder Zustandsstörer in Anspruch genommen werden darf. Das bedeutet aber auch die Anwendung der Grundsätze über die Haftung des Anscheinsstörers und die Zulässigkeit sogenannter Gefahrerforschungseingriffe bei Gefahrenverdacht.[216] Schließlich kann die Inanspruchnahme nichtverantwortlicher Personen im sogenannten polizeirechtlichen Notstand[217] in Betracht kommen.

2. Präzisierungen

a) Hausrecht und Ordnungsgewalt

Die gewohnheitsrechtliche Annexbefugnis der öffentlichen Verwaltung in Gebäuden dient dem Schutz der Verwaltungszwecke schlechthin, gleichgültig, welche Stellung der Störer zum Verwaltungsträger einnimmt. Soweit der öffentlich-rechtliche Funktionsschutz nicht formell-gesetzlich normiert worden ist, bindet das Gewohnheitsrecht das Verhalten aller in den Verwaltungsraum eingetretenen Bürger. Es ermächtigt den Hoheitsträger, die Gefahr mit den erforderlichen Maßnahmen abzuwehren. Welche hoheitliche Reaktion verhältnismäßig, ermessensfehlerfrei und zweckmäßig ist, hängt dann von den betroffenen Rechten und Rechtsverhältnissen sowie den tatsächlichen Gegebenheiten im Einzelfall ab. Es handelt sich um ein einheitliches Ordnungsmittel, für dessen Ausübung natürlich auch von Belang ist, ob der Störer in einem öffentlich-rechtlichen Benutzungs- oder

---

GVG) Annexmaterie zur "Gerichtsverfassung", auf die sich die konkurrierende Gesetzgebung des Bundes erstreckt (Art. 74 Abs. 1 Nr. 1 GG). Damit ist dieses einheitlich geltende vorkonstitutionelle Gewohnheitsrecht von Art. 125 Nr. 1 GG in den Stand von Bundesrecht erhoben worden. Den Landesgesetzgebern fehlt gem. Art. 72 Abs. 1 GG folglich bereits die Gesetzgebungskompetenz zur Regelung der Ordnungsbefugnisse in Gerichtsgebäuden.

[212] Für das öffentlich-rechtliche Hausrecht: *Witthohn*, S. 157.

[213] Vgl. oben unter Erster Teil II 1 b aa (2), S. 40 ff.

[214] Vgl. oben unter Erster Teil II 1 b aa (2), S. 43 f.

[215] Ebenso *Witthohn*, S. 157; *Stürner*, JZ 1972, 664, 665 f. für das "Hausrecht".

[216] Vgl. dazu allgemein *Drews/Wacke/Vogel/Martens*, § 13 2 c, S. 226 f.; Lisken/Denninger-*Denninger*, E 37 ff.; *Knemeyer*, Polizei- und OrdnungsR, Rdnr. 69 f.; BVerwGE 39, 190, 193 f.; 45, 51, 58; 49, 36, 41 f.; VGH Mannheim NVwZ 1991, 493.

[217] Vgl. z.B. die Regelungen in § 6 PolG NW, § 16 ASOG Bln (§ 6 MEPolG).

Mitgliedschaftsverhältnis oder einer sonstigen Sonderverbindung zur gestörten Einrichtung steht oder nicht.

Die in der Literatur vertretene Ansicht, die allgemein zwischen zwei ungeschriebenen öffentlich-rechtlichen Ordnungsinstituten, der Ordnungs- bzw. Anstaltsgewalt und dem Hausrecht unterscheidet,[218] überzeugt nicht.[219] Diese Gegenüberstellung ist Relikt der überwundenen rein zivilrechtlichen Deutung des Hausrechts in Verwaltungsgebäuden. Seit man, darunter die genannten Autoren,[220] dieses fast durchweg als öffentlich-rechtliche Annexbefugnis zum Schutz der Aufgabenerfüllung erkannt hat, ist der innere Grund für die Differenzierung entfallen.[221] Dies gilt um so mehr, als das öffentlich-rechtliche Hausrecht ausdrücklich aus einer Überlegung des Bundesverfassungsgerichts zum Aufgabenzusammenhang entwickelt wurde,[222] die ebenfalls nicht zwischen Hausrecht und Ordnungsgewalt differenziert, sondern umfassend die Ordnungsgewalt als Annex des Sachgebietes, auf dem die Verwaltung tätig wird, erkennt.[223] Nun sichert das Hausrecht die Sachtätigkeit, den Verwaltungszweck, den Anstaltszweck ebenso wie die traditionelle Ordnungs- oder Anstaltsgewalt dies tun.[224] Hier wie dort muß sich die Ausübung unmittelbar an den Bindungen des öffentlichen Rechts orientieren. Eine willkürliche Handhabung des Rechts, über den Zutritt von Personen zu entscheiden, wie sie für das private "Jedermanshausrecht" typisch ist, verbietet sich. Ohne Gewicht ist das Argument, daß in den Hochschulgesetzen und in den Staats- und Kommunalverfassungen zwischen Ordnungsbewahrung einerseits und Ausübung des Hausrechts differenziert

---

[218] *Knemeyer*, DÖV 1970, 596, 597 f., 600 f.; *ders.*, VBlBW 1982, 249, 251; *Bahls*, DVBl. 1971, 275, 276; *Ehlers*, DÖV 1977, 737, 740; *Greifeld*, DÖV 1981, 906, 910; *Berg*, JuS 1982, 260; *Tettinger*, WissR 1983, 221, 231 ff.; *Axer*, S. 194; – für die "Anstaltsgewalt": *Kromer*, S. 67, 69; *Wallerath*, § 4 I 2, S. 76; *Wolff/Bachof/Stober*, VwR II, § 99 Rdnr. 4, 6.

[219] So auch *Knoke*, AöR 94 (1969), 388, 403 f.; *Folz*, JuS 1965, 41, 43, 45 f.; *Scholz*, DVBl. 1968, 732, 740; *Schrameyer*, S. 85; *Frühling*, S. 160, 167; *U. Schmitt*, S. 80 ff., 100, 102; *Karpen*, WissR 1972, 195, 201 ff.; *Schwabe*, JR 1980, 344 f.; *Zeiler*, DVBl. 1981, 1000, 1004 (anders aber in bezug auf die Anstaltsgewalt); *Ronellenfitsch*, Verwaltungsarchiv 73 (1982), 465, 473; *Drews/Wacke/Vogel/Martens*, § 3, 1, S. 34 f.; *Rüfner*, Die Verwaltung 1984, 19, 33; für die Ordnungsbefugnisse des Bundestagspräsidenten: *Jarass/Pieroth*, Art. 40 GG, Rdnr. 9 f.; v. Mangoldt/Klein/Achterberg/*Schulte*, Art. 43 Abs. 2 GG, Rdnr. 71.

[220] Vgl. die Nachweise in der vorvorhergehenden Fußnote.

[221] Für ein privatrechtliches Hausrecht der Behörden in Gegenüberstellung zur öffentlich-rechtlichen Ordnungsgewalt noch *Engeln*, S. 128 f.

[222] Auf BVerfGE 3, 407, 433 beziehen sich dabei: *Knemeyer*, VBlBW 1982, 249, 252; *Zeiler*, DVBl. 1981, 1000, 1004; *Scholz*, DVBl. 1968, 732, 740; *Knoke*, AöR 94 (1969), 388, 401; *Drews/Wacke/Vogel/Martens*, § 3, 1, S. 34 mit § 2, 1, S. 16 f.

[223] BVerfGE 3, 407, 433; ferner BVerfGE 8, 143, 149 f.; 28, 119, 146.

[224] Das können auch die Anhänger einer Trennung von Hausrecht und Ordnungsgewalt nicht verhehlen, z.B. *Tettinger*, WissR 1983, 221, 229 einerseits und 232 andererseits; *Knemeyer*, DÖV 1970, 596, 598 f. und 600. Ebenso OVG Münster DÖV 1990, 979 f.

werde und es sich deshalb um zwei verschiedene Institute handeln müsse.[225] Die – ohnehin nur einen schmalen Randbereich behördlicher Ordnungsbewahrung betreffenden – Vorschriften wurden geschaffen, bevor die Erkenntnis, daß ein öffentlich-rechtliches Hausrecht besteht, vom Gesetzgeber rezipiert werden konnte. In ihnen wirkt die traditionelle Auffassung[226] nach, die das Hausrecht der Behörden, anders als die Ordnungsgewalt, dem Privatrecht zuordnete.

Die danach aufgestellten Abgrenzungsbehauptungen wirken deshalb aufgepfropft und unpraktikabel und sind auch von der Rechtsprechung nicht akzeptiert worden.[227] Insbesondere die Annahme, das öffentlich-rechtliche Hausrecht richte sich nur gegen Außenstehende, etwa diejenigen, die kein Recht zum Betreten haben, oder Besucher von Verwaltungsgebäuden, die Ordnungs- oder Anstaltsgewalt dagegen gegen zugelassene Benutzer oder Körperschaftsmitglieder,[228] setzt sich der Kritik aus. Diese Ansicht muß sich fragen lassen, auf welches Ordnungsrecht sie denn Maßnahmen gegenüber störenden "Besuchern" stützen will, die sich nicht als Geltendmachung des Hausrechts (Hinausweisung) darstellen. Schon aus Gründen der Verhältnismäßigkeit der Mittel dürfen Besucher von Verwaltungsgebäuden oder öffentlichen Einrichtungen, die nicht den Status eines Körperschaftsmitglieds oder Anstaltsbenutzers gewinnen,[229] nicht nur der scharfen Sanktion des Hausrechts unterliegen. Vielmehr sind zunächst mildere gleichwirksame Maßnahmen zu ergreifen, um die von Seiten des Eingetretenen drohende Gefahr abzuwehren,[230] Maßnahmen, zu denen das Hausrecht als bloße Einlaß- und Ausweisungsberechtigung[231] nicht ermächtigt.[232] Umgekehrt muß auch

---

[225] So *Knemeyer*, DÖV 1970, 596; *Engeln*, S. 128.

[226] BGHZ 33, 230, 231 f.; BGH NJW 1967, 1911, 1912; BezVG Berlin-Zehlendorf, NJW 1950, 395 und im Anschluß daran: OVG Berlin DVBl. 1952, 763, OVG Hamburg MDR 1957, 188; OVG Münster DVBl. 1963, 303, 304; – vgl. *U. Schmitt*, S. 35 ff.

[227] VGH Mannheim ESVGH 25, 144, 146; HessVGH DVBl. 1979, 925; BayVGH BayVBl. 1981, 657; OVG Münster NJW 1998, 1425 f.

[228] *Knemeyer*, DÖV 1970, 596, 597 f., 600; *ders.*, VBlBW 1982, 249, 251; *Bahls*, DVBl. 1971, 275, 276; *Ehlers*, DÖV 1977, 737, 740; *Berg*, JuS 1982, 260.

[229] Z.B. der architekturinteressierte Stadtfremde, der ein Renaissance-Rathaus betritt; die Tante, die ihren Neffen nach dem Schwimmunterricht im Foyer der städtischen Schwimmhalle erwartet, ohne selbst eine Eintrittskarte zu lösen.

[230] Z.B. die Anweisung an den Architekturfreund, die für einen Blick in das Bürgermeisterzimmer geöffnete Tür wieder von außen zu schließen; die Aufforderung an die Tante, mitgebrachtes Gepäck von Wartestühlen zu entfernen.

[231] Auf diesen Inhalt sieht man fast einhellig das Hausrecht beschränkt, vgl. *Knemeyer*, DÖV 1970, 596, 597; *Knoke*, AöR 94 (1969), 388, 403 f.; *Zeiler*, DVBl. 1981, 1000, 1001; *Ehlers*, DÖV 1977, 737, 738; *Greifeld*, DÖV 1981, 906, 910 und das strafrechtliche Schrifttum, etwa Schönke/Schröder-*Lenckner*, § 123 StGB, Rdnr. 1; *Maurach/Schroeder/Maiwald*, BT-1, § 30 Rdnr. 2; *Schmidhäuser*, BT, 6. Kap. Rdnr. 11; – anders nur *Tettinger*, WissR 1983, 221, 239 (mildere Anordnungen u.U. geboten). Vgl. auch *U. Schmitt*, S. 73, für den aber das öffentlich-rechtliche Hausrecht nur Teil der Anstaltsgewalt ist (S. 102 f.).

[232] So wird auch die Verbandsgewalt im Wasserverbandsrecht auf Nichtmitglieder erstreckt, wenn deren Verhalten die Erfüllung der Verbandsaufgaben stört, BVerwGE 7, 17, 28; *Püttner*

gegen Interne "hausrechtlich" vorgegangen werden können.[233] Nicht jedes Hinausweisen führt zur Beendigung des Benutzungsverhältnisses oder der Mitgliedschaft, mit der Folge, daß aus dem Benutzer ein Außenstehender wird,[234] noch darf es dazu führen. Wenn in Gestalt eines zeitweisen Hausverweises bereits eine hausrechtliche Maßnahme die konkrete Gefahr abwehrt, dann wäre die einschneidendere Aufkündigung des Sonderverhältnisses als unverhältnismäßig rechtswidrig.[235] Für das "akademische Hausrecht" ist daher überwiegend anerkannt, daß ihm auch Mitglieder und Angehörige der Hochschulen unterliegen.[236] Der Tatbestand der ungeschriebenen Ordnungsnorm ist unabhängig davon erfüllt, ob die Störung der Aufgabenerfüllung von einem "Benutzer" oder einem "Besucher" ausgeht.

Die Scheidung von öffentlich-rechtlichem Hausrecht und Ordnungsgewalt nach dem Adressaten ist darüberhinaus unklar geblieben, weil die verschiedenen vorgeschlagenen Abgrenzungskriterien sich überschneiden.[237] Sie läßt sich auch für alle Arten von Staat-Bürger-Beziehungen in den verschiedenen der öffentlichen Aufgabenerfüllung dienenden Gebäuden nicht einheitlich durchhalten. Die gewohnheitsrechtliche Funktionsschutznorm erfährt je nach den betroffenen Rechtspositionen, der Stellung des Gefahrverantwortlichen und dem Zweck des Gebäudes, in das er eingetreten ist, Modifikationen, die so vielfältig sein können, daß sie mit der Zweiteilung in außengerichtetes Hausrecht und interne Ordnungsgewalt nicht zu erfassen sind.

---

in Achterberg/Püttner, BesVwR I, 2/6 Rdnr. 1168; entsprechend die Ordnungsgewalt des Parlamentspräsidenten auf Nicht-Parlamentarier, vgl. § 41 GOBT; *Zeh* in Hdb. d. StaatsR II, § 43 Rdnr. 36, 38.

[233] Trotz dogmatischer Trennung von Hausrecht und Ordnungsgewalt wollen das Hausrecht auch gegen berechtigte Benutzer anwenden: *Axer*, S. 194; *Tettinger*, WissR 1983, 221, 231 ff.; *Götz*, Rdnr. 119.

[234] Davon scheint *Knemeyer*, DÖV 1970, 596, 598 auszugehen.

[235] Beispiel: Dem Bibliotheksnutzer mit Jahreskarte, der an einem Hustenanfall leidet, darf nur vorübergehend die Tür des Lesesaales gewiesen, nicht aber die Benutzungsberechtigung insgesamt entzogen werden.

[236] BGH NJW 1982, 189; VGH Mannheim ESVGH 25, 144, 146; HessVGH DVBl. 1979, 925; OVG Münster NJW 1998, 1425 f.; *Leuze*, § 19 UnivG NW, Rdnr. 7; *Tettinger*, WissR 1983, 221, 236 ff.; *Reich*, § 4 HRG, Rdnr. 1 m.w.N. auch zur Gegenansicht.

[237] Nach *Knemeyer*, DÖV 1970, 596, 597; *ders.*, VBlBW 1982, 249, 251, soll sich das Hausrecht nur gegen den von vornherein störungswilligen Eindringling, die Ordnungsgewalt gegen jeden, der eine sachliche Angelegenheit im Verwaltungsgebäude zu besorgen und daher ein Recht zum Betreten habe, richten. Andere halten für Besucher von Behördengebäuden als öffentliche Sachen im Verwaltungsgebrauch allein das Hausrecht für einschlägig, während die Benutzer von Anstalten der Anstaltsgewalt unterlägen (*Zeiler*, DVBl. 1981, 1000, 1003; *Greifeld*, DÖV 1981, 906, 910). Wieder andere (*Wolff/Bachof/Stober*, VwR II, § 99 Rdnr. 5 f.) unterscheiden allgemein danach, ob die Person sich widmungsgemäß (dann Ordnungs- und Anstaltsgewalt) oder widmungswidrig verhält (dann Hausrecht).

Deshalb ist auch die stattdessen angebotene eher äußerlich beschreibende Zuordnung des Begriffs Hausrecht zu präventiven, die des Begriffs der Ordnungsgewalt zu repressiv-disziplinarischen Maßnahmen[238] ohne Wert. Echte repressive strafähnliche, d. h. mit einem staatlichen Vorwurf verbundene Reaktionen bedürfen einer formell-gesetzlichen Grundlage. Die gewohnheitsrechtlich verfestigte Annexkompetenz zum öffentlich-rechtlichen Funktionsschutz in Gebäuden rechtfertigt sie nicht.[239] Einige, aber durchaus nicht alle Ordnungsmaßnahmen gegenüber Mitgliedern von Selbstverwaltungskörperschaften, Amtsträgern und Benutzern von Zwangsanstalten tragen disziplinarische Züge. Auch sie unterfallen wegen ihres Strafcharakters dem in Art. 103 Abs. 2 GG verankerten Gebot der lex scripta.[240] Besteht entsprechendes Satzungs-, Verordnungs- oder parlamentsgesetztes Recht, so mag man es als Ordnungsgewalt bezeichnen; dennoch zieht nicht nur dieses geschriebene "Straf"-Ordnungsrecht Folgerungen aus vergangenem Verhalten,[241] dies tut auch die ungeschriebene Ordnungsgewalt mitsamt der Befugnis, Hausverbote zu erlassen – freilich ausschließlich zur Gefahrenabwehr und Störungsbeseitigung. Diesen gesamten Bereich der "präventiven" gewohnheitsrechtlichen Ordnungsbewahrung gegenüber Anstaltsnutzern wie Externen unter Einschluß aller denkbaren Verhaltensanordnungen mit dem Begriff des öffentlich-rechtlichen Hausrechts zu belegen,[242] wäre verwirrend, weil "Hausrecht" sonst ausschließlich als Befugnis, über die Anwesenheit von Personen zu entscheiden, verstanden wird.[243]

Das einheitliche gewohnheitsrechtliche Ordnungsinstitut wird im folgenden als öffentlich-rechtliche Haus- und Ordnungsgewalt apostrophiert, welche Bezeichnung anders als "betriebliche"[244] oder "hoheitsrechtliche"[245] Ordnungsgewalt deutlich macht, daß das "öffentlich-rechtliche Hausrecht" darin aufgeht. Es hat die – von seinen Organen auszuübende – Befugnis eines Trägers öffentlicher Verwaltung zum Inhalt, mit den erforderlichen Maßnahmen der hoheitlichen Aufgabenerfüllung, dem öffentlichen Zweck im Verwaltungs-, Gerichts-, Parlamentsgebäude drohende Gefahren abzuwehren und derartige Störungen zu beseitigen.

---

238 So *Axer*, S. 194; *Tettinger*, WissR 1983, 221, 231 ff; *Reich*, § 4 HRG, Rdnr. 1; *Leuze*, § 19 UnivG NW, Rdnr. 8; *Engeln*, S. 129 f.
239 Siehe oben unter Erster Teil II 1 b bb (3), S. 55 ff.
240 BVerfGE 26, 186, 203; 45, 346, 351; 66, 337, 355 f. st. Rspr.; BVerwGE 93, 269, 273 f.; *Hill* in Hdb. d. StaatsR VI, § 156 Rdnr. 58; *Jarass/Pieroth*, Art. 103 GG, Rdnr. 41; ablehnend Maunz/Dürig-*Schmidt-Aßmann*, Art. 103 Abs. II GG, Rdnr. 196; Bonner Kommentar-*Rüping*, Art. 103 Abs. 2 GG, Rdnr. 78.
241 So *Reich*, § 4 HRG, Rdnr. 1; *Leuze*, § 19 UnivG NW, Rdnr. 8.
242 *Tettinger*, WissR 1983, 221, 234, 236 ff., der für Maßnahmen der Ordnungsgewalt geschriebene Ermächtigungsnormen verlangt (a.a.O., 232).
243 Zum Inhalt des Hausrechtsbegriffs vgl. unten unter Erster Teil II 2 d, S. 92 ff.
244 *Knoke*, AöR 94 (1969), 388, 398; *Drews/Wacke/Vogel/Martens*, § 3, 1, S. 35.
245 *Folz*, JuS 1965, 41, 45 f.

b) Anstaltsgewalt?

Nunmehr soll versucht werden, das Gebiet der Anstalt, des Anstaltsbenutzungsverhältnisses und der Anstaltsgewalt, welches seit der Verabschiedung des "besonderen Gewaltverhältnisses" als rechtsdogmatischer Figur[246] eine zusätzliche Verfinsterung erfahren hat, unter besonderer Berücksichtigung von Gerichten bzw. Gerichtsgebäuden zu erhellen.

aa) Der Begriff der Anstalt

Für die traditionelle, auf *O. Mayer* fußende Lehre bezeichnete Anstaltsgewalt die Macht des Anstaltsherrn über den in einem besonderen Gewaltverhältnis zur Anstalt stehenden Bürger. Dabei wurde "Anstalt" weit als "Bestand von Mitteln, sächlichen wie persönlichen, welche in der Hand eines Trägers öffentlicher Verwaltung einem besonderen öffentlichen Zweck dauernd zu dienen bestimmt sind"[247] begriffen. Für *O. Mayer* waren Gerichte das Paradebeispiel der öffentlichen Anstalt (als "Rechtsschutz-" bzw. "Rechtspflegeanstalt").[248] Die Anstaltsgewalt war selbst Ausdruck des besonderen Gewaltverhältnisses,[249] d. h. eines im Gegensatz zum allgemeinen Gewaltverhältnis stehenden Zustandes verminderter Freiheit und verschärfter Abhängigkeit, die zugunsten eines bestimmten Zwecks öffentlicher Verwaltung für alle Einzelnen begründet wird, die in den vorgesehenen besonderen Zusammenhang treten.[250] Das Anstaltsverhältnis war, insbesondere wenn man den Anstaltsbegriff so weit faßte wie *O. Mayer*, der sogar den Staat selbst als Anstalt ansah,[251] mit dem besonderen Gewaltverhältnis nahezu deckungsgleich.[252] Aus der Zugehörigkeit zur Kategorie des besonderen Gewaltverhältnisses leitete man kurzerhand für das Anstaltnutzungsverhältnis rigide Rechtsfolgen ab: Hier sollten weder der Grundsatz der Gesetzmäßigkeit der Verwaltung (insbesondere nicht der Vorbehalt des Gesetzes) noch die Grundrechte gelten[253], Maßnahmen der Anstaltsgewalt wurden keinesfalls als Verwaltungsakte qualifiziert, sondern konnten als interne Anweisungen oder Verwaltungsvorschriften gerichtlich

---

[246] Seit BVerfGE 33, 1 ff.

[247] *O. Mayer*, Dt. VwR, Bd. II, S. 268.

[248] *O. Mayer*, Dt. VwR, Bd. II, S. 270 – "obwohl man sie nicht so zu nennen pflegt".

[249] Typisch für diese überkommene Lehre noch *Forsthoff*, § 25 II 3, S. 503; *v. Leveling*, S. 17 ff.; weitere Nachweise bei *Rauch*, S. 20 in Fn. 1.

[250] *O. Mayer*, Dt. VwR, Bd. I, S. 101 f.

[251] *O. Mayer*, Laband-Festgabe, S. 1, 54 ff.

[252] *Rüfner*, Die Verwaltung 1984, 19, 23 f.

[253] Daß die Grundrechte im besonderen Gewaltverhältnis nicht gelten, war vor Erlaß des Grundgesetzes h.L., vgl. *Rauch*, S. 18 in Fn. 6; danach wurde das besondere Gewaltverhältnis nur noch zur Begründung von Grundrechtseinschränkungen herangezogen, vgl. *Rauch*, S. 20; *Krebs*, NVwZ 1985, 609, 611.

nicht angegriffen werden.[254] Mit der zu Beginn der siebziger Jahre zuerst im Strafvollzugs- und Schulrecht[255] erteilten Absage an das besondere Gewaltverhältnis als Rechtfertigung für die Offenhaltung von "Lücken im Rechtsstaat"[256] war die Verbindung des Anstaltsbegriffs zu seinen obrigkeitsstaatlichen Wurzeln gekappt: Das Recht der öffentlichen Anstalt verkümmerte.

Der Anstaltsbegriff hat heute nur noch geringen Erkenntniswert, er wird auf die vielfältigen Erscheinungsformen von Verwaltung bezogen, die nach der Ausscheidung von Körperschaften und Stiftungen verbleiben. Man fordert ein bestimmtes – nicht zu hoch anzusetzendes – Maß an organisationsrechtlicher Verselbständigung; die Organisation der Mittel, durch die ein öffentlicher Träger öffentliche Aufgaben dauerhaft wahrnimmt, müsse rechtlich subjektiviert und institutionalisiert sein.[257] Erfaßt sind von dieser gegenüber *O. Mayers* Begriff eingeengten, aber immer noch konturenlosen Umschreibung[258] Landesbanken wie Klassenlotterien, Gefängnisse und Schulen, Friedhöfe ebenso wie Abdeckereien. Es fällt selbst bei den Hauptbeispielen für öffentliche Anstalten, den (regelmäßig) rechtsfähigen Anstalten, die diese Bezeichnung bereits in ihrem Namen tragen,[259] und den kommunalen öffentlichen Einrichtungen,[260] schwer, gemeinsame Strukturmerkmale auszumachen, die die Ableitung rechtlicher Folgerungen erlauben würden. Anstalten können benutzbar, aber auch nicht benutzbar sein, mit ihrer Einrichtung kann Ausgliederung von Fachwissen für verwaltungsinterne Belange (EDV-Zentrale, Schulungszentrum), kann Gewährleistung von Selbstverwaltung und Staatsferne (öffentlich-rechtliche Rundfunkanstalten), kann aber ebenso auch staatliche oder kommunale Kontrolle über die Erfüllung gemeinschaftswichtiger Aufgaben (Wasserversorgung, Massen-

---

[254] Vgl. *Ronellenfitsch*, DÖV 1981, 933, 935.
[255] BVerfGE 33, 1 ff.; 34, 165, 192 f.; 41, 251, 259 f.; 45, 400, 417 ff.; 47, 46, 78 ff.
[256] So der bekannte Befund *Forsthoffs*, § 7 A 1, S. 130.
[257] H.L., *Wolff/Bachof/Stober*, VwR II, § 98 Rdnr. 6 f.; *Papier* in Erichsen, AllgVwR, § 41 Rdnr. 28; *Wallerath*, § 4 I 2 a, S. 73; *Breuer*, VVDStRL 44 (1986), 211, 224 ff.; *Bull*, Rdnr. 170, 847; *Rüfner*, DÖV 1985, 605, 609; *Krebs*, NVwZ 1985, 609, 613, 615 f.; *Nafpliotis*, S. 16 ff.
[258] Dazu *Krebs*, NVwZ 1985, 609, 613 f. *Berg*, NJW 1985, 2294, 2295, hält den Anstaltsbegriff gar für nicht mehr subsumtionsfähig.
[259] Beispiele: Physikalisch-Technische Bundesanstalt, Bundesanstalt für Straßenwesen, Bundesanstalt für Gewässerkunde, Technisches Hilfswerk, Berliner Stadtreinigungsbetriebe; nicht aber die Bundesversicherungsanstalt für Angestellte, die, da mitgliedschaftlich verfaßt, Körperschaft ist.
[260] Wobei der Begriff der öffentlichen Einrichtung geringfügig weiter verstanden wird, hierfür genügt ein Inbegriff von Sachen ohne eigene Organisation wie Park, Sportplatz, Abwasseranlage, vgl. *Papier* in Erichsen, AllgVwR, § 41 Rdnr. 29; *Wolff/Bachof/Stober* VwR II, § 98 Rdnr. 7; *Axer*, S. 140. Daneben werden auch die in Privatrechtsform (in der Regel als AG oder GmbH) betriebenen kommunalen Einrichtungen der Daseinsvorsorge als öffentliche Einrichtungen bezeichnet, vgl. *Waechter*, Rdnr. 542 a ff.; *Schmidt-Aßmann* in ders., BesVwR, 1. Abschn. Rdnr. 106; *Chr. Schäfer*, S. 37.

verkehr) verfolgt werden. Anstalten sichern und verwirklichen Freiheit (Kongresszentrum, Universität[261]) oder beschränken sie (Unterbringungsanstalt, Justizvollzugsanstalt). Sie sind häufig Organisationstyp der Leistungsverwaltung, gehören aber nicht selten zur Eingriffsverwaltung oder treten gar nicht in unmittelbaren Kontakt zum Bürger. Anstaltsbenutzungsverhältnisse können privatrechtlich (kommunale Verkehrs- und Versorgungsunternehmen, Sparkassen) oder öffentlich-rechtlich (Schulen, kommunale Schwimmbäder) sein. Systematisierungsversuche münden notwendig kapitulierend in den Befund der Multifunktionalität[262] und der Offenheit[263]. Die Heterogenität der dem Typus Anstalt traditionell zugeordneten Erscheinungen provozierte Versuche, durch Hereinnahme zusätzlicher Kriterien (wieder) einen handhabbaren Rechtsbegriff zu schaffen.[264] Diese Angebote setzten sich unter anderem deshalb nicht durch, weil hier eine Dimension verwaltungsmäßiger Organisation sachfremd verabsolutiert wurde und der rechtsdogmatische Wert der engeren Begriffsbildung mangels Angabe spezifischer Rechtsfolgen[265] nicht über den des Anstaltsbegriffs der h.M. hinausgeht.[266]

bb) Gerichte als Anstalten

Wenn Gerichte vom Begriff der öffentlichen bzw. öffentlich-rechtlichen Anstalt nach dessen heutigen Verständnis erfaßt werden, so ist es denkbar, daß Ordnungsmaßnahmen auf eine eigentümliche Anstaltsgewalt zu stützen sind, wobei der Inhalt und die personelle und territoriale Reichweite der Anstaltsgewalt sowie ihr Verhältnis zur oben entwickelten öffentlich-rechtlichen Haus- und Ordnungsgewalt sowie zu sitzungspolizeilichen Befugnissen klärungsbedürftig würden.

Tatsächlich bereitet es keine Schwierigkeiten, Gerichte dem Typus der Anstalt zuzuordnen. Gerichte sind die staatlichen Einrichtungen, die gegenüber Legislative und Exekutive organisatorisch hinreichend getrennt und selbständig sind und denen die besondere Aufgabe der Rechtsprechung

[261] Zur Doppelnatur von Universitäten als Anstalten und Körperschaften vgl. jetzt § 58 Abs. 1 HRG.
[262] *Breuer*, VVDStRL 44 (1986), 211, 231 f.
[263] *Krebs*, NVwZ 1985, 609, 613 f.
[264] So plädiert *Lange*, VVDStRL 44 (1986), 169, 185 ff. für eine Verengung auf rechtsfähige Einheiten, die nichtrechtsfähigen Anstalten sollen als öffentlich-rechtliche Einrichtungen bezeichnet werden; *Köttgen*, VVDStRL 6 (1929), 105, 119 ff., 125 und *Lange*, a.a.O., 171 ff. stellen auf die typische Handlungsform von Anstalten, den Realakt, ab.
[265] Vgl. *Lange*, VVDStRL 44 (1986), 169, 202 f.
[266] Zur Kritik weiter: *Krebs*, NVwZ 1985, 609, 613; *Chen*, S. 22; *Wolff/Bachof/Stober*, VwR II, § 98 Rdnr. 30; *Nafpliotis*, S. 14 ff.

zugewiesen ist.[267] Diese den Gewaltenteilungsaspekt betonende Begriffsbestimmmung ist von Art. 92 GG, § 1 GVG her erfolgt und erfaßt neben dem im Einzelfall zur Entscheidung berufenen Spruchkörper (Gericht im prozessualen Sinn)[268] auch die Zusammenfassung von Spruchkörpern und Gerichtsverwaltung (Gericht im organisatorischen Sinn).[269] Ein Gericht ist zunächst ein einheitlicher Bestand an Personal- und Sachmitteln, der in der Hand eines Landes oder des Bundes[270] auf Dauer die besondere öffentliche Aufgabe der Rechtsprechung ausübt. Die Besonderheit gerade dieser staatlichen Aufgabe ist so ausgeprägt und bedeutsam, daß die Gesetze – zur Sicherung und Ausgestaltung der tragenden Verfassungsgrundsätze der Gewaltenteilung (Art. 20 Abs. 2 S. 2 GG) und der Unabhängigkeit der Gerichte[271] (Art. 97 Abs. 1 GG) – der Institution Gericht ein hohes Maß an organisatorischer Verselbständigung verliehen haben.

Von den Kriterien, die in der Literatur als Indikatoren für die nötige "anstaltliche" Verselbständigung, Subjektivierung oder Institutionalisierung genannt werden,[272] ist deshalb eine ganze Anzahl erfüllt. Gerichte werden von eigenständigen Organen, dem Präsidium und dem Präsidenten bzw. aufsichtsführenden Richter (§ 21 a GVG) in begrenzter Selbstverwaltung geführt.[273] Das Gesetz (vor allem § 21 e GVG) löst aus der umfassenden Zuständigkeit der Justizverwaltung die Aufgabe, den gesetzlichen Richter (Art. 101 Abs. 1 S. 2 GG) an den Rechtssuchenden heranzutragen, heraus und weist sie dem Gerichtspräsidium zu. Dieses Organ übt seine Wahrnehmungsberechtigung, die Verteilung der anfallenden Rechtsprechungsaufgaben auf das vorhandene richterliche Personal, weisungsfrei aus. Hier ist jede den Inhalt einer präsidialen Regelung betreffende Maßnahme der Dienstaufsicht unzulässig, weil die Verteilung der Geschäfte durch das Präsidium zum

---

[267] *Kissel*, § 1 GVG, Rdnr. 27; *Katholnigg*, § 1 GVG, Rdnr. 2; KK-*Pfeiffer*, § 1 GVG, Rdnr. 2; ganz ähnlich das BVerfG in ständiger Rechtsprechung, BVerfGE 14, 56, 67; 48, 300, 318; 54, 159, 166.

[268] Wie es in den Prozeßordnungen angesprochen wird, z.B. in § 238 Abs. 2 StPO, § 139 Abs. 3 ZPO, § 65 ArbGG.

[269] *Katholnigg*, § 1 GVG, Rdnr. 3; KK-*Pfeiffer*, § 1 GVG, Rdnr. 2.

[270] Gerichte können auch von anderen Körperschaften des öffentlichen Rechts, z.B. berufständischen Kammern (Ehrengerichte für Rechtsanwälte, ärztliche Berufsgerichte), getragen werden, vgl. *Kissel*, Einl. GVG, Rdnr. 130.

[271] Der Grundsatz der richterlichen Unabhängigkeit bedeutet neben der Unabhänigigkeit der Person des einzelnen Richters und der des Spruchkörpers, dem er angehört, immer auch die Unabhängigkeit der organisatorischen Einheit unter Einschluß der Gerichtsverwaltung, gleichgültig, ob das Gesetz von "Gericht" (§ 1 GVG, § 1 VwGO) oder von "Richter" (Art. 97 Abs. 1 GG, § 25 DRiG) spricht, vgl. *Kissel*, § 1 GVG, Rdnr. 4; *Schmidt-Räntsch*, Vorb. vor § 25 DRiG; *Schilken*, Rdnr. 236.

[272] Eigene Organbildung, Haushaltsführung, Willensbildung, Selbstverwaltung, begrenzte Aufsicht übergeordneter Stellen, Einfluß auf die Personalrekrutierung, Inkompatibilitäten, eigene Zuständigkeiten und Beurteilungsspielräume, – so *Wolff/Bachof/Stober*, VwR II, § 98 Rdnr. 7 und *Krebs*, NVwZ 1985, 609, 616.

[273] Vgl. *Kissel*, § 21 e GVG, Rdnr. 2; *Schilken*, Rdnr. 364.

Kernbereich richterlicher Tätigkeit gehört.[274] Auch darf ein Berufsrichter, von Randbereichen abgesehen, nicht gleichzeitig in Legislative oder Exekutive tätig sein (Inkompatibilität, §§ 4 Abs. 1, 21 Abs. 2 Nr. 2, 36 Abs. 2 DRiG). Hinzu kommt, daß die Richter über das in bestimmten Fällen gegebene Anhörungsrecht des Präsidialrates (vgl. §§ 54 f., 57, 74 f. DRiG und die Landesrichtergesetze) und in einigen Bundesländern über Richterwahlausschüsse[275] einen – allerdings geringen – Einfluß auf die Besetzung der Richterämter haben.[276] Überdies wird die organisatorische Einheit Gericht vom Rechtssuchenden – in der Regel freiwillig und gegen Zahlung einer Gebühr – "benutzt" und müßte auch aus diesem Grund typologisch der Kernzone des Anstaltsbegriffs angehören.

Vor diesem Hintergrund verwundert es, daß heute offenbar nur *Wolff/Bachof/Stober*[277] Gerichte als Anstalten behandeln, wenn auch sich kaum Stellungnahmen finden, die Gerichten die Anstaltseigenschaft ausdrücklich absprechen.[278] Erörterungen des Anstaltsrechts – oder dessen, was davon übriggeblieben ist – unterlassen es schlicht, unter den Beispielen für öffentliche Anstalten Gerichte zu nennen.

Zunächst läßt sich diese stillschweigende Herausnahme von Gerichten aus dem Anstaltsbegriff[279] nicht mit der Erwägung begründen, Gerichtsgebäude seien öffentliche Sachen im Verwaltungsgebrauch, nicht öffentliche Sachen im Anstaltsgebrauch und daher Gerichte keine Anstalten[280]. Das ohnehin von widersprüchlichen Konzeptionen wimmelnde Recht der öffentlichen Sachen[281] liegt hier gewissermaßen quer zum Anstaltsrecht.[282] Abgesehen davon, daß

[274] *Kissel*, § 1 GVG, Rdnr. 84, 53. Der Grundsatz der richterlichen Unabhängigkeit erlaubt hier nur Vorhalte und Ermahnungen in bezug auf die äußere Form oder Ordnung richterlicher Tätigkeit (§ 26 Abs. 1, 2 DRiG), vgl. BGHZ 67, 184, 187; 70, 1, 4; 112, 197, 201.
[275] Zusammenstellung bei *Schmidt-Räntsch*, vor § 8 DRiG, Rdnr. 8 ff.
[276] Zu weitergenenden Forderungen vgl. *Kissel*, § 1 GVG, Rdnr. 36 ff.
[277] VwR II, § 99 Rdnr. 5, wo von der Ordnungsgewalt der Anstaltsorgane vorsitzender Richter und Gerichtspräsident in der Anstalt die Rede ist; – offengelassen von *U. Schmitt*, S. 109 in Fn. 220.
[278] Gegen die Einbeziehung von Gerichten *Stürner*, Privatrechtliche Gestaltungsformen, S. 107 und *Jecht*, S. 71 in Fn. 142, der den Anstaltsbegriff auf betriebliche Institutionen der Leistungsverwaltung erengt, die durch den Vollzug von technischen Sachaufgaben bestimmt sind, S. 51 ff., 62. – Ob aber Behörden der unmittelbaren Staatsverwaltung – bei hinreichender Verselbständigung – als Anstalten anzusprechen sind, war offen umstritten, vgl. *Chen*, S. 16 ff. Dafür heute noch *Wolff/Bachof/Stober*, VwR II, § 98 Rdnr. 30 ("Anstalten im formellen Sinne").
[279] Bereits *Köttgen*, VVDStRL 6 (1929), 105, 111 f. hatte insofern eine stillschweigende Verengung festgestellt.
[280] So aber implizit *Papier*, Recht der öffentlichen Sachen, S. 34; *Pappermann/Löhr/Andriske*, S. 10 f., die "Dienstgebäude der Justiz" unterschiedslos für öffentliche Sachen im Verwaltungsgebrauch ansehen.
[281] Vgl. *Ehlers*, Das öffentliche Sachenrecht – ein Trümmerhaufen, NWVBl. 1993, 327 ff.
[282] Vgl. *Salzwedel* in Erichsen, AllgVwR, 10. Aufl, § 45 Rdnr. 3 f. ("Gemengelage"); *Papier*, Recht der öffentlichen Sachen, S. 13 f.

die Annahme von Verwaltungsgebrauch bereits die erst zu schlußfolgernde Entscheidung beinhaltet, hier gebrauche die (sonstige) Verwaltung und keine Anstalt, besteht eine Dichotomie von Behörde/Verwaltungsgebrauch einerseits und Anstalt/Anstaltsgebrauch andererseits gar nicht. Organisationsform und Nutzungsform sind zu trennen.[283] Nach dem herrschenden Verständnis stehen öffentliche Sachen im Verwaltungsgebrauch, wenn sie zur internen Verwaltungsnutzung gewidmet wurden, etwaige Nutzungsberechtigungen (Zugang zum Rathaus, Betätigung des Wartenummernspenders) sind nur Annex zum Recht des Bürgers auf Wahrnehmung seiner Verwaltungsangelegenheiten.[284] Anstaltsgebrauch wird dem Benutzer bereits durch die Widmung gewährleistet und nach der Zulassung, auf die ein (Destinations-) Anspruch besteht, gewährt.[285] Es gibt nun durchaus Anstalten im Verwaltungsgebrauch, nämlich solche, die entweder gar keine Nutzung für das Publikum, also keinen Zivilgebrauch, eröffnen oder solche, deren widmungsgemäße Nutzung zu den öffentlichen Sachen, deren sich die Anstalt zur Erfüllung ihrer Aufgaben bedient,[286] in einer so entfernten Beziehung steht, daß man nicht mehr von einem Gebrauch dieser Sachen durch den Benutzer sprechen kann.[287] Auch soll der Terminus des Anstaltsgebrauchs im Recht der öffentlichen Sachen nur die Abgrenzung zu den öffentlichen Sachen im sonstigen Zivilgebrauch (Gemeingebrauch, Sondergebrauch) und im Verwaltungsgebrauch leisten. Er erfaßt auch die Nutzung von öffentlichen Einrichtungen, die nicht Anstalten im organisatorischen Sinn sind, aber demselben Nutzungsregime unterstehen.[288]

Gegen die Anstaltseigenschaft von Gerichten läßt sich auch nicht geltend machen, daß diese nicht Einrichtungen der Verwaltung, sondern der Judikative sind. Der Anstaltsbegriff ist nicht auf Organisationseinheiten der vollziehenden Gewalt beschränkt, es genügt, daß irgendein Träger öffentlicher Gewalt[289] Personal- und Sachmittel zur Erfüllung öffentlicher Aufgaben zusammenfaßt und verselbständigt.[290]

---

[283] *Salzwedel* in Erichsen, AllgVwR, 10. Aufl., § 45 Rdnr. 5; *Greifeld*, DÖV 1981, 906, 907.

[284] *Papier*, Recht der öffentlichen Sachen, S. 34; *Pappermann/Löhr/Andriske*, S. 10 f.; *Salzwedel* in Erichsen, AllgVwR, 10. Aufl., § 46 Rdnr. 1 ff.; – gegen die Qualifizierung als öffentliche Sachen *Axer*, S. 201; *Ehlers*, NWVBl. 1993, 327 ff.

[285] *Papier*, Recht der öffentlichen Sachen, S. 27; *Pappermann/Löhr/Andriske*, S. 9 ("Einrichtungsgebrauch"); *Salzwedel* in Erichsen, AllgVwR, 10. Aufl., § 45 Rdnr. 1 f.

[286] Anstalten "sind" keine öffentlichen Sachen, sondern Anstalten "haben" öffentliche Sachen, *Kromer*, S. 66 f.; *Wolff/Bachof/Stober*, VwR II, § 98 Rdnr. 15; *Rüfner*, DÖV 1985, 605, 609; *Wallerath*, § 4 I 2 a, S. 73.

[287] *Kromer*, S. 56.

[288] *Pappermann/Löhr/Andriske*, S. 128; *Papier*, Recht der öffentlichen Sachen, S. 28.

[289] In dieserm weiten Sinne gebrauchte *O. Mayer* den Begriff "öffentliche Verwaltung" in seiner klassisch gewordenen Definition, Dt. VwR, Bd. II, S. 268.

[290] *Wolff/Bachof/Stober*, VwR II, § 98 Rdnr. 6.

Die "rein dogmatische Richtigkeit der Einordnung"[291] von Gerichten unter den Anstaltsbegriff konzedierend, hat *Stürner* eingewandt, die nicht vor Gericht geladene Person betrete das Gerichtsgebäude völlig zulassungsfrei. Es fehle somit an der für anstaltliche Nutzungsverhältnisse charakteristischen Zulassung.[292] Aber das ist nicht richtig. Der für das Ingeltungsetzen des "relativen" Anstaltsbenutzungsverhältnisses im Einzelfall erforderliche Zulassungsakt wird jedem nicht schon vorab durch Ladung zugelassenen Benutzer des Gerichts durch den diensthabenden Pförtner im Eingangsbereich erteilt. Auch ohne mit der herrschenden Meinung[293] die Anforderungen an den Zulassungsakt bis hin zu dessen stillschweigender Implizierung bei tatsächlicher Inanspruchnahme der anstaltlichen Leistung absenken zu müssen, kann das Passierenlassen des Eintretenden[294] durch den Justizbeamten oder die sonstige den Einlaßdienst versehende Wachperson als Zulassung zur Benutzung interpretiert werden. Wie bei vielen anderen Einrichtungen, deren Anstaltseigenschaft *Stürner* nicht anzweifelt, wird dem im Blickfeld des Pförtners Eintretenden über willensgetragene Duldung persönlich die Nutzung gewährt. Die Zulassungssituation ist dieselbe wie beim Museum mit kostenlosem Eintritt, Betreten des Gebäudes eines Arbeitsamtes oder des Lesesaales einer städtischen Bibliothek.

Ist somit die weithin geübte Ausgrenzung der Gerichte aus dem Anstaltsrecht nicht begründbar, so ist sie doch erklärbar: Das Recht der öffentlichen Anstalten und mit ihm das "besondere Gewaltverhältnis" wurden entwickelt, um einer Vielzahl vorgefundener hoheitlicher Einrichtungen eine gemeinsame rechtsdogmatische Grundlage zu geben. Eingriffe und Beschränkungen durch den Anstaltsherrn gegen den Anstaltsunterworfenen sollten legitimiert werden. Dies erschien vor allem für Rechtsverhältnisse erforderlich, die wegen ihrer Variabilität keine gesetzliche Regelung erfahren hatten und erfahren konnten. Die Beziehungen der "Einzelnen, die in den vorgesehenen besonderen Zusammenhang"[295] zur Anstalt Gericht treten, waren und sind jedoch schon lange weitgehend durch Gesetze geformt.

In den Prozeßordnungen und im Gerichtsverfassungsgesetz findet sich eine Reihe von Normen, die die Rechtsverhältnisse der Gerichte in verschiedener Hinsicht regeln. Neben der Organisation und den Zuständigkeiten der

---

[291] *Stürner*, Privatrechtliche Gestaltungsformen, S. 107.

[292] A.a.O.

[293] *Papier* in Erichsen, AllgVwR, § 41 Rdnr. 33; *Pappermann/Löhr/Andriske*, S. 9; *Forsthoff*, § 22 II 1, S. 414; *Chen*, S. 55. Damit führt z.B. das Betreten von Friedhöfen über unbewachte Eingänge zu einem Anstaltsnutzungsverhältnis.

[294] Die insbesondere in Gebäuden der Strafgerichtsbarkeit üblichen Einlaßkontrollen (Befragen, Vorlage eines Ausweises, Taschenkontrolle, Leibesvisitation) ziehen erst recht einen – häufig ausdrücklich geäußerten – Zulassungsakt nach sich.

[295] Vgl. die Definition des besonderen Gewaltverhältnisses bei *O. Mayer*, Dt. VwR, Bd. I, S. 101 f.

Gerichte betrifft dies gerade auch das "Anstaltsnutzungsverhältnis". Hier ist festgeschrieben, welcher Personenkreis in welcher Weise und in welchen Grenzen die organisatorische Einheit Gericht benutzen und dabei gegebenenfalls Gerichtsgebäude, Sitzungssäle und Büros der Geschäftsstellen betreten darf.[296] Bereits das Gesetz verbrieft also in stark differenzierender Weise den Anspruch des Benutzers auf Zulassung sowohl zur Verwaltungseinheit Gericht als auch zum einzelnen Spruchkörper. Das Verfahren und die Form der Leistungserbringung (Streitentscheidung, Rechtsfürsorge, Bestrafung) sowie die dafür zu entrichtenden Gebühren sind im einzelnen festgelegt. Darüberhinaus ist in §§ 175 Abs. 1 und 176 ff. GVG (Sitzungspolizei) zumindest ein Teil der Ordnungsbefugnisse zur Verwirklichung des engeren "Anstaltszwecks" Rechtsprechung geregelt worden, so daß insoweit der Rückgriff auf eine aus der Anstaltseigenschaft zu folgernde Anstaltsgewalt nicht erforderlich war.[297]

cc) Die Lehre von der Anstaltsgewalt

Wenn nun aber Gerichte dem weiten organisationsrechtlichen Anstaltsbegriff unterfallen, so müssen auch Existenz und Geltungsgrund der "Anstaltsgewalt" im allgemeinen untersucht werden.

Wie schon oben angedeutet, ist das Institut der Anstaltsgewalt in dem Verständnis geschaffen worden, daß die öffentlich-rechtliche Anstalt bzw. ihr Träger im Innenbereich des besonderen Gewaltverhältnisses zum Anstaltsnutzer die Verhältnisse und Beziehungen gesetzes- und gerichtsfrei regeln kann. Inbegriff dieser ungehemmten Regelungsmacht war die Anstaltsgewalt.[298] Sie bildete die Grundlage für die rechtssatzmäßige

---

[296] Beispiele: Anwesenheitsrechte des Angeklagten (§ 230 StPO) und des Verteidigers (vgl. §§ 137 Abs. 1 S. 1, 145 Abs. 1 StPO) in der strafprozessualen Hauptverhandlung; Betretensrecht von zur mündlichen Verhandlung geladenen (§§ 141 Abs. 2 ZPO) oder nicht geladenen (Grundsatz der Parteiöffentlichkeit) Parteien in Zivilprozeß; Zuhörer (u.a. in §§ 169 ff. GVG, § 52 FGO, § 17 BVerfGG, Öffentlichkeitsgrundsatz). – Überall dort, wo das Recht zur Abgabe von Erklärungen zu Protokoll der Geschäftsstelle eingeräumt wird (z.B. in § 81 Abs. 1 S. 2 VwGO, § 341 StPO), darf der Erklärende auch das Büro der Geschäftsstelle bzw. die Rechtsantragsstelle von Gesetzes wegen betreten. Gleiches gilt für den zur Akteneinsichtnahme Berechtigten (z.B. § 34 FGG, § 147 StPO).

[297] Vgl. auch *Stürner*, Privatrechtliche Gestaltungsformen, S. 107, der aber die Tatsache übergeht, daß die sitzungspolizeilichen Ordnungsbefugnisse wegen der tatbestandlichen Ausformung der §§ 176 ff. GVG ("in der Sitzung") allein die Ordnung im gesamten Gerichtsgebäude nicht zu gewährleisten vermögen und hier aus diesem Grund weitere öffentlich-rechtliche Ordnungsrechte, darunter die Anstaltsgewalt, denkbar sind.

[298] In Art. 140 des nicht Gesetz gewordenen Entwurfs einer "Verwaltungsgerichtsordnung für Württemberg", Stuttgart 1931, hatte die Lehre von der Anstaltsgewalt folgendermaßen partiell Niederschlag gefunden: "Die Benutzer der Anstalt sind während der Dauer der Benutzung der Anstaltsgewalt unterworfen. Kraft der Anstaltsgewalt können den Benutzern durch die Anstaltsordnung oder durch Anweisung im Einzelfall Verpflichtungen zu einem bestimmten

(Anstaltsordnungen, Benutzungsordnungen) oder durch Einzelweisungen vorgenommene Ausgestaltung des anstaltlichen "Innen" nicht nur in bezug auf Gewährleistung von Störungsfreiheit, sondern auch in bezug auf die Verfassung und Organisation und die Benutzungsmodalitäten.[299] Eine gewisse Bändigungswirkung sollte dabei allein vom Zweck der Anstalt ausgehen.[300] Der Anstaltsgewalt wurden, entweder unabhängig oder als Teil derselben, die Begriffe der Anstaltsdisziplin und der Anstaltspolizei zur Seite gestellt. Überwiegend verstand man unter Anstaltsdisziplin die bei einigen Anstalten ihrem Zweck nach gegebenen Machtbefugnisse über den Anstaltsunterworfenen außerhalb des räumlichen Bereichs der Anstalt (etwa der Schule über die Schüler auf einem Schulausflug).[301] Auf die Anstaltspolizei sollten hingegen Abwehrmaßnahmen der Anstalt zu stützen sein, die sich gegen Störungen von außen, d. h. gegen Personen, die nicht in einem "besonderen Gewaltverhältnis" zur Anstalt stehen, richten.[302] Man erkannte aber bald, daß die Anstaltsgewalt als Ausdruck des besonderen Gewaltverhältnisses Maßnahmen gegen Externe, also im "allgemeinen Gewaltverhältnis" stehende Personen, nicht legitimieren konnte, sprach der Anstaltspolizei eigene Bedeutung ab und verwies die Anstalt insoweit auf die Inanspruchnahme der allgemeinen Polizeibehörden.[303]

Heute bietet sich ein uneinheitliches Bild. Eine Anzahl von Stimmen hat die Anstaltsgewalt als Vehikel des besonderen Gewaltverhältnisses auch begrifflich verabschiedet.[304] Sie sei "als rechtliche Kategorie entbehrlich"[305], "weder erforderlich noch juristisch zu begründen"[306] und "offenkundig überholt"[307]. Andere behalten diese Bezeichnung für die Ordnungsbefugnisse im Anstaltsnutzungsverhältnis bei, weisen aber darauf hin, daß sich aus der Existenz von Anstalt und Anstaltsgewalt für sich betrachtet noch keine besonderen Rechte zur Einschränkung im Benutzungsverhältnis ergeben.[308] Die Anstaltsgewalt sei nicht eigenständige Staatsgewalt, sondern nur Ausdruck der allgemeinen Regelungsbefugnis im Rahmen der Gesetze.[309] Hier

---

Tun, Dulden oder Unterlassen auferlegt werden, soweit es zur Erfüllung des bestimmungsmäßigen Zwecks der Anstalt erforderlich ist."

[299] Vgl. *Forsthoff*, § 25 II 3, S. 504.

[300] *O. Mayer*, Dt. VwR, Bd. II, S. 286; *Fleiner*, S. 337; vgl. *Chen*, S. 93.

[301] *Jellinek*, S. 515 f.; *Rauch*, S. 32; *U. Schmitt*, S. 102.

[302] *Maunz*, S. 29.

[303] *Jellinek*, S. 516 mit S. 436; *Forsthoff*, § 25 II 3, S. 503 f.; *Rauch*, S. 32 in Fn. 2.

[304] *Maurer*, § 23 Rdnr. 54; *Pappermann/Löhr/Andriske*, S. 133; *Rüfner*, Die Verwaltung 1984, 19, 31; *Breuer*, VVDStRL 44 (1986), 211, 219; *Karpen*, WissR 1972, 195, 199 ff., implizit auch *Papier*, Recht der öffentlichen Sachen, S. 12 ff., 27 ff. und in Erichsen, AllgVwR, § 41.

[305] *Pappermann/Löhr/Andriske*, S. 133.

[306] *Rüfner*, Die Verwaltung 1984, 19, 31.

[307] *Breuer*, VVDStRL 44 (1986), 211, 219.

[308] *Wolff/Bachof/Stober*, VwR II, § 99 Rdnr. 3; vgl. auch *Berg*, NJW 1985, 2294, 2295.

[309] *Wolff/Bachof/Stober*, VwR II, § 99 Rdnr. 3.

besteht also nur ein terminologischer Unterschied zur vorbezeichneten Meinungsgruppe, welche insoweit auf eine ohne weiteres bestehende Befugnis aller Hoheitsträger, bei akuten Störungen selbst die erforderlichen Abwehrmaßnahmen zu treffen, oder das Hausrecht abstellt[310]. Wieder andere[311] operieren weiter mit dem Begriff der Anstaltsgewalt, ohne deutlich zu machen, daß zumindest der Terminus von Grund auf in Frage gestellt ist und einer neuen Basis bedarf.

Häufig findet sich die Formulierung, der Anstaltsgewalt unterlägen nur die (zugelassenen) Benutzer.[312] Damit wird der Anwendungsbereich der Anstaltsgewalt auf nutzbare Anstalten beschränkt. Die Anstaltsgewalt bezeichnet dann lediglich die Ordnungsgewalt im Anstaltsbenutzungs-verhältnis als einen Ausdruck der nach Zulassung entstandenen "schuldrechtlichen" vertragsähnlichen Beziehung zwischen Anstaltsherrn und Benutzer. Gegenüber nicht zugelassenen Personen soll im räumlichen Bereich der Anstalt mit dem öffentlich-rechtlichen Hausrecht vorgegangen werden können.[313] Als Grund für diese Differenzierung wird angegeben, daß die Anstaltsgewalt sich nur den Benutzern gegenüber rechtfertigen ließe, für Anordnungen an Dritte fehle es an der Ermächtigungsgrundlage.[314] Andererseits wird vertreten, daß der Anstaltsgewalt über den zugelassenen Benutzer hinaus jede Person unterliegt, die das anstaltliche Territorium betritt.[315] Dieser Streit existierte mit demselben Frontenverlauf schon vor der durch die Verabschiedung der Radikalfigur des besonderen Gewaltverhältnisses markierten Zeitenwende.[316] Er entspricht der Kontroverse um die Reichweite der Ordnungsgewalt und deren Verhältnis zum Hausrecht.[317]

Die Rechtsprechung vermeidet heute weitgehend den Begriff der Anstaltsgewalt. Aufforderungen an Störer, seien sie nun Anstaltsbenutzer oder nicht, hoheitlich betriebene Gebäude nicht zu betreten oder zu verlassen, stützt sie auf das – privat- oder öffentlich-rechtliche – Hausrecht, und zwar

---

[310] *Maurer*, § 8 Rdnr. 54; *Pappermann/Löhr/Andriske*, S. 133; *Rüfner*, Die Verwaltung 1984, 19, 31; *ders.*, DÖV 1985, 605; *Karpen*, WissR 1972, 195, 201 f.
[311] *Kromer*, S. 67; *Wallerath*, § 4 I 2 b, S. 76.
[312] *Kromer*, S. 67; *Wolff/Bachof/Stober*, VwR II, § 99 Rdnr. 4; *Wallerath*, § 4 I 2 b, S. 76; eher beiläufig in diese Richtung auch: *Zeiler*, DVBl. 1981, 1000, 1003; LK-*Schäfer*, § 123 StGB, Rdnr. 42 a.E.
[313] *Kromer*, S. 69; *Wolff/Bachof/Stober*, VwR II, § 99 Rdnr. 6.
[314] *Wolff/Bachof/Stober*, VwR II, § 99 Rdnr. 6.
[315] *Loschelder*, Sonderbindung, S. 220; *Ehlers* in Erichsen, AllgVwR, § 4 Rdnr. 20; auch *Forsthoff*, § 25 II 3, S. 494, indem er als Benutzer nicht nur den zugelassenen, sondern jeden Eintretenden ansieht.
[316] Für die Beschränkung der Anstaltsgewalt auf zugelassene Benutzer: *Frühling*, S. 143 ff.; *Rauch*, S. 28, 32; *Nafpliotis*, S. 24; dagegen: *O. Mayer*, Dt. VwR, Bd. II, S. 285; *v. Leveling*, S. 19; *U. Schmitt*, S. 100 m.w.N.
[317] Vgl. dazu oben unter Erster Teil II 2 a, S. 63 ff.

unabhängig davon, ob Gebäude von Anstalten oder der allgemeinen Verwaltung betroffen sind.[318]

Oben[319] hatte sich ergeben, daß mit der Erfüllung öffentlicher Aufgaben in öffentlich-rechtlich gestalteter Form die Aufgabe und Befugnis des Trägers der sachlichen Tätigkeit einhergeht, die zweckentsprechenden Maßnahmen zur Abwehr und Hintanhaltung von Störungen zu ergreifen. Diese umfassende öffentlich-rechtliche Haus- und Ordnungsgewalt steht – wie jeder kraft öffentlichen Rechts hoheitlich tätigen Stelle – auch öffentlichen bzw. öffentlich-rechtlichen Anstalten im organisationsrechtlichen Sinne zu.[320] Es gibt nun kein allen Anstalten gemeinsames Merkmal, das die Bezeichnung der den Anstalten zustehenden Haus- und Ordnungsgewalt mit dem eigenständigen Begriff der Anstaltsgewalt rechtfertigen könnte. Die gewisse organisatorische Verselbständigung als Eigenschaft aller Anstalten ist ohne strukturierenden Einfluß auf die Ordnungsbefugnisse. Vielmehr variieren die tatsächlichen und rechtlichen Bedingungen der Ordnungsbewahrung, ihre Aufgaben und Grenzen von Anstalt zu Anstalt beträchtlich.[321] Dies ist Begleiterscheinung des weiten, ja diffusen Anstaltsbegriffs, der auch in dieser Hinsicht ganz Verschiedenartiges zusammenfaßt.

So haben die Ordnungsbefugnisse etwa in den Anstalten Schule und Gefängnis eine nahezu lückenlose formell-gesetzliche Ausformung erhalten,[322] während für andere Anstalten nur punktuelle[323], die Zuständigkeit betreffende[324] oder generalklauselartige[325] Regelungen existieren. Die überwiegende Mehrheit der Anstalten stützt Ordnungsmaßnahmen jedoch auf selbstverantwortete geschriebene Anstalts-, Benutzungs- und Hausordnungen ohne formell-gesetzliche Basis und auf ungeschriebene Befugnisnormen.

Die Haus- und Ordnungsgewalt der Anstalten, die “Anstaltsgewalt”, ist, sei es durch ein Gesetz vermittelt, sei es ohne diese Vermittlung, an den Anstaltszweck gebunden. Zu ihrer Ausübung muß sie zum jeweiligen Zweck der Anstalt immer wieder von neuem in Beziehung gesetzt werden. Was in

---

[318] BayVGH NJW 1980, 2722 (Gericht); BayVGH BayVBl. 1981, 657 (Universitätsbibliothek); BayVGH NJW 1982, 1717 (Rathaus); VGH Mannheim NJW 1994, 2500 (Universität); OVG Münster NJW 1995, 1573 (Sparkasse AöR). Vgl. auch VGH Mannheim NVwZ 1994, 803, der für Verhaltensanordnungen gegen Anstaltsbenutzer nicht die “problematische Rechtsfigur der Anstaltsgewalt”, sondern auf das Hausrecht zurückgreift.
[319] Unter Erster Teil II 1, S. 17 ff.
[320] *Karpen*, WissR 1972, 195, 201.
[321] Vgl. *Rüfner*, Die Verwaltung 1984, 19, 30 f.
[322] Durch die Landesschulgesetze und das StrafVollzG.
[323] Gerichte (§§ 176 ff. GVG).
[324] Hochschulen (z.B. § 86 Abs. 8 S. 1 Nds. HochschulG).
[325] Kommunale öffentliche Einrichtungen, z.B. § 56 Abs. 2 Bay GO, nach VGH München NJW 1982, 1717 ausreichende Grundlage für ein Hausverbot.

der einen Anstalt den Zweck nicht berührt oder gar erwünscht ist, kann in der anderen die Erfüllung der Aufgaben empfindlich beeinträchtigen. Der Inhalt der anstaltlichen Haus- und Ordnungsgewalt muß, und zwar von Anstalt zu Anstalt verschieden, in der Störungssituation unter Berücksichtigung des Verhältnismäßigkeitsgrundsatzes und des allgemeinen Gleichheitssatzes vom Rechtsanwender ermittelt werden. Von einer inhaltlich einheitlichen Anstaltsgewalt kann daher keine Rede sein.

Dieselbe Zweckbezogenheit und Variabilität weist die öffentlich-rechtliche Haus- und Ordnungsgewalt genauso außerhalb von Anstalten auf, so daß auch darin nicht die besondere Eigenart der "Anstaltsgewalt" liegen kann. Was als Anstaltszweck Grundlage und Begrenzung der Anstaltsgewalt sein soll,[326] ist ebenso wie der "Widmungszweck" von Behördengebäuden als Grundlage des "öffentlich-rechtlichen Hausrechts"[327] nichts anderes als die öffentlich-rechtliche Sachtätigkeit, die Erfüllung öffentlicher Aufgaben in öffentlich-rechtlicher Form, welche oben als Anknüpfungsmaterie für die Annexzuständigkeit zur Ordnungswahrung erkannt wurde. Die nicht anstaltlich verselbständigten Stellen öffentlicher Verwaltung, Behörden, unterstaatliche Körperschaften des öffentlichen Rechts und öffentlich-rechtliche Stiftungen bedienen sich ihrer Annexkompetenz nur in Beziehung auf ihre jeweilige öffentliche Sachaufgabe. Wie bei Anstalten motiviert und limitiert der öffentliche Zweck die nur um seiner willen bestehende Haus- und Ordnungsgewalt. Immer ist es – sofern formell-gesetzliche Eingriffsgrundlagen fehlen – die gewohnheitsrechtliche Haus- und Ordnungsgewalt, auf deren Grundlage Gefahren, die der Sachtätigkeit drohen, mit den erforderlichen Maßnahmen abgewehrt werden dürfen. Ihr unterliegen die Benutzer einer öffentlichen Einrichtung oder Leistungsanstalt ebenso wie die Benutzer eines Behördengebäudes der unmittelbaren Staatsverwaltung, deren Besucher oder die nur zum Zweck der Störung Eingetretenen. Öffentlich-rechtliche Benutzungsverhältnisse modifizieren nur die rechtlichen Bedingungen, unter denen eine Situation als Gefahr oder Störung bewertet wird und ob und mit welchen Mitteln verhältnismäßigerweise eingeschritten werden darf, begründen aber keine eigenständige Anstaltsgewalt.[328]

Zwischen dem organisationsrechtlichen Begriff der Anstalt und dem ein Rechtsverhältnis bezeichnenden Begriff der Anstaltsgewalt verläuft obendrein ein Bruch: Anstalt ist hier nicht gleich Anstalt.[329] Einerseits steht die "Anstaltsgewalt" auch öffentlich-rechtlichen Körperschaften, Stiftungen,

[326] *Wallerath*, § 4 I 2 b, S. 74; *Greifeld*, DÖV 1981, 906, 910; *Forsthoff*, § 25 II 3, S. 505; *Löwer*, DVBl. 1985, 928, 939.
[327] *Bethge*, Die Verwaltung 1977, 313, 321 f.; *Knemeyer*, DÖV 1970, 596, 598.
[328] Vgl. schon oben unter Erster Teil II 2 a, S. 64.
[329] *Rüfner*, DÖV 1985, 605, 608: "ein Ausdruck für zwei verschiedene Begriffe".

Parlamenten und Behörden zu, und zwar sowohl im engeren Verständnis der Ordnungsgewalt nur gegenüber Internen[330] als auch in dem weiteren, "Besucher" einschließenden Verständnis.[331] Andererseits gibt es – und dies muß sich nur die Meinung vorwerfen lassen, die die Anstaltsgewalt auf Benutzer beschränkt – Anstalten ohne Anstaltsbenutzungsverhältnisse (z. B. Forschungsanstalten, Datenverarbeitungszentralen) und damit ohne Anstaltsgewalt in diesem engeren Sinne. Des weiteren kann die hoheitliche Anstaltsgewalt dort nicht bestehen, wo die öffentliche Anstalt dem Bürger im Anstaltsnutzungsverhältnis privatrechtlich gegenübertritt. Gemeint ist die "zweite Stufe" der Nutzung (anstaltlicher) öffentlicher Einrichtungen, auf der nicht um die Zulassung, sondern um das "Wie" der Benutzung gestritten wird.[332] Mit der Wahl des Privatrechts hat die öffentliche Hand sich für den gesamten Bereich der Abwicklung des Benutzungsverhältnisses ihrer öffentlich-rechtlichen Handlungsmöglichkeiten begeben.[333] Sie kann, solange das zivilrechtliche Benutzungsverhältnis währt, die Zulassung nicht widerrufen ist, dem Benutzer im Gleichordnungsverhältnis gegenüber nicht mehr öffentlich-rechtliche Gewaltmittel zur Anwendung bringen. Dies erweist aufs neue, daß der organisationsrechtliche Anstaltsbegriff für die Ausgestaltung der rechtlichen Beziehungen der darunter fallenden Erscheinungen keinen Aussagewert besitzt.[334]

Während nach der traditionellen Lehre die Anstalten als staatlicher Innenbereich von Gewalt regiert wurden und nicht vom Recht und diese allen Anstalten gemeinsame, vor Gesetzen und Gerichten abgeschirmte Macht als Anstaltsgewalt einheitlich bezeichnet werden konnte, hat die Verrechtlichung der "besonderen Gewaltverhältnisse" der so verstandenen Anstaltsgewalt den Boden entzogen. Die Beziehungen der Anstalten stellen sich heute als die verschiedensten *Rechts*verhältnisse dar. Darin gleichen die Anstalten den anderen Organisationseinheiten der öffentlichen Hand. Ob einige dieser

[330] Denn auch zu nichtanstaltlichen Organisationsformen kann es eine Art Benutzungsverhältnis geben. Die "Anstaltsgewalt" richtet sich dann entsprechend gegen die Mitglieder der Körperschaft, des Parlaments oder die Benutzer nicht anstaltlich verselbständigter öffentlicher Einrichtungen. So nennen *Wolff/Bachof/Stober*, VwR II, § 99 Rdnr. 5, die Ordnungsrechte von Bundestagspräsident (Art. 40 Abs. 2 S. 1 GG, § 7 GOBT) und Gemeinderatsvorsitzenden (z.B. § 36 Abs. 1 S. 2 GO BW) als Beispiele der Anstaltsgewalt. "Anstaltsgewalt" richtet sich auch gegen die Mitglieder von Körperschaften der Sozialversicherung.

[331] Dann hat die "Anstaltsgewalt" denselben Gehalt wie die annexkompetenzielle Haus- und Ordnungsgewalt, die jedem Träger öffentlicher Gewalt zur Ermöglichung seiner Sachaufgabe zusteht.

[332] Zur von Rechtsprechung und Lehre weithin vertretenen sog. Zwei-Stufen-Theorie vgl. BVerwGE 32, 333, 334; NJW 1990, 134; NVwZ 1991, 59; BGH BayVBl. 1985, 27; OVG Lüneburg NJW 1977, 450; *Schmidt-Aßmann* in ders., BesVwR, 1. Abschn. Rdnr. 111 f.; *Waechter*, Rdnr. 568 ff.

[333] *Maurer*, § 3 Rdnr. 26.

[334] So auch *Rüfner*, Die Verwaltung 1984, 19, 30; *ders.*, DÖV 1985, 605, 608; *Berg*, NJW 1985, 2294, 2295; *Forsthoff*, § 25 II 3, S. 494; *Bull*, Rdnr. 847.

Rechtsverhältnisse aus dem Blickwinkel der Diskussion um das "besondere Gewaltverhältnis" Gemeinsamkeiten aufweisen, die das behandelte gewohnheitsrechtliche Ordnungsmittel der öffentlichen Hand weiter unterlegen, soll im folgenden Abschnitt untersucht werden. Der Begriff der Anstaltsgewalt findet dabei als dogmatisch verdunkelnd keine Verwendung mehr.

c) Öffentlich-rechtliche Sonderbindungen in Verwaltungsgebäuden

Aus den besonderen Gewaltverhältnissen sind Verwaltungsrechtsverhältnisse geworden, der Gegensatz zu einem allgemeinen Gewaltverhältnis ist aufgehoben, die umfassende Geltung der Grundrechte, der Grundsätze des Vorrangs und Vorbehalts des Gesetzes ist unumstritten.[335] Über diese Verständigung hinaus wurde zunächst jede Relevanz der Besonderheiten der ehemaligen besonderen Gewaltverhältnisse in Abrede gestellt.[336] In dem Bestreben, dem besonderen Gewaltverhältnis als "Fremdkörper in unserem rechtsstaatlichen und demokratischen Verwaltungsrecht endlich den Garaus zu machen"[337], verlor man dabei aus den Augen, daß die Zusammenfassung bestimmter personaler Verhältnisse unter die verabschiedete Kategorie traditionell vorgeformten Sachstrukturen entsprach, die auch nach dem Strafgefangenenbeschluß des Bundesverfassungsgerichts fortexistierten. Man erkannte aber bald, daß eine Anzahl von Staat-Bürger-Verhältnissen durch eine gesteigerte gegenseitige Pflichtenbindung gekennzeichnet blieb, und kategorisierte, eingebettet in die Lehre vom Verwaltungsrechtsverhältnis, nach der Intensität des Kontakts.[338] Zu den sogenannten Sonderstatusverhältnissen zählt man ganz überwiegend nur den Staatsdienst der Beamten und Richter, den Militärdienst, das Strafvollzugs-, das Unterbringungs- und das Schulverhältnis.[339] Hier wird über die persönliche Abhängigkeit des Soldaten, Schülers, Beamten oder Gefangenen eine Statusveränderung bewirkt. Eine zweite Gruppe bilden die "schuldrechtlichen" verwaltungsrechtlichen Sonderverbindungen: öffentlich-rechtliche Verträge (§§ 54 ff. VwVfG) und die weitgehend ungeregelten verwaltungsrechtlichen Schuld-

---

[335] BVerfGE 33, 1 ff.; 41, 251, 259 ff.; 47, 46, 78 ff.; *Fuß*, DÖV 1972, 765, 774; *Riegel*, S. 226 ff.; *Achterberg*, AllgVwR, § 20 Rdnr. 46; *Wolff/Bachof/Stober*, VwR Bd. 1, § 32 Rdnr. 29 ff.; v. Münch/Kunig-*v. Münch*, Vorb. Art. 1-19 GG, Rdnr. 61; *Bull*, Rdnr. 278; *Ehlers* in Erichsen, AllgVwR, § 4 Rdnr. 20.

[336] *Fuß*, DÖV 1972, 765 ff.; *Riegel*, S. 225 ff.; *Maetzel*, DÖV 1972, 563, *Rupp*, JuS 1975, 609, 614; *Sachs*, BayVBl. 1983, 460, 462 f.

[337] *Fuß*, DÖV 1972, 765, 774.

[338] Grundlegend *Häberle*, Verwaltungsrechtsverhältnis, S. 248, 258 f.; – sowie: *Wolff/Bachof/Stober*, VwR Bd. 1, § 32 Rdnr. 25 ff.; *Bull*, Rdnr. 713; *Achterberg*, § 20 Rdnr. 44; *Vosniakou*, S. 56 f.

[339] *Hesse*, Rdnr. 322 ff.; *Wolff/Bachof/Stober*, VwR Bd. 1, § 32 Rdnr. 26; *Häberle*, Verwaltungsrechtsverhältnis, S. 248, 259.

verhältnisse (Verwahrung, Geschäftsführung ohne Auftrag, Erstattung).[340] Überwiegend wird auch (wieder) die Anstaltsnutzung als ein Verhältnis öffentlich-rechtlicher Sonderbindung qualifiziert,[341] nachdem es in den fünfziger und sechziger Jahren des vorigen Jahrhunderts an Versuchen nicht gemangelt hatte, im Zuge der Zurückdrängung der Figur des besonderen Gewaltverhältnisses Anstaltsnutzungsverhältnisse aus dem Problemzusammenhang auszuschei-den[342]. Es ist heute herrschende Lehre, daß die Begründungsmuster des "besonderen Gewaltverhältnisses" nicht bedeutungslos geworden sind; sie leben im rechtsstaatlichen Zusammenhang der Grundrechte und des Gesetzesvorbehalts in den öffentlich-rechtlichen Sonder(status)verhältnissen bzw. Sonder(ver)bindungen [343] fort.[344]

Hier ist von Interesse, ob und warum Personen, die körperlich zu Stellen, die öffentliche Aufgaben räumlich radiziert wahrnehmen, in Beziehung treten, aus diesem Blickwinkel besonderen Rechts- und Pflichtenbindungen unterliegen. Es gilt, den Ansatz des "besonderen Gewaltverhältnisses" für die öffentlich-rechtliche Haus- und Ordnungsgewalt fruchtbar zu machen. Die dauerhaften Dienst-, Angestellten- und Überlassungsverhältnisse bleiben mitsamt ihren besonderen, je eigenen Regeln folgenden Ordnungsbefugnissen ausgeklammert.

Denkbar ist, daß bereits der schlichte Eintritt des Bürgers in den räumlichen Bereich der Verwaltung oder in das Gerichts- oder Parlamentsgebäude ein Rechtsverhältnis schafft, das in seinen Besonderheiten die Ordnungsbefugnisse des Hoheitsträgers prägt.

---

[340] *Häberle*, Verwaltungsrechtsverhältnis, S. 248, 258 f.; *Wolff/Bachof/Stober*, VwR I, § 55 Rdnr. 3.

[341] *Greifeld*, DÖV 1981, 906, 907 f.; *Lange*, VVDStRL 44 (1986), 169, 184 f.; *Ehlers* in Erichsen, AllgVwR, § 4 Rdnr. 20; *Loschelder*, Sonderbindung, S. 230; *N. Klein*, DVBl. 1987, 1102, 1106; *Wolff/Bachof/Stober*, VwR II, § 99 Rdnr. 25.

[342] *Weber*, VVDStRL 15 (1957), 186 f.; *Jecht*, S. 107 ff.; *Rüfner*, Formen öffentlicher Verwaltung, S. 311.

[343] Der Begriff "besonderes Gewaltverhältnis" wird fast durchweg als "nicht mehr zeitgemäß" (*Bull*, Rdnr. 712) ersetzt, vgl. aber *Ronellenfitsch*, DÖV 1984, 781 ff.; *Stern*, StaatsR III/1, § 74 III 4, S. 1381; *Merten*, in ders., S. 52, 61 f.

[344] *Ronellenfitsch*, DÖV 1981, 933 ff.; *ders.*, DÖV 1984, 781 ff.; *Wolff/Bachof/Stober*, VwR Bd. 1, § 32 Rdnr. 25; *Loschelder*, Sonderbindung, passim, zusammenfassend S. 471 ff.; *Löwer*, DVBl. 1985, 928, 938 f.; *N. Klein*, DVBl. 1987, 1102, 1106; *Bull*, Rdnr. 713, 279; *Lange*, VVDStRL 44 (1986), 169, 184 f.; *Krebs*, NVwZ 1985, 609, 611 f.; *Hesse*, Rdnr. 322 ff.; Sachs-*Sachs*, vor Art. 1 GG, Rdnr. 131; *Stern*, StaatsR III/1, § 74 II 4, S. 1379 ff.; *Thiele*, ZBR 1983, 345, 348 f.; *Dürig*, VVDStRL 37 (1979), 321, 322; *Merten* in ders., S. 52, 73 ff.; *Bleckmann*, StaatsR II, § 12 Rdnr. 98 f.; ähnlich bereits *Jesch*, S. 212.

aa) Tatsächliche Besonderheiten räumlich radizierter Erfüllung öffentlicher Aufgaben

Die Zusammenfassung personeller und sächlicher Mittel zur Erfüllung öffentlicher Aufgaben innerhalb von Gebäuden schafft ein Organisationsgeflecht, das sich von den Bedingungen, unter denen öffentlich-rechtliche Tätigkeit in der Außenlage ausgeübt wird, qualitativ unterscheidet. Durch die räumliche Zusammenordnung von Organwaltern, Sachbearbeitern und Hilfskräften wird die sonst nur abstrakt-rechtlich vorhandene personelle Gliederung und Zuständigkeitsordnung gewissermaßen vergegenständlicht. Indem diese – personell massiert und territorial abgetrennt – in der innerbetrieblichen funktional determinierten Kommunikation bewährt und ausgeübt wird, entsteht ein fast greifbares Substrat verwaltungsmäßiger Organisation. Die Gesamtheit der Besprechungen, Sitzungen, Konferenzen, mündlich und schriftlich erteilten Weisungen, Rückfragen, Umlaufpapiere, aber auch der informellen Verständigungen sowie der Hilfsbeziehungen (Erwerb belegter Brötchen in der hauseigenen Cafeteria, Meldung einer Aufzugsstörung) bildet ein Netz, dessen Knotenpunkte in jeder Hinsicht bestimmbar sind.

Die Erfüllung öffentlicher Aufgaben innerhalb von Gebäuden ist weiter dadurch gekennzeichnet, daß hier technische Systeme fest installiert sind. An die Stelle der Rohrpost sind das Telefon und der verwundbarere Computerverbund getreten. Sensible Daten sind elektronisch gespeichert und werden intern und zu anderen Stellen übertragen. Daneben existiert weiter das System der Verwaltung und Behandlung papierener Akten, die hergebrachten Regeln folgend innerhalb des Gebäudes transportiert oder nach außerhalb versandt werden und ebenfalls dem Einblick Unbefugter entzogen sein müssen. Gebäuden sind erhebliche Sachwerte zugeordnet; neben der Ausstattung der Räume sind dies alle typischerweise hochwertigen Gegenstände, die für den "Außendienst" nicht in Betracht kommen, weil sie entweder nicht transportabel sind oder vor Witterungseinflüssen oder dem Zugriff Dritter geschützt werden müssen. Werden öffentliche Aufgaben außerhalb dafür bestimmter Gebäude wahrgenommen, so bleibt doch die materielle und organisatorische Basis im Gebäude zurück: Der Streifenpolizist führt nur ein Sprechfunkgerät mit sich, die Funkzentrale befindet sich im Direktionsgebäude; die Umweltschutzbehörde, die eine Bodenprobe entnehmen läßt, wird nur das Entnahmewerkzeug, nicht aber die Analyseapparatur an Ort und Stelle schaffen lassen; genauso verhält es sich bei einem gerichtlichen Ortstermin, einem Informationsstand der Bundesregierung, einem schulischen "Wandertag". Die Erfüllung öffentlicher Aufgaben erfährt in Gebäuden eine Verdichtung. Schon der bloße Umfang der hier konzentrierten Mittel und Strukturen begründet ein gesteigertes Interesse daran, Störungen fernzuhalten.

Die Verwaltungsorganisation wird dann nach außen abgeschirmt, wenn sie als besonders verletzbar erscheint. Umgekehrt ermöglicht es die räumliche Sonderung, Abläufe einzurichten, die des Schutzes durch Mauern bedürfen. Denn durch die Errichtung von – über den rechtlichen Normbefehl hinaus – physisch wirkenden Schranken wird ein besonderer Zustand faktischer Ungefährdetheit geschaffen.[345] Die Einhegung erleichtert es dem "Hausherrn", die Präsenz und das Verhalten von Personen zu kontrollieren und zu steuern und reduziert sonstige Möglichkeiten[346], von außen auf die für schützenswert erkannten Prozesse und Werte einzuwirken. Indem Gebäude Personen auf Distanz halten, verhindern sie, daß Informationen leichthin nach außen dringen. Sie schirmen Geheimnisse insbesondere vor akustischer und optischer Wahrnehmung ab und dienen damit auch allgemein der Informationsbeherrschung.[347]

bb) Das durch den Eintritt in ein öffentliches Gebäude entstehende Verwaltungsrechtsverhältnis

Die eben beschriebenen Verhältnisse verändern sich fundamental, wenn die (organisationsfremde) Person in das Gebäude eintritt. Die physische Barriere ist durchschritten, die Zugriffs- und Einwirkungsmöglichkeiten für den präsumtiven Störer haben sich potenziert. Die vorher eingehaltene räumliche Distanz zum Staat oder sonstigen Hoheitsträger ist aufgehoben, das zuvor vor ihm abgeschirmte Organisationsgeflecht umgibt den Eingetretenen. Schon seine körperliche Anwesenheit im dichten Netz der innerbhördlichen, inneranstaltlichen Beziehungen ist nicht ohne Auswirkung auf ihr Funktionieren. Der Eintritt bildet die notwendige Bedingung für ein wie immer geartetes Verhalten im Innenbereich öffentlicher Aufgabenerfüllung, die davon nie unberührt bleiben kann.

Dabei verkehrt sich die Wirkung der physischen Barrieren in ihr Gegenteil. Erleichterten Mauern und Dach[348] vor dem Eintritt des Störers die Verteidigung des in ihnen Geborgenen und gewährten Sicherheit nach außen, so beschränken sie nun die Möglichkeiten der Flucht und der Herbeirufung

---

345 Vgl. *Amelung*, ZStW 98 (1986), 355, 373 f.
346 Z.B. durch Lärm, Wurfgeschosse, Schüsse.
347 *Amelung*, ZStW 98 (1986), 355, 384 ff.
348 Entscheidend bleibt aber, wegen der Bindung von Störern und Gestörten an die Schwerkraft, die seitliche Umfriedung des Territoriums, so daß die hier angestellten Überlegungen nicht nur für Gebäude, sondern für alle Objekte, an denen ein Hausrecht (vgl. auch § 123 StGB) bestehen kann, gilt.

fremder Hilfe.[349] Amtswalter, Richter, Sachbearbeiter können buchstäblich in die Enge getrieben werden, Sachwerte, Daten, ja sogar Leib und Leben sind so den Angriffen des Eingetretenen besonders empfindlich ausgesetzt.[350] Dieser Umkehrungsmechanismus in der Abschirmungswirkung von Gebäuden und sonstigen befriedeten Besitztümern wird allein durch den rein tatsächlichen Eintritt der (gefährlichen) Person ausgelöst. Ihre eventuelle Berechtigung, persönlichen Kontakt aufzunehmen, eine Zulassung, eine amtliche Ladung, ist ohne Belang.

Auf der anderen Seite bedeutet die freiwillige oder unfreiwillige Einbeziehung in physisch abgegrenztes Territorium für den Bürger den Verlust von Freiheitsraum. Freiheit vom Staat wird entscheidend über das Medium Raum gewährleistet.[351] Die grundrechtlich garantierten Lebensäußerungen[352] sind als Betätigungen körperlich existenter Personen wesentlich von der Größe und Beschaffenheit des staatsfrei zur Verfügung stehenden Raumes, von Zugang und Bewegungsmöglichkeiten abhängig.[353] Dem hoheitlichen Träger eines öffentlich-rechtlich beherrschten Gebäudes ist durch den Eintritt der Zugriff auf die Person des Eingetretenen, seine Zeit und die mitgeführten Sachen erleichtert.[354] Dieser befindet sich seinerseits "in der Hand" des Staates; es bedarf nur noch einer geringen Bewegung des in der Regel schon zahlenmäßig überlegenen hoheitlichen Personals, um diese Hand vollends zu schließen. Daneben ist der Eingetretene den im Innern drohenden Sachgefahren[355] ausgesetzt.

Die aufgezählten tatsächlichen Umstände begründen eine gegenüber dem allgemeinen Staat-Bürger-Verhältnis qualitativ gesteigerte Nähe. Mit dem Eintritt in den eingehegten Raum hoheitlicher Aufgabenerfüllung verwandelt sich ein Rechtszustand, eine Rechtsstellung in ein Verwaltungsrechtsverhältnis.[356,357] Das Recht tritt aus seiner Latenz heraus,[358] indem es den

---

349 *Amelung*, ZStW 98 (1986), 355, 375 f.; *Engeln*, S. 41 f.

350 Vgl. etwa den Fall BGH StV 1997, 304, wo ein Richter in seinem Dienstzimmer durch Vorhalten einer scharfen Pistole und einer Handgranate zur Abgabe von Erklärungen gezwungen wurde.

351 *Loschelder*, Sonderbindung, S. 187 ff.; *N. Klein*, DVBl. 1987, 1102, 1106.

352 Neben dem direkten Schutz der körperlichen Bewegungsfreiheit durch Art. 2 Abs. 2, 104 GG betrifft das vor allem Art. 11 GG (Freizügigkeit), Art. 8 GG (Versammlungsfreiheit), Art. 14 GG (Freiheit des Grundeigentums, der Mietwohnung).

353 *Loschelder*, Sonderbindung, S. 189; *N. Klein*, DVBl. 1987, 1102, 1106.

354 Vgl. *Loschelder*, Sonderbindung, S. 206 f.

355 Gebohnerte Böden, lose Treppenstufen, stürzende Kronleuchter.

356 Mit dem Institut des Verwaltungsrechtsverhältnisses, das seit einiger Zeit in den Blickpunkt des Interesses geraten ist, läßt sich das Komplex- und Beziehungshafte, das auf begrenzte Gegenseitigkeit und Interessenverknüpfung Angelegte vieler Staat-Bürger-Kontakte besser erfassen, als es die alte, stark an den Handlungsformen der Verwaltung haftende Lehre vermochte, vgl. *Wolff/Bachof/Stober*, VwR Bd. 1, § 32 Rdnr. 38 f.; *Häberle*, Verwaltungsrechtsverhältnis, S. 248, 250; *Achterberg*, AllgVwR, § 20 Rdnr. 32 f.; *H. Bauer*, Die Verwaltung 1992, 301, 317 f., 319 ff.; eingehend *Gröschner*, Die Verwaltung 1997, 301 ff.

räumlich Einbezogenen und die raumbeherrschende Behörde oder deren Träger als Endpunkte einer schlagartig verdichteten Beziehung individualisiert. Die Besonderheiten lokal konzentrierter hoheitlicher Tätigkeit und die beschriebene Wirkungsspezifik physischer Abschirmung bilden die Bedingungen, unter denen der Eintritt bereits als die "besonders enge", "gesteigerte Form der Begegnung von Bürger und Verwaltung"[359] erscheint, die ein Verwaltungsrechtsverhältnis zur Entstehung bringt.[360] Neben der erforderlichen Verdichtung der öffentlich-rechtlichen Beziehungen[361] ist auch der personale Bezug[362] deutlich: Gerade auf den aktuell Eingetretenen in seiner individuellen Körperlichkeit und Willenshaltung richten sich die Rechtsbeziehungen, auf seine Person als Rechtssubjekt sind sie konkretisiert. Die Rechtsnorm, die das Rechtsverhältnis regiert, ist die oben hergeleitete gewohnheitsrechtliche Haus- und Ordnungsgewalt, die den Raum hoheitlicher Aufgabenerfüllung beherrscht und nun im Eingetretenen ein Gegenüber gefunden hat. Das durch den faktischen Eintritt in ein Gerichtsgebäude, ein Rathaus oder sonstiges Verwaltungsgebäude entstehende Rechtsverhältnis gleicht den verwaltungsrechtlichen Vor- oder Anbahnungsverhältnissen (verwaltungsrechtliche culpa in contrahendo), die als Verwaltungsrechtsverhältnisse anerkannt sind,[363] und wird häufig von einem solchen begleitet sein. Wie dieses entsteht es durch eine ein Bedürfnis nach rechtlicher Regelung erzeugende besondere Nähe[364], einen engen sozialen Kontakt des

---

[357] Dazu, daß Verwaltungsrechtsverhältnisse auch durch ein tatsächliches Verhalten entstehen können: *Bull*, Rdnr. 725; *H. Bauer*, Die Verwaltung 1992, 301, 320 f.; *Hill*, NJW 1986, 2602, 2608, *Vosniakou*, S. 46; – je mit dem Beispiel der faktischen Inanspruchnahme öffentlicher Einrichtungen.

[358] Vgl. *Bull*, Rdnr. 711; *Gröschner*, Die Verwaltung 1997, 301, 325.

[359] *Häberle*, Verwaltungsrechtsverhältnis, S. 248, 251.

[360] Der Ansicht, daß bereits der schlichte Eintritt in den öffentlich-rechtlichen Raum ein Verwaltungsrechtsverhältnis mit sich bringt, sind: *Loschelder*, Sonderbindung, S. 204 ff., 345, 399; *N. Klein*, DVBl. 1987, 1102, 1106; wohl auch *Ehlers* in Erichsen, AllgVwR, § 4 Rdnr. 20 (Sonderrechtsverhältnis durch Aufenthalt oder Betätigung in staatlichen Einrichtungen) und *Hill*, NJW 1986, 2602, 2606 ("Eingliederung in die staatliche Organisation" unter Bezugnahme auf *Loschelder*).

[361] Vgl. *Erichsen*, in ders., AllgVwR, § 11 Rdnr. 4; *Häberle*, Verwaltungsrechtsverhältnis, S. 248, 254; *Bull*, Rdnr. 711; *Hill*, NJW 1986, 2602, 2605; *Vosniakou*, S. 45.

[362] *Häberle*, Verwaltungsrechtsverhältnis, S. 248, 253; *Hill*, NJW 1986, 2602, 2605.

[363] *Wolff/Bachof/Stober*, VwR I, § 55 Rdnr. 44 mit Bd. 1, § 32 Rdnr. 41; *Achterberg*, AllVwR, § 20 Rdnr. 30; *Häberle*, Verwaltungsrechtsverhältnis, S. 248, 258 bei und in Fn. 77; *Bull*, Rdnr. 723; umfassend *Keller*, Vorvertragliche Schuldverhältnisse im Verwaltungsrecht, zusammenfassend S. 206 ff. – Es gleicht auch dem Verwaltungsrechtsverhältnis der öffentlich-rechtlichen Verwahrung, sofern dieses durch bloße Inbesitznahme einer Sache durch die Verwaltung begründet wird, vgl. dazu *Erichsen* in ders., AllgVwR, § 11 Rdnr. 8 bei und in Fn. 57; BGHZ 34, 349, 354; BayVGH BayVBl. 1998, 215, 216. Hier wie dort knüpft die rechtliche Verbindung an die Einbeziehung eines materialisierten Externums in den Organisationsbereich der Verwaltung an.

[364] Für das verwaltungsrechtliche Schuldverhältnis allgemein: BGHZ 54, 299, 303; 61, 7, 11; VGH Mannheim VBlBW 1982, 369; für das vorvertrgliche verwaltungsrechtliche Schuldverhältnis implizit: BVerwG DÖV 1974, 133, 134; OVG Münster MDR 1971, 331 f.; BGH DVBl. 1979, 230.

Bürgers zur Verwaltung, mit dem Unterschied, daß hier die Nähe eine räumliche und persönlich-körperliche, dort aber eine geschäftsbezogene[365], jedoch nicht notwendig persönliche[366] ist.

Jedes konkrete Verwaltungsrechtsverhältnis seiner Art ist von spezifischen tatsächlichen und rechtlichen Gegebenheiten geprägt, sobald es aus dem allgemeinen Staat-Bürger-Verhältnis heraustretend manifest geworden ist. "Es gibt kein allgemeines Staat/Bürger-Verwaltungs*rechts*verhältnis; es gibt nur je besondere Verwaltungsrechtsverhältnisse, sei es in Gestalt der Sonderstatus, sei es in Form von verwaltungsrechtlichen Sonderverbindungen oder in anderen Formen."[367] Die Besonderheit einzelner Rechtsverhältnisse ergibt sich maßgeblich aus den ihnen zugrunde liegenden Sachstrukturen[368].[369] Indem die Rechtsverhältnislehre das komplexhafte, interdependente, kooperative Element nebst der zeitlichen Dimension von Staat-Bürger-Beziehungen in das Bewußtsein gerückt hat,[370] ermöglicht sie in Anknüpfung an die faktischen Gegebenheiten eine Normkonkretisierung "von unten"[371]; das Verwaltungsrechtsverhältnis bildet einen "Begründungsrahmen" für die Entwicklung öffentlich-rechtlicher Rechte und Pflichten.[372] Im Rechtsverhältnis wird die je eigenartig verfaßte, auf spezifischen Sachverhaltsstrukturen aufsitzende Sonderbefindlichkeit normativ relevant. Daß die Figur des Verwaltungsrechtsverhältnisses einen engen Bezug zur im einzelnen Lebensverhältnis liegenden tatsächlichen Ordnung aufweist, bedeutet nicht, daß deren Phänomenologie kurzerhand zur rechtlichen Verfassung erklärt werden soll. Das gilt auch für die vormals als besondere Gewaltverhältnisse bezeichneten Rechtsverhältnisse.[373] Die Sachgesetzlichkeit gebiert im Gewand

---

[365] *Achterberg*, AllgVwR, § 20 Rdnr. 30; *Keller*, S. 125 ff. ("vertragsspezifische").
[366] *Keller*, S. 124 in Fn. 84.
[367] *Häberle*, Verwaltungsrechtsverhältnis, S. 248, 252 (Hervorhebung im Original); *Bull*, Rdnr. 713.
[368] Begriff von *Loschelder*, Sonderbindung, S. 183.
[369] *H. Bauer*, AöR 113 (1988), 582, 614 f.; *Schur*, S. 210; *v. Danwitz*, Die Verwaltung 1997, 339, 349.
[370] *H. Bauer*, Die Verwaltung 1992, 301 ff.; *Hill*, NJW 1986, 2602, 2606; *Gröschner*, Die Verwaltung 1997, 301, 334 f.; *v. Danwitz*, Die Verwaltung 1998, 339, 348 ff.; *Häberle*, Verwaltungsrechtsverhältnis, S. 248, 254 f., 261 ff.; *Luthe*, Das besondere Gewaltverhältnis, S. 495 f.
[371] *v. Danwitz*, Die Verwaltung 1997, 339, 350.
[372] *Schur*, S. 202; *Häberle*, Verwaltungsrechtsverhältnis, S. 248, 264 ("Bezugsrahmen"); *H. Bauer*, AöR 113 (1988), 582, 610 ("Ordnungsrahmen"); vgl. auch *Ossenbühl* in Götz/Klein/Starck, S. 9, 28.
[373] Bedenken in dieser Richtung bei *Keller*, S. 92 f. *Luthe*, DVBl. 1986, 440, 447 meint, die Rechtsverhältnistheorie suche für das besondere Gewaltverhältnis alte Bastionen seines Geltungsbereiches zurückzugewinnen, von welchem Vorwurf *ders.* später (Das besondere Gewaltverhältnis, S. 495) wieder abgerückt ist (Verwaltungsrechtsverhältnis als brauchbares Rechtsmedium zur Gewährleistung der Funktionsfähigkeit des besonderen Gewaltverhältnisses).

des Rechtsverhältnisses nicht ohne weiteres Rechte und Pflichten.[374] Rechtsquelle bleiben die Normen, ohne die eine tatsächliche Beziehung, so eng, so verdichtet sie auch sein mag, nicht zum Rechtsverhältnis wird. Wer allein im sachverhaltlich geprägten Verwaltungsrechtsverhältnis den Entstehungsgrund von Rechten und Pflichten sieht,[375] überstrapaziert den Rechtsverhältnisgedanken. Die Denkfigur kann aber, indem sie spezifische Sachbedingungen aufnimmt, strukturiert und in ihrer Bedeutung heuristisch veranschaulicht, in normativen Gemengelagen, wie sie für Verhältnisse engeren persönlichen Kontakts zwischen Verwaltung und Bürger typisch sind, die Rechtsfindung anleiten.[376]

cc) Besonderheiten des durch den Eintritt entstehenden Verwaltungsrechtsverhältnisses: Die Sonderbindung

Das mit der Einbeziehung des Bürgers in den räumlich abgeschirmten Organisationsbereich öffentlich-rechtlicher Aufgabenträger entstehende Rechtsverhältnis wird zwar von der gewohnheitsrechtlich verfestigten Haus- und Ordnungsgewalt als Rechtsnorm einseitig beherrscht und gestaltet. Deren Wirkungsweise im Rechtsverhältnis läßt sich aber gut unter Bezugnahme auf den Eintritt als ihre prägende Entstehungsbedingung verdeutlichen.

Die durch den Eintritt entstandene Situation ist dadurch gekennzeichnet, daß eingetretene Privatperson und öffentlicher Funktionsträger, um einerseits die Aufgabenerfüllung bei Anwesenheit eines Organisationsfremden reibungsfrei zu gewährleisten und andererseits diesem die Wahrnehmung seines – häufig subjektiv-rechtlich verfestigten – Anliegens zu ermöglichen, aufeinander, auf ihr Verhalten und die sachlichen Bedingungen ihrer Begegnung angewiesen sind.[377] Abhängig sind die Verwaltungsstelle bzw. der Hoheitsträger, die durch das Eintretenlassen des Externen diesem ihr Funktionsgefüge exponiert haben, vom Verhalten des Eingetretenen. Abhängig ist auch der Eingetretene über sein eigenes Verhalten vom Träger des Gebäudes und seinen Organen: Nur, wenn er die Erfüllung öffentlicher Aufgaben nicht in unzulässiger Weise stört, kann er davon ausgehen, seinen Angelegenheiten im öffentlichen Gebäude seinerseits unbeeinträchtigt nachgehen zu können. Dies folgt aus der Eigenart und Enge des räumlichen Kontakts, den tatsächlichen Möglichkeiten, auf Werte und Güter des anderen unter Abschirmung nach außen einzuwirken.

---

[374] Vgl. *Erichsen* in ders., AllgVwR, § 11 Rdnr. 7; *v. Danwitz*, Die Verwaltung 1997, 339, 350 ff.; *Stern*, StaatsR II/1, § 74 III 5, S. 1383.
[375] So *H. Bauer*, Die Verwaltung 1992, 301, 321 ff.; *Gröschner*, Die Verwaltung 1997, 301, 323 ff.; weitere Nachweise bei *v. Danwitz*, Die Verwaltung 1997, 339, 350, Fn. 59.
[376] Vgl. *v. Danwitz*, Die Verwaltung 1997, 339, 349, 362 f.
[377] Vgl. *Loschelder*, Sonderbindung, S. 220.

Daß schon allein das schlichte Betreten eines "hoheitlichen" Gebäudes eine Sonderbefindlichkeit[378] mit dem Bedürfnis nach rechtlichen Folgerungen, die der vorgefundenen Eigenart gerecht werden können, begründet, hat bereits *O. Mayer* berücksichtigt, indem er das von der Anstaltsgewalt beherrschte besondere Gewaltverhältnis durch die "*Tatsache* des Eintritts" zur Entstehung kommen sah.[379] Der dem zugrunde liegende tatsächliche Befund, die Sachstrukturen, sind nicht verschwunden, sondern existieren weiter, – eher hat sich deren Besonderheit im letzten Jahrhundert mit der Ausbildung einer immer feineren und verwundbareren Organisation hoheitlicher Tätigkeit, der Häufung von Daten und Werten in Verwaltungsgebäuden und der Erweiterung faktischer Zugangsmöglichkeiten zu Verwaltungsgebäuden samt dem Abbau von Aufsichts- und Einlaßpersonal vertieft.

Der "Zustand verminderter Freiheit und verschärfter Abhängigkeit"[380], noch faktische Konsequenz räumlicher Einbeziehung, der früher als besonderes Gewaltverhältnis dem Recht und der gerichtlichen Kontrolle entzogen wurde, wird heute im Verwaltungsrechtsverhältnis, in der öffentlich-rechtlichen Haus- und Ordnungsgewalt rechtlich relevant. Die mit dem Eintritt in ein Gebäude hoheitlicher Aufgabenerfüllung entstehende öffentlich-rechtliche Sonderverbindung ist von "öffentlich-rechtlichen Sonderbindungen"[381] geprägt.

Festzuhalten ist zunächst, daß die Beziehungen im durch den rein faktischen Vorgang des Betretens eines Gebäudes begründeten Rechtsverhältnis nur eine äußerliche, negative Bindung der beteiligten Rechtssubjekte bewirken können.[382] Wie der Eintritt an sich nur eine äußerliche, rein territorial-physische Einordnung darstellt, so fordert der nun hergestellte sachliche Bezug zum Innenraum der Verwaltung lediglich die Nichtstörung als äußeres Verhalten. Mit der Erwartung, der Eingetretene werde die hoheitlich verfaßte Erfüllung der öffentlichen Sachaufgaben im umfriedeten Areal nicht beeinträchtigen, ist der Bezugsrahmen für die öffentlich-rechtliche Haus- und Ordnungsgewalt des Aufgabenträgers gesetzt. Dieser darf, ohne den Bereich des Eintritts-Verwaltungsrechtsverhältnisses zu verlassen, über diesen

---

[378] Begriff von *Loschelder*, Sonderbindung, S. 345, den *Löwer*, DVBl. 1985, 928, 938 und *N. Klein*, DVBl. 1987, 1102, 1106 aufnehmen.

[379] *O. Mayer*, Dt. VwR, Bd. II, S. 285: "Ihr (der Anstaltsgewalt) Grund ist überall gleichmäßig nichts anderes als die *Tatsache* des Eintritts des Gegenstandes anstaltlicher Behandlung in den Bannkreis der Anstalt." (Hervorhebung im Original); ebenso *v. Leveling*, S. 19; *U. Schmitt*, S. 100 m.w.N. in Fn. 204.

[380] Vgl. die Definition des besonderen Gewaltverhältnisses bei *O. Mayer*, Dt. VwR, Bd. I, S. 101 f.

[381] Vgl. den Titel der Habilitationsschrift *Loschelders*.

[382] Dazu, daß die Normkonkretisierung aus den Sachstrukturen eines Rechtsverhältnisses heraus eben nur so weit möglich ist, wie die tatsächlichen Besonderheiten reichen, vgl. *v. Danwitz*, Die Verwaltung 1997, 339, 350.

Bezugsrahmen nicht hinausgreifen: Die Verfolgung weiterer Zwecke, die Auferlegung andersartiger Pflichten, als die Sachtätigkeit nicht zu stören oder zu gefährden, wird davon nicht begründend und motivierend unterlegt. Der Rechtsverhältnisgedanke bestätigt damit auch die oben[383] gewonnene Erkenntnis, daß die gewohnheitsrechtliche Haus- und Ordnungsgewalt nur Gefahrenabwehr-, nicht aber Straf- und Ordnungsstrafbefugnisse der Verwaltung begründen kann. Denn die Zwecke staatlicher Mißbilligung, des Schuldvorwurfs, die in straf- und strafähnlichen Sanktionen enthalten sind, liegen außerhalb der mit dem schlichten Eintritt entstehenden Sachstrukturen und Rechtsbeziehungen.

Anders liegt es, wenn mit dem Eintritt die Begründung eines anderen Verwaltungsrechtsverhältnisses (z. B. eines Anstaltsbenutzungsverhältnisses) einhergeht oder ein anderes Verwaltungsrechtsverhältnis (z. B. das Schulverhältnis) zum Eintritt berechtigt. Dann modifiziert, vor allem präzisiert dessen Rechte- und Pflichtenprogramm die Beziehungen des Eingetretenen zum öffentlichen Träger des Gebäudes.[384] Hier werden durchaus positive Verhaltensanforderungen an den Eingetretenen gestellt. Bei den engsten Formen von Sonderverbindungen, Soldaten-, Beamten- und sonstigen durch Eid und Schwur bekräftigten Dienstverhältnissen, erwartet das Recht sogar mit Treue und Verschwiegenheit eine Art von innerer, die gesamte Privatpersönlichkeit erfassende Bindung. Die bestehenden formellgesetzlichen Ordnungsstrafvorschriften liegen hier innerhalb des von den jeweiligen Sonderstatusverhältnissen gebildeten Begründungsrahmens

Die mit der rein räumlichen Einbeziehung des Bürgers in den Bereich hoheitlicher Aufgabenerfüllung entstehende Sonderverbindung erscheint auf einer abgestuften Skala von durch Aufhebung der Staatsdistanz gekennzeichneten Rechtsverhältnissen als unterer Endpunkt.[385] Je intensiver das Recht Rechtebestand und Pflichtigkeit auf die Person hin ausrichtet, je umfassender der Private von Staat und Verwaltung vereinnahmt wird, desto mehr nähert sich das jeweilige Rechtsverhältnis dem oberen Endpunkt der Skala, dem Amt, dessen Träger schließlich staatliche Belange als eigene wahrzunehmen hat.[386] Besteht hier ein weitgehender Gleichlauf, ja Identität der von beiden Rechtssubjekten verfolgten Interessen auf breiter Front, so teilt sich der nur räumlich Inkorporierte lediglich ein kleines Feld gemeinsamer Interessen mit dem öffentlichen Träger des betretenen

---

[383] Erster Teil II 1 b bb (3), S. 44 ff.

[384] Jedoch begründet z.B. die Wahrnehmung der Zuhörerrolle in einer Gerichtsverhandlung keine vertragsähnliche Sonderverbindung, aus der heraus der Eingetretene Schadensersatz vom Staat wegen des Angriffs durch Dritte verlangen könnte, vgl. OLG Köln NJW-RR 1998, 1141.

[385] *Loschelder*, Sonderbindung, S. 228, 345; *N. Klein*, DVBl. 1987, 1102, 1106.

[386] Vgl. *Loschelder*, Sonderbindung, S. 308 ff., 313.

Gebäudes. Diese Schnittmenge der Interessen läßt sich damit beschreiben, daß sowohl der Eingetretene wie der Hoheitsträger hoffen, die physische Präsenz des Bürgers im abgeschirmten Innenraum möge das Funktionieren des Verwaltungsbetriebes, der auch um des eingetretenen Bürgers willen besteht und auch für ihn tätig ist, nicht beeinträchtigen und der Eingetretene möge keinen Schaden nehmen als Folge seiner Anwesenheit. Das von der Rechtsverhältnislehre betonte kooperative Element beschränkt sich hierauf; das Rechtsverhältnis bildet eine Gegenseitigkeitsstruktur[387] insoweit aus, als die sachverhaltlichen Fundamente dies erfordern und zulassen.

Die Sonderbefindlichkeit des in den abgeschirmten Verwaltungsraum eingetretenen Bürgers und ihr Gegenstück, die Verwundbarkeit der Verwaltungsstelle, fordern faktisch, aufeinander Rücksicht zu nehmen.[388] Der Wirklichkeit des komplexen Eingliederungsverhältnisses ist – nun im rechtsstaatlichen Kontext von Gesetzesvorbehalt und Grundrechten – nur mit einem Rückzug der Regelungsdichte und Regelungstiefe gerecht zu werden.[389] Das Generalklauselhafte der Befugnisnorm der öffentlich-rechtlichen Haus- und Ordnungsgewalt entspricht dem Selbststeuerungsbedürfnis aller verwaltungsrechtlichen Sonderverhältnisse.[390] Diese ehemals als besondere Gewaltverhältnisse bezeichneten Verbindungen sind bleibend dadurch gekennzeichnet, daß sie sich wegen der besonderen Nähe von Hoheitsträger und Bürger der normativen Durchstrukturierung entziehen.[391] Anders als der Eintritt in ein Privathaus, durch den eine Zivilperson den willkürlich auszuübenden Abwehrrechten des privaten Besitz- und Eigentumsschutzes unterliegt, bringt der Eintritt in das Gebäude eines öffentlich-rechtlich tätigen Hoheitsträgers ein Verwaltungsrechtsverhältnis mit sich, aufgrund dessen es dem öffentlichen Hausherrn versagt ist, dem Eingetretenen nach Gutdünken Verhaltensvorschriften zu machen oder ihn hinauszuweisen. Seine Tätigkeit ist immer auf einen außerhalb seiner selbst liegenden öffentlichen Zweck gerichtet, nur aus diesem zieht er seine Daseinsberechtigung. Die Privatperson als Hausherr hingegen benötigt diese Selbstrechtfertigung nicht, ihr Dasein und ihre Tätigkeit sind zweckfrei. Die räumliche Begegnung zweier Privater ist eine Kollision gleichwertiger Personen und wird bereits von den schneidigen Jedermannsrechten der §§ 1004, 985, 859 ff. BGB bis ins Letzte strukturiert. Das Betreten eines Verwaltungsgebäudes führt dagegen zu einer Durchdringung und Verflechtung: Die Rechtsstellung des

---

[387] Vgl. *Häberle*, Verwaltungsrechtsverhältnis, S. 248, 250.
[388] Vgl. *Lange*, VVDStRL 44 (1986), 169, 184.
[389] *Löwer*, DVBl. 1985, 928, 938 f.; *Bull*, Rdnr. 279; *Loschelder*, Sonderbindung, S. 347, 467 ff.; *ders.* in Hdb. d. StaatsR V, § 123 Rdnr. 54 ff.; *Chen*, S. 30 f.; *Lange*, VVDStRL 44 (1986), 169, 184 f.; *Luthe*, Das besondere Gewaltverhältnis, S. 532 ff., 541; *Ronellenfitsch*, DÖV 1981, 933, 939.
[390] Vgl. *Luthe*, Das besondere Gewaltverhältnis, S. 494 ff., 527.
[391] Vgl. die Nachweise in Fußnote 389.

eingetretenen Bürgers ist nicht mit dem schlichten Dasein eines Gegenübers als Eigentümer oder Besitzer und seinem Willen *konfrontiert*, sondern am gemeinschaftsbezogenen Zweck, an der Erfüllung der Sachaufgabe zu *messen*. Hierzu muß sich die Ordnungsnorm auf weitgefaßte Vorgaben beschränken, um der Vielfalt der Störungssituationen und -bedingungen gerecht zu werden.

Es hat sich somit gezeigt, daß der Ansatz, den schlichten Eintritt einer Person in den Raum anstaltlicher oder sonstiger Verwaltung mit der Entstehung eines von öffentlich-rechtlichen Sonderbindungen gekennzeichneten Verwaltungsrechtsverhältnisses begleitet zu sehen, die gewohnheitsrechtliche Befugnisnorm der öffentlich-rechtlichen Haus- und Ordnungsgewalt, wie sie oben herausgearbeitet wurde, bestätigt.

d) Der verbleibende Inhalt des Hausrechtsbegriffs

Der Begriff des Hausrechts, der in der Rechtswirklichkeit verwurzelt und in einer Reihe von Gesetzen und unzähligen Hausordnungen fixiert ist, kann aber beibehalten werden,[392] und zwar auch mit dem Inhalt, der ihm umgangs- und rechtssprachlich beigelegt wird. Hausrecht ist danach die Bezeichnung für die Befugnis, über den Aufenthalt von Personen auf befriedetem Territorium, insbesondere in "Häusern", zu bestimmen, sie einzulassen und sie hinauszuweisen.

Dieses Verständnis vom Hausrecht knüpft an die Tatbestandsbeschreibung von § 123 StGB an,[393] als dessen Schutzgut traditionell das Hausrecht angesehen wird[394]. Einen Hausfriedensbruch begehen und damit das angebliche Rechtsgut Hausrecht verletzen kann nach dem von Art. 103 Abs. 2 GG befestigten Wortlaut der Strafvorschrift nur, wer sich gegen den Willen des Berechtigten körperlich im geschützten Bereich aufhält. Das Recht, gegen sonstige störende Einwirkungen (Immissionen, Sachbeschädigungen) oder mittelbare Funktionsbeeinträchtigungen (Kappen von Versorgungsleitungen, Fernhalten von dem Hausherrn erwünschten Personen) vorzugehen, wird nicht von § 123 StGB geschützt. Dementsprechend beschränkt das strafrechtliche Schrifttum den Inhalt des Hausrechts auf die Befugnis, Personen den Eintritt in die in § 123 StGB aufgezählten Objekte zu verweigern oder sie hinauszuweisen.[395]

---

392 Dagegen spricht sich *Knoke*, AöR 94 (1969), 388, 404, aus.
393 Deutlich *Knemeyer*, DÖV 1970, 596, 597.
394 *v. Liszt/Schmidt*, § 119 I, S. 581; LK-*Schäfer*, § 123 StGB, Rdnr. 1; Schönke/Schröder-*Lenckner*, § 123 StGB, Rdnr. 1.
395 Schönke/Schröder-*Lenckner*, § 123 StGB, Rdnr. 1; *Krey*, BT-1, Rdnr. 431; *Maurach/Schroeder/Maiwald*, BT-1, § 30 Rdnr. 2; Lackner/*Kühl*, § 123 StGB, Rdnr. 1; *Arzt*/Weber, LH 1, Rdnr. 472; *Haft*, BT, § 3 I, S. 14; *Schmidhäuser*, BT, 6. Kap. Rdnr. 11;

Auch die Rechtsprechung aller Gerichtszweige verwendet den Begriff des Hausrechts fast durchweg nur dann, wenn Zutrittsbefugnisse und Hausverbote in Streit sind.[396] Von demselben Inhalt des (öffentlich-rechtlichen) Hausrechts geht die verwaltungsrechtliche Literatur aus.[397]

Diese Befugnis (subjektives Recht) wird dem Berechtigten von Normen des objektiven Zivilrechts[398] oder des objektiven öffentlichen Rechts[399] eingeräumt. Neben diesen Normen, darunter der herausgearbeiteten öffentlich-rechtlichen Haus- und Ordnungsgewalt, die je eigenen Regeln folgen, existiert kein normativ eigenständiges Hausrecht, das zu ihnen in Konkurrenz treten könnte. Jene Normen sind die Rechtsgrundlage von Hausverboten wie von sonstigen Abwehrmaßnahmen. Private untereinander können hausrechtliche Maßnahmen nicht auf "das Hausrecht", sondern eben nur auf die zivilrechtliche Anspruchsgrundlagen des Eigentümers, des Besitzers usw. stützen. Der Anspruch auf Nichtbetreten oder Verlassen eines Territoriums steht ihnen ausschließlich und abschließend nach Maßgabe der absolut oder relativ wirkenden zivilrechtlichen Normen zu. Der Wohnungseigentümer kann als solcher (§§ 1004, 823, 985 BGB, § 13 Abs. 1 WEG), nicht erst als Hausrechtsinhaber verlangen, daß ein Gast Sonder- und Gemeinschaftseigentum verläßt. Der Mieter einer Wohnung benötigt das Hausrecht nicht, um dem unerwünschten Besucher den Zutritt zu verwehren; Grundlage seines Unterlassungsanspruchs sind die §§ 1004, 823 Abs. 1, 2, 862 Abs. 1 S. 2 BGB. Und Rechtsgrundlage für ein öffentlich-rechtliches Hausverbot des Gerichtspräsidenten ist nicht das Hausrecht an sich, sondern die gewohnheitsrechtliche Haus- und Ordnungsgewalt ebenso wie für andersgeartete erforderliche Maßnahmen der gebäudeinternen Gefahrenabwehr.

– ebenso die Autoren, die das Hausrecht nicht als das von § 123 StGB geschützte Gut ansehen: z.B. *Stoiber*, S. 42; *Engeln*, S. 37; *Artkämper*, S. 173 ff.

[396] Z.B. BGHSt 24, 329, 330; BGH NJW 1982, 947; OLG Karlsruhe DVBl. 1980, 77, 78; OLG Celle DRiZ 1979, 376, 377; BGHZ 124, 39, 43; OLG Frankfurt/Main NJW-RR 1993, 788, 789; OLG München, BayVBl. 1986, 156, 157 a.E.; OVG Berlin DVBl. 1952, 763; OVG Münster NWVBl. 1998, 350, 352; – anders aber VGH Mannheim NVwZ 1994, 803.

[397] Ausdrücklich: *Knemeyer*, DÖV 1970, 596, 597; *Knoke*, AöR 94 (1969), 388, 403 f.; *Ehlers*, DÖV 1977, 737, 738; *Zeiler*, DVBl. 1981, 1000, 1001; Lisken/Denninger-*Denninger*, E 13; *Greifeld*, DÖV 1981, 906, 910; *Roth*, S. 216; *Götz*, Rdnr. 119; *Stober*, DRiZ 1980, 3, 7; *Götz*, Rdnr. 119; *Roth*, S. 216. Einfache Verhaltensanordnungen schlagen dem Hausrecht zu: *Tettinger*, WissR 1983, 221, 239; *U. Schmitt*, S. 73 (aber Hausrecht nur Teil der Anstaltsgewalt, S. 102 f.); *Frühling*, S. 124 f. (aber Hausrecht als öffentlich-rechtlicher Besitzschutz).

[398] §§ 985, 1004, 903 BGB für den Eigentümer des umfriedeten Raumes bzw. entsprechend für den sonst dinglich Berechtigten; §§ 859 ff., 1004, 823 (Besitz als "sonstiges Recht") BGB für den Besitzer; vertragliche Normen mit nur relativer Geltung.

[399] Allgemeiner öffentlich-rechtlicher Unterlassungsanspruch des Bürgers; gewohnheitsrechtliche Haus- und Ordnungsgewalt; § 3 Abs. 1 Hamb SOG.

Die öffentlich-rechtliche und die zivilrechtliche "Hausrechts"-Befugnis unterscheiden sich fundamental voneinander. Der private Eigentümer und Besitzer etwa kann den Zutritt von Personen nach Belieben regeln (vgl. § 903 BGB). Die öffentliche Hand ist hingegen vielfältig öffentlich-rechtlich gebunden, wenn sie über den Eintritt von Personen in ihren räumlichen Bereich zu entscheiden hat. Ein anderer Wesensunterschied liegt darin, daß die Verwaltung auf der Grundlage ihrer öffentlich-rechtlichen Haus- und Ordnungsgewalt Verwaltungsakte (Hausverbote) erlassen und sich so den Vollstreckungstitel selbst schaffen sowie sofort selbst vollstrecken kann.[400] Der private Berechtigte ist für die Durchsetzung seiner Rechte dagegen grundsätzlich auf die Inanspruchnahme der Gerichte verwiesen; Selbsthilfe ist ihm nur punktuell und unter engen Voraussetzungen erlaubt (vgl. §§ 859 Abs. 1, 229 BGB).

Weil es der Befugnis des "Hausherrn", Personen einzulassen und vom Ort zu weisen, an einer übergreifenden einheitlichen Fundierung fehlt, weil Anspruchsinhaberschaft, Ausübungsgrundsätze und Vollstreckung sich allein nach den Vorgaben der je verschiedenen zivilrechtlichen oder öffentlich-rechtlichen Normen richten, ist der Begriff des Hausrechts, will man ihn beibehalten, jeder materiellen Bedeutung zu entkleiden. Danach ist das Hausrecht nur die Bezeichnung für das nackte Entscheidungsrecht, über den Aufenthalt von Personen in Gebäuden, Räumen und sonstigem befriedetem Besitztum[401] zu bestimmen, ein subjektives privates oder öffentliches Recht, das seinem Inhaber aufgrund je ganz verschiedener Vorschriften zusteht.

3. Einzelfragen

a) Der Inhaber der öffentlich-rechtlichen Haus- und Ordnungsgewalt

Inhaber der ungeschriebenen Haus- und Ordnungsgewalt ist, ihrem Annexcharakter entsprechend, der Träger der öffentlichen Aufgabenerfüllung, zu deren Schutz sie besteht.[402] Letztes Zuordnungssubjekt der gewohnheitsrechtlichen Norm sind streng genommen immer die juristischen

---

[400] Dazu unten unter Erster Teil II 3 c, S. 100 ff.

[401] Insofern sollte die Verbindung des Hausrechts mit § 123 StGB nicht gelöst werden. Es ist nichts damit gewonnen, entgegen dem Sprachgebrauch auch die Befugnis, Personen von unumzäunten Grundstücken, privaten Kraftfahrzeugen, offenen Eisenbahnwaggons und dergleichen (dazu, daß diese Gegenstände nicht unter § 123 StGB fallen, vgl. nur Schönke/Schröder-*Lenckner*, § 123 StGB, Rdnr. 4, 6, 7) fernzuhalten, als Hausrecht zu bezeichnen.

[402] Für das "öffentlich-rechtliche Hausrecht": OVG Münster NVwZ-RR 1989, 316, 317; DÖV 1990, 979, 980; *Knemeyer*, DÖV 1970, 596, 598; *ders.*, BayVBl. 1977, 206, 207; *Axer*, S. 193 f.; *Bethge*, Die Verwaltung 1977, 313, 320 ff., 330 f.; *Karpen*, WissR 1972, 195, 217; *U. Schmitt*, S. 77; *Hardinghaus*, S. 139 f.

Personen des öffentlichen Rechts, also vor allem die staatlichen und kommunalen Gebietskörperschaften und die rechtsfähigen Anstalten, die über ihre Behörden, Organe und Unterorgane öffentlich-rechtliche Sachtätigkeit entfalten. Denn die Gefahrenabwehrbefugnisse der öffentlich-rechtlichen Haus- und Ordnungsgewalt können als subjektive Rechte (darunter das Hausrecht) nur rechtsfähigen Organisationseinheiten zustehen.[403] Wenn demgegenüber verkürzend vom "Hausrecht des Behördenleiters", "der Verwaltungsbehörden", "der Justizverwaltung" oder "des Gerichtspräsidenten" gesprochen wird[404], so ist das deshalb unschädlich, weil es eben diese Organe sind, die die Haus- und Ordnungsgewalt für ihren rechts-, aber nicht handlungsfähigen Träger ausüben.

Die Annexaufgabe der Ordnungsbewahrung obliegt zuvörderst dem Kopf der in einem oder mehreren befriedeten Arealen organisatorisch verselbständigten Verwaltungsstelle, der auch die Sachtätigkeit selbst zu leiten hat. Das ist nicht selten ausdrücklich durch Rechtsnormen bestimmt,[405] ansonsten aber gewohnheitsrechtlich anerkannt.[406] Es muß aber, soll die Gefahrenabwehr wirksam sein, durchaus nicht in jedem Fall der Behördenleiter, der u. U. über eine größere Anzahl verstreut liegender Gebäude gebietet, in Person am Ort erscheinen, um einen Störer zu ordnungsgemäßem Verhalten aufzufordern.[407] Verbindlich sind auch die Verfügungen, die eine dienst- oder privatrechtlich in die Organisation des Behördenleiters eingebundene Person trifft. Mit der Übertragung der öffentlichen Sachaufgabe wird der Sachwalter konkludent ermächtigt, auch die akzessorische Hilfsaufgabe der Ordnungsbewahrung und Störungsabwehr auszuüben. Es handelt sich dabei um eine abgeleitete Ausübungsberechtigung, eine unselbständige Eilzuständigkeit des der Gefahrensituation am nächsten stehenden Amts- oder Sachwalters, der, wie sich aus den Umständen ergibt, im Namen des Behördenleiters und des Hoheitsträgers tätig wird. Anders ist es bei Maßnahmen, denen die Eilbedürftigkeit fehlt. Der Zweck gefahrvorbeugender Vorkehrungen ohne Eingriffscharakter, von Hausordnungen und von für die Zukunft wirkenden Hausverboten erschöpft sich nicht in einer Störungssituation, die sofortiges Tätigwerden verlangt. Hierfür entfällt die

[403] Vgl. OVG Münster DÖV 1990, 979, 980; *Jauer*, S. 38 ff.; *Bodendorf*, S. 42 f.; Schönke/Schröder-*Lenckner*, § 123 StGB, Rdnr. 16 für das Hausrecht.
[404] BGHSt 24, 329, 330; 30, 350, 353; OLG Celle DRiZ 1979, 376, 377; *Berg*, JuS 1982, 260; *Ehlers*, DÖV 1977, 737, 738.
[405] Vorschriften, die – dem Annexgedanken folgend – die Ausübung des Hausrechts oder die Wahrung der Ordnung in einer Sitzung bestimmten Organen zuweisen, z.B. Art. 40 Abs. 2 S. 1 GG; Art. 39 Abs. 2 S. 3 Verf NW; § 51 Abs. 1 GO NW; § 19 Abs. 2 S. 3 UnivG NW; §§ 176 ff. GVG.
[406] Vgl. *Berg*, JuS 1982, 260, 262; *Gerhardt*, BayVBl. 1980, 724, 725; *Witthohn*, S. 157.
[407] Vgl. *Tettinger*, WissR 1983, 221, 222 f., 240; *Leuze*, § 19 UnivG NW, Rdnr. 7.

Eilzuständigkeit der nachgeordneten Organe und Organteile. Derartige Maßnahmen sind dem Behördenleiter vorbehalten.[408]

In Gerichtsgebäuden ist es die Gerichtsverwaltung, welche in materieller und personeller Hinsicht die Voraussetzungen der dort geübten sachlichen Tätigkeit, vor allem die Rechtsprechung durch unabhängige Spruchkörper, gewährleistet.[409] Wie die Bereitstellung von Sachmitteln, wie die Personalangelegenheiten und die Organisation des Dienstbetriebes obliegt der Gerichtsverwaltung und vorrangig deren Leiter, dem Präsidenten bzw. Direktor des Gerichts, auch die Aufrechterhaltung der Ordnung im Gebäude durch Ausübung der öffentlich-rechtlichen Haus- und Ordnungsgewalt.[410] Sieht man heute der sich mit der inneren Organisation des Gerichtes und der Gerichtsbarkeit beschäftigenden Gerichtsverwaltungstätigkeit die auf unmittelbare Außenwirkung zielende Justizverwaltung gegenübergestellt,[411] so ist das zu präzisieren. Obwohl Maßnahmen der Haus- und Ordnungsgewalt die direkte Außenwirkung nicht abzusprechen ist,[412] werden sie zu Recht der Gerichtsverwaltung zugeordnet. Denn im Gleichlauf mit der Überprüfbarkeit sogenannter Justizverwaltungsakte nach §§ 23 ff. EGGVG sollten nur Maßnahmen mit spezifisch justizmäßigem Charakter[413] als Tätigkeit der Justizverwaltung bezeichnet werden. Dazu gehört aber die Aufrechterhaltung der Ordnung im Dienstgebäude eines Gerichts ebensowenig wie in Gebäuden der allgemeinen Verwaltung.[414]

Mit den Beamten des Justizwachtmeisterdienstes stehen allerdings besondere Kräfte bereit, denen neben anderen Aufgaben per Gesetz oder Dienstordnung auch die Aufrechterhaltung der Sicherheit und Ordnung im Gerichtsgebäude oder "auf den dem Hausrecht der Justizverwaltung unterliegenden Grundstücken" übertragen ist.[415] Deren Berechtigung, für den Gerichtspräsidenten die öffentlich-rechtliche Haus- und Ordnungsgewalt auszuüben, schließt die Ausübungsbefugnis der sonstigen Bediensteten nicht aus. Die z. B. von einem Urkundsbeamten der Geschäftsstelle gegenüber einem Störer

---

[408] Vgl. auch *U. Schmitt*, S. 78.

[409] *Kissel*, § 12 GVG, Rdnr. 33; *Wolf*, GerichtsverfassungsR, § 6 I 1, S. 53; *Schilken*, Rdnr. 250.

[410] Vgl. für das "Hausrecht": *Schilken*, Rdnr. 251; *Wolf*, GerichtsverfassungsR, § 6 I 1, S. 54; *Kissel*, § 12 GVG, Rdnr. 41; BGHSt 24, 329, 330; 30, 350, 353; OLG Celle DRiZ 1979, 376, 377; OVG Schleswig NJW 1994, 340.

[411] *Kissel*, § 12 GVG, Rdnr. 38 mit 33, 54; *Schilken*, Rdnr. 250, 254; *Wolf*, § 6 I 1, S. 54 f.; *Schmidt-Räntsch*, § 4 DRiG, Rdnr. 16; anders noch BGHZ 112, 197, 202 (Gerichtsverwaltung als Bestandteil der Justizverwaltung).

[412] Vgl. *Bäumler*, JR 1978, 317, 318, Fn. 13.

[413] Vgl. BGHZ 105, 395, 399; BVerwGE 47, 255, 260; 69, 192, 195; *Kissel*, § 23 EGGVG, Rdnr. 13.

[414] Siehe noch unten unter Erster Teil II 3 d, S. 104 f.

[415] § 1 Abs. 1 S. 1 UZwG Justiz Nds; § 1 Abs. 1 S. 1 UZwG Justiz SaAnh; § 2 lit. d DienstO für die Beamten des Justizwachtmeisterdienstes Bln.

verfügte Verhaltensanordnung ist für diesen verbindlich. Es muß nicht erst ein Beamter der Wachtmeisterei herbeigeholt werden und die Untersagung erneut aussprechen, um eine rechtmäßige Regelung zu setzen. Des Justizwachtmeisterpersonals bedarf man zur Ordnungsbewahrung in *rechtlicher* Hinsicht nur, um Maßnahmen der öffentlich-rechtlichen Haus- und Ordnungsgewalt sowie der Sitzungspolizei mit unmittelbarem Zwang durchzusetzen,[416] nicht aber, um überhaupt Ordnungsmaßnahmen treffen zu können.

b) Hausordnungen

Klärungsbedürftig sind Grundlage, Rechtsnatur und Verbindlichkeit jener Regelungswerke, die vom Behördenleiter als "Hausordnungen" erlassen werden. Neben der Festlegung von Gebäudeöffnungszeiten enthalten sie regelmäßig weitere Verhaltensgebote für Publikum und Personal. In diesen Zusammenhang gehören auch die Benutzungs- oder Anstaltsordnungen, die sich mit der Ausgestaltung des Benutzungsverhältnisses zu öffentlichen Einrichtungen beschäftigen.

Was früher als Regelung des "besonderen Gewaltverhältnisses" im hoheitlichen Innenraum ohne Bindung an Gesetz und Grundrechte weitgehend unproblematisch war, muß sich heute an den Maßstäben des Rechtsstaates messen lassen. Die Einordnung von Anstaltsordnungen, Benutzungsregelungen und Hausordnungen, die nicht schon als Gesetz, Rechtsverordnung oder Satzung auftreten, bereitet unter diesen Bedingungen Schwierigkeiten. Vereinzelt wird ihnen weiterhin der Rechtssatzcharakter oder doch die Außenwirkung abgesprochen, indem man sie zu den Verwaltungsvorschriften zählt.[417] In dieselbe Richtung zielt es, sie als sog. Sonderverordnungen zu qualifizieren.[418] Es handelt sich hierbei um eine zwischen Verwaltungsvorschrift und Rechtsverordnung angesiedelte Regelungsgattung, die die Rechtmäßigkeit belastender rechtssatzmäßiger Bestimmungen im Rahmen besonderer Gewalt- oder Sonderverhältnisse ohne gesetzliche Grundlage begründen sollte.[419]

Überwiegend sieht man in Haus- und Benutzungsordnungen heute Verwaltungsakte in Gestalt von Allgemeinverfügungen im Sinne von § 35

---

[416] Unmittelbarer Zwang ist Vollzugsbeamten vorbehalten, vgl. §§ 1 Abs. 1, 6 Nr. 7 UZwG; § 1 Abs. 1 S. 1 UZwG Nds; §§ 1 Abs. 1, 3 Nr. 3 UZwG Bln; § 86 Nr. 1 Brem PolG. Dazu näher unten unter Erster Teil II 3 c, S. 100 ff.

[417] *Bull*, Rdnr. 848. *Chen*, S. 99 ff. schreibt Verwaltungsvorschriften generelle Außenwirkung zu, um Anstaltsordnungen mit diesem Begriff erfassen zu können.

[418] So *Wolff/Bachof/Stober*, VwR Bd. 1, § 25 Rdnr. 43, VwR II, § 99 Rdnr. 25.

[419] Vgl. *Wolff/Bachof/Stober*, VwR Bd. 1, § 25 Rdnr. 43; *Ossenbühl* in Erichsen, AllgVwR, § 6 Rdnr. 58.

S. 2 VwVfG.[420] Dieser Einordnung ist im Grundsatz zuzustimmen. § 35 S. 2, 3. Alt. VwVfG stellt klar, daß auch die Regelung der Benutzung einer bestimmten öffentlichen Sache durch die Allgemeinheit nicht Rechtsnorm, sondern Verwaltungsakt ist. Gemeint sind jene generell-konkreten Regelungen, die sich an Adressaten richten, welche erst in dem Augenblick, in dem sie zur konkret bezeichnten Sache in Beziehung treten, personal bestimmt werden.[421] Hausordnungen, als Zusammenfassungen von Einzelanordnungen, beziehen sich stets auf einzelne Gebäude oder Gebäudekomplexe. Die erfaßten Sachverhalte sind – wie bei den als Verwaltungsakten anerkannten Verkehrszeichen[422] – im Zeitpunkt ihres Erlasses räumlich fixiert und personell bestimmbar.

Zu beachten ist aber, daß Hausordnungen sich in Teilen oder insgesamt auch an die im Gebäude beschäftigten Dienstkräfte wenden (können). Es handelt sich dann nicht regelmäßig um Verwaltungsakte, sondern um dienstliche oder arbeitsrechtliche allgemeine Weisungen, die nicht im Sinne von § 35 S. 1 VwVfG "auf unmittelbare Rechtswirkung nach außen gerichtet" sind.[423]

Hausordnungen werden, sofern keine formell-gesetzliche Verordnungs- oder Satzungsermächtigung bereitsteht, auf der Grundlage der öffentlich-rechtlichen Haus- und Ordnungsgewalt erlassen. Ermächtigungsgrundlage ist wie bei individuell-konkreten Anordnungen das Gewohnheitsrecht zur Ordnungswahrung im physisch abgeschirmten Bereich.[424] Die in Hausordnungen enthaltenen Verhaltensvorschriften fixieren jedenfalls dann eine gewohnheitsrechtlich verfestigte Übung, wenn sie sich im Rahmen des Verwaltungsverhältnisses halten, das zu jedem eintretenden Bürger besteht. Gewohnheitsrechtlich begründet sind also Regelungen, die lediglich die gewissermaßen negative Bindung, den Anspruch auf Ungestörtheit ausdrücken.[425] Die aus der potentiellen Gefährlichkeit der räumlichen Einbeziehung Verwaltungsfremder fließenden Sonderbindungen öffnen das Einzelfallkriterium des gewohnheitsrechtlichen Gefahrtatbestandes in die Zukunft. Der Hausordnung als generell-konkreter Regelung entspricht die generell-konkrete Gefahr, die mit dem Eintritt von Personen in die Sphäre hoheitlicher Aufgabenerfüllung verbunden ist.

---

[420] *Maurer*, § 9 Rdnr. 34; *Erichsen* in Erichsen, AllgVwR, § 12 Rdnr. 52; *Löwer*, DVBl. 1985, 928, 939; *Lange*, VVDStRL 44 (1986), 169, 182 f.; *Pappermann/Löhr/Andriske*, S. 130; *Chr. Schäfer*, S. 214 f., 219 ff.; *Roth*, S. 212; *Axer*, S. 186; Stelkens/Bonk/Sachs-*P.Stelkens/H.Stelkens*, § 35 VwVfG, Rdnr. 247.

[421] Das verkennt *Chen*, S. 103 in ihrer Kritik an der h.M.

[422] Vgl. dazu BVerfGE 59, 221, 224 f.; 102, 316, 318; BGHSt 23, 86, 88; *Erichsen* in Erichsen, AllgVwR, § 13 Rdnr. 53 m.w.N.

[423] Vgl. *Bull*, Rdnr. 149, Stelkens/Bonk/Sachs-*P.Stelkens/U.Stelkens*, § 35 VwVfG, Rdnr. 247.

[424] Ähnlich *U. Schmitt*, S. 74; *Frühling*, S. 132 f.

[425] Vgl. oben unter Erster Teil II 2 c cc, S. 90 f.

Ein spezieller öffentlicher Zweck des Gebäudes und besondere öffentlich-rechtliche Beziehungen zum Eintretenden modifizieren die allgemeine Haus- und Ordnungsgewalt. Was in Dienstgebäuden der unmittelbaren Staatsverwaltung als dürre Hausordnung daherkommt, kann daher in gemeindlichen Einrichtungen und Leistungsanstalten, mit Benutzungsregelungen aufgefüllt, zur Benutzer- oder Anstaltsordnung werden. Das Verwaltungsrechtsverhältnis, welches in bezug auf jeden Eintretenden zur Entstehung kommt, wird dann – allerdings meist bereits formell-gesetzlich determiniert – vom Anstaltsbenutzungsverhältnis, Schul- oder Beamtenverhältnis über-lagert. Weil dem Gewohnheitsrechtssatz der öffentlich-rechtlichen Haus- und Ordnungsgewalt hierfür keine Aussagen zu entnehmen sind, müssen Benutzungsregelungen insoweit wenigstens mittelbar auf ein ermächtigendes Spezialgesetz rückführbar sein.[426]

Die Rechtmäßigkeit von auf der Grundlage der öffentlich-rechtlichen Haus- und Ordnungsgewalt erlassenen Hausordnungen richtet sich im übrigen nach den Gesetzen und Grundrechten. So dürfen Hausordnungen in Gerichtsgebäuden nicht den Grundsatz der Öffentlichkeit (§ 169 S. 1 GVG), prozessuale Mitwirkungsrechte und die richterliche Unabhängigkeit (Art. 97 Abs. 1 GG) verletzen. Auch der allgemeine Gleichheitssatz des Art. 3 Abs. 1 GG ist oftmals einschlägig.[427]

Hausordnungen erläßt in jedem Fall der Leiter der im betreffenden Gebäude tätigen Verwaltungsstelle oder Behörde, und zwar auch dann, wenn die Behörde auf mehrere Standorte verteilt ist. Die abgeleitete Befugnis subalterner Beamter und Angestellter zur Ausübung der Haus- und Ordnungsgewalt erstreckt sich nicht auf den Erlaß von Hausordnungen.[428] Dies folgt schon daraus, daß diese nicht eilbedürftig sind, ergibt sich aber daneben aus dem Gewohnheitsrecht.

Regelungen, die sich an das Publikum wenden, sollten in einer eigenen Hausordnung zusammengefaßt und durch Aushang im Eingangsbereich des Gebäudes gemäß § 41 Abs. 3 S. 2, Abs. 4 VwVfG bekanntgegeben werden. Sie entfalten eine präventive Wirkung, die durch Hinweise auf besonderen Schildern noch verstärkt werden kann. Hausordnungen gestalten den Gefahrtatbestand der öffentlich-rechtlichen Haus- und Ordnungsgewalt nach den spezifischen Bedingungen der je zu erfüllenden Sachaufgabe und der Örtlichkeit aus. Was die Generalklausel des Gewohnheitsrechtssatzes nicht

---

[426] Vgl. *Maurer*, § 9 Rdnr. 34; *Löwer*, DVBl. 1985, 928, 939; *Lange*, VVDStRL 44 (1986), 169, 183.
[427] Vgl. *Frühling*, S. 133 f.; *Stürner*, Privatrechtliche Gestaltungsformen, S. 113.
[428] Vgl. auch *U. Schmitt*, S. 78.

leisten kann noch der Parlamentsgesetzgeber leisten könnte, nämlich im einzelnen Verwaltungs- oder Anstaltsgebäude eine differenzierte Ordnungsregelung vorzugeben, übernimmt die Exekutive mit dem Erlaß von Hausordnungen. Diese sind ein wichtiges Mittel, dem Selbststeuerungsbedürfnis des durch den Eintritt entstehenden Sonderbindungsverhältnisses zu entsprechen.[429] Sie helfen eine gleichmäßige Handhabung des hoheitlichen Ordnungsinstruments zu gewährleisten und dienen so der Rechtssicherheit. Da es sich um Anordnungen ihres Vorgesetzten, des Behördenleiters, handelt, binden Hausordnungen auch die Dienstkräfte bei der Ausübung der Haus- und Ordnungsgewalt im Einzelfall. Diese werden zugleich entlastet, weil typische Fälle von Ordnungsstörungen bereits vorwegnehmend bewertet worden sind.

c) Zwangsbefugnisse, Vollstreckung

Befolgt der in ein Dienstgebäude oder eine öffentliche Einrichtung eingetretene Besucher oder Benutzer die auf die öffentlich-rechtliche Haus- und Ordnungsgewalt gestützte Verhaltenserwartung nicht aus freien Stücken, so stellt sich die Frage nach ihrer zwangsweisen Durchsetzung.[430] Die hoheitliche Anwendung von Zwangsmitteln zur Vollstreckung von Verhaltensgeboten, z. B. von Exmittierungen, ist ein selbständiger Eingriff in Grundrechte (jedenfalls in Art. 2 Abs. 1 GG) des Gefahrverursachers und bedarf daher selbst einer gesetzlichen Grundlage, die Art und Ausmaß des Verwaltungszwangs regelt.[431] Vereinzelt wird hierfür im Unterschied zur zugrundeliegenden Verfügung eine geschriebene spezialgesetzliche Ermächtigungsgrundlage gefordert.[432] Andere lassen auch für den Verwaltungszwang die Annexkompetenz zur Funktionssicherung oder Gewohnheitsrecht genügen. Die Befugnis der Hoheitsträger, in ihrem räumlichen Bereich auf unbehinderte Aufgabenerfüllung hinzuwirken, schließe die zwangsweise Durchsetzung ein.[433]

Die Annahme einer immanenten Befugnis der gestörten Verwaltungsstelle, die getroffenen hausrechtlichen und sonstigen Ordnungsmaßnahmen zu

---

[429] Vgl. oben unter Erster Teil II 2 c cc a.E., S. 91.
[430] Verwaltungsvollstreckung in Gefahrenabwehr ist getrennt zu halten von Notwehr-, Notstands- und Selbsthilferechten, die keine öffentlich-rechtliche Eingriffsbefugnis geben, sondern nur die straf- und zivilrechtliche Rechtswidrigkeit eines nötigenden Verhaltens des Verwaltungsangehörigen entfallen lassen sowie vom Jedermanns-Festnahmerecht (§ 127 Abs. 1 StPO) und den Zwangsbefugnissen der Strafverfolgungsorgane.
[431] *Knemeyer*, DÖV 1970, 596, 599; *ders.*, VBlBW 1982, 249, 252; *Bethge*, Die Verwaltung 1977, 313, 327; *Zeiler*, DVBl. 1981, 1000, 1004 in Fn. 59; *Folz*, JuS 1965, 41, 44.
[432] *Knemeyer*, VBlBW 1982, 249, 252; AK-StGB-*Ostendorf*, § 123 StGB, Rdnr. 43.
[433] *Knoke*, AöR 94 (1969), 388, 407; *Thieme*, DÖV 1956, 522, 525 (als "Anstaltspolizei"); *Ronellenfitsch*, Verwaltungsarchiv 73 (1982), 465, 474; *Berg*, JuS 1982, 260, 262; *Tettinger*, WissR 1983, 221, 231; OVG Münster NVwZ-RR 1994, 642. Gegen das Bestehen solchen Gewohnheitsrechts: *Folz*, JuS 1965, 41, 44 f.

vollstrecken, ist bereits deshalb – unabhängig von der Möglichkeit gewohnheitsrechtlicher Entstehung vollstreckungsrechtlicher Normen[434] – nicht geboten, weil mit den Verwaltungsvollstreckungsgesetzen des Bundes und der Länder gesetzliche Regelungswerke zur Verfügung stehen. Bei den zur Gefahrenabwehr auf die gewohnheitsrechtliche Haus- und Ordnungsgewalt gestützten Anordnungen handelt es sich um Verwaltungsakte,[435] die auf die Vornahme einer Handlung, Duldung oder Unterlassung gerichtet sind. Sie sind von der Behörde zu vollstrecken, die sie erlassen hat (vgl. § 7 Abs. 1 VwVG und die entsprechenden Vorschriften der Länder[436]).

Knemeyer meint, daß die Verwaltungsvollstreckungsgesetze "ihrem gesamten Charakter nach" auf Akte der Funktionsermöglichung wie Hausverbote nicht anzuwenden seien, sondern nur auf Verwaltungsakte, mit denen die Behörde ihre eigentlichen Sachaufgaben erfülle.[437] Eine derartige Einschränkung ist aber weder dem Wortlaut noch dem "Charakter" der Verwaltungsvollstreckungsgesetze zu entnehmen (vgl. z. B. §§ 6 f. VwVG). Obendrein muß sich *Knemeyer* fragen lassen, warum "im Vorstadium eigentlicher Verwaltungstätigkeit"[438] liegende Akte der Funktionsermöglichung hinsichtlich ihrer Vollstreckungsgrundlage strengeren Anforderungen unterliegen sollen – hier sei eine positivrechtliche, spezialgesetzliche Zwangsgrundlage erforderlich[439] – als eine Abbruchverfügung oder ein Gebührenbescheid[440], deren Durchsetzung sich nach den Verwaltungsvollstreckungsgesetzen richte.

Jede hoheitliche Stelle besitzt also – vorbehaltlich spezieller gesetzlicher Regelungen – die Kompetenz, die zum Schutz ihrer Sachtätigkeit gegen eingetretene Störer erlassenen Verwaltungsakte selbst mit den Zwangsmitteln und unter den Voraussetzungen des Verwaltungsvollstreckungsrechts durchzusetzen.[441] Behörden des Bundes, darunter die Verwaltungen der Bundesgerichte, richten sich dabei nach dem VwVG des Bundes,

---

[434] Da es sich bei den Zwangsmitteln nicht um strafähnliche Sanktionen, die einen persönlichen Schuldvorwurf erheben, sondern um reine Beugemittel handelt (*Sadler*, § 9 VwVG, Rdnr. 4 ff.), für die Art. 103 Abs. 2 GG mit dem strikten Gebot der lex scripta nicht gilt (vgl. BVerfGE 84, 82, 89; Maunz/Dürig-*Schmidt-Aßmann*, Art. 103 Abs. II GG, Rdnr. 195; Sachs-*Degenhardt*, Art. 103 GG, Rdnr. 55) ist die Bildung von Gewohnheitsrecht hierfür nicht a limine ausgeschlossen (vgl. oben unter Erster Teil II 1 b bb (3), S. 55 ff.). Entgegen *Lagodny*, S. 114 f. liegt auch in der Auferlegung eines Zwangsmittels zur Erzwingung unvertretbarer Handlungen kein "Vorwurf".
[435] Vgl. oben unter Erster Teil II 1 b aa (2), S. 41.
[436] Übersicht bei *Engelhardt/App*, § 7 VwVG, Ziff. 6.
[437] *Knemeyer*, DÖV 1970, 596, 599; *ders.*, BayVBl. 1977, 206, 207.
[438] *Knemeyer*, DÖV 1970, 596, 599.
[439] *Knemeyer*, VBlBW 1982, 249, 252.
[440] Beispiele von *Knemeyer* selbst, DÖV 1970, 596, 599.
[441] Für Hausverbote ebenso: *Engelhardt/App*, § 6 VwVG, Ziff. I; *Sadler*, § 6 VwVG, Rdnr. 10; VGH Mannheim NVwZ 1994, 803; für das "öffentlich-rechtliche Hausrecht": *U. Schmitt*, S. 79,; *Frühling*, S. 170; *Karpen*, WissR 1972, 195, 220 f.; für die Polizeigewalt des Parlamentspräsidenten: *Köhler*, DVBl. 1992, 1577, 1582.

Verwaltungsstellen der Länder, darunter die Verwaltungen der Ländergerichte, hingegen nach den Landesverwaltungsvollstreckungsgesetzen.[442]

Vollstreckungsvoraussetzung ist alternativ neben der mangels Rechtsbehelfsbelehrung erst nach Ablauf eines Jahres eintretenden Unanfechtbarkeit (§ 70 Abs. 2 i. V. m. § 58 Abs. 2 S. 1 VwGO), daß einem Rechtsbehelf die aufschiebende Wirkung fehlen würde, vgl. § 6 Abs. 1 VwVG.[443] Die Maßnahmen der öffentlich-rechtlichen Haus- und Ordnungsgewalt müssen nun durchaus nicht durchgängig mit der Anordnung der sofortigen Vollziehung (§ 80 Abs. 2 S. 1 Nr. 4 VwGO) verbunden werden, um ihre Durchsetzung vor Ablauf der Rechtsbehelfsfrist zu gewährleisten.

Auf den in der Gefahrensituation ausgesprochenen verhaltensgebietenden Verwaltungsakt ist nämlich § 80 Abs. 2 S. 1 Nr. 2 VwGO, nach dem die aufschiebende Wirkung bei unaufschiebbaren Anordnungen und Maßnahmen von Polizeivollzugsbeamten entfällt, analog anzuwenden.[444] Der Zweck der innenräumlichen Gefahrenabwehrmaßnahmen würde ebenso durch den Suspensiveffekt von Widerspruch oder Anfechtungsklage vereitelt wie der Zweck der polizeilichen Gefahrenabwehr außerhalb von öffentlichen Gebäuden.[445] An die Stelle der Allzuständigkeit der Polizeivollzugsbeamten tritt innerhalb von Verwaltungsgebäuden die Annexzuständigkeit der dort tätigen Behörde. Hier wie dort duldet der Vollzug der erlassenen Ordnungsverfügungen keinen Aufschub, so daß einem Bedürfnis der Praxis folgend[446] von einem regelmäßig überwiegenden Interesse an ihrer sofortigen Vollziehbarkeit auszugehen ist. Das betrifft auch auf der Grundlage der öffentlich-rechtlichen Haus- und Ordnungsgewalt erlassene Hausordnungen. Sie sind als Allgemeinverfügungen Verkehrszeichen vergleichbar, für die die entsprechende Anwendung von § 80 Abs. 2 S. 1 Nr. 2 VwGO anerkannt ist.[447] Allerdings erscheinen die Zwangsmaßnahmen der innerbehördlichen Gefahrenabwehr wegen ihrer Eilbedürftigkeit rechtlich als Sofortvollzug

---

[442] *Engelhardt/App*, vor § 1 VwVG, Ziff. 2 f.; *Sadler*, Einl. VwVG, Rdnr. 2. – Der sachliche Gehalt des Landesvollstreckungsrechts, das sich zum Teil über Verweisungen auch in den allgemeinen Sicherheitsgesetzen findet, entspricht dem des VwVG/UZwG des Bundes, vgl. *Sadler*, Einl. VwVG, Rdnr. 4; *Engelhardt/App*, vor § 6 VwVG, Ziff. 5 nach lit. i.

[443] Entsprechend z.B. Art. 19 Abs. 1 Bay VwZVG; § 55 Abs. 1 VwVG NW; § 18 Abs. 1 Hamb VwVG; § 19 Abs. 1 Thür VwVG.

[444] Ebenso OLG Karlsruhe DVBl. 1980, 77, 78 für Maßnahmen der Sitzungsgewalt im Gemeinderat, – dagegen NK-VwGO-*Puttler*, § 80 VwGO, Rdnr. 67 m.w.N.

[445] Dazu, daß § 80 Abs. 2 S. 1 Nr. 2 VwGO die eilbedürftigen Gefahrenabwehrmaßnahmen erfaßt, wie sie für die Vollzugspolizei typisch sind, vgl. Schoch/Schmidt-Aßmann/Pietzner-*Schoch*, § 80 VwGO, Rdnr. 122; Eyermann/Fröhler-*J. Schmidt*, § 80 VwGO, Rdnr. 25.

[446] Vgl. BT-Drucks. III/55, S. 73.

[447] Vgl. dazu BVerwG NJW 1978, 656 f.; NVwZ 1988, 623, 624; *Kopp/Schenke*, § 80 VwGO, Rdnr. 38.

(vgl. § 6 Abs. 2 VwVG[448]). Die Umstände schließen hier, wie auch bei polizeilicher Gefahrenabwehr, eine Vollstreckung im gestreckten Regelverfahren (förmlich zuzustellende Androhung, Festsetzung nach Ablauf der Erfüllungsfrist, vgl. §§ 13 f. VwVG) typischerweise aus. Auf die sofortige Vollziehbarkeit einer etwa dennoch ergangenen Grundverfügung kommt es dann nicht mehr an, weil Verwaltungszwang hier gem. § 6 Abs. 2 VwVG sogar ohne vorausgehenden Verwaltungsakt zulässig ist.

Um keine "unaufschiebbaren" Anordnungen handelt es sich jedoch bei für die Zukunft ausgesprochenen Hausverboten. Hier muß – wie dies in der Praxis auch geschieht[449] – dem (schriftlichen) Verwaltungsakt die Anordnung der sofortigen Vollziehung samt schriftlicher Begründung des besonderen Interesses daran (§ 80 Abs. 3 S. 1 VwGO) beigefügt werden, um den Störer ohne neuerliche konkrete Gefahr am Betreten des Gebäudes hindern zu können.

Die ultima ratio unter den Zwangsmitteln, der unmittelbare Zwang (vgl. § 12 VwVG), wird durch § 1 Abs. 1 UZwG des Bundes und entsprechende landesrechtliche Vorschriften[450] bestimmten Dienstkräften, den sogenannten Vollzugsbeamten, vorbehalten.[451] Zu ihnen gehören neben den Beamten des Vollzugspolizeidienstes (vgl. § 6 Nr. 1 UZwG), darunter den Beamten des Ordnungsdienstes der Bundestagsverwaltung (§ 1 Abs. 2 BPolBG)[452], auch die Justizwachtmeister, die den Ordnungsdienst in den Gebäuden der Bundes- und Landesgerichte versehen (vgl. § 6 Nr. 7 UZwG; § 3 Nr. 3 UZwG Bln[453]).

Die weitaus überwiegende Zahl von Behörden verfügt jedoch nicht über eigene Vollzugsbeamte. Für sie bleibt die Befugnis, in Ausübung der öffentlich-rechtlichen Haus- und Ordnungsgewalt getroffene Einzelfallmaßnahmen selbst zu vollstrecken, eine sehr theoretische. Denn zumeist wird hierfür der unmittelbare Zwang das richtige Zwangsmittel darstellen. Die Abwehr einer der Sachtätigkeit drohenden Gefahr (Lärm, gezogene Waffe, Besetzung eines Ratssaales) ist in der Regel so eilbedürftig, daß die Auferlegung eines Zwangsgeldes untunlich (vgl. § 12 VwVG) ist. Ersatzvornahme durch einen Beauftragten oder die Selbstvornahme durch die

---

[448] Entsprechend z.B. § 72 i.V.m. § 2 Nr. 1 Hess VwVG; § 55 Abs. 2 VwVG NW; Art. 35 bay VwZVG.
[449] So z.B. in den Fällen, die den Entscheidungen VG Frankfurt/Main NJW 1998, 1424; OVG Münster NJW 1998, 1425; NWVBl. 1998, 350 zugrunde lagen.
[450] Z.B. § 1 Abs. 1 UZwG Bln; §§ 52, 63 Hess SOG.
[451] Vgl. *Engelhardt/App*, § 12 VwVG, Ziff. 3 a.
[452] Dazu *Köhler*, DVBl. 1992, 1577, 1584.
[453] Sowie z.B. § 86 Nr. 1 Brem PolG; § 1 Abs. 1 S. 1 UZwG Justiz Nds.; § 1 Nr. 17 VO über die Bestimmung von Vollzugsdienstkräften Brbg.

Vollzugsbehörde betreffen nur vertretbare Handlungen[454], die im hier interessierenden Gebiet der Ordnungswahrung in Gebäuden äußerst selten zu erzwingen sind. Hinzu kommt, daß das regelmäßig gebotene Vorgehen im Wege des Sofortvollzuges (vgl. § 6 Abs. 2 VwVG) bzw. der unmittelbaren Ausführung einer Maßnahme die Anwendung unmittelbaren Zwanges oder der Ersatzvornahme bedingt, Zwangsgeld scheidet hier als Zwangsmittel aus.[455]

Zusammenfassend ist festzustellen, daß Verwaltungsbehörden die von ihnen in Ausübung der funktionsschützenden Haus- und Ordnungsgewalt getroffenen Maßnahmen selbst vollstrecken können. Wegen der Vorgaben des Verwaltungsvollstreckungsrechts und der Eigenart der in Rede stehenden Maßnahmen müssen sie die Anwendung des Verwaltungszwangs mangels eigener Vollzugsbeamter aber fast durchweg der Vollzugspolizei überlassen.

d) Der gegen Maßnahmen der öffentlich-rechtlichen Haus- und Ordnungsgewalt der Gerichtsverwaltung einzuschlagende Rechtsweg

Mit der Zuordnung einer Anordnung der Gerichtsverwaltung zur öffentlich-rechtlichen Haus- und Ordnungsgewalt steht fest, daß hieraus nur eine "öffentlich-rechtliche Streitigkeit" erwachsen kann, die nach der Generalklausel des § 40 Abs. 1 S. 1 VwGO grundsätzlich vor den allgemeinen Verwaltungsgerichten auszutragen ist. In § 23 Abs. 1 S. 1 EGGVG existiert eine in die ordentliche Gerichtsbarkeit abdrängende Sonderzuweisung für Anordnungen, Verfügungen oder sonstige Maßnahmen, die von Justizbehörden auf den Gebieten des Bürgerlichen Rechts und der Strafrechtspflege getroffen werden. Von vornherein nicht erfaßt sind somit Ordnungsmaßnahmen, die sich auf Gebäude der allgemeinen oder besonderen Verwaltungsgerichtsbarkeit, der Arbeits- und Verfassungsgerichtsbarkeit beziehen.[456]

Aber auch Hausverbote und andere Maßnahmen der Haus- und Ordnungsgewalt in Straf- und Zivilgerichtsgebäuden sind keine derartigen

---

[454] Nach §§ 10, 12 VwVG ist die Selbstvornahme zwar formal unmittelbarer Zwang, der nicht nur physischen Zwang gegen den Pflichtigen, sondern auch körperliche Gewalt gegen Sachen erfaßt (vgl. § 2 Abs. 1, 2 UZwG). Dennoch müssen auch Bundesbehörden – im Landesrecht ist die Gesetzeslage fast durchweg anders, vgl. die Synopse bei *Engelhardt/App*, § 10 VwVG, Ziff. 5 – nicht für jede Selbstvornahme (z.B. Beiseiteschieben einer den Weg versperrenden Leiter) Beamte der Vollzugspolizei anfordern, vgl. *Engelhardt/App*, § 12 VwVG, Ziff. 3 a; Lisken/Denninger-*Rachor*, F 492 f.

[455] *Sadler*, § 6 VwVG, Rdnr. 134; *Engelhardt/App*, § 6 VwVG, Ziff. IV 2; ausdrücklich bestimmt z.B. in Art. 35 Bay VwZVG, § 27 Hamb VwVG.

[456] Vgl. *Kissel*, § 23 EGGVG, Rdnr. 12.

Justizverwaltungsakte auf den genannten Gebieten.[457] Die Gerichtsverwaltung wird hier nicht anders tätig als jede Verwaltungsbehörde, die ihre Sachtätigkeit schützen will. Die Annexaufgabe der Funktionssicherung ist der Gerichtsverwaltung nicht als Aufgabe der Strafrechtspflege oder der bürgerlichen Rechtspflege zugewiesen. Es fehlt am spezifisch justizmäßigen Charakter der Ordnungsmaßnahmen.[458] Die nur mittelbare Beeinflussung der genannten Rechtsgebiete genügt entsprechend der gebotenen engen Auslegung der Ausnahmevorschrift[459] nicht.[460] Die Gerichtsverwaltung auch der ordentlichen Gerichte wird hier nicht funktionell als Justizbehörde, sondern als Gefahrenabwehrbehörde präventiv tätig. Ebensowenig sind Hausverbote eines Sozialversicherungsträgers vor den Sozialgerichten[461] oder der Finanzverwaltung vor den Finanzgerichten anzufechten. Die Konzentration dieser Sachen bei den Verwaltungsgerichten entspricht auch dem bei Schaffung der Vorschrift des § 23 EGGVG ausgesprochenen gesetzgeberischen Ziel: Für die Überprüfung hausrechtlicher und anderer von Gerichtsverwaltungen getroffener Ordnungsmaßnahmen sind spezielle "zivil- und strafrechtliche Kenntnisse und Erfahrungen" nicht erforderlich[462]. Die Gegenansicht würde das "Durcheinander und Gegeneinander der verschiedenen Gerichtsverfahren" provozieren, das die Einführung der Sonderzuweisung für Justizverwaltungsakte gerade verhindern wollte[463].

---

[457] Ebenso *Kissel*, § 12 GVG, Rdnr. 48; Baumbach/Lauterbach/*Albers*/Hartmann, § 23 EGGVG, Rdnr. 4 und inzidenter BayVGH NJW 1980, 2722; OVG Schleswig NJW 1994, 340; *Schilken*, Rdnr. 209; – anders Schoch/Schmidt-Aßmann/Pietzner-*Ehlers*, § 40 VwGO, Rdnr. 601; MünchKomm-ZPO-*Wolf*, § 23 EGGVG, Rdnr. 53 und wohl auch *Katholnigg*, § 23 EGGVG Rdnr. 6 mit Fn. 64.

[458] Vgl. BGHZ 105, 395, 399; BVerwGE 47, 255, 260; 69, 192, 195; *Kissel*, § 23 EGGVG, Rdnr. 13.

[459] Vgl. Baumbach/Lauterbach/*Albers*/Hartmann, § 23 EGGVG, Rdnr. 2; *Kissel*, § 23 EGGVG, Rdnr. 6.

[460] *Kissel*, § 23 EGGVG, Rdnr. 13.

[461] Dazu OVG Münster NWVBl. 1998, 350, 352.

[462] Vgl. BT-Drucks. III/55, S. 60 f.; BVerwGE 47, 255, 260.

[463] Vgl. *Kissel*, § 23 EGGVG, Rdnr. 2; BVerwGE 6, 86, 89 f.; 47, 255, 260.

III. Die Zuordnung konkreter Ordnungsmaßnahmen zum öffentlichen Recht oder zum Privatrecht

Die Verwaltungsstelle, die öffentliche Aufgaben in Gebäuden versieht, kann öffentlich-rechtlich oder privatrechtlich handeln. Die ihr im Grundsatz zur Verfügung stehenden Normen der Störungsabwehr gehören ebenso wie die daraus fließenden Befugnisse teils dem Privatrecht und teils dem öffentlichen Recht an. Hieraus folgt die Möglichkeit, eine konkrete Ordnungsmaßnahme der Verwaltung entweder als Ausübung eines privaten Abwehrrechts oder als Inanspruchnahme einer hoheitlichen Befugnis anzusehen. Die Zuordnung der Maßnahme eines Hoheitsträgers ist zunächst für die Rechtswegzuständigkeit von Bedeutung. Öffentlich-rechtliches Handeln, sei es durch Verwaltungsakt, sei es schlichthoheitlich, wird – vorbehaltlich abdrängender Sonderzuweisungen – im Verwaltungsrechtsweg überprüft (§ 40 Abs. 1 S. 1 VwGO), privatrechtliches Handeln eines Hoheitsträgers ist Gegenstand eines vor den ordentlichen Gerichten zu führenden Prozesses (§ 13 GVG). An der Rechtsprechung hierzu entzündete sich der Streit um die Rechtsnatur von Hausverboten und des Hausrechts an Verwaltungsgebäuden.[1]

Von rechtlicher Relevanz ist die Zuordnung eines Hausverbots oder einer sonstigen Verhaltensanordnung entweder zum Privatrecht oder zum öffentlichen Recht aber noch in anderer Hinsicht.

Erstens: Eine öffentlich-rechtliche Maßnahme unterliegt unmittelbar den Bindungen des Verfassungs- und Verwaltungsrechts, ihre Rechtmäßigkeit richtet sich ohne weiteres nach den Grundrechten, darunter dem Gleichheitssatz, nach dem Grundsatz der Verhältnismäßigkeit und den Verwaltungsverfahrensgesetzen. Für privatrechtliches Handeln der öffentlichen Verwaltung ist zwar – außerhalb rein fiskalisch-erwerbswirtschaftlicher Betätigung – das sogenannte Verwaltungsprivatrecht entwickelt worden. Inwieweit danach das privatrechtliche Handeln von Hoheitsträgern öffentlich-rechtlich gebunden ist, um der "Flucht ins Privatrecht"[2] vorzubeugen, ist hier noch immer unklar und umstritten.[3] So wird auch für privatrechtliche Hausverbote der Verwaltung zum Teil angenommen, daß diese geringeren öffentlich-rechtlichen Rechtmäßigkeitsanforderungen unterliegen als öffentlich-rechtliche Hausverbote.[4]

---

[1] Vgl. oben unter Erster Teil I 1 b, S. 19 ff.

[2] *Fleiner*, S. 326.

[3] Vgl. BGHZ 65, 284, 287; BVerwG DVBl. 1990, 712, 713; *Gusy*, DÖV 1984, 872 ff.; *Ehlers* in Erichsen, AllgVwR, § 2 Rdnr. 77 ff.

[4] *Bernsmann*, Jura, 1981, 465, 468; Schönke/Schröder-*Lenckner*, § 123 StGB, Rdnr. 20; – für gleichstarke Bindung: SK-*Rudolphi*, § 123 StGB, Rdnr. 34.

Zweitens: Privatrechtliche Verhaltensanordnungen zur Ordnungsbewahrung kann die Verwaltung – wie jedermann – grundsätzlich nur über von Gerichten autorisierte Vollstreckungstitel zwangsweise durchsetzen, während öffentlich-rechtliche Verhaltensanordnungen als Verwaltungsakte von ihr selbst ohne gerichtliche Hilfe vollstreckt werden dürfen.[5] Demgemäß sind die Prozeßrollen entgegengesetzt verteilt: Zivilrechtliche Abwehrrechte klagt der gestörte öffentliche Hausherr ein, gegen öffentlich-rechtliche Maßnahmen wehrt sich der Störer mit seiner verwaltungsgerichtlichen Klage.

Drittens: Die strafrechtlich bewehrten konkreten Ordnungsmaßnahmen, nämlich vor allem[6] Zutrittsverweigerungen, Verlassensaufforderungen und Hausverbote, ziehen Folgeprobleme nach sich, wenn sie öffentlich-rechtlich und damit Verwaltungsakte sind. Hierzu nimmt die herrschende Meinung an, daß auch rechtswidrige Hausverbots-Verwaltungsakte zur Strafbarkeit des dennoch Eintretenden führen, sofern sie von diesem nicht angefochten oder aber von der Behörde für sofort vollziehbar erklärt worden sind.[7] Privatrechtliche Hausverbote der Verwaltung teilen diese Problematik, die aus der Tatbestandswirkung auch rechtswidriger Verwaltungsakte folgt, nicht. Sind sie rechtswidrig, so entfällt unstreitig die Strafbarkeit wegen Hausfriedensbruchs.[8]

1. Formverwaltungsakte

Ordnungsmaßnahmen sind sozusagen "vorab" als öffentlich-rechtlich zu qualifizieren, wenn die Behörde sie eindeutig in die Form eines Verwaltungsakts gekleidet hat. Denn aus einer eindeutig öffentlich-rechtlichen Handlungsform folgt die Zuordnung des Geschehens zum öffentlichen Recht.[9] Entscheidend ist insofern, was die Behörde getan hat und

---

[5] Vgl. dazu oben unter Erster Teil II 3 c, S. 100 ff.

[6] Sonstige, d.h. nicht gegen die Anwesenheit einer Person gerichtete Verhaltensanordnungen sind für Parlamentsgebäude in § 106 b StGB straf- und in § 112 OWiG bußgeldbewehrt. Für sie gilt das im Text Gesagte entsprechend.

[7] BGHSt 23, 86, 88 ff.; BGH NJW 1982, 189; OLG Hamburg MDR 1968, 1027; NJW 1980, 1007, 1008; OLG Karlsruhe NJW 1978, 116 f.; *Tröndle/Fischer*, § 123 StGB, Rdnr. 7; – dagegen z.B. *Gerhards*, NJW 1978, 86, 88 f.; SK-*Rudolphi*, § 123 StGB, Rdnr. 35 a Ausführlich zum Problem unten unter Zweiter Teil II 3 d, S. 235 ff.

[8] Vgl. SK-*Rudolphi*, § 123 StGB, Rdnr. 35 a; *Bernsmann*, Jura 1981, 465, 469.

[9] H.M. in Rechtsprechung und Literatur: BVerwG NJW 1978, 234; NVwZ 1985, 264; BayVGH NJW 1980, 2722 (Hausverbot eines Gerichtspräsidenten); OVG Münster NWVBl. 1998, 350, 351; *Ehlers*, Verwaltung in Privatrechtsform, S. 435 f.; *Ipsen/Koch*, JuS 1992, 809, 813 f. m.w.N. in Fn. 43, 44. Da die öffentlich-rechtliche Natur der Maßnahme nur aus typischen formalen Merkmalen eines Verwaltungsakts gefolgert wird, nicht aber aus der Annahme eines Verwaltungsakts selbst, liegt darin kein Zirkelschluß. Anders *Pestalozza*, S. 183, mit dem Hinweis darauf, daß sich der Verwaltungsakt bereits als Maßnahme des öffentlichen Rechts definiere.

nicht, was sie hätte tun müssen oder dürfen.[10] Eine solche – aus Gründen des Vertrauensschutzes und der Rechtssicherheit vorzunehmende – Vorabzuordnung ist nur dann möglich, wenn die Behörde ihre Maßnahme etwa als Bescheid oder Verwaltungsakt bezeichnet und mit einer Rechtsbehelfsbelehrung versehen[11] oder auf (auch nur vermeintliche) öffentlich-rechtliche Befugnisse Bezug genommen hat. Diese Ordnungsmaßnahme, dieses Hausverbot bleibt kraft behördlicher "Qualifikationshoheit"[12] öffentlich-rechtlich – und als Einzelfallregelung Verwaltungsakt – unabhängig davon, ob man ein öffentlich-rechtliches Hausrecht und dem zugrunde liegend eine objektiv-rechtliche Ordnungsnorm öffentlich-rechtlicher Natur anerkennt. Das heißt, auch die Verfechter einer allein privatrechtlichen Fundierung des Hausrechts an öffentlichen Gebäuden müssen eine in eindeutig öffentlich-rechtlicher Handlungsform ausgesprochene Verhaltensanordnung für öffentlich-rechtlich ansehen. Ob die bereits danach öffentlich-rechtliche Verwaltungsmaßnahme rechtmäßig war, ist eine von der nach ihrer Rechtsnatur zu unterscheidende Frage.

2. Zivilrechtliche Sonderbeziehungen

Die Zuordnung einer einzelnen Ordnungsmaßnahme zum Privatrecht ist, um eine weitere Sachverhaltsgruppe abzuschichten, allerdings deutlich, wenn die Verhaltensanordnung im Rahmen eines besonderen zivilistischen Rechtsverhältnisses zwischen Bürger und Hoheitsträger ergeht. Die sich aus dem vertraglichen oder vertragsähnlichen Schuldverhältnis ergebenden, nur zwischen dessen Partnern geltenden zivilrechtlichen Verhaltensnormen, Rechtspflichten und Ansprüche verdrängen die absolut wirkende öffentlich-rechtliche Haus- und Ordnungsgewalt. Die Verhaltenserwartung und die mit ihr verknüpften Sanktionen gehen dann, so weit die rechtsgeschäftliche Vereinbarung sachlich und personell reicht und so lange sie gilt, vom Zivilrecht aus.[13]

Hat ein Träger öffentlicher Verwaltung für die Ausgestaltung eines Einrichtungs-Benutzungsverhältnisses das Privatrecht gewählt,[14] indem er

---

[10] BVerwGE 13, 307, 308 f.; 30, 211, 212, 214; *Ehlers*, Verwaltung in Privatrechtsform, S. 434 m.w.N.

[11] Wie in den Fällen BVerwG NJW 1978, 234; NVwZ 1985, 264; BayVGH NJW 1980, 2722; OVG Münster NWVBl. 1998, 350.

[12] *Pestalozza*, S. 141.

[13] Vgl. Stelkens/Bonk/Sachs-*P.Stelkens/U.Stelkens*, § 35 VwVfG, Rdnr. 71.

[14] Anzeichen dafür sind: Vereinbarung eines "Tarifs" oder "Entgelts" statt Auferlegung einer "Gebühr", Allgemeine Geschäfts- oder Benutzungsbedingungen anstelle einer Benutzungs- oder Anstaltsordnung, VGH Mannheim DÖV 1978, 569 f.; *Wolff/Bachof/Stober*, VwR II, § 99 Rdnr. 35 f.; *Salzwedel* in *Erichsen*, AllgVwR, § 41 Rdnr. 6. Im Zweifel bleibt das Benutzungsverhältnis öffentlich-rechtlich, VGH Mannheim DÖV 1978, 569, 570 f.; OVG

etwa einen zivilrechtlichen Betreuungsvertrag der von ihm betriebenen Kindertagesstätte mit den Kindeseltern abgeschlossen hat,[15] so ist damit die gesamte Abwicklung, das gesamte "Wie" des Benutzungsverhältnisses zur öffentlichen Einrichtung dem öffentlichen Recht entzogen. Auf Störungsabwehr als Einhaltung von Vertragspflichten gerichtete Einzelweisungen ergehen dann nicht "auf dem Gebiet des öffentlichen Rechts" (§ 35 Abs. 1 S. 1 VwVfG), sind daher keine Verwaltungsakte, sondern schlicht Aufforderungen, sich der Privatrechtsordnung gemäß zu verhalten: Die Bitte an den jungen Vater, die Räume der Kindertagesstätte nun zu verlassen, da er die Gruppenarbeit behindere, findet ihre Grundlage im zivilrechtlichen Betreuungsvertrag (Unterlassungsverlangen wegen andauernder positiver Vertragsverletzung[16]), nicht in einem öffentlich-rechtlichen Hausrecht oder einer öffentlich-rechtlichen Ordnungs- oder Anstaltsgewalt.[17]

Das Privileg der hohen Hand, sich mit dem Verwaltungsakt den Rechtstitel selbst schaffen und ihn grundsätzlich auch selbst vollstrecken zu können, fällt im Gleichordnungsverhältnis ebenso wie die Vorteile prozessualer Art, die eine öffentlich-rechtliche Zuordnung für den Bürger mit sich bringt.[18] Um die in diesen Fällen für angemessen erkannte zivilrechtliche Ordnung der Benutzerbeziehungen nicht aus dem Gleichgewicht zu bringen,[19] wird der Hoheitsträger nicht situationsweise zu öffentlich-rechtlichen Gewaltmitteln greifen. Dies ist im Bereich des aus der Sonderverbindung geschuldeten Verhaltens erst dann möglich, wenn das zivilrechtliche Rechtsverhältnis – und sei es uno actu aus Anlaß der abzuwehrenden Störung – wirksam, z. B. durch Kündigung oder einvernehmliche Aufhebung, beendet wurde.[20]

Münster OVGE 24, 175, 179 f.; vgl. auch *v. Danwitz*, JuS 1995, 1, 6; VGH Mannheim NVwZ-RR 1989, 267, 268.

[15] Vgl. BVerwG DVBl. 1986, 1202, 1203; KG OLGZ 74, 191, 193; VGH Kassel NJW 1977, 452; OLG Celle NJW 1977, 1295.

[16] Dazu, daß Vertragsverletzungen Unterlassungsansprüche begründen: BGH NJW 1995, 1284, 1285; Palandt-*Heinrichs*, § 276 BGB, Rdnr. 123.

[17] Vgl. auch BayVGH BayVBl. 1986, 271, 272 (mit Zurückweisung der Nichtzulassungsbeschwerde durch BVerwG DVBl. 1986, 1202) und OVG Münster NJW 1995, 1573, wo jeweils ein zivilrechtlicher Vertrag mit dem Störer bestand und das Hausverbot daher zutreffend als privatrechtlich angesehen wurde.

[18] Akteneinsichts- (§ 29 VwVfG) und Anhörungsrechte (§ 28 VwVfG) im Verwaltungsverfahren; Untersuchungsgrundsatz (§ 86 VwGO), Akteneinsichtsrecht (§ 100 VwGO) und geringeres Kostenrisiko (§ 13 GKG) im Verwaltungsprozeß.

[19] Vgl. insoweit auch *Stürner*, JZ 1977, 312.

[20] Und genau hier liegt auch erst der Grund, warum in BVerwGE 35, 103, 106 f. (mit abl. Anm. *Knemeyer*, DÖV 1971, 303 f.; *Bahls*, DVBl. 1971, 275 ff.) das gegen einen Rüstungsindustriellen ausgesprochene Hausverbot zu Unrecht als privatrechtlich qualifiziert wurde: das zivilrechtliche vorvertragliche Schuldverhältnis war mit dem Abbruch der Vertragsverhandlungen bereits beendet, als das Hausverbot erging, der Weg zu dessen öffentlich-rechtlicher Deutung mithin frei. Richtig hebt daher OVG Münster NJW 1998, 1425 a.E. darauf ab, daß im dortigen Fall das zivilrechtliche Arbeitsverhältnis des Studenten mit der Universität im Zeitpunkt des Erlasses des Hausverbotes nicht mehr bestand und qualifiziert es als öffentlich-rechtlich.

3. Die Zuordnung der übrigen Fälle

Alle anderen Ordnungsmaßnahmen, die Verwaltungsstellen gegenüber Personen treffen, die in den nach außen abgeschirmten räumlichen Bezirk eines Hoheitsträgers eintreten, sind einschließlich der Zutrittsverweigerungen öffentlich-rechtlicher Natur. Sie sind der öffentlich-rechtlichen Haus- und Ordnungsgewalt zuzuordnen und fließen unmittelbar aus dem Verwaltungsrechtsverhältnis, das durch den schlichten Eintritt einer Person in den Verwaltungsraum entsteht. Sie ergehen nicht unter Inanspruchnahme der gegen jedermann wirkenden zivilrechtlichen Abwehrnormen des Grundstückseigentümers (§§ 1004, 985 BGB) oder -besitzers (§§ 858 ff. BGB).

Als schon an sich nicht brauchbares Zuordnungskriterium hat sich die Intention des Störers erwiesen, das Gebäude entweder zur Erledigung widmungsgemäßer öffentlich-rechtlicher (dann öffentlich-rechtliche Störungsabwehr) oder widmungsfremder bzw. privatrechtlicher Angelegenheiten (dann privatrechtliche Störungsabwehr) zu betreten.[21] Neben die praktischen Schwierigkeiten, den Beweggrund des Besuchers oder Benutzers zu ermitteln sowie Probleme bei der Behandlung von Motivbündeln[22] tritt die Frage, warum gerade dem häufig nicht geäußerten Motiv des Störers die Macht zukommen soll, die Störungsbeseitigungsmaßnahme einem Rechtsregime zu unterstellen. Was auch immer der Eintretende beabsichtigt – in jedem Fall beeinträchtigt sein Verhalten (potentiell) die Erfüllung der öffentlichen Sachaufgabe durch den Hoheitsträger.[23] Das gilt für den an der zivilrechtlichen Vergabe von Rüstungsaufträgen interessierten Flugschrauber-Fabrikanten im Ministeriengebäude[24] ebenso wie für den Sozialhilfeempfänger im Sozialamt[25] oder den ohne rechtliche Absichten eingetretenen Störer[26]. Das bereits durch seinen Eintritt in den abgeschirmten Organi-

---

[21] Darauf stellen OVG Münster DVBl. 1963, 450; DVBl. 1968, 157 f.; DVBl. 1975, 587; OVG Hamburg MDR 1957, 188 und wohl auch BVerwGE 35, 103, 106 f. ab.

[22] Dazu *Haak*, DVBl. 1968, 134, 136; *Knemeyer*, DÖV 1971, 303, 304; *Zeiler*, DVBl. 1981, 1000, 1001; *Ronellenfitsch*, Verwaltungsarchiv 73 (1982), 465, 473; *Bethge*, Die Verwaltung 1977, 313, 319 f.; *Engeln*, S. 118 f.; *Axer*, S. 193.

[23] *Bull*, Rdnr. 858; *Knoke*, AöR 94 (1969), 388, 397; *Knemeyer*, DÖV 1970, 596, 599; *Zeiler*, DVBl. 1981, 1000, 1001; *Ehlers*, DÖV 1977, 737, 739; *Tettinger*, WissR 1983, 221, 230.

[24] Fall BVerwGE 35, 103 ff.

[25] Fälle OVG Berlin DVBl. 1952, 763; OVG Hamburg MDR 1957, 188; OVG Münster DVBl. 1963, 450.

[26] Der sich an der Heizung des Rathauses wärmende Obdachlose, dessen Hinausweisung von OVG Hamburg MDR 1957, 188 als privatrechtlich eingeordnet wird. Nicht einleuchtend das Gegenbeispiel von *Wallerath*, § 1 II 2, S. 15: auch das unberechtigt auf dem eingezäunten Behördenparkplatz parkende Kraftfahrzeug läßt den Verwaltungsbetrieb nicht unberührt (weil z.B. der parkberechtigte Amtswalter deshalb zu spät zu einer Sitzung kommen kann) und wird daher mit öffentlich-rechtlichen Abwehrmitteln entfernt.

sationsbereich entstehende öffentlich-rechtliche Sonderbindungsverhältnis bildet den Rahmen für alle Ordnungsmaßnahmen der dort tätigen Behörde, gleichgültig, welche weiteren Zwecke er im Gebäude verfolgt. Das störende Verhalten geschieht allenfalls anläßlich des vom Eingetretenen mit dem Aufsuchen des Gebäudes verfolgten privaten oder öffentlich-rechtlichen Zwecks, während die entstörenden Maßnahmen von der Verwaltung durchweg und ausschließlich zu dem "öffentlich-rechtlichen" Zweck ergriffen werden, die hoheitliche Sachtätigkeit zu schützen.[27]

Wie privates Eigentum und Besitz an öffentlichen Gebäuden von der öffentlich-rechtlichen Sachherrschaft, die um der öffentlich-rechtlich determinierten Nutzung und Aufgabe willen besteht, überlagert werden, so bedient sich die Verwaltung zu deren Schutz des ihr zur Verfügung stehenden öffentlich-rechtlichen Instruments, nämlich der funktionssichernden Haus- und Ordnungsgewalt. Die öffentliche Zweckbestimmung von Verwaltungsgebäuden als öffentliche Sachen "im Anstaltsgebrauch" oder "im Verwaltungsgebrauch"[28] verdrängt die an die Sacheigenschaft gekoppelten zivilrechtlichen Befugnisse des Eigentümers und Besitzers.[29] Der Hoheitsträger kann nicht auf die Jedermannsrechte des Besitz- und Eigentumsschutzes zurückgreifen, sondern ist auf genuin öffentlich-rechtliches Instrumentarium angewiesen, das ihm auch, wie gezeigt, zur Verfügung steht. Das gilt auch dann, wenn – wie regelmäßig – Grundstück und Gebäude nicht förmlich, sondern lediglich durch tatsächliche Zuweisung gewidmet worden sind. Die Bedeutung von Eigentum und Besitz sinkt hier auf ihren haushaltsstatistischen Zählwert herab.[30]

Schon im Ansatz verfehlt ist die Annahme, das (angebliche[31]) Fehlen einer öffentlich-rechtlichen Ermächtigungsgrundlage sei ein Argument für die privatrechtliche Qualifizierung behördlicher Ordnungsmaßnahmen.[32] Wer so schlußfolgert, verfällt dem doch längst überwunden geglaubten Fehler, die

---

[27] Vgl. *Knemeyer*, DÖV 1971, 303, 304; *Ehlers*, DÖV 1977, 737, 739; *v. Mutius/Ruge*, LKV 1998, 377, 381.
[28] Darunter Dienstgebäude der Justiz, so ausdrücklich *Papier* in Erichsen, AllgVwR, § 41 Rdnr. 45; *ders.*, Recht der öffentlichen Sachen, S. 34; *Pappermann/Löhr/Andriske*, S. 10.
[29] *Bethge*, Die Verwaltung 1977, 313, 320; *Zeiler*, DVBl. 1981, 1000, 1001; *Karpen*, WissR 1972, 195, 217; *Hardinghaus*, S. 139 f.; *Tettinger*, WissR 1983, 221, 226; *Wolff/Bachof/Stober*, VwR II, § 99 Rdnr. 6; *U. Schmitt*, S. 114 f.; *Frühling*, S. 80 ff.; *Papier*, Recht der öffentlichen Sachen, S. 10. Gegen dieses Argument aus einem engeren Verständnis des Begriffs der öffentlichen Sache heraus: *Ehlers* in Erichsen, AllgVwR, § 2 Rdnr. 59; *ders.*, NWVBl. 1993, 327 ff.; *Axer*, S. 194 f.
[30] *Bethge*, Die Verwaltung 1977, 313, 321.
[31] Wie oben (unter Erster Teil II 1, S. 28 ff.) dargetan, ist mit der gewohnheitsrechtlichen Haus- und Ordnungsgewalt eine solche öffentlich-rechtliche Eingriffsgrundlage vorhanden.
[32] So *Stürner*, Privatrechtliche Gestaltungsformen, S. 108, *ders.*, JZ 1971, 98; *ders.*, JZ 1977, 312; *Engeln*, S. 120.

Rechtsnatur einer Maßnahme nach ihrer Rechtmäßigkeit zu bestimmen.[33] Weiterhin ist im Hinblick auf Zutrittsverweigerungen zu bedenken, daß dem Störer öffentlich-rechtliche Zugangsrechte, etwa das Recht auf mündliche Antragstellung[34], auf Anwesenheit bei einer gerichtlichen Verhandlung[35], auf Zugang zu öffentlichen Einrichtungen[36] zur Seite stehen können. Privatrechtliche Hausverbote vermögen aber öffentlich-rechtliche Befugnisse nicht zu beseitigen.[37]

Für die Qualifizierung von Ordnungsmaßnahmen in öffentlichen Gebäuden braucht die allgemeine Vermutung für die öffentlich-rechtliche Natur von Verwaltungshandeln, nach der eine Maßnahme nur dann privatrechtlich ist, wenn der Wille, privatrechtlich zu handeln, eindeutig in Erscheinung tritt,[38] nicht bemüht zu werden. Denn die Behörde handelt nicht, um den sozial neutralen Besitz, die bloße Sachherrschaft des Hoheitsträgers zu gewährleisten, sondern weil und erst dann, wenn die öffentlich-rechtliche Erfüllung der Sachaufgaben gefährdet erscheint.[39] Der Ausgangspunkt der neueren differenzierenden Rechtsprechung, daß sich die Rechtsnatur einer Ordnungsmaßnahme (Hausverbot) nach dem Charakter der Rechtsbeziehungen richte, in deren Zusammenhang sie erging,[40] ist daher nur in einem sehr äußerlichen Sinn zutreffend. Durch den Eintritt in ein Verwaltungsgebäude kommt eben immer ein öffentlich-rechtliches Rechtsverhältnis zur Entstehung – das auf Nichtstörung angelegte Sonderbindungsverhältnis. Es kann durch weitere öffentlich-rechtliche Sonderbeziehungen (Benutzungsverhältnis, Einsichtsrechte usw.) modifiziert werden, bleibt jedoch öffentlich-rechtlich. Der entstörende, funktionsermöglichende Akt muß sich unabhängig vom Zweck, zu dem der Störer das Gebäude aufgesucht hat, auf dieses Rechtsverhältnis beziehen, weil wegen der Überlagerung von Eigentums- und Besitzschutz keine privatrechtlichen Rechtsbeziehungen zwischen den Beteiligten bestehen. Nur in den (seltenen) Fällen, in denen ein

[33] *Ehlers*, Verwaltung in Privatrechtsform, S. 435; *Ipsen/Koch*, JuS 1992, 809, 813; *Bethge*, Die Verwaltung 1977, 313, 328; *Witthohn*, S. 72, Fn. 342; *Ronellenfitsch*, Verwaltungsarchiv 73 (1982), 465, 472; – jeweils in bezug auf Hausverbote.

[34] Z.B. Klageerhebung zur Niederschrift eines Urkundsbeamten der Geschäftsstelle, § 81 Abs. 1 S. 2 VwGO.

[35] Anwesenheitsrechte des Angeklagten (§ 230 StPO), des Strafverteidigers (§§ 137 Abs. 1 S. 1, 145 Abs. 1 StPO).

[36] Zugangsrecht des Gemeindeeinwohners (z.B. § 8 Abs. 2 GO NW).

[37] *Ehlers*, DÖV 1977, 737, 739; *ders.* in Erichsen, AllgVwR, § 2 Rdnr. 59; *Ronellenfitsch*, Verwaltungsarchiv 73 (1982), 465, 472; OVG Münster NJW 1998, 1425.

[38] Vgl. in bezug auf Hausverbote: *Renck*, BayVBl. 1986, 273; *Bull*, § 2 Rdnr. 116; *Erichsen*, DVBl. 1986, 1203 m.w.N. und allgemein: BVerwGE 68, 62, 65; BGH NJW 1972, 210, 211; VGH Mannheim BWVPr. 1993, 18 sowie kritisch: *Wolff/Bachof/Stober*, VwR Bd. 1, § 22 Rdnr. 43 f.; *Ehlers* in Erichsen, AllgVwR, § 2 Rdnr. 35 ff.

[39] *Karpen*, WissR 1972, 195, 198; *Knemeyer*, DÖV 1971, 303, 304; *Ehlers*, DÖV 1977, 737, 739; *Bethge*, Die Verwaltung 1977, 313, 321 f.; *v. Mutius/Ruge*, LKV 1998, 377, 381.

[40] VGH Mannheim NJW 1994, 2500 f.; BayVGH BayVBl. 1986, 271, 272; OVG Münster NJW 1995, 1573; NJW 1998, 1425; NWVBl. 1998, 350, 351.

privatrechtlicher Vertrag mit dem Störer zustandegekommen ist und die Verfügung der Verwaltung nur das daraus geschuldete Verhalten anmahnen soll, besteht ein zivilrechtliches Rechtsverhältnis, dem aus Spezialitätsgründen die Ordnungsmaßnahme zuzuordnen ist.

Bis auf diesen Punkt ist also der Beantwortung der Zuordnungsfrage durch die herrschende Lehre vom "öffentlich-rechtlichen Hausrecht"[41] zuzustimmen.

[41] Nachweise oben unter Erster Teil I 1 b cc, S. 21, Fn. 37 f.

IV. Die Sitzungspolizei

Mit den Vorschriften der §§ 175 Abs. 1, 176 - 182 GVG[1], welche kraft Verweisung über die ordentliche streitige Gerichtsbarkeit hinaus in allen Gerichtszweigen gelten,[2] existieren Regelungen, die wie die gewohnheitsrechtliche Haus- und Ordnungsgewalt mindestens auch die Bewahrung der Ordnung im Dienstgebäude eines Gerichts zum Gegenstand haben. Anders als der Gewohnheitsrechtssatz treffen sie aber bestimmte, teils differenzierende Aussagen zur personellen und räumlichen Geltung, zur Anordnungs- und Vollstreckungszuständigkeit und zur Anfechtbarkeit. Hier ist durch den Parlamentsgesetzgeber ein abgestuftes System von Ordnungsbefugnissen geschaffen worden, und zwar weitgehend[3] im Normbereich der allgemeinen öffentlich-rechtlichen Haus- und Ordnungsgewalt.

Es ist daher zu untersuchen, in welchem Verhältnis die beiden Ordnungsinstitute generell zueinander stehen und wo genau gegebenenfalls die Abgrenzungslinien zwischen ihnen verlaufen. Einzelheiten sitzungspolizeilicher Befugnisse werden im folgenden nur insoweit erörtert, als sie für die Beziehungen des geregelten zum ungeschriebenen Normenkomplex von Bedeutung sind.

1. Die sitzungspolizeilichen Vorschriften als geschriebene Spezialregelung

Die öffentlich-rechtliche Haus- und Ordnungsgewalt fußt auf der Annexkompetenz des Hoheitsträgers und seiner Untergliederungen, die im abgeschirmten Bereich ausgeübte Sachtätigkeit vor Störungen selbst zu schützen.[4] Der Sachzusammenhang ist aber nur dann und nur so weit zuständigkeitsbegründend, als die Annexaufgabe nicht ausdrücklich einem

---

[1] Der Begriff der Sitzungspolizei wird hier in dem üblichen weiten, auch die Verhängung von Ordnungsmitteln wegen Ungebühr (§§ 178 bis 182 GVG) umfassenden Sinn gebraucht, wie es die amtliche Überschrift zum vierzehnten Titel des GVG nahelegt. Auch § 175 Abs. 1 GVG, wiewohl im Zusammenhang mit den Regelungen über die Öffentlichkeit stehend, gehört der Sache nach hierher, vgl. *Schilken*, Rdnr. 205, 221; *Gmelch*, S. 16; MünchKomm-ZPO-*Wolf*, § 175 GVG, Rdnr. 5.

[2] Vgl. § 9 Abs. 2 ArbGG, § 8 FGG, § 55 VwGO, § 52 Abs. 1 FGO, § 61 Abs. 1 SGG, § 25 BDO, § 116 S. 2 BRAO, § 17 BVerfGG, § 10 StGHG BW, § 13 LVerfGG MV.

[3] In Randbereichen ragt die Sitzungspolizei augenscheinlich über die öffentlich-rechtliche Haus- und Ordnungsgewalt hinaus: und zwar in räumlicher Hinsicht, weil es Gerichtstermine oder verhandlungsähnliche richterliche Amtshandlungen (§ 180 GVG) außerhalb von Gebäuden bzw. eingefriedeten Grundstücken gibt, und im Hinblick auf die Rechtsfolgenanordnung des § 178 GVG, der – anders als § 177 GVG einen Schuldvorwurf erhebend – Strafcharakter besitzt (vgl. zunächst nur *Schwind*, JR 1973, 133, 135). Derartige Sanktionen, die über Gefahrenabwehr hinausgehen, sind aber von der gewohnheitsrechtlichen Haus- und Ordnungsgewalt nicht gedeckt, s.o. unter Erster Teil II 1 b bb (3), S. 44 ff.

[4] Vgl. oben unter Erster Teil II 1 a, S. 28 ff.

bestimmten Organ zugewiesen ist. Der Rückgriff auf ungeschriebene Kompetenzen ist in diesem Fall ausgeschlossen.[5] Die sitzungspolizeilichen Vorschriften treffen für einen noch näher zu beschreibenden Ausschnitt der gerichtlichen Annexaufgabe Aussagen über die "Verwaltungs"-zuständigkeit. Sie weisen ihrem Wortlaut nach die Materien der "Aufrechterhaltung der Ordnung" (§§ 176, 177 GVG), des Schutzes der "Würde des Gerichts" (§ 175 Abs. 1 GVG) und der Verfolgung von "Ungebühr" (§ 178 Abs. 1 S. 1 GVG) dem vorsitzenden Richter bzw. dem Einzelrichter oder – für Maßnahmen gegen bestimmte Personen – dem Kollegium des Spruchkörpers zu. Insoweit kann eine (abweichende oder gleichlautende) ungeschriebene Annexzuständigkeit nicht bestehen. Der öffentlich-rechtlichen Haus- und Ordnungsgewalt ist für den Regelungsbereich der sitzungspolizeilichen Vorschriften damit die Grundlage entzogen.[6]

Auch für die Befugniseigenschaft der Ordnungsnorm bietet sich eine schlichte Erklärung für den Vorrang der §§ 175 Abs. 1 und 176 ff. GVG an. Hier ist daran zu erinnern, daß es sich bei der öffentlich-rechtlichen Haus- und Ordnungsgewalt um einen generalklauselartigen Satz alten Gewohnheitsrechts handelt.[7] Formell-gesetzliche Regelungen setzen Gewohnheitsrecht jedenfalls dann außer Kraft, wenn sie als lex posterior und als lex specialis erscheinen.[8] So liegt es hier. Die weitgefaßte gewohnheitsrechtliche Befugnisnorm, nach der Hoheitsträger in abgeschirmtem Areal die Maßnahmen treffen können, die zur Abwehr einer Gefahr für die Erfüllung ihrer Sachaufgabe erforderlich sind, wird durch die speziellen Befugnisnormen zur Anordnung zum Teil konkret bezeichneter Maßnahmen (Versagung des Zutritts, § 175 Abs. 1 GVG; Entfernung aus dem Sitzungszimmer, Festhalten in Ordnungshaft, § 177 S. 1 GVG) für ihren Geltungsbereich derogiert. Soweit also die §§ 175 Abs. 1 und 176 ff. GVG in sachlicher, persönlicher, räumlicher und zeitlicher Hinsicht Geltung beanspruchen, ist die gewohnheitsrechtliche Befugnisnorm nicht nur überlagert oder in den Hintergrund gedrängt, sondern *aufgehoben*. "In der Sitzung" (§§ 176 f. GVG) hat weder der vorsitzende Richter noch sonst ein Organ – etwa der

---

[5] *Achterberg*, DÖV 1966, 695, 701; *ders.*, AllgVwR, § 22 Rdnr. 177; *Kölble*, DÖV 1963, 660, 669 f.

[6] Verschiedentlich ist bereits erkannt worden, daß die §§ 175 Abs. 1 und 176 ff. GVG eine spezialgesetzliche Regelung und Präzisierung der allgemeinen Annexkompetenz von Hoheitsträgern zur Bewahrung der Ordnung im eigenen Bereich treffen (*Scholz*, DVBl. 1968, 732, 740, Fn. 119; *Karpen*, WissR 1972, 195, 203 f.; *Rüping*, ZZP 1975, 212, 219; *Knoke*, AöR 94 (1969), 388, 406 f.; *Wolff/Bachof/Stober*, VwR II, § 99 Rdnr. 5; *Malmendier*, NJW 1997, 227, 233). Dasselbe meint, wer die Sitzungspolizei als Spezialfall des sogenannten öffentlich-rechtlichen Hausrechts bezeichnet (so *Frühling*, S. 167 f. und *U. Schmitt*, S. 111).

[7] Vgl. oben unter Erster Teil II 1 b cc, S. 59 ff.

[8] Vgl. *Wolff/Bachof/Stober*, VwR Bd. 1, § 25 Rdnr. 15; *Maurer*, § 4 Rdnr. 20; *Ossenbühl* in Erichsen, AllgVwR, § 6 Rdnr. 74; BGHZ 37, 219, 224.

Gerichtspräsident – die Möglichkeit, Maßnahmen zur "Aufrechterhaltung der Ordnung" (§§ 176 f. GVG) auf die öffentlich-rechtliche Haus- und Ordnungsgewalt zu stützen: Sie existiert hier nicht. Diese Erkenntnis steht letztlich, wenn auch verunklart, hinter den allgemein geübten Formulierungen wie die Sitzungspolizei habe "Vorrang" vor dem "Hausrecht des Gerichtspräsidenten", das Hausrecht trete gegenüber der Sitzungspolizei zurück oder finde an ihr seine Grenzen[9].

2. Die Bedeutung der Abgrenzung zur öffentlich-rechtlichen Haus- und Ordnungsgewalt

Daß die sitzungspolizeilichen Vorschriften der öffentlich-rechtlichen Haus- und Ordnungsgewalt einen Teil ihres Anwendungsbereiches entziehen, hat Konsequenzen. Die Materie der Ordnungsbewahrung "in der Sitzung" wird aus dem allgemeinen verwaltungsrechtlichen Regelungszusammenhang herausgelöst und in ein eigenes Umfeld gestellt. Im einzelnen ergeben sich, äußerlich betrachtet, folgende Unterschiede:

Sitzungspolizeiliche Verhaltensanordnungen sind im Gegensatz zu auf die öffentlich-rechtliche Haus- und Ordnungsgewalt gestützten Einzelfallregelungen keine Verwaltungsakte. Denn sie werden nicht von einer Behörde im Sinne von § 35 S. 1 VwVfG[10], d. h. einer Stelle, die Aufgaben der öffentlichen Verwaltung wahrnimmt (§ 1 Abs. 4 VwVfG), getroffen.[11] Sie sind nicht Verwaltungstätigkeit (vgl. § 1 Abs. 1 VwVfG), sondern Rechtsprechung im formellen Sinn, die der Richter in sachlicher und persönlicher Unabhängigkeit ausübt.[12]

Das hat zur Folge, daß die zwangsweise Durchsetzung von Maßnahmen der Sitzungspolizei nicht wie die Vollstreckung von solchen der Haus- und Ordnungsgewalt auf die Verwaltungsvollstreckungsgesetze zu stützen ist. Vielmehr gelten hierfür §§ 177, 179 GVG, § 1 Abs. 1 Nr. 3, Abs. 2 JBeitrO und das Strafvollzugsgesetz (§ 171 StVollzG).[13]

---

[9] BGHSt 24, 329, 330; 30, 350, 353; OLG Celle DRiZ 1979, 376 f.; OVG Schleswig NJW 1994, 340; Löwe/Rosenberg-*Schäfer/Wickern*, § 176 GVG, Rdnr. 3; *Katholnigg*, § 176 GVG, Rdnr. 5; *Kissel*, § 176 GVG, Rdnr. 3 m.w.N. (Zuerst wohl *Bendix*, JW 1925, 901, 902).

[10] Entsprechend lauten die Verwaltungsverfahrensgesetze der Länder.

[11] Vgl. *Achterberg*, AllgVwR, § 21 Rdnr. 62; *Kopp/Schenke*, Anh. § 42 VwGO, Rdnr. 20; *Maurer*, § 9 Rdnr. 24; *Erichsen* in ders., AllgVwR, § 12 Rdnr. 16 f.

[12] BGHSt 17, 201, 204; 24, 329, 330; BGHZ 67, 184, 186 ff.; Löwe/Rosenberg-*Schäfer/Wickern*, § 176 GVG, Rdnr. 1; *Kissel*, § 176 GVG, Rdnr. 7; *Schilken*, Rdnr. 47, 467; *Wolf*, GerichtsverfassungsR, § 19 I 1, S. 190 f.; *Schmidt-Räntsch*, § 25 DRiG, Rdnr. 8.

[13] *Kissel*, § 179 GVG, Rdnr. 1 ff.; Löwe/Rosenberg-*Schäfer/Wickern*, § 179 GVG, Rdnr. 1 ff.

Der gegen Maßnahmen der öffentlich-rechtlichen Haus- und Ordnungsgewalt eröffnete Verwaltungsrechtsweg (§ 40 Abs. 1 S. 1 VwGO) samt Widerspruchsverfahren (§§ 68 ff. VwGO) ist für den Bereich der Sitzungspolizei versperrt. § 181 GVG regelt die Anfechtbarkeit sitzungspolizeilicher Maßnahmen allein.[14]

Auch die Rechtsstellung des Richters ist verschieden, je nachdem, ob er eine sitzungspolizeiliche oder eine Maßnahme der öffentlich-rechtlichen Haus- und Ordnungsgewalt ("Hausrecht der Gerichtsverwaltung") trifft. Während die Ausübung der Sitzungspolizei – als der Rechtsfindung unmittelbar dienend – nach der Rechtsprechung der Dienstgerichte[15] noch zum Kernbereich richterlicher Tätigkeit gehört, wo, von "offensichtlichen Fehlgriffen" abgesehen, Maßnahmen der Dienstaufsicht schlechthin unzulässig sind (vgl. auch § 26 Abs. 1 DRiG), unterliegt der die öffentlich-rechtliche Haus- und Ordnungsgewalt, also Gerichtsverwaltung ausübende Richter der Weisungsgewalt des Dienstherrn wie jeder Verwaltungsbeamte.[16]

Neben diese Begleitfolgen tritt eine Reihe von Problemen, die durch die (teils lückenhafte) Ausgestaltung der §§ 175 Abs. 1 und 176 ff. GVG selbst aufgeworfen werden. Immer ist dabei virulent, wo die Grenze zum Bestands- und Anwendungsbereich der öffentlich-rechtlichen Haus- und Ordnungsgewalt verläuft. Weil diese innerhalb des Gerichtsgebäudes oder umzäunten Gerichtsgeländes nur die Räume, die die richterliche Sitzungspolizei unberührt gelassen hat, ausfüllt, müssen Abgrenzungsbemühungen von den sitzungspolizeilichen Vorschriften ihren Ausgang nehmen. Deren Geltungsbereich kann angesichts der Wortkargheit des Gesetzes ("in der Sitzung", "Ordnung", "Ungebühr", "Würde des Gerichts") nur unter Rückgriff auf ihren Sinn und Zweck, ihr Schutzgut oder ihre Schutzgüter und die Prinzipien bestimmt werden, welche Rechtsprechung allgemein und gerichtliche Verhandlungen im Besonderen beherrschen. Es sollen daher das Schutzgut der sitzungspolizeilichen Vorschriften und die Grundsätze der richterlichen Unabhängigkeit, der Öffentlichkeit und des effektiven Rechtsschutzes daraufhin befragt werden, inwiefern sie für die Grenzziehung

---

[14] Auch nach § 23 EGGVG kann nicht vorgegangen werden, weil Sitzungspolizei nicht Justizverwaltung, sondern von der richterlichen Unabhängigkeit garantierte Rechtsprechungstätigkeit ist, vgl. *Kissel*, § 23 EGGVG, Rdnr. 9, 149; Wieczorek/Schütze-*Schreiber*, § 177 GVG, Rdnr. 14; OLG Hamburg NStZ 1992, 509.

[15] Zur Sitzungspolizei BGHZ 67, 184, 187 ff., sowie allgemein: BGHZ 42, 163, 169 f.; 46, 147, 149 f.; 47, 275, 286 ff.; 51, 280, 285; 57, 346, 349; 90, 41, 45; 93, 238, 243 f. Zustimmend *Kissel*, § 1 GVG, Rdnr. 60.

[16] Vgl. BGH DRiZ 1977, 215 f.; DienstG Zweibrücken DRiZ 1986, 461 f.; *Funk*, DRiZ 1978, 357, 360; *Papier*, NJW 1990, 8, 9; *Schilken*, Rdnr. 472; *Schmidt-Räntsch*, § 25 DRiG, Rdnr. 9; *Kissel*, § 1 GVG, Rdnr. 41; *Wolf*, GerichtsverfassungsR, § 19 I 1, S. 192.

zwischen Sitzungspolizei und öffentlich-rechtlicher Haus- und Ordnungsgewalt von Bedeutung sind.

3. Die Regelungszwecke der §§ 175 Abs. 1 und 176 ff. GVG

a) Die Identität des Schutzgutes

Für die Normen der §§ 176, 177 GVG, die explizit von der "Aufrechterhaltung der Ordnung" reden, ist als Schutzgut die Gewährleistung einer unbeeinträchtigten Rechtsprechungstätigkeit anerkannt. Die danach zulässigen Maßnahmen sollen einen Zustand wahren oder herstellen, der dem Gericht und den Verfahrensbeteiligten die störungsfreie Ausübung ihrer Funktionen ermöglicht.[17] Dazu gehört auch der Schutz der Verfahrensbeteiligten einschließlich der Zeugen, Sachverständigen und Angeklagten vor Angriffen auf ihre Person und ihre Persönlichkeitsrechte.[18] Die Wahrung der äußeren Ordnung mittels der Sitzungspolizei dient so gesehen der Rechts- und Wahrheitsfindung,[19] also nichts anderem als der Sachtätigkeit der Spruchkörper. Von der Sitzungspolizei ist die Verhandlungsleitung durch den Vorsitzenden[20] zu unterscheiden.[21] Mit Hilfe der Sachleitungsbefugnis steuert der Vorsitzende den inneren Gang des Verfahrens nach den Vorgaben der Prozeßordnungen. In der mündlichen Verhandlung gewährleistet die Sitzungspolizeigewalt die äußeren Bedingungen für einen ungehinderten Verfahrensablauf.

Unklar und umstritten ist das Schutzgut von § 178 GVG und von § 175 Abs. 1 GVG. Die Tatbestandsbeschreibung verwendet die Begriffe "Ungebühr", die eine Ahndung erlaubt, und "Würde des Gerichts", zu deren Schutz Personen der Zutritt zu öffentlichen Verhandlungen verweigert werden kann. Da die Erfüllung der recht unbestimmt formulierten Tatbestände an den telos der jeweiligen Normen gekoppelt wird[22], hängt vom Schutzgutverständnis ab, ob einem ungebührlichen oder ordnungsstörenden Verhalten mit Maßnahmen nach §§ 176 ff., 175 Abs. 1 oder nach § 178 GVG zu begegnen ist. Je nach aufgerufener Norm hat das Konsequenzen für die Anordnungsbefugnis

---

[17] OLG Schleswig MDR 1977, 775; *Wolf*, GerichtsverfassungsR, § 26 II 1, S. 258; *Marxen*, NJW 1977, 2188, 2192; Kleinknecht/*Meyer-Goßner*, § 176 GVG, Rdnr. 4; *Kissel*, § 176 GVG, Rdnr. 1.

[18] BVerfGE 91, 125, 137; BVerfG NJW 1996, 310; BGHSt 44, 23, 24; OLG Köln NJW-RR 1998, 1141; *Katholnigg*, § 176 GVG, Rdnr. 1; *Kissel*, § 176 GVG, Rdnr. 13.

[19] BVerfGE 50, 234, 242; BVerfG NJW 1996, 310; BGHSt 44, 23, 24.

[20] Vgl. z.B. § 136 ZPO, § 238 StPO, § 103 VwGO.

[21] Löwe/Rosenberg-*Schäfer/Wickern*, § 176 GVG, Rdnr. 2; *Kissel*, § 176 GVG, Rdnr. 2; *Schilken*, Rdnr. 204.

[22] Vgl. *Schilken*, Rdnr. 212, 235; Löwe/Rosenberg-*Schäfer/Wickern*, § 178 GVG, Rdnr. 1; *Wolf*, GerichtsverfassungsR, § 26 III 1, S. 260 f.

(Vorsitzender/Gericht), die erlaubten Sanktionen (vgl. § 177/ § 178 GVG) und die Anfechtbarkeit (vgl. § 181 GVG).

Seit der um 1970 geführten Diskussion um das Aufstehen vor Gericht wird zunehmend vertreten, daß eine Ungebühr in der Sitzung sich stets auch als Ordnungsverstoß, d. h. als Störung der Verhandlung oder Erschwerung des Verfahrens, darstellen[23] oder doch geeignet sein müsse, die Ordnung zu stören[24]. Sind Würde des Gerichts wie Ungebühr "im Grunde nichts anderes als rhetorische Varianten der Ordnung in der Sitzung, die in § 176 GVG (wörtlich) angesprochen ist"[25], so würden sich die Anwendungsbereiche der Vorschriften decken. Die extreme Gegenposition markiert, wer §§ 175 Abs. 1 und 178 GVG von den die Aufrechterhaltung der äußeren Ordnung ermöglichenden §§ 176 f. GVG loslöst und allein die Würde des Gerichts als Schutzgut der Ungebührvorschrift ansieht.[26] Hier wirkt die traditionelle Vorstellung weiter, das Gericht habe als staatliche Institution an der vorgegebenen Autorität des (absolutistischen) Landesherrn teil.[27] Andere und namentlich die Rechtsprechung nennen sowohl die Ordnung in der Sitzung als auch (alternativ) die Würde des Gerichts oder die ihm gebührende Achtung als Schutzgüter der §§ 175 Abs. 1 und 178 GVG[28] und können so ein Verhalten als Ungebühr ahnden bzw. den Zutritt zur Verhandlung versagen, ohne eine Verfahrensstörung darlegen zu müssen.

Ausgangspunkt einer Stellungnahme muß die Überlegung sein, daß das Gericht als Institution seine Würde ausschließlich aus seiner Tätigkeit schöpft, der ihm durch die Staatsverfassung zugewiesenen Aufgabe der Rechtsprechung. Ein davon unabhängiger sittlicher Eigenwert kommt Gerichten, anders als natürlichen Personen, nicht zu.[29] Wenn auf die Gerichte in vordemokratischer Zeit ein Abglanz der über die Sache hinausweisenden "Dignität" des Landesfürsten fiel, dessen Gerichtsgewalt sie ausübten,[30] so ist

---

[23] *Sarstedt*, JZ 1969, 152; *Schneider*, MDR 1975, 622, 624; *Rüping*, ZZP 1975, 212 ff., 216 ff.; *Gmelch*, S. 162 ff. (auch bereits de lege lata – S. 187); *Hofmann*, S. 95 f.; Löwe/Rosenberg-*Schäfer/Wickern*, § 178 GVG, Rdnr. 3; *Kissel*, § 178 GVG, Rdnr. 10; Kleinknecht/*Meyer-Goßner*, § 178 GVG, Rdnr. 2.

[24] Zöller-*Gummer*, § 178 GVG, Rdnr. 2

[25] So *Scheuerle*, FS Baur, 595, 597; *ders.*, Vierzehn Tugenden, S. 92 f.

[26] *Schilken*, Rdnr. 213; *Katholnigg*, § 178 GVG, Rdnr. 2 ("Würde der gerichtlichen Verhandlung"); *Rehbinder*, MDR 1963, 640, 643 ("richterliches Ansehen und der Gerichtsfrieden"); *Baur*, JZ 1970, 247, 248.

[27] Vgl. *Rüping*, ZZP 1975, 212, 213 mit zahlreichen Nachweisen.

[28] MünchKomm-ZPO-*Wolf*, § 178 GVG, Rdnr. 1; *ders.*, GerichtsverfassungsR, § 26 III 1, S. 261; KK-*Diemer*, § 178 GVG, Rdnr. 2; Baumbach/Lauterbach/*Albers*/Hartmann, § 178 GVG, Rdnr. 3; OLG Düsseldorf NJW 1986, 1505, 1506; wistra 1992, 118; NStZ-RR 1997, 370; OLG Schleswig NStE Nr. 12 zu § 178 GVG (=NStZ 1994, 199 L); OLG Bamberg NStE Nr. 7 zu § 178 GVG; OLG Nürnberg JZ 1969, 150, 151; OLG Koblenz MDR 1971, 324; LSG München NJW 1964, 1874, 1875.

[29] Vgl. *Hofmann*, S. 94 f. mit Fn. 273; *Gmelch*, S. 161 f.; *Sarstedt*, JZ 1969, 152, 153.

[30] Vgl. *Rüping*, ZZP 1975, 212, 213.

dieser metaphysischen Würde im Zeitalter der Gewaltenteilung die Grundlage entzogen. Da man sich schon einig ist, daß die Würde des Gerichts bzw. die Gebührlichkeit vor Gericht nicht Selbstzweck sind,[31] jedenfalls Bezug zur Rechtsprechungsaufgabe haben,[32] fragt sich nur noch, in welchem Verhältnis ein "Angriff auf die Würde des Gerichts" zur Störung des äußeren Ablaufs der Verhandlung steht.

Dabei ist zu bedenken, daß §§ 176 f. GVG, aber auch § 175 Abs. 1 GVG präventiv-polizeilichen Charakter tragen,[33] während § 178 GVG die Ahndung von Verhalten durch eine Ordnungsstrafe vorsieht.[34] Das Gesetz macht dies deutlich, indem es, wie im Straf- und Ordnungswidrigkeitenrecht, Verschulden als Voraussetzung für die Verhängung einer Ungebührstrafe fordert (§ 178 Abs. 1 S. 1 GVG),[35] während ein Einschreiten nach §§ 175 Abs. 1, 176 f. GVG – nun im Gleichlauf mit den Grundsätzen der Störerhaftung im Polizeirecht[36] – ersichtlich auch gegenüber dem Schuldlosen zulässig ist[37]. Die wegen Ungebühr auferlegten Sanktionen werden als gleichartig gemäß § 178 Abs. 3 GVG auf eine aufgrund desselben Sachverhalts verhängte Strafe angerechnet; § 177 GVG sieht solches für die Ordnungshaft wegen Ungehorsams nicht vor. Der Strafcharakter der Vorschrift des § 178 GVG kommt schließlich darin zum Ausdruck, daß die Ordnungshaft hier nicht wie bei § 177 S. 1 GVG dazu dient, einen Störer von einer zu schützenden konkreten Sitzung fernzuhalten[38], sondern ihren maßregelnden Zweck ohne Bezug zu der Sitzung, in der sie ihren Anlaß fand, erfüllt.

---

[31] *Schilken*, Rdnr. 213; *Kissel*, § 178 GVG, Rdnr. 9; MünchKomm-ZPO-*Wolf*, § 175 GVG, Rdnr. 4.
[32] *Baur*, JZ 1970, 247, 248.
[33] Präventiv-polizeilich bedeutet, wie auch sonst, sowohl Gefahrenabwehr vor Eintritt einer Störung als auch die Beendigung einer Störung, vgl. *Schilken*, Rdnr. 214.
[34] *Rehbinder*, MDR 1963, 640, 641; *Schwind*, JR 1973, 133, 135; *Böhmer*, S. 22; *Eb. Schmidt*, Lehrkommentar III, vor § 176 GVG, Rdnr. 3; Löwe/Rosenberg-*Schäfer/Wickern*, § 177 GVG, Rdnr. 1; *Katholnigg*, § 177 GVG, Rdnr. 1; *Kissel*, § 177 GVG, Rdnr. 1; *Baur*, JZ 1970, 247; *Winter*, NStZ 1990, 373; MünchKomm-ZPO-*Wolf*, § 178 GVG, Rdnr. 1; OLG Karlsruhe NJW 1976, 2274, 2275.
[35] Streitig ist nur, ob Fahrlässigkeit genügt, vgl. dazu *Kissel*, § 178 GVG, Rdnr. 32.
[36] Vgl. Löwe/Rosenberg-*Schäfer/Wickern*, § 177 GVG, Rdnr. 20; KK-*Diemer*, § 177 GVG, Rdnr. 5; – vgl. dazu unten unter Erster Teil IV 4, S. 131 ff.
[37] Das gilt auch für Maßnahmen nach § 177 GVG, *Kissel*, § 177 GVG, Rdnr. 1; MünchKomm-ZPO-*Wolf*, § 177 GVG, Rdnr. 4; *Schilken*, Rdnr. 228; Löwe/Rosenberg-*Schäfer/Wickern*, § 177 GVG, Rdnr. 20; KK-*Diemer*, § 177 GVG, Rdnr. 5; *Katholnigg*, § 177 GVG, Rdnr. 2 m.w.N.; – anders Kleinknecht/*Meyer-Goßner*, § 177 GVG, Rdnr. 10 (nur in bezug auf die Ordnungshaft) sowie Baumbach/Lauterbach/*Albers*/Hartmann, § 177 GVG, Rdnr. 1.
[38] Zur allgemeinen Ansicht, daß der Störer nach § 177 GVG nur bis zum Ende der gestörten Sitzung festgehalten werden darf, vgl. KK-*Diemer*, § 177 GVG, Rdnr. 1; *Kissel*, § 177 GVG, Rdnr. 5; OLG Karlsruhe JR 1976, 383, 385.

Die Ungebührstrafe erhebt anders als die sonstigen Maßnahmen der Sitzungspolizei einen "Vorwurf"[39] und wiegt auch an sich schwerer (Ordnungsgeld bis zu zweitausend DM, Ordnungshaft bis zu einer Woche) als die durch das Ziel der Gefahrenabwehr limitierten Ordnungsmittel der §§ 175 Abs. 1, 176 f. GVG. Ist aber die Verhängung von Ordnungsgeld oder -haft nach § 178 GVG nur ultima ratio in der Hand des Gerichts,[40] setzt sie einen erheblichen Verstoß voraus,[41] so kann ein Verhalten, das die Rechtsprechungsaufgabe des zu Gericht sitzenden Spruchkörpers nicht, auch nicht im Sinne einer Gefährdung, berührt, keine Ungebühr darstellen. Denn dem schlichten, d. h. nicht verfahrensrelevanten Achtungsangriff würde unverhältnismäßig begegnet, könnte er – und zwar allein – auf der Grundlage von § 178 GVG geahndet werden.[42] § 178 GVG erfaßt nur diejenigen besonders schwer wiegenden Ordnungsverstöße, die als "straf"-würdig erscheinen. Wer die Ordnung in der Sitzung durch die Vorschriften der §§ 176, 177 GVG für ausreichend gesichert ansieht und daher meint, einer Ahndung von Ordnungsverstößen nach § 178 GVG bedürfe es deshalb nicht,[43] der muß sich einen Erst-recht-Schluß vorhalten lassen: Warum sollen Verhaltensweisen, die so leicht wiegen, daß sie nicht die Sitzung, nicht die Tätigkeit des Gerichts, sondern nur dessen sonst schwer greifbare "Würde" beeinträchtigen, mit den einschneidenderen Sanktionen der Ungebührstrafnorm belegt werden?

Mindestens in der Diskussion um das Schutzgut wird häufig ausgeblendet,[44] daß für die Anwendung sitzungspolizeilicher Mittel ja durchaus nicht der *Eintritt* einer Ordnungsstörung vorauszusetzen ist. "Aufrechterhaltung der Ordnung" bedeutet zunächst Gefahrenabwehr, und der Großteil der von der Gegenansicht heraufzitierten Verhaltensweisen, "in denen eine Mißachtung gegenüber dem Gericht zum Ausdruck kommt, ohne daß dadurch zugleich die Verhandlung in ihrem äußeren Ablauf gestört wird"[45], bedeutet jedenfalls bereits eine *Gefahr* für die Ordnung in der Sitzung und damit für die Sachaufgabe des Gerichts. Die Frage ist immer nur, wie weit man den begrifflichen Bereich der Ordnungswahrung über eher handfeste Sachverhalte (Lärm, Waffen, Mitschreiben in der Absicht, Zeugen zu beeinflussen) hinaus ins Ephemere ausdehnt. Die Wahrung gewisser

---

[39] Vgl. *Lagodny*, S. 96 ff.

[40] Baumbach/Lauterbach/*Albers*/Hartmann, § 178 GVG, Rdnr. 1; Löwe/Rosenberg-*Schäfer*/*Wickern*, § 178 GVG, Rdnr. 23.

[41] OLG Schleswig NStE Nr. 12 zu § 178 GVG; OLG Düsseldorf wistra 1992, 118; NStZ-RR 1997, 370; OLG Koblenz MDR 1971, 324; *Schwind*, JR 1973, 133, 134; Kleinknecht/*Meyer-Goßner*, § 178 GVG, Rdnr. 1; MünchKomm-ZPO-*Wolf*, § 178 GVG, Rdnr. 5.

[42] Vgl. auch *Gmelch*, S. 105.

[43] *Schilken*, Rdnr. 213; wohl auch MünchKomm-ZPO-*Wolf*, § 178 GVG, Rdnr. 4.

[44] Etwa von *Schilken*, Rdnr. 212 und *Wolf*, GerichtsverfassungsR, § 26 III 1, S. 261.

[45] *Wolf*, GerichtsverfassungsR, § 26 III 1, S. 261; vgl. auch *Baur*, JZ 1970, 247, 248.

hergebrachter Formen, überhaupt die Aufrechterhaltung einer sachlichen, entspannten Atmosphäre mag man als "verfahrensrelevant", als noch von mittelbarem Einfluß auf die ordnungsgemäße Durchführung der Verhandlung ansehen.[46] Denn in Gerichtssitzungen wird eine besonders bedeutsame öffentlich Sachaufgabe[47] unter besonders gefahrträchtigen Bedingungen – wesentliche Verfahrensteile laufen in gesetzlich garantierter Öffentlichkeit ab (§ 169 S. 1 GVG), das zur Entscheidungsfindung berufene Organ muß seine Unabhängigkeit (Art. 97 GG, § 1 GVG) in dieser Öffentlichkeit wahren – erfüllt. Die Rechtsprechung und die Kommentarliteratur illustrieren hier seit Jahrzehnten den Rückzug der "Ungebühr" auf den Zweck der Ordnungsbewahrung.[48] Der Wandel der Anschauungen über Kleidung, Haartracht, Anredeform, Aufstehen vor Gericht ist nicht nur der Entwicklung des Zeitgeistes seit Ende der sechziger Jahre geschuldet, sondern zugleich Rückbesinnung auf das Zweckermöglichende und Zwecksichernde, auf den Annexcharakter aller Befugnisnormen der Sitzungspolizei. Daß § 178 GVG in diesen Zusammenhang gehört, heißt natürlich nicht, daß die Ungebührstrafe selbst eine konkrete Störung beseitigen oder hintanhalten müßte,[49] die Norm schützt – ihrem Strafcharakter gemäß – das Rechtsgut lediglich indirekt über die Zwecke der General- und Spezialprävention.[50]

§ 175 Abs. 1 GVG dagegen ist sofort als zu konkreten Abwehrmaßnahmen ermächtigende Ordnungsnorm erkennbar,[51] kann aber wegen seiner Ausgestaltung ("unerwachsen", "Würde des Gerichts") nur punktuell zur Gefahrenabwehr eingesetzt werden.[52] Der Zutritt von nichtbeteiligten Personen, die rein äußerlich der "Würde des Gerichts (...) entsprechend" (§ 175 Abs. 1 2. Alt. GVG) erscheinen, die Ordnung in der Sitzung aber aus anderen Gründen gefährden[53], wird – so die Übung – auf der Grundlage der Generalklausel des § 176 GVG versagt.[54]

---

[46] *Kissel*, § 178 GVG, Rdnr. 10; Löwe/Rosenberg-*Schäfer/Wickern*, § 178 GVG, Rdnr. 3 f.
[47] Vgl. *Kissel*, § 175 GVG, Rdnr. 6.
[48] Beispielhaft *Kissel*, § 178 GVG, Rdnr. 11 ff., 26 ff. mit Nachweisen.
[49] Vgl. *Böhmer*, S. 22.
[50] *Winter*, NStZ 1990, 373, 374.
[51] Verwehrung des Zutritts gegenüber einzelnen Zuhörern öffentlicher Sitzungen, vgl. *Kissel*, § 175 GVG, Rdnr. 2.
[52] Vgl. Löwe/Rosenberg-*Schäfer/Wickern*, § 175 GVG, Rdnr. 1; *Kissel*, § 175 GVG, Rdnr. 2.
[53] Beispiel: korrekt auftretender Sympathisant des Angeklagten führt eine Schußwaffe bei sich.
[54] Regelmäßig im Gefolge von Zugangskontrollen, die sich auf eine bestimmte Sitzung beziehen, BVerfGE 48, 118, 122 f.; OLG Hamburg MDR 1977, 162; NStZ 1992, 509; LG Berlin MDR 1982, 154; gestützt auf das "Hausrecht des Gerichtspräsidenten": BGHSt 27, 13, 14 ff.; auch in bezug auf Verhandlungsbeteiligte: BVerfGE 48, 118, 122 f.; BVerfG NJW 1998, 296; OLG Zweibrücken NStZ 1987, 477; OLG Hamburg NStZ 1992, 509; vgl. auch *Kissel*, § 175 GVG, Rdnr. 8; § 176 GVG, Rdnr. 16 f.; *Hübel*, StV 1998, 243, 244; Kleinknecht/*Meyer-Goßner*, § 176 GVG, Rdnr. 5; Löwe/Rosenberg-*Schäfer/Wickern*,

Das generelle Schutzgut der sitzungspolizeilichen Vorschriften, die im räumlichen Bereich zu erfüllende öffentlich-rechtliche Sachaufgabe, ist seiner Art nach mit dem Schutzgut der öffentlich-rechtlichen Haus- und Ordnungsgewalt identisch. Ihm sind – nun im Unterschied zum ungeschriebenen Ordnungsinstitut – mittelbare Zwecke beigesellt, die mit den spezifischen verfassungsrechtlichen und einfachgesetzlichen Bedingungen verknüpft sind, unter denen Rechtsprechung ausgeübt wird.

b) Die besondere Sachnähe des Spruchkörpers

Daß die Ordnungsaufgabe für den durch die Worte “in der Sitzung” bezeichneten Ausschnitt von der Verwaltungsspitze des Gerichts auf den jeweiligen in öffentlicher oder nichtöffentlicher Verhandlung tätigen Spruchkörper bzw. dessen Vorsitzenden verlagert wird, findet seine erste Ursache im Tatsächlichen: Es ist die besondere Sachnähe der mit dem Rechtsstreit befaßten Richter. Sie, nicht der Gerichtspräsident, kennen die Beteiligten nach ihrer Rechtsstellung, ihrem bisherigen Vortrag und den Verfahrensstand, alles Umstände, die für die Bewertung und Sanktionierung von Ordnungsstörungen von Bedeutung sind.[55]

c) Die richterliche Unabhängigkeit

Die verfassungsrechtlich garantierte Unabhängigkeit der Gerichte (Art. 97 GG, § 1 GVG, § 25 DRiG[56]) ist Wesenselement der rechtsprechenden Gewalt.[57] Sind besondere Organe des Staates zur Entscheidung von Rechtsstreitigkeiten berufen (Art. 92 GG), Organe, die an dem zu entscheidenden Streit nicht beteiligt sind, so bedarf ihre neutrale Stellung im Interesse eines gerechten, nur Gesetz und Recht verpflichteten Ergebnisses der Sicherung. Als Ausprägung des Grundsatzes der Gewaltenteilung (Art. 20 Abs. 2 S. 2 GG) und damit des Rechtsstaatsprinzips[58] befestigt Art. 97 GG die Tätigkeit und Position des Richters zuallererst gegen Übergriffe der Exekutive und (eingeschränkt) der Legislative.[59]

---

§ 176 GVG, Rdnr. 21 f. Letztere wollen dennoch auch § 175 Abs. 1 GVG entsprechend anwenden (a.a.O., § 175 GVG, Rdnr. 3).

[55] Dazu schon oben unter Erster Teil II 1 a, S. 31.

[56] Vgl. auch § 1 VwGO, § 1 FGO, § 1 SGG und die Verfassungen der Länder.

[57] BVerfGE 87, 68, 85; Sachs-*Detterbeck*, Art. 97 GG, Rdnr. 1; *Kissel*, § 1 GVG, Rdnr. 1; *Fürst/Mühl/Arndt*, § 25 DRiG, Rdnr. 14.

[58] Maunz/Dürig-*Herzog*, Art. 97 GG, Rdnr. 2 f.; Sachs-*Detterbeck*, Art. 97 GG, Rdnr. 1; *Wassermann*, S. 66 f.; *Kissel*, § 1 GVG, Rdnr. 1; Löwe/Rosenberg-*Schäfer*, § 1 GVG, Rdnr. 3; *Rudolph*, FS Salger, S. 743, 744; *R. Schmidt-Räntsch*, S. 13 f.

[59] Ob Art. 97 Abs. 1 GG auch die Unabhängigkeit des Richters vor Einflußnahme durch die Judikative und gesellschaftliche Gruppen und die Medien meint, ist umstritten, vgl. Maunz/Dürig-*Herzog*, Art. 97 GG, Rdnr. 34 ff., 39 ff.; Sachs-*Detterbeck*, Art. 97 GG,

Den Gerichten bzw. den Richtern ist persönliche und sachliche Unabhängigkeit gewährt, um sachfremde Einflüsse von der Rechtsprechung fernzuhalten.[60] Die richterliche Unabhängigkeit verwirklicht damit den Justizgewähranspruch des Bürgers[61] und schafft eine wichtige Voraussetzung für ein faires Strafverfahren. Geschützt wird daher nicht nur der Akt der Rechtsfindung selbst und dessen Ergebnis, sondern auch jene Tätigkeit des Richters, die der Vorbereitung und Durchführung des Verfahrens dient.[62] Praxisrelevant sind hier nicht so sehr direkte Weisungen an den Richter; die Gefahren für die richterliche Unabhängigkeit gehen heute vor allem von den Umständen der richterlichen Tätigkeit wie Sach- und Personalausstattung, Beförderungs- und Beurteilungswesen aus.[63] Von mittelbarem Einfluß auf ein Verfahren, insbesondere eine mündliche Verhandlung, und damit auf die Rechts- und Wahrheitsfindung und den abschließenden Richterspruch können auch Maßnahmen zur Aufrechterhaltung der Ordnung im Gerichtsgebäude sein.

Die Sitzungspolizei wird als Ausfluß der richterlichen Unabhängigkeit bezeichnet;[64] sitzungspolizeiliche Maßnahmen sollen von der richterlichen Unabhängigkeit umfaßt sein, gar – dienstaufsichtsrechtlich gesprochen – zu deren Kernbereich gehören.[65] Das soll hier nicht bestritten werden. Um den Gesichtspunkt der richterlichen Unabhängigkeit aber für die Abgrenzung von Sitzungspolizei und Haus- und Ordnungsgewalt fruchtbar zu machen, muß anders angesetzt werden.

Beide Institute dienen dem Schutz der im räumlichen Bezirk der Rechtsprechung ausgeübten Sachtätigkeit. Die sitzungspolizeilichen Vorschriften stanzen der gewohnheitsrechtlichen Haus- und Ordnungsgewalt einen Teil ihres Geltungsbereiches aus. Die Frage lautet deshalb, welche Maßnahmen der Ordnungswahrung im Gerichtsgebäude nach den Forderungen des Verfassungsgrundsatzes in richterlicher Unabhängigkeit auszuführen sind. Diese müßten, wollte man der richterlichen Unabhängigkeit

---

Rdnr. 14, 17 (bejahend); ablehnend: *Wassermann*, S. 92 f.; *Fürst/Mühl/Arndt*, § 25 DRiG, Rdnr. 8.

[60] BGHZ 67, 184, 187; *Schmidt-Räntsch*, § 25 DRiG, Rdnr. 7; Löwe/Rosenberg-*Schäfer*, § 1 GVG, Rdnr. 3; *Sendler*, NJW 1995, 2464, 2465 f.; *Fürst/Mühl/Arndt*, § 25 DRiG, Rdnr. 14.

[61] Vgl. *Papier*, NJW 1990, 8, 9 f.; *Jarass/Pieroth*, Art. 97 GG, Rdnr. 1.

[62] *Schmidt-Räntsch*, § 25 DRiG, Rdnr. 8; *Fürst/Mühl/Arndt*, § 25 DRiG, Rdnr. 15; *Papier*, NJW 1990, 8, 9; *R. Schmidt-Räntsch*, S. 17.

[63] Vgl. *Piorreck*, DRiZ 1993, 109 ff.

[64] BGHSt 17, 201, 204; 24, 329, 330; OLG Zweibrücken NStZ 1987, 477; OLG Hamburg NStZ 1992, 509; *Stürner*, JZ 1972, 664, 665; *Leinius*, NJW 1973, 448, 449; Kleinknecht/*Meyer-Goßner*, § 176 GVG, Rdnr. 4; Zöller-*Gummer*, § 176 GVG, Rdnr. 1.

[65] BGHZ 67, 184, 186 ff.; *Kissel*, § 1 GVG, Rdnr. 53, 54.

zu maximaler Wirkung verhelfen, dem Richter in seiner Eigenschaft als unparteiisches Organ der Rechtspflege, das außerhalb formeller staatlicher Hierarchien steht, als Sitzungspolizei vorbehalten sein. Der verbleibende Teilbereich der Ordnungsaufgabe würde nicht unabhängig-sitzungspolizeilich, sondern – und zwar gegebenenfalls auch von Richtern – wie in anderen Verwaltungsgebäuden mit den Mitteln der öffentlich-rechtlichen Haus- und Ordnungsgewalt erfüllt: weisungsgebunden und vollumfänglich der Dienstaufsicht unterliegend.

Die institutionelle Garantie der richterlichen Unabhängigkeit belegt einen äußerst weiten Gewährleistungsbereich. Nicht jeder Eingriff in diesen Bereich, nicht jede Umfeldmaßnahme der Verwaltung, die auf die Spruchtätigkeit des Richters von Einfluß ist und damit den Grundsatz der richterlichen Unabhängigkeit berührt, verletzt ihn zugleich. Die Unabhängigkeit des Richters ist nicht – wie etwa die Menschenwürde, Art. 1 Abs. 1 GG – absolut geschützt und nicht der Abwägung mit anderen Gütern von Verfassungsrang von vornherein entzogen.[66] Durchaus nicht in jedem Fall muß, wie zuweilen postuliert wird,[67] das Interesse an Sicherheit und Ordnung im Gerichtsgebäude und damit die Haus- und Ordnungsgewalt der Gerichtsverwaltung gegenüber der richterlichen Unabhängigkeit, die ein konkretes Verfahren steuert, zurücktreten.

Als praktisch bedeutsames Beispiel seien Zutrittsverweigerungen oder Hausverweise gegenüber an der Verhandlung beteiligten Personen und Zuhörern angeführt. Sie haben den sichtbarsten Bezug zur Spruchtätigkeit, weil die Prozeßordnungen an das Nichterscheinen dieser Personen zur Verhandlung oftmals zwingende Rechtsfolgen mit weitreichenden Auswirkungen auf den Rechtsstreit knüpfen.[68] Dennoch wäre es voreilig, deshalb Zutrittsverweigerungen und Hinausweisungen in Beziehung auf das gesamte Gebäude gegenüber Parteien, Angeklagten, Prozeßbevollmächtigten, Zeugen usw. sowie potentiellen Zuhörern einzig als sitzungspolizeiliche Maßnahmen für zulässig zu halten.[69] Sollte ein präventives Vorgehen der

[66] Vgl. Maunz/Dürig-*Herzog*, Art. 97 GG, Rdnr. 29. Das klingt auch in BVerfGE 26, 79, 94 an , wo unvermeidbare, d.h. zur Erhaltung der Funktionsfähigkeit der Gerichte nötige Übergriffe der Verwaltung nicht als Art. 97 Abs. 1 GG verletzend angesehen werden.
[67] *Kissel*, § 12 GVG, Rdnr. 42; *Engeln*, S. 150; *Stürner*, JZ 1972, 664, 666.
[68] Z.B. Versäumnisurteil, §§ 330 f. ZPO; Vorführungs- oder Haftbefehl gegen den ausgebliebenen Angeklagten, § 230 Abs. 2 StPO, oder Hauptverhandlung trotz Ausbleibens, § 232 StPO; Ordnungsmittel gegen Zeugen, § 380 ZPO, § 51 StPO. Wird auch nur einzelnen Zuhörern ohne gesetzlichen Grund der Zutritt zu einer öffentlichen Verhandlung verwehrt, so ist der Grundsatz der Öffentlichkeit, § 169 S. 1 GVG, verletzt, die Sachentscheidung des Gerichts hat im Rechtsmittelverfahren keinen Bestand, vgl. BGHSt 18, 179, 180; 24, 329, 330; BGH NJW 1989, 465; *Kissel*, § 169 GVG, Rdnr. 23; Löwe/Rosenberg-*Schäfer/Wickern*, § 169 GVG, Rdnr. 35.
[69] So aber *Kissel*, § 176 GVG, Rdnr. 4, § 12 GVG, Rdnr. 42; *Schilken*, Rdnr. 207; *Engeln*, S. 150; ebenso Ziff. I S. 2 lit. c des sich an die Beamten des Justizwacht-

Gerichtsverwaltung aufgrund der Haus- und Ordnungsgewalt (des "öffentlich-rechtlichen Hausrechts") im Eingangsbereich des Gerichtsgebäudes hinsichtlich dieses Personenkreises auch in Grenzfällen ausgeschlossen sein,[70] so wären Einlaßkontrollen insoweit nur nach einer sogenannten Sicherungsverfügung des Vorsitzenden, die sich als sitzungspolizeiliche Anordnung auf eine bestimmte Sitzung oder wenigstens Verhandlung bezieht, möglich.[71] Der den alltäglichen Einlaßdienst versehende Justizwachtmeister müßte nach dieser Ansicht den mit gezogener Waffe hereinstürmenden Angeklagten oder Zuhörer passieren lassen, um dem Spruchkörper der betroffenen Sitzung – handelt es sich doch um Personen, "deren Anwesenheit die Verfahrensordnungen verlangen oder erlauben"[72] – die Ausübung der Sitzungspolizei zu ermöglichen. Ein Ladungsschreiben oder auch nur der noch unbestimmte Wille zur Zuhörerschaft[73] wären Freibrief für gefährliche Personen so lange, bis sie von einer Maßnahme des "für sie zuständigen" vorsitzenden Richters oder Gerichtskollegiums erreicht würden. (– Von der praktischen Unmöglichkeit, einen gefährlichen Zuhörer oder auch nur Verfahrensbeteiligten einer bestimmten Verhandlung und damit einem bestimmten Spruchkörper zuzuordnen, gar nicht zu reden.) Auf die Haus- und Ordnungsgewalt der Gerichtsverwaltung gestützte Zutrittsverweigerungen, wie sie häufig im Zusammenhang mit Zugangskontrollen am Eingang zum Gerichtsgebäude erklärt werden,[74] können im (seltenen) Einzelfall die richterliche Unabhängigkeit des Spruchkörpers, dessen Sitzung der Störer aufsuchen soll oder will, rechtmäßig beschränken. Der Gewohnheitsrechtssatz fungiert dann als Träger der Verfassungswerte[75], zu deren Schutz vor hochgradig drohenden Gefahren die Person zurückgewiesen wurde. Eine trennscharfe Abgrenzung zwischen Sitzungspolizei (richterliche Tätigkeit) und Hausgewalt (Verwaltungstätigkeit) entlang der Grenzlinie des Garantiebereichs der richterlichen Unabhängigkeit verbietet sich also.

---

meisterdienstes wendenden "Merkblattes über die Anwendung unmittelbaren Zwanges durch Angehörige des Justizwachtmeisterdienstes" der Senatsverwaltung für Justiz Berlin vom 1. Juni 1979: "Justizwachtmeister dürfen gegenüber Störern in Ausübung des Hausrechts Gewalt anwenden und sie aus dem Haus zwangsweise entfernen, sofern die Anwesenheit dieser Personen nicht durch Verfahrensordnung verlangt oder erlaubt ist." Weniger apodiktisch *Stürner*, JZ 1972, 664, 665 f.

[70] Betont strikt *Kissel*, § 12 GVG, Rdnr. 42, § 176 GVG, Rdnr. 4.

[71] Widersprüchlich daher *Kissel*, der a.a.O., § 169 GVG, Rdnr. 39, Zugangskontrollen der Gerichtsverwaltung am Gebäudeeingang eben doch für zulässig hält.

[72] *Kissel*, § 176 GVG, Rdnr. 4; *Schilken*, Rdnr. 207; *Engeln*, S. 150.

[73] Denn keineswegs muß ein Zuhörer bereits beim Eintritt in ein Gerichtsgebäude eine *bestimmte* Verhandlung im Sinn haben, um auf dem Weg zu einem Sitzungssaal vom Grundsatz der Öffentlichkeit geschützt zu sein.

[74] Z.B. in den Fällen von BGHSt 27, 13 und OLG Koblenz NJW 1975, 1333 (Ausweiskontrollen aufgrund des "Hausrechts des Gerichtspräsidenten").

[75] Rechtspflege, Art. 92 GG, Leben, körperliche Unversehrtheit, Art. 2 Abs. 2 S. 1 GG. Daneben ist unter Umständen ein Eingreifen zum Schutz der Richter und Beamten wegen der grundgesetzlich verbürgten (Art. 33 Abs. 5 GG, vgl. BVerfGE 43, 154, 165; 83, 89, 100) beamtenrechtlichen Schutz- und Fürsorgepflicht des Dienstherrn geboten.

d) Die Öffentlichkeit der Verhandlung

Ähnlich verhält es sich mit dem Grundsatz der Öffentlichkeit, § 169 S. 1 GVG[76]. Das Prinzip der unmittelbaren Öffentlichkeit gibt jedermann die Möglichkeit, nach Maßgabe der räumlichen Verhältnisse ohne Ansehung von Gruppenzugehörigkeit oder bestimmten Eigenschaften an Gerichtsverhandlungen passiv als Zuhörer und Zuschauer teilzunehmen.[77] Es macht die Grundlagen der Entscheidungsfindung transparent, schafft Vertrauen in die Rechtspflege und gewährleistet auch noch im Zeitalter der Massenmedien die demokratische Kontrolle des Verfahrensgangs durch die Allgemeinheit.[78] Auch die Anwesenheit von Medienvertretern, die durch ihre Berichterstattung, von § 169 S. 2 GVG eingeschränkt, weitere Öffentlichkeit vermitteln, rechnet hierzu.[79]

Die Gerichtsöffentlichkeit wird durch Ordnungsmaßnahmen, die die Anwesenheit von Zuhörern bei einer öffentlichen Sitzung verhindern oder verzögern, berührt,[80] und zwar – im Unterschied zur richterlichen Unabhängigkeit – nicht nur durch Maßnahmen der Gerichtsverwaltung aufgrund der Haus- und Ordnungsgewalt, sondern auch durch sitzungspolizeiliche Maßnahmen des verhandelnden Gerichts selbst.[81] Das Spannungsverhältnis zwischen Öffentlichkeitsgrundsatz und Ordnungswahrung ist bedeutsam, weil die Verletzung von § 169 S. 1 GVG die gerichtliche Entscheidung anfechtbar macht. In der Revision ist ein absoluter Revisionsgrund gegeben.[82] Die einschränkend geforderte Verantwortlichkeit des erkennenden Gerichts für den Gesetzesverstoß[83] liegt bei sitzungspolizeilichen Anordnungen des Gerichts notwendig vor. Auch zugangs- oder anwesenheitsbeschränkende Maßnahmen der Haus- und Ordnungsgewalt, die

[76] Auch Art. 6 Abs. 1 MRK.
[77] BGHSt 27, 13, 14; 36, 119, 120.
[78] Vgl. BGHSt 27, 13, 15; 43, 195, 205; MünchKomm-ZPO-*Wolf*, § 169 GVG, Rdnr. 42; *Ranft*, Jura 1995, 573, 574.
[79] BVerfGE 50, 234, 241 f.; *Stober*, DRiZ 1980, 3, 4 f.; *Schilken*, Rdnr. 178; *Kissel*, § 169 GVG, Rdnr. 82 f.; MünchKomm-ZPO-*Wolf*, § 169 GVG, Rdnr 51.
[80] Nicht "öffentlichkeitsrelevant" sind folglich Ab- oder Hinausweisungen gegenüber im weiteren Sinne bei der öffentlichen Verhandlung Beteiligten wie auch gegenüber Personen, die sich im Gebäude nur aufwärmen, die Bibliothek, das Kasino benutzen, die Rechtsantragsstelle aufsuchen, Akten- oder Registereinsicht nehmen wollen. Dennoch unterliegen sie, soweit sie auf die äußere Ordnung einer Sitzung einwirken, der Sitzungspolizei.
[81] Vgl. BGHSt 18, 179, 180; 24, 329, 330; Löwe/Rosenberg-*Schäfer/Wickern*, § 169 GVG, Rdnr. 35; *Willms*, JZ 1972, 653; MünchKomm-ZPO-*Wolf*, § 169 GVG, Rdnr. 36.
[82] Vgl. z.B. § 338 Nr. 6 StPO; § 551 Nr. 6 ZPO, § 138 Nr. 5 VwGO.
[83] BGHSt 21, 72 ff.; BVerwG DÖV 1984, 889; BFH NJW 1992, 3256.

in § 169 S. 1 GVG verletzender Weise vom Einlaßpersonal getroffen worden sind, muß sich der Spruchkörper zurechnen lassen.[84]

Auch jenseits der gesetzlichen Möglichkeiten, die Öffentlichkeit – auch zur Aufrechterhaltung der Ordnung – generell auszuschließen (§§ 171 a ff. GVG), hat der Öffentlichkeitsgrundsatz nicht von vornherein einen höheren Rang als die Ungestörtheit der Verhandlung oder die Sicherheit im Gebäude insgesamt.[85] Die Beschränkung der Öffentlichkeit durch Zutrittsverwehrungen im Zusammenhang mit Einlaßkontrollen an der Pforte des Gerichtsgebäudes oder durch Entfernen einzelner oder aller[86] Zuhörer aus dem Sitzungssaal (§§ 177, 178 GVG) kann sich um so eher als rechtmäßig erweisen, als die unmittelbare Öffentlichkeit der Verhandlung lediglich einfachgesetzlich festgeschrieben ist[87]. In die zu treffende Entscheidung, einen als gefährlich erscheinenden Zuhörer abzuweisen oder über den Beginn der Sitzung hinaus Kontrollmaßnahmen zu unterziehen, geht der Grundsatz der Öffentlichkeit als abwägungrelevanter Belang ein. Die – polizeirechtlich gesprochen – Anscheinsgefahr kann so geringfügig sein, daß § 169 S. 1 GVG gebietet, einen Zuhörer passieren zu lassen, wo einer Person, die das Gerichtsgebäude zu anderen Zwecken betreten will, der Zutritt verwehrt werden dürfte. Andererseits ist die Öffentlichkeit der Verhandlung nicht verletzt, wenn Zuhörer in Abwehr konkreter Gefahren für die Ordnung in der Sitzung oder im gesamten Gerichtsgebäude zurück- oder hinausgewiesen werden und diese Maßnahme verhältnismäßig und ermessensfehlerfrei ist. Wenn in diesem Zusammenhang davon die Rede ist, daß die Beschränkung der Öffentlichkeit durch hausrechtliche Maßnahmen der Gerichtsverwaltung dann unschädlich sei, wenn sie als bloßer Reflex der Ordnungswahrung im übrigen Gerichtsgebäude erscheine,[88] so drückt dies nur grobgeschnitzt die Notwendigkeit aus, Öffentlichkeitsgrundsatz und Schutz der Sachtätigkeit im Gerichtsgebäude gegeneinander abzuwägen.[89] Rechtsdogmatisch nicht veranlaßt und praktisch undurchführbar ist wiederum die Ansicht, daß der Gerichtspräsident und seine Organe einem Zuhörer nicht den Zutritt in Ausübung der öffentlich-rechtlichen Haus- und Ordnungsgewalt verwehren dürften und dies nur aufgrund einer richterlichen Anordnung nach §§ 169 ff.

---

[84] *Stürner*, JZ 1972, 664, 666; Löwe/Rosenberg-*Schäfer/Wickern*, § 169 GVG, Rdnr. 62.
[85] BGHSt 24, 72, 74; 27, 13, 15; 29, 258, 260; *Kissel*, § 169 GVG, Rdnr. 38; MünchKomm-ZPO-*Wolf*, § 176 GVG, Rdnr. 12.
[86] Räumung des Saales ohne die Öffentlichkeit gem. § 172 Nr. 1 GVG auszuschließen, vgl. *Kissel*, § 177 GVG, Rdnr. 2; Kleinknecht/*Meyer-Goßner*, § 177 GVG, Rdnr. 9.
[87] BVerfGE 15, 303, 307; *Schilken*, Rdnr. 159; *Kissel*, § 169 GVG, Rdnr. 4.
[88] *Stürner*, JZ 1972, 664, 665; aufgenommen von *Kissel*, § 176 GVG, Rdnr. 5; *Schilken*, Rdnr. 208; Wieczorek/Schütze-*Schreiber*, § 176 GVG, Rdnr. 13.
[89] Für eine Abwägung zwischen Öffentlichkeit und Sicherheitsinteressen bei Ausübung des "Hausrechts der Gerichtsverwaltung" gegenüber Zuhörern auch: BGHSt 24, 72, 74; KK-*Diemer*, § 169 GVG, Rdnr. 10; *Kissel*, § 12 GVG, Rdnr. 44; *O. H. Schmitt*, DRiZ 1971, 20, 21.

GVG zulässig sei.[90] Gewiss enthält der 14. Titel des Gerichtsverfassungsgesetzes im Anschluß an die Festschreibung des Öffentlichkeitsgrundsatzes nur Beschränkungsbefugnisse des Richters, nicht der Gerichtsverwaltung. Auch ist das erkennende Gericht, das gemäß §§ 171 a ff. GVG nach seinem pflichtgemäßen Ermessen entscheidet, ob die Öffentlichkeit ausgeschlossen und wann sie gegebenenfalls wiederhergestellt wird, anders als die Beamten des Einlaßdienstes am Gebäudeeingang jederzeit darüber im Bilde, ob der Grundsatz der Öffentlichkeit Berücksichtigung finden muß oder nicht. Es gibt aber Fälle, in denen ein Zuhörer bereits "hausrechtlich", d. h. aufgrund der gewohnheitsrechtlichen Haus- und Ordnungsgewalt, an der Gerichtspforte und nicht erst sitzungspolizeilich an der Tür zum Verhandlungssaal aufgehalten werden muß, um Gefahren für die Sicherheit im Gebäude oder Teilnehmer der betroffenen Sitzung abzuwehren.[91] Es setzt sich dann, bei hinreichend hoher Gefahrerwartung und Wertigkeit des gefährdeten Gutes, das Interesse an der Ordnungswahrung bereits hier nicht nur gegenüber der richterlichen Unabhängigkeit, sondern auch gegenüber dem Öffentlichkeitsprinzip durch.[92]

Daher bleibt wiederum lediglich die Tendenzwirkung des Öffentlichkeitsgrundsatzes festzuhalten: Wie das Prinzip der richterlichen Unabhängigkeit als gesetzgeberisches Motiv für die Herausnahme der Ordnungsaufgabe in der Sitzung aus der Zuständigkeit der Verwaltung fordert er für seinen nicht vollständig von der Sitzungspolizei ausfüllbaren Bereich eine zurückhaltende Anwendung der allgemeinen Haus- und Ordnungsgewalt.

e) Der Anspruch auf rechtliches Gehör

Sitzungspolizeiliche Anordnungen und Maßnahmen der öffentlich-rechtlichen Haus- und Ordnungsgewalt gegenüber Verfahrensbeteiligten können das grundrechtsgleiche Recht auf rechtliches Gehör, Art. 103 Abs. 1 GG, berühren. Die Möglichkeit, Anträge zu stellen, tatsächliche und rechtliche Ausführungen zu machen oder sich über das Verfahren zu informieren[93], wird dem von der Gerichtsentscheidung unmittelbar rechtlich Betroffenen[94], insbesondere dem förmlich Beteiligten, beispielsweise durch Anordnungen zu

---

[90] So MünchKomm-ZPO-*Wolf*, § 169 GVG, Rdnr. 38; *Schilken*, Rdnr. 207; *Engeln*, S. 150; *Stober*, DRiZ 1980, 3, 8.

[91] Vgl. *Kissel*, § 12 GVG, Rdnr. 44 und schon oben unter Erster Teil IV 3 c, S. 126 f.

[92] Zugleich wird dann regelmäßig – allgemeinen ordnungsrechtlichen Grundsätzen entsprechend – eine Pflicht zum "ordnungsbehördlichen" Einschreiten gegeben sein: das Ermessen bei der Ausübung der öffentlich-rechtlichen Haus- und Ordnungsgewalt ist "auf Null" reduziert, wenn ein Zuhörer an der Eingangsschleuse betroffen wird, der im Sitzungssaal einen Sprengkörper zünden oder Selbstjustiz üben will.

[93] Zum Inhalt des Anspruchs auf rechtliches Gehör vgl. BVerfGE 64, 135, 143 f.; Maunz/Dürig-*Schmidt-Aßmann*, Art. 103 Abs. I GG, Rdnr. 66 ff.

[94] BVerfGE 65, 227, 233; 89, 381, 390 f.; Sachs-*Degenhardt*, Art. 103 GG, Rdnr. 6 f.

schweigen, den Sitzungssaal oder das Gerichtsgebäude nicht zu betreten oder zu verlassen, beschnitten. Auch die von der herrschenden Meinung nach § 176 GVG zugelassene Zurückweisung des Rechtsanwalts, der sich weigert, die Robe anzulegen,[95] greift zu Lasten des Vertretenen in Art. 103 Abs. 1 GG ein.[96]

Dieser Verfassungssatz hat seine einfachgesetzliche Ausformung durch die Verfahrensordnungen erhalten, die vorrangig Anwendung finden, gilt aber unmittelbar dort, wo das einfache Recht hinter seinen Forderungen zurückbleibt.[97] Als Auslegungsgrundsatz[98] wirkt er auf die Geltendmachung von Ordnungsbefugnissen ein. Verkennt das die Ordnungsmaßnahme treffende Organ die Anforderungen von Art. 103 Abs. 1 GG, der die Generalklauseln der §§ 175 Abs. 1 und 176 ff. GVG und der öffentlich-rechtlichen Haus- und Ordnungsgewalt präzisiert, so liegt ein selbständiger Verfassungsverstoß vor.

Art. 103 Abs. 1 GG und seine verfahrensrechtlichen Ausprägungen im einfachen Recht sind nicht nur vom Richter bei der Ausübung der Sitzungspolizei, sondern auch von der Gerichtsverwaltung, die Zugangskontrollen am Gebäudeeingang durchführt, zu berücksichtigen. Es ist hier wieder nur der schon angesprochene Gesichtspunkt der Sachnähe des verhandelnden Gerichts, das den Verfahrensstand und die prozessuale Stellung des Betroffenen kennt, welche dafür streitet, den Anwendungsbereich der sitzungspolizeilichen Vorschriften auf Kosten der Haus- und Ordnungsgewalt nichtrichterlich tätiger Organe weit zu ziehen. Das Gericht bzw. dessen Vorsitzender ist im Fall einer Störung durch Verfahrensbeteiligte berufen zu beurteilen, ob und mit welchem Gewicht der Grundsatz des rechtlichen Gehörs in die dem Erlaß einer Ordnungsmaßnahme vorausgehenden Abwägung einzustellen ist.

Zusammenfassend läßt sich feststellen, daß zwar der abstrakte Zweck der Sitzungspolizei derselbe ist wie der Zweck der öffentlich-rechtlichen Haus- und Ordnungsgewalt in Gerichtsgebäuden, aber der konkret verhandelnde Spruchkörper seine Rechtsprechungstätigkeit aus Gründen der richterlichen Unabhängigkeit und der Sachnähe grundsätzlich selbst vor Störungen zu schützen hat.

---

[95] BVerfGE 28, 21, 35 f.; 34, 138 f.; BGHSt 27, 34, 38; KG NJW 1970, 482, 483 f.; OLG Karlsruhe NJW 1977, 309 ff.; KK-*Diemer*, § 176 GVG, Rdnr. 4; Kleinknecht/*Meyer-Goßner*, § 176 GVG, Rdnr. 11; vgl. auch OLG Braunschweig NJW 1995, 2113, 2115; – ablehnend: *Wolf*, GerichtsverfassungsR, § 34 V 2, S. 319; *Kissel*, § 176 GVG, Rdnr. 20.
[96] *Kissel*, § 176 GVG, Rdnr. 20.
[97] Eingehend Maunz/Dürig-*Schmidt-Aßmann*, Art. 103 Abs. I GG, Rdnr. 20 ff.
[98] Dazu Maunz/Dürig-*Schmidt-Aßmann*, Art. 103 Abs. I GG, Rdnr. 23; Sachs-*Degenhardt*, Art. 103 GG, Rdnr. 11; BVerfGE 60, 305, 310 f.

4. Der Anwendungsbereich der Sitzungspolizei im einzelnen

Schematisierende Aussagen zum räumlichen, personellen und zeitlichen Anwendungsbereich der Sitzungspolizei gegenüber der öffentlich-rechtlichen Haus- und Ordnungsgewalt lassen sich kaum treffen. Weil Ausgangspunkt die Funktion des spezielleren Ordnungsinstituts ist, kann die Grenzlinie nur beschreibend daraus abgeleitet werden. Räumliche, personelle und zeitliche Aspekte fließen dabei ineinander.

In räumlicher Hinsicht wird die Sitzungspolizei ganz überwiegend über den eigentlichen Verhandlungssaal und die für die Sitzung sonst erforderlichen Räumlichkeiten (Beratungszimmer, Präsenzzellen) hinaus auf die unmittelbar daran grenzenden Flur- und Wartebereiche erstreckt.[99] Das entspricht den Forderungen des Prinzips der richterlichen Unabhängigkeit aber nur ungenau. Nicht schlechthin jedem ordnungsstörenden Verhalten vor der Türe zum Verhandlungssaal ist mit der Sitzungspolizei zu begegnen, sondern nur von dort geführten Angriffen auf die Sitzung: Lärm, der nach innen dringt, fotografische Aufnahmen gefährdeter Zeugen,[100] Zeugenbeeinflussung durch wartende Zuhörer. Der Tatbestand der §§ 175 Abs. 1 und 176 ff. GVG greift ja inhaltlich nur jene Ordnungsstörungen heraus, die sich auf eine Sitzung beziehen. Beeinträchtigt jemand – Sitzungsteilnehmer oder nicht – auf dem Korridor vor dem Verhandlungszimmer lediglich die allgemeine Ordnung, nicht aber die der Sitzung, so darf ohne weiteres auf der Grundlage der Haus- und Ordnungsgewalt von jedwedem Justizbeamten oder Richter gegen ihn vorgegangen werden. Umgekehrt können direkte Störungen einer Sitzung auch vom Innenhof des Gerichtsgebäudes oder aus Gebäudeteilen, die den Fenstern des Verhandlungszimmers gegenüberliegen, ausgeführt werden. Die Beseitigung der Störung hat dann, sofern nicht auch die sonstige Aufgabenerfüllung im Gebäude betroffen ist, sitzungspolizeilich zu erfolgen. Nicht wie nahe der Korridorabschnitt, auf dem sich der Störer aufhält, dem Sitzungssaal benachbart liegt, ist entscheidend, sondern daß von hier aus der Ablauf der Sitzung gestört wird.[101]

---

[99] BGHSt 44, 23, 24; OLG Stuttgart Justiz 1993, 146, 147; OLG Schleswig SchlHA 1979, 203; BVerfGE 48, 118, 123; BVerfG NJW 1996, 310; Löwe/Rosenberg-*Schäfer/Wickern*, § 176 GVG, Rdnr. 6; *Katholnigg*, § 176 GVG, Rdnr. 3; Zöller-*Gummer*, § 176 GVG, Rdnr. 4; Kleinknecht/*Meyer-Goßner*, § 176 GVG, Rdnr. 1; KK-*Diemer*, § 176 GVG, Rdnr. 2; *Greiser/Artkämper*, Rdnr. 80; – gegen die Einbeziehung vorgelagerter Räume *Kissel*, § 176 GVG, Rdnr. 10; *Schilken*, Rdnr. 222; MünchKomm-ZPO-*Wolf*, § 176 GVG, Rdnr. 5.

[100] Fall BGHSt 44, 23.

[101] Dementsprechend kam es im Fall BGHSt 44, 23 nicht darauf an, daß der Senatsvorsitzende dem Pressevertreter, dessen Fotodiskette er beschlagnahmte, direkt vor dem Verhandlungssaal antraf. Der Zusammenhang zur Sitzung wurde allein durch die Tatsache hergestellt, daß der Reporter zuvor das Bild einer gefährdeten Zeugin dieses Verfahrens aufgenommen hatte.

Es ist daher auch mißverständlich, zu behaupten, daß alle im räumlichen Bereich der Sitzung anwesenden Personen, Verhandlungsbeteiligte wie Dritte, der Sitzungspolizei (§ 176 GVG) in persönlicher Hinsicht unterlägen.[102] Das mag für den Sitzungssaal selbst noch zutreffen, weil niemand, der sich während einer Sitzung dort befindet, die Verwaltungsabläufe im Gerichtsgebäude stören kann, ohne zugleich die Ordnung der Sitzung zu beeinträchtigen. Adressat einer sitzungspolizeilichen Maßnahme nach § 176 GVG ist derjenige, von dem eine Gefahr für die äußere Ordnung in der Sitzung ausgeht, nicht aber jede Person, die dem Spruchkörper räumlich erreichbar ist. Bestehen Anhaltspunkte dafür, daß eine Verhandlung gestört werden soll, so wird die Einrichtung besonderer oder die Intensivierung bestehender Zugangskontrollen am Gebäudeeingang[103] in Ausübung der Sitzungspolizei für zulässig angesehen.[104] Räumlich greift dann die Sitzungspolizei weit über den Bereich hinaus, von dem aus akustisch oder optisch auf das Geschehen in einer Verhandlung eingewirkt werden kann. Eine absolute Grenze der Sitzungspolizei setzen jedenfalls die Gebäudemauern oder, wenn vorhanden, der Grundstückszaun. Hier endet auch die primäre Ordnungszuständigkeit der Institution Gericht, von der die Sitzungspolizei in Gerichtsgebäuden nur einen Ausschnitt bildet. Dringt also der Lärm von Sprechchören von der Straße in den Sitzungssaal, nähert sich jemand mit einem Brandsatz den Fenstern, so wird die Polizei nach ihren Befugnisnormen in eigener Kompetenz, wenn auch häufig auf Anregung des Gerichts tätig (sog. Außensicherung).[105]

Soweit Störungen der Ordnung einer Sitzung aus deren zeitlichem Umfeld ihren Ausgang nehmen können, erstreckt sich die Sitzungspolizei über die Dauer der eigentlichen mündlichen Verhandlung hinaus auch auf Vorbereitungs- und Wartezeiten vor Beginn der Sitzung, Sitzungspausen und die Zeit, in der das Gericht nach Entlassung der Sitzungsteilnahmer noch

[102] So *Kissel*, § 176 GVG, Rdnr. 39; *Gmelch*, S. 19; KK-*Diemer*, § 176 GVG, Rdnr. 3; *Schilken*, Rdnr. 223. Damit hat jedenfalls die oben abgelehnte Gegenüberstellung von Ordnungsgewalt und Hausrecht nach der Berechtigung zur Anwesenheit, wie sie im verwaltungsrechtlichen Schrifttum häufig zu finden ist (vgl. oben unter Erster Teil II 2 a, S. 63 ff.) für das Verhältnis Sitzungspolizei/Hausrecht keine Anhängerschaft gefunden. Eine Beschränkung der Sitzungspolizei auf zur Verhandlung zugelassene Störer (so ausdrücklich *Bull*, Rdnr. 858; *Berg*, JuS 1982, 260) kennt die Spezialliteratur zu § 176 ff. GVG nicht.
[103] Finden gleichzeitig mehrere Sitzungen statt, erscheint es oft praktikabler, die gesondert erforderlichen Kontrollen an der Tür zum Saal der betroffenen Sitzung durchzuführen, wie in den Fällen BVerfG NJW 1998, 296; OLG Karlsruhe NJW 1975, 2080.
[104] Vgl. BVerfGE 48, 118, 119, 122 f.; BVerfG NJW 1998, 296, 297; Kleinknecht/*Meyer-Goßner*, § 176 GVG, Rdnr. 5. Gegen diese Möglichkeit offenbar Löwe/Rosenberg-*Schäfer/Wickern*, § 176 GVG, Rdnr. 6.
[105] Löwe/Rosenberg-*Schäfer/Wickern*, § 176 GVG, Rdnr. 6; *Knoke*, AöR 94 (1969), 388, 411 f.; *Hofmann*, S. 48; – a.A. *Wolf*, GerichtsverfassungsR, § 26 II 1, S. 258.

etwaige unmittelbar mit der verhandelten Sache zusammenhängende Verrichtungen vornimmt.[106]

Der Anwendungsbereich der Sitzungspolizei des Spruchkörpers und damit die Abgrenzung zur Haus- und Ordnungsgewalt der Gerichtsverwaltung richtet sich entscheidend nach dem, was unter der "Aufrechterhaltung der Ordnung in der Sitzung" (§ 176 GVG) zu verstehen ist. Gegenüber dieser Generalklausel der Sitzungspolizei[107] fassen §§ 177, 178 GVG, aber auch § 175 Abs. 1 GVG den Tatbestand enger und ermächtigen auch nur zu wenigen ausdrücklich aufgeführten Maßnahmen, – die Ausschlußwirkung gegenüber dem allgemeinen Ordnungsinstitut, der öffentlich-rechtlichen Haus- und Ordnungsgewalt, geht also von § 176 GVG aus.

Bei § 176 GVG handelt es sich nicht nur um eine Aufgabenzuweisungs-, sondern um eine Befugnisnorm, d. h. um eine Vorschrift, die zu Eingriffen in Rechte ermächtigt.[108] Eingriffstatbestand ("Ordnung in der Sitzung") und Rechtsfolgeanordnung ("Aufrechterhaltung") sind zwar – etwa im Vergleich zur polizeilichen Generalklausel – verkürzt formuliert, aber noch erkennbar. Neben vorbereitenden Maßnahmen, die, ohne selbst schon Eingriffscharakter zu tragen, auf den störungsfreien Ablauf der Sitzung zielen,[109] sind freiheitsbeschränkende Anordnungen gegen bestimmte Personen zulässig. Für sitzungspolizeiliche Eingriffe des Vorsitzenden nach § 176 GVG ist unklar, unter welchen Voraussetzungen sie vorgenommen werden dürfen. Setzt eine freiheits- oder öffentlichkeitsbeschränkende Maßnahme zur "Aufrechterhaltung der Ordnung" eine dem Betroffenen zurechenbare Störung oder wenigstens die konkrete Gefahr ihres Eintritts voraus oder darf auch gegen Personen sitzungspolizeilich eingeschritten werden, die in tatsächliche Beziehung zu einer Sitzung treten, ohne daß eine Gefahr für deren äußere Ordnung von ihnen ausgeht, ja, ohne daß überhaupt Anhaltspunkte für irgendeine allgemeine Gefährdung der Sitzung vorliegen? Je "großzügiger"

---

[106] BGHSt 44, 23, 25; OLG Düsseldorf MDR 1986, 428; Kleinknecht/*Meyer-Goßner*, § 176 GVG, Rdnr. 2; Löwe/Rosenberg-*Schäfer/Wickern*, § 176 GVG, Rdnr. 8; *Kissel*, § 176 GVG, Rdnr. 9; – vgl. auch BVerfGE 91, 125, 136.

[107] *Schilken*, Rdnr. 214; *Wolf*, GerichtsverfassungsR, § 26 II 1, S. 258; *Kissel*, § 176 GVG, Rdnr. 1, 13.

[108] KK-*Diemer*, § 176 GVG, Rdnr. 1; *Malmendier*, NJW 1997, 227, 233; Löwe/Rosenberg-*Schäfer/Wickern*, § 176 GVG, Rdnr. 1; – unrichtig *Jahn*, NStZ 1998, 389, 391, der § 176 GVG als Aufgabennorm die §§ 177 f. GVG als Befugnisnormen gegenüberstellt und dabei offenbar übersieht, daß nicht nur Zwangsmittel, wie sie §§ 177 f. GVG vorsehen, sondern bereits schlichte Verhaltensanordnungen Rechtseingriffe darstellen können.

[109] Auswahl und Bestuhlung des Sitzungssaales, Platzierung von Justizwachtmeistern oder uniformierten/nicht uniformierten, bewaffneten/unbewaffneten Polizeibeamten im Sitzungssaal, Maßnahmen zum Schutz von Verfahrensbeteiligten, vgl. Kleinknecht/*Meyer-Goßner*, § 176 GVG, Rdnr. 5; *Molketin*, MDR 1984, 20 ff.; *Katholnigg*, § 176 GVG, Rdnr. 7; *Kissel*, § 176 GVG, Rdnr. 15, 27 ff.; Löwe/Rosenberg-*Schäfer/Wickern*, § 176 GVG, Rdnr. 18.

man den Eingriffstatbestand des § 176 GVG versteht, desto weiter reicht die Ausschlußwirkung der Sitzungspolizei gegenüber der Haus- und Ordnungsgewalt in räumlicher, zeitlicher und persönlicher Hinsicht bis hin zur Auflösung jeder Grenzlinie, zur Ununterscheidbarkeit der beiden Ordnungsinstitute.

Unproblematisch sind Maßnahmen des Vorsitzenden während der Verhandlung gegenüber aktuell störenden Personen. Anordnungen, Rügen, Ermahnungen und Drohungen mit Zwangs- und Ordnungsmitteln nach §§ 177, 178 GVG richten sich auf die Herstellung oder Beibehaltung des ordnungsgemäßen Verhaltens eines bestimmten gefahrverantwortlichen Störers.

Rechtsprechung und Literatur zögern aber auch nicht, Personen sitzungspolizeilichen Eingriffen zu unterwerfen, die für eine bestehende Gefahrenlage – objektiv und ex post betrachtet – nicht verantwortlich sind. So wird es bei aufgrund einer Verfügung des vorsitzenden Richters eingerichteten Zugangskontrollen für zulässig gehalten, jeden Einlaß begehrenden Zuhörer und Beteiligten zu durchsuchen und seine Identität festzustellen bzw. ihn bei Weigerung nicht einzulassen.[110] Ausreichen soll die auf konkrete Anhaltspunkte oder auch nur auf Erfahrungen aus anderen Verfahren gestützte Befürchtung, daß die Sitzung durch das Publikum oder Verhandlungsbeteiligte gestört werden wird,[111] eine Art allgemeine oder abstrakte Gefahr für den Verhandlungsablauf, deren Verdichtung zur konkreten Gefahr zu verhindern ist.

Die grundsätzliche dogmatische Rechtfertigung dieser Praxis ergibt sich aus der Übertragung allgemeiner ordnungsrechtlicher Grundsätze auf die Sitzungspolizei.[112] Die Ausübung sitzungspolizeilicher Befugnisse (§§ 175 Abs. 1, 176, 177 GVG) erfährt, richtet man sie am ausdifferenzierten und bewährten System polizeirechtlicher Gefahrgrundsätze und Verantwortlichkeit aus, eine Konkretisierung und Limitierung. Wie die öffentlich-rechtliche Haus- und Ordnungsgewalt einen Ausschnitt der allgemeinen Polizeizuständigkeit zur Gefahrenabwehr beschreibt, so ist die Sitzungspolizei

[110] BVerfGE 48, 118, 119, 122 f.; BVerfG NJW 1998, 296, 297; BGHSt 28, 341, 343; OLG Hamburg NStZ 1992, 509; OLG Karlsruhe NJW 1975, 2080 f.; Kleinknecht/*Meyer-Goßner*, § 176 GVG, Rdnr. 5; *Kissel*, § 176 GVG, Rdnr. 17 f.; *Greiser/Artkämper*, Rdnr. 42 ff.; Löwe/Rosenberg-*Schäfer/Wickern*, § 169 GVG, Rdnr. 33. BGHSt 27, 13 ff. erklärt entsprechend "hausrechtliche" Zugangskontrollen für zulässig.

[111] Löwe/Rosenberg-*Schäfer/Wickern*, § 169 GVG, Rdnr. 33, § 176 GVG, Rdnr. 22; Kleinknecht/*Meyer-Goßner*, § 176 GVG, Rdnr. 6.

[112] Für die Anwendung der polizeirechtlichen Störergrundsätze auch *Krekeler*, NJW 1979, 185, 186; *Stober*, DRiZ 1980, 3, 6; *Hübel*, StV 1998, 243, 244. Eine Parallele zum Polizeirecht ziehen noch Löwe/Rosenberg-*Schäfer/Wickern*, § 177 GVG, Rdnr. 20 und *Eb. Schmidt*, Lehrkommentar III, vor § 176 GVG, Rdnr. 3.

in Justizgebäuden[113] wiederum ein Spezialfall der Haus- und Ordnungsgewalt. Auf allen drei Normebenen wird staatliche Tätigkeit vor Störungen geschützt. Die Grundsätze der Störerhaftung und Gefahrverursachung, quasi juristische Naturgesetze, bilden ein äußerliches Gerüst aller ordnungsrechtlichen Eingriffstatbestände und daher, eine gleichlaufende Anwendung gewährleistend, auch der sitzungspolizeilichen Ordnungsnormen. Das so deutlich auszusprechen tut not, weil die für die Kommentarliteratur typische Orientierung an vorentschiedenen Einzelfällen zu widersprüchlichen Aussagen hinsichtlich der Voraussetzungen sitzungspolizeilichen Eingreifens geführt hat. Einerseits soll eine Anordnung nach § 176 GVG eine tatsächlich eingetretene Störung[114] oder doch eine konkret zu besorgende Störung[115] voraussetzen, andererseits wird die sitzungspolizeiliche Kontrolle von einlaßbegehrenden "Nichtstörern" (Vorlage des Personalausweises, Duldung der Durchsuchung) fast allgemein gebilligt.[116]

Die ordnungsrechtlichen Gefahr- und Verantwortlichkeitstopoi bieten ein hinreichend bestimmtes und flexibles Instrumentarium zur Bewältigung dieser Materie. Neben der tatsächlich im Einzelfall bestehenden Gefahr, für die deren Verursacher als Handlungsstörer[117] verantwortlich ist, wäre zunächst die sogenannte Anscheinsgefahr zu nennen.[118] Eine sitzungspolizeiliche Anordnung des Vorsitzenden ist also nicht deshalb rechtswidrig, weil die konkrete Störung der Verhandlung oder eine entsprechende Gefahr von einer anderen als der in Anspruch genommenen Person ausgegangen ist, wenn diese nur nach pflichtgemäßer Beurteilung als Störer erschien.[119] Setzt die Anscheinsverantwortlichkeit die subjektive Überzeugung des Anordnenden voraus, daß der Adressat für eine – tatsächlich bestehende oder nicht bestehende – Gefahr verantwortlich ist, so beschreibt die Figur des Gefahrenverdachts die Situation, in der das Vorliegen einer Gefahr zwar aufgrund konkreter Anhaltspunkte als möglich erscheint, der anordnenden Stelle der

---

[113] Abgesehen von der Ordnungsstrafnorm des § 178 GVG.

[114] So scheinbar *Wolf*, GerichtsverfassungsR, § 26 III 1, S. 261; *Stürner*, JZ 1972, 664, 665 f.

[115] MünchKomm-ZPO-*Wolf*, § 176 GVG, Rdnr. 8; Wieczorek/Schütze-*Schreiber*, § 176 GVG, Rdnr. 7; Kleinknecht/*Meyer-Goßner*, § 176 GVG, Rdnr. 6 ("aus wichtigen Gründen").

[116] BVerfGE 48, 118, 119, 122 f.; BVerfG NJW 1998, 296, 297; OLG Hamburg NStZ 1992, 509; OLG Karlsruhe NJW 1975, 2080 f.; Kleinknecht/*Meyer-Goßner*, § 176 GVG, Rdnr. 5; *Kissel*, § 176 GVG, Rdnr. 17 f.; *Greiser/Artkämper*, Rdnr. 42 ff.; Löwe/Rosenberg-*Schäfer/Wickern*, § 169 GVG, Rdnr. 33. – Kritisch hinsichtlich der Abweisung von Zuhörern, die sich nicht ausweisen können: *Roxin*, JR 1976, 385 ff.

[117] Zustandshaftung (z.B. des Eigentümers einer gefährlichen Sache) dürfte in sitzungspolizeilichen Zusammenhängen selten sein.

[118] Zur Anscheinsgefahr allgemein vgl. *Drews/Wacke/Vogel/Martens*, § 13 2 c, S. 226; Lisken/Denninger-*Denninger*, E 37, 40; *Knemeyer*, Polizei- und OrdnungsR, Rdnr. 69 sowie BVerwGE 45, 51, 58; VGH Mannheim NVwZ 1991, 493.

[119] Anders Wieczorek/Schütze-*Schreiber*, § 176 GVG, Rdnr. 7, der stets eine objektiv vorliegende Gefahr verlangt.

Blick auf die Tatsachen, die eine endgültige Prognose über die hinreichende Wahrscheinlichkeit des Schadenseintritts erlauben, aber verstellt ist.[120] Die von den Umständen im Rechtskreis des Bürgers verborgenen Tatsachen darf die Gefahrenabwehrbehörde dann mittels vorläufiger Maßnahmen, sogenannter Gefahrerforschungseingriffe, ermitteln.[121] Wenn besonders wichtige Rechtsgüter zu schützen sind und der Verdacht weder bestätigt noch entkräftet werden kann, so sind auch endgültige Maßnahmen zulässig.[122] Zugangskontrollen, denen sich Zuhörer und an der Verhandlung beteiligte Personen unterziehen müssen, dürften den wichtigsten sitzungspolizeilichen Anwendungsfall für Handeln aufgrund Gefahrenverdachts darstellen.[123] Die Inanspruchnahme nichtverantwortlicher Personen nach den Regeln des sogenannten polizeilichen Notstandes[124] wird hier dagegen selten praktisch: Sie setzt eine gegenwärtige erhebliche Gefahr oder Störung voraus, zu deren Abwehr nur der betroffene Nichtstörer in der Lage ist. Im Vorfeld konkreter Gefahren ergriffene Maßnahmen wie Durchsuchungen beim Einlaß in den Sitzungssaal sind hierdurch nicht gerechtfertigt.

§ 176 GVG ermächtigt also den vorsitzenden Richter dort zu einem Eingreifen, wo es eine konkrete (auch Anscheins-) Gefahr für die Ordnung der Sitzung abzuwehren, eine eingetretene Störung zu beseitigen oder einem durch Tatsachen erhärteten Gefahrenverdacht nachzugehen gilt. Adressat der Maßnahmen ist der Störer im polizeirechtlichen Sinne, räumlich und zeitliche Ausdehnung der Sitzungspolizei richten sich danach. Ob und mit welchen Mitteln einzugreifen ist, stellt § 176 GVG, von § 177 GVG beschränkt, in das Ermessen des Vorsitzenden.[125] Der Erfüllung des sitzungspolizeilichen Gefahrtatbestandes muß aber dann eine Entstörungsmaßnahme folgen, wenn der Verfahrensgang massiv und unmittelbar beeinträchtigt erscheint. Ermessensfehlerhaft und damit pflicht- und rechtswidrig ist es, gegen Störungen nicht einzuschreiten, die konkret geeignet sind, die Sachaufklärung

---

[120] Vgl. *Drews/Wacke/Vogel/Martens*, § 13 2 c, S. 226 f.; Lisken/Denninger-*Denninger*, E 38; *Knemeyer*, Polizei- und OrdnungsR, Rdnr. 70 sowie BVerwGE 39, 190, 193 f.; 49, 36, 41 f.; VGH Mannheim NVwZ 1991, 493.

[121] Vgl. die Nachweise in der vorhergehenden Fußnote.

[122] *Drews/Wacke/Vogel/Martens*, § 13 2 c, S. 227; *Knemeyer*, Polizei- und OrdnungsR, Rdnr. 70.

[123] Dazu näher unten unter Zweiter Teil II 2 e aa (2) (b) und bb (1) (a), S. 205 ff. und S. 209. Das betrifft auch Einlaßkontrollen, die auf Anordnung der Verwaltungsspitze des Gerichts in Ausübung der öffentlich-rechtlichen Haus- und Ordnungsgewalt eingerichtet wurden.

[124] Vgl. z.B. § 6 PolG NW, § 16 ASOG Bln; – Synopse der § 6 MEPolG entsprechenden Vorschriften bei Lisken/Denninger-*Denninger*, E 116.

[125] BGHSt 17, 201, 203 f.; 24, 329, 331 f.; 27, 13, 15; *Schilken*, Rdnr. 215; *Kissel*, § 176 GVG, Rdnr. 36; *Wolf*, GerichtsverfassungsR, § 26 II 3, S. 260, *Roxin*, FS Peters, 393, 403; – allerdings jeweils den Begriff Ermessen auch auf die Tatbestandsseite der Befugnisnorm beziehend.

zu beeinflussen oder Rechte von Verfahrensbeteiligten zu verletzen.[126] Personen, die nicht als sitzungspolizeilich verantwortlich erscheinen, unterliegen der gewohnheitsrechtlichen Haus- und Ordnungsgewalt. Gefährdet oder stört ein Verhalten sowohl eine Sitzung oder mehrere Sitzungen als auch die übrige im Hause ausgeübte Tätigkeit,[127] so sind beide Institute anwendbar. Das verhandelnde Gericht der gestörten Sitzung wird vorrangig sitzungspolizeilich tätig, sonstiges Gerichtspersonal kann Anordnungen nur auf die öffentlich-rechtliche Haus- und Ordnungsgewalt stützen.

5. Sitzungspolizei und "Übertragung des Hausrechts auf den vorsitzenden Richter"

§ 176 GVG ermächtigt – soweit nicht in §§ 175 Abs. 1 und 177 GVG speziell geregelt – den vorsitzenden Richter nach allgemeiner Ansicht zum Erlaß der Anordnungen, die zur Abwehr einer der Ordnung in der Sitzung drohenden Gefahr oder zur Beseitigung einer Störung erforderlich sind.[128] Unstreitig gehören zur Sitzungspolizei auch die Aufforderung, den Sitzungssaal zu verlassen[129], eine Aufforderung, die gemäß §§ 177, 179 GVG zwangsweise durchgesetzt werden kann, sowie, sofern nicht bereits § 175 Abs. 1 GVG eingreift, die Verwehrung des Zutritts im Zusammenhang mit (sitzungspolizeilichen) Zugangskontrollen.[130] Ungeklärt ist, unter welchen Voraussetzungen der Störer einer Sitzung auch aus dem Gerichtsgebäude gewiesen und über ihn ein Hausverbot verhängt werden kann.

Überwiegend wird hierfür die Heranziehung des "Hausrechts" für notwendig gehalten.[131] Um dem verhandelnden Gericht und nicht nur dem

---

[126] BGH NJW 1962, 260, 261; OLG Köln NJW-RR 1998, 1141; *Roxin*, FS Peters, 393, 407 f.; *Wolf*, GerichtsverfassungsR, § 26 II 3, S. 260; *Kissel*, § 176 GVG, Rdnr. 36; *Schilken*, Rdnr. 216. Offensichtlich fehlerhaftes Unterlassen kann dienstaufsichtsrechtlich nach § 26 Abs. 3 DRiG gerügt werden (vgl. BGHZ 67, 184, 187 f.), wird jemand dadurch geschädigt, kommen Amtshaftungsansprüche in Betracht (vgl. OLG Köln NJW-RR 1998, 1141 f.).

[127] Z.B. zugangsbehindernde und lärmende Demonstrationen im Korridor, in der Eingangshalle.

[128] *Kissel*, § 176 GVG, Rdnr. 13; Löwe/Rosenberg-*Schäfer*/*Wickern*, § 176 GVG, Rdnr. 10 ff.; *Schilken*, Rdnr. 226; MünchKomm-ZPO-*Wolf*, § 176 GVG, Rdnr. 8, 10; Wieczorek/Schütze-*Schreiber*, § 176 GVG, Rdnr. 7 ff.; OLG Hamburg NStZ 1992, 509.

[129] Ausdrücklich: BGHSt 24, 329, 331 f.; Kleinknecht/*Meyer-Goßner*, § 176 GVG, Rdnr. 8, 9; *Roxin*, FS Peters, 393, 406. Zum Teil wird gegenüber verhandlungsbeteiligten Personen bereits die schlichte Anordnung, nicht erst die gewaltsame Erzwingung, auf § 177 GVG gestützt (Löwe/Rosenberg-*Schäfer*/*Wickern*, § 176 GVG, Rdnr. 31, § 177 GVG, Rdnr. 3; *Malmendier*, NJW 1997, 227, 233).

[130] Vgl. BVerfGE 48, 118, 122 f.; BVerfG NJW 1998, 296, 297; OLG Zweibrücken NStZ 1987, 477; OLG Hamburg NStZ 1992, 509; *Kissel*, § 176 GVG, Rdnr. 17 f.; Löwe/Rosenberg-*Schäfer*/*Wickern*, § 169 GVG, Rdnr. 33.

[131] Löwe/Rosenberg-*Schäfer*/*Wickern*, § 176 GVG, Rdnr. 3; *Kissel*, § 12 GVG, Rdnr. 47; *Schilken*, Rdnr. 206, 226; *Engeln*, S. 149 (auch für ein Hausverbot in bezug auf den Sitzungssaal); *Stürner*, JZ 1972, 664, 665 f.; Kleinknecht/*Meyer-Goßner*, § 176 GVG,

Gerichtspräsidenten die entsprechende Rechtsmacht zuschreiben zu können, betont man die Möglichkeit, die Ausübung des Hausrechts auf den einer Verhandlung vorsitzenden Richter zu übertragen.[132] Diese Übertragung bleibt allerdings in der Praxis regelmäßig Fiktion.[133] – Dem tragen Formulierungen Rechnung, welche die Doppelspurigkeit von originärer Sitzungspolizei und übertragenem Hausrecht wieder in Frage stellen: Die Ausübungsermächtigung soll stillschweigend möglich sein,[134] das Hausrecht soll dem Gerichtsvorsitzenden "selbstverständlich auch ohne förmliche Übertragung seitens der Justizverwaltung" zustehen.[135] Nach *Wolf*[136] liegt in einer sitzungspolizeilichen Anordnung des Vorsitzenden zugleich die Ausübung des Hausrechts, auch wenn dieses dem Vorsitzenden nicht ausdrücklich vom Gerichtspräsidenten übertragen worden ist. Auch wird betont, daß die Vereinigung zweier artverschiedener Ordnungsmittel in einer Hand es dem vorsitzenden Richter nicht erlaubt, vom Hausrecht an den Befugnissen der §§ 175 Abs. 1 und 176 ff. GVG vorbei Gebrauch zu machen.[137]

Die mit der "Übertragung des Hausrechts" operierende herrschende Meinung transferiert alle mit dem Hausrechtsbegriff verbundenen Unklarheiten und Ungereimtheiten ohne Not in den bereits von der Sitzungspolizei durchherrschten Teilbereich der Ordnungswahrung. Offen bleiben Grundlage und Rechtsnatur des Hausrechts; die Lehre vom öffentlich-rechtlichen Hausrecht in Verwaltungsgebäuden[138] wurde im gerichtsverfassungsrechtlichen Schrifttum nur ungenügend rezipiert. Es entsteht der Eindruck, als habe allein der Gerichtspräsident die nach Gutdünken auszuübende Befugnis, Personen aus dem Gebäude zu weisen, und als sei allein diese Befugnis durch den Tatbestand des Hausfriedensbruchs strafbewehrt. Man scheint daher, begünstigt dadurch, daß als Rechtsgut von § 123 StGB das "Hausrecht" gilt,[139] davon auszugehen, daß nur bei einer Übertragung des Hausrechts auf den vorsitzenden Richter dessen auf das Verlassen von

---

Rdnr. 3. – Dagegen soll nach *Beyer*, DRiZ 1972, 284, 285, die Sitzungspolizei auch die Befugnis zum Erlaß eines für die Zukunft wirkenden Hausverbotes für das gesamte Gerichtsgebäude geben.

[132] KK-*Diemer*, § 176 GVG, Rdnr. 5; Kleinknecht/*Meyer-Goßner*, § 176 GVG, Rdnr. 3; MünchKomm-ZPO-*Wolf*, § 176 GVG, Rdnr. 13; *Stürner*, JZ 1972, 664, 666; *Schilken*, Rdnr. 206; *Katholnigg*, § 176 GVG, Rdnr. 5; *Kissel*, § 12 GVG, Rdrn. 47; Löwe/Rosenberg-*Schäfer/Wickern*, § 176 GVG, Rdnr. 3.

[133] Eine ausdrückliche Ermächtigung lag aber offenbar in den Fällen von BGHSt 24, 329 und 30, 350 vor.

[134] *Katholnigg*, § 176 GVG, Rdnr. 5; *Pfeiffer*, § 176 GVG, Rdnr. 4.

[135] *Willms*, JZ 1972, 653, 654 hinsichtlich der vom Vorsitzenden benutzten Diensträume.

[136] GerichtsverfassungsR, § 26 I 2, S. 257; ebenso Schönke/Schröder-*Lenckner*, § 123 StGB, Rdnr. 20.

[137] *Stürner*, JZ 1972, 664, 666; MünchKomm-ZPO-*Wolf*, § 169 GVG, Rdrn. 38; vgl. auch BGHSt 24, 329, 330.

[138] H.M., s.o. unter Erster Teil I 1 b cc, S. 10.

[139] Vgl. hier nur Schönke/Schröder-*Lenckner*, § 123 StGB, Rdnr. 1; – näher unten unter Zweiter Teil I 1 b, S. 154 ff.

Sitzungssaal oder Gebäude bezogene Anordnungen strafbewehrt sind.[140] Den vorsitzenden Richter zur Ausübung des Hausrechts zu ermächtigen soll den Zweck haben, ihm den Schutz der Sitzung auch durch auf das gesamte Gerichtsgebäude bezogene Hausverweise und Hausverbote zu ermöglichen.[141] Bezeichnenderweise werden die Konsequenzen verschwiegen: Derartige "hausrechtliche" Anordnungen müßten regelrechte Verwaltungsakte (§ 35 VwVfG) sein,[142] obwohl sie der Vorsitzende nicht anders als sitzungspolizeiliche Verfügungen allein zum Schutz der laufenden Verhandlung, nicht zur Aufrechterhaltung der Ordnung im sonstigen Gerichtsgebäude trifft. Solche Hausverweise des Vorsitzenden wären im Gegensatz zu Maßnahmen nach § 176 GVG mit Widerspruch und verwaltungsgerichtlicher Klage anfechtbar. Ihre zwangsweise Durchsetzung bedürfte in keinem Fall eines Gerichtsbeschlusses (vgl. hingegen für die Sitzungspolizei § 177 GVG) und würde sich nach den allgemeinen Verwaltungsvollstreckungsgesetzen richten.[143] Der Richter unterläge bei der Ausübung des Ordnungsmittels der Gerichtsverwaltung uneingeschränkt der Dienstaufsicht. Der Dienstvorgesetzte könnte folglich die zum Schutz der Sitzung getroffene Maßnahme revidieren, denn nur die Sitzungspolizei, nicht aber die Ausübung des "Hausrechts der Justizverwaltung" wird als von der richterlichen Unabhängigkeit garantierte Tätigkeit angesehen.[144] Will man um der Klarheit willen an dieser dienstaufsichtsrechtlichen Gegenüberstellung von Sitzungspolizei und Gerichtsverwaltung festhalten,[145] so sind auf das gesamte Gerichtsgebäude bezogene anwesenheitssteuernde Anordnungen, die der vorsitzende Richter vorrangig zur Gewährleistung der Ordnung der von

---

[140] *Katholnigg*, § 176 GVG, Rdnr. 5; Löwe/Rosenberg-*Schäfer/Wickern*, § 176 GVG, Rdnr. 3; *Kissel*, § 176 GVG, Rdnr. 5. – MünchKomm-ZPO-*Wolf*, § 169 GVG, Rdnr. 39, Fn. 114 bezeichnet die Strafbarkeitsfolge sogar als die einzige Funktion des Hausrechts während der Verhandlung. Freilich hat der BGH (St 30, 350, 354) ausgesprochen, daß das Eindringen in den Verhandlungssaal entgegen einer sitzungspolizeilichen Anordnung des Vorsitzenden in der Regel auch dem (maßgeblichen) Willen des Hausrechtsinhabers (Gerichtspräsidenten) widerspreche; § 123 StGB ist dann verwirklicht, ohne daß eine Übertragung des Hausrechts erforderlich wäre. Für den Aufenthalt des Sitzungsstörers im sonstigen Gerichtsgebäude kann aber, da es ohne Übertragung des Hausrechts an jeder verbindlichen Willensäußerung fehlen würde, nicht so argumentiert werden.

[141] *Kissel*, § 12 GVG, Rdnr. 47; Löwe/Rosenberg-*Schäfer/Wickern*, § 176 GVG, Rdnr. 3; *Schilken*, Rdnr. 206; MünchKomm-ZPO-*Wolf*, § 176 GVG, Rdnr. 5; *Stürner*, JZ 1972, 664, 666.

[142] Zur allgemeinen Ansicht, daß Hausverbote, die in Ausübung des "öffentlich-rechtlichen Hausrechts" erlassen wurden, Verwaltungsakte darstellen, vgl. *Ehlers*, DÖV 1977, 737, 739 f.; *U. Schmitt*, S. 78; *Bethge*, Die Verwaltung 1977, 313, 327; *Ronellenfitsch*, Verwaltungsarchiv 73 (1982), 465, 476; *Zeiler*, DVBl. 1981, 1000, 1002; *Berg*, JuS 1982, 260, 262; *Tettinger*, WissR 1983, 221, 231; *Sadler*, § 6 VwVG, Rdnr. 10; BayVGH BayVBl. 1981, 657; OVG Münster NVwZ-RR 1989, 316.

[143] Vgl. oben unter Erster Teil II 3 c, S. 100 ff.

[144] Vgl. oben unter Erster Teil IV 2, S. 117.

[145] Was, dies seit zur Klarstellung gesagt, nicht ausschließt, die Ausübung der öffentlich-rechtlichen Haus- und Ordnungsgewalt durch nichtrichterliches Personal an dem Verfassungswert des Art. 97 GG zu messen, vgl. oben unter Erster Teil IV 3 c, S. 123 ff.

ihm geleiteten Sitzung trifft, als sitzungspolizeiliche Maßnahmen (§ 176 GVG), nicht als solche der Gerichtsverwaltung (übertragenes "Hausrecht" oder originäre Haus- und Ordnungsgewalt) zu begreifen. Denn in bezug auf das gesamte Gebäude ausgesprochene Hausverweise, Hausverbote oder Zutrittsverweigerungen unterscheiden sich, wenn sie zum Schutz einer gerichtlichen Verhandlung erforderlich sind, in ihrer Nähe zur eigentlichen Spruchtätigkeit nicht von anderen – eindeutig sitzungspolizeilichen – Entstörungsmaßnahmen des Gerichts, etwa der Entfernung aus dem Sitzungszimmer nach § 177 GVG. Da und insoweit es sich um richterliche Tätigkeit handelt, die der Vorbereitung und Durchführung des Verfahrens, genauer: einer bestimmten Sitzung dient,[146] sind vom Richter angeordnete Ab- und Hinausweisungen hinsichtlich des Gerichtsgebäudes vom Grundsatz der richterlichen Unabhängigkeit garantierte Maßnahmen der Sitzungspolizei.

Daß die herrschende Meinung stattdessen formelhaft die "Übertragung des Hausrechts" für notwendig hält, verwundert auch deshalb, weil § 176 GVG unstreitig alle Verhaltensanordnungen erlauben soll, die zur Sicherung eines geordneten Ablaufs der Sitzung erforderlich sind.[147] Und im Einzelfall kann es eben erforderlich sein, einen Sitzungsstörer nicht nur aus dem Verhandlungssaal, sondern auch aus dem Gebäude zu weisen. Schließlich wird für den entsprechenden Fall der Zutrittsverweigerung die Einrichtung von Zugangskontrollen am Gebäudeeingang auf der Grundlage von § 176 GVG für zulässig gehalten, ohne hier eine "Übertragung des Hausrechts" zu verlangen.[148] Um Gefahren von der Sitzung abzuwehren, benötigt der vorsitzende Richter das "Hausrecht des Gerichtspräsidenten" angesichts der Generalklausel des § 176 GVG nicht. Er kann immer – jedenfalls was schlichte Anordnungen, nicht die zwangsweise Durchsetzung, angeht – mit der Sitzungspolizei über das Verhandlungszimmer hinausgreifen und Sitzungsstörer des Hauses verweisen oder nicht einlassen.[149]

Dogmatisch zugespitzt ließe sich sagen, daß ein Hausrecht der Gerichtsverwaltung oder umfassender: daß die öffentlich-rechtliche Haus- und Ordnungsgewalt hinsichtlich der Aufrechterhaltung der Ordnung in der Sitzung auf den vorsitzenden Richter deshalb nicht übertragen werden kann, weil sie insoweit gar nicht existiert.[150] Diese Ordnungsaufgabe ist der

---

[146] Vgl. *Schmidt-Räntsch*, § 25 DRiG, Rdnr. 8; *Fürst/Mühl/Arndt*, § 25 DRiG, Rdnr. 156; *Papier*, NJW 1990, 8, 9.
[147] *Kissel*, § 176 GVG, Rdnr. 13; Löwe/Rosenberg-*Schäfer/Wickern*, § 176 GVG, Rdnr. 10 ff.; *Schilken*, Rdnr. 226; MünchKomm-ZPO-*Wolf*, § 176 GVG, Rdnr. 8, 10; Wieczorek/Schütze-*Schreiber*, § 176 GVG, Rdnr. 7 ff.; OLG Hamburg NStZ 1992, 509
[148] BVerfGE 48, 118, 119, 122f.; BVerfG NJW 1998, 296, 297; Kleinknecht/*Meyer-Goßner*, § 176 GVG, Rdnr. 5.
[149] Vgl. *Beyer*, DRiZ 1972, 284, 285.
[150] Vgl. auch Schönke/Schröder-*Lenckner*, § 123 StGB, Rdnr. 20.

Verwaltungsbehörde des Gerichts von vornherein durch die sitzungspolizeilichen Vorschriften als formell-gesetzliche Spezialregelung aus den Händen genommen worden. Die Gefahrenabwehrmittel, wozu auch das Hausrecht, d. h. die Befugnis, Personen nicht einzulassen oder hinauszuweisen, gehört, stehen, was die Ordnung in der Sitzung betrifft, allein dem verhandelnden Richter bzw. Spruchkörper zu.

Diese im Grundsatz trennscharfe Abgrenzung zwischen Sitzungspolizei und öffentlich-rechtlicher Haus- und Ordnungsgewalt nach der Gefahrrichtung kann auch für Fälle durchgehalten werden, in denen die Störungsabsicht des Eintretenden sich mehrdeutig äußert, noch unbestimmt ist oder sowohl eine oder mehrere konkrete Sitzungen als auch die sonstige Ordnung im Gebäude gefährdet ist. Die Regeln der ordnungsrechtlichen Verantwortlichkeit mit den Figuren des Anscheinsstörers und des Gefahrenverdachts finden auf Seiten beider Abwehrinstitute Anwendung. Maßnahmen der Haus- und Ordnungsgewalt, namentlich Durchsuchungen und Zutrittsverwehrungen bei der Durchführung von Einlaßkontrollen an der Gerichtspforte sind nicht deshalb rechtswidrig, weil der Betroffene tatsächlich nicht die allgemeine Ordnung im Gebäude, sondern ausschließlich eine Sitzung stören wollte. Entscheidend ist, ob eine Gefahr, eine Anscheinsgefahr oder ein Gefahrenverdacht für das jeweilige Schutzgut, den Ablauf einer gerichtlichen Sitzung oder die sitzungsfremde Tätigkeit des Gerichts als Institution und der Gerichtsverwaltung, besteht und sich die hoheitliche Reaktion als verhältnismäßiges Mittel zu ihrer Abwehr darstellt. Es genügt daher, daß jemand das Messer, mit dem er in einer Sitzung einen Zeugen bedrohen will, ohne dies offenzulegen, am Eingang zum Gerichtsgebäude abzugeben sich weigert, um ihm per öffentlich-rechtlicher Haus- und Ordnungsgewalt den Zutritt zum Gebäude zu verwehren. Denn eine (Anscheins-) Gefahr für die Sicherheit im gesamten Gebäude liegt bereits dann vor, wenn es jemand partout mit einer Waffe betreten will. Umgekehrt kann es aber auch sein, daß ein Zuhörer, der als Störer gemäß § 177 GVG aus dem Sitzungszimmer entfernt wurde, nun nach den Umständen weder für diese noch eine andere Sitzung, die er etwa besuchen will, noch für die sonstige Tätigkeit im Gebäude gefährlich ist oder als gefährlich erscheint. Er darf *dann* nicht (auf der Grundlage der Haus- und Ordnungsgewalt oder der Sitzungspolizei) aus dem Gebäude gewiesen werden.[151]

[151] So aber *Stürner*, JZ 1972, 664, 665; Löwe/Rosenberg-*Schäfer/Wickern*, § 176 GVG, Rdnr. 3 und wohl auch *Willms*, JZ 1972, 653, 654, die behaupten, *jeder* gem. § 177 GVG aus dem Sitzungssaal entfernte Zuhörer könne – dann kraft "Hausrechts" – auch aus dem Gebäude gewiesen werden.

Nach den oben dargelegten Grundsätzen der Annexkompetenz zur Ordnungswahrung[152] steht jedem Richter, auch wenn er sich in einer Sitzung befindet, die öffentlich-rechtliche Haus- und Ordnungsgewalt zur Verfügung. Sie berechtigt zum Eingreifen, wenn nicht der Ordnung in der Sitzung, sondern der sonstigen im Gebäude ausgeübten hoheitlichen Tätigkeit eine Gefahr droht. Einer Übertragung oder Ermächtigung seitens des Behördenleiters bedarf es auch hierfür nicht. Der Vorsitzende oder ein anderer Berufsrichter kann also, wenn er, was während einer Sitzung aus tatsächlichen Gründen kaum der Fall sein dürfte, mit einer Gefahr für die sonstige Aufgabenerfüllung im Gebäude konfrontiert wird,[153] die erforderliche Maßnahme anordnen.

6. Sitzungspolizeiliche Zwangsbefugnisse

Unter den Vorschriften der Sitzungspolizei findet sich – von der selbständigen Ordnungsstrafnorm des § 178 GVG abgesehen – nur in § 177 GVG eine Regelung, die ausdrücklich Zwangsbefugnisse einräumt. Zur Verfügung stehen das Mittel, den Störer aus dem Sitzungszimmer zu entfernen, und gegebenenfalls zusätzlich oder für sich allein die Möglichkeit, ihn zum Schutz der Sitzung in Ordnungshaft zu nehmen. Die Vollstreckung dieser Ordnungsmittel hat der vorsitzende Richter, so bestimmt es § 179 GVG, unmittelbar zu veranlassen. Voraussetzung ist gemäß § 177 GVG, daß der Betroffene einer Anordnung zur Aufrechterhaltung der Ordnung nicht Folge geleistet hat.

Einige Autoren sehen durch § 177 GVG die Zwangsmittel zur Aufrechterhaltung der Ordnung in der Sitzung als abschließend bezeichnet an. Nach § 176 GVG seien nur schlichte Anordnungen, Verbote, Rügen zulässig. § 177 GVG regele demgegenüber die Zwangsreaktion, wenn der Betroffene der Anordnung nicht freiwillig folge.[154] Das ist zweifellos eine theoretisch schlüssige und wortlautnahe Konzeption, denn § 177 GVG knüpft terminologisch ("Aufrechterhaltung der Ordnung") ersichtlich an § 176 GVG an.

Indes, das Gesetz erweist sich hier als lückenhaft. Von der nach § 176 GVG unbegrenzten Anzahl möglicher Verhaltensanordnungen wäre nur die vom Vorsitzenden ausgesprochene Anweisung an den Störer "Verlassen Sie jetzt das Sitzungszimmer!" selbst vollstreckbar. Alle anderen auf der Grundlage

---

[152] Siehe oben unter Erster Teil II 1 a, S. 28 ff.

[153] Beispiel: In einer kurzen Sitzungspause, also innerhalb des "zeitlichen Bereichs der Sitzungspolizei" trifft der Vorsitzende auf dem Weg zu seinem Dienstzimmer auf eine randalierende Person.

[154] *Gmelch*, S. 18; *Hofmann*, S. 55 mit Fn. 132; *Malmendier*, NJW 1997, 227, 232; *Kortgen*, Rdnr. 45.

von § 176 GVG erlassenen Maßnahmen (Anordnungen, sich durchsuchen zu lassen, einen Fotoapparat herauszugeben, zu schweigen, sich zu erheben) könnten nicht unmittelbar durchgesetzt werden, sondern wären allein über die groben Zwangsmittel des § 177 GVG indirekt garantiert. Waffen, Speichermedien für Bild- und Tonaufzeichnungen und Lärminstrumente dürften dem Störer nicht gegen seinen Willen abgenommen werden, weil § 177 GVG dies nicht vorsieht.[155] Für Personen, die auf dem Gerichtsflur einer sitzungspolizeilichen Anordnung des Vorsitzenden nicht nachkommen, bliebe, da sie aus dem Sitzungszimmer nicht mehr entfernt werden können, nur das Festhalten in Ordnungshaft. Sogar auch die Verwehrung des Zutritts zum Verhandlungssaal (§ 175 Abs. 1 oder § 176 GVG) könnte selbst nicht zwangsweise durchgesetzt werden: Zunächst müßte der Störer das Sitzungszimmer betreten haben, um, sodann auf § 177 GVG gestützt, gewaltsam daraus entfernt werden zu können. Die ausdrücklich normierten Zwangsmittel reichen nicht aus, um jede Störung der Sitzung wirksam zu bekämpfen.[156] Als Beispiel diene nur der Fall BGHSt 44, 23: Hätte dort der Bildreporter die Fotodiskette mit der Aufnahme einer gefährdeten Zeugin dem Vorsitzenden nicht freiwillig herausgegeben, so würden die in § 177 GVG aufgeführten Zwangsmittel die drohende Beeinträchtigung der Verhandlung, nämlich die Veröffentlichung des Bildes der Zeugin, nicht verhindert haben. Geeignet, diesen Zweck zu erreichen, wäre allein die gewaltsame Beschlagnahme des Datenträgers gewesen.

Die zwangsweise Entfernung des Störers und seine Ingewahrsamnahme sind besonders einschneidende Ordnungsmittel. Durch die Trennung des Zuhörers oder Beteiligten vom Verhandlungsgeschehen werden der Öffentlichkeitsgrundsatz bzw. die prozessuale Stellung und Justizgrundrechte des Beteiligten berührt,[157] das Zwangsmittel der Ordnungshaft stellt einen Eingriff in das empfindliche Grundrecht der Freiheit der Person (Art. 2 S. 2, 104 GG) dar. Weil der Grundsatz der Verhältnismäßigkeit auch für die Ausübung sitzungspolizeilicher Befugnisse gilt,[158] sind jene Maßnahmen vorrangig zu ergreifen, die den Betroffenen weniger stark belasten, die Gefahr für die Sitzung aber gleichwirksam abzuwehren vermögen. Zeigt ein Sitzungsstörer also Ungehorsam gegen eine Anordnung des vorsitzenden Richters nach § 176 GVG, so muß schon aus Gründen der Verhältnismäßigkeit gefragt

---

[155] Strafrechtliche Rechtfertigungsgründe ließen nur die Strafrechtswidrigkeit der einhergehenden Nötigungstat entfallen, gäben aber keine Ermächtigungsgrundlage für hoheitliches Einschreiten.

[156] Anders aber *Gmelch*, S. 18.

[157] Vgl. oben unter Erster Teil IV 3 , S. 123 ff.

[158] BVerfGE 28, 21, 35; 48, 118, 124; 91, 125, 136; OLG Karlsruhe NJW 1977, 309, 310; *Kissel*, § 176 GVG, Rdnr. 14; *Roxin*, JR 1976, 384; MünchKomm-ZPO-*Wolf*, § 176 GVG, Rdnr. 12; Löwe/Rosenberg-*Schäfer/Wickern*, § 176 GVG, Rdnr. 12; KK-*Diemer*, § 176 GVG, Rdnr. 1.

werden, ob nicht die Vollstreckung der Primäranordnung das erforderliche Mittel ist, die Ordnung unter möglichster Schonung der betroffenen Rechtsgüter und Rechte zu gewährleisten, ohne den Störer aus der Sitzung zu entfernen.

Weniger tunlich ist es allerdings, einen trotz Ermahnung mit Zwischenrufen und Applaudieren fortfahrenden Zuhörer im Sitzungssaal zu knebeln und zu fesseln oder zu versuchen, jemanden, der sich weigert, zur Verkündung der Urteilsformel aufzustehen, gewaltsam in die Höhe zu bringen. Wo die Durchsetzung der primären Ordnungsanweisung eine Eskalation befürchten läßt, kann, um eine dann nachhaltige Ablaufstörung hintanzuhalten, der Störer selbstverständlich sogleich hinausgewiesen und, wenn nötig, zwangsweise entfernt werden. Dagegen wird die Wegnahme einer gefährlichen Sache bei sitzungspolizeilichen Zugangskontrollen gegenüber der Abweisung oder gar der Ingewahrsamnahme der Person nach § 177 GVG regelmäßig das mildere Mittel sein. Der Betroffene ist dann nicht gehindert, als Zuhörer wie beabsichtigt einer Sitzung beizuwohnen oder als Partei, Angeklagter, Zeuge oder Sachverständiger seine prozessualen Rechte in der Verhandlung wahrzunehmen.

Dementsprechend sieht auch die überwiegende Ansicht durch § 177 GVG nicht alle sonstigen Zwangsmaßnahmen für den Bereich der Sitzungspolizei ausgeschlossen. So soll es, gestützt auf § 176 GVG, zulässig sein, einem Zuhörer Notizen, die dieser zum Zwecke der Zeugenbeeinflussung gemacht hatte, oder einen Fotoapparat zwangsweise wegzunehmen,[159] überhaupt Personen zwangsweise zu durchsuchen oder Sachen zu beschlagnahmen,[160] gar das Aufstehen vor Gericht mit Gewalt durchzusetzen.[161]

Es handelt sich um "Minusmaßnahmen" sitzungspolizeilichen Zwanges, die den hausrechtlichen (also anwesenheitssteuernden) Maßnahmen nach § 177 GVG so lange vorgezogen werden müssen, wie sie selbst schon die Gefahr für die Sitzung abwehren bzw. die Störung beseitigen. § 177 GVG will nicht die Möglichkeiten, die Ordnung in der Sitzung gewaltsam durchzusetzen, auf die beiden dort aufgeführten Zwangsmittel beschränken, sondern um der teils rigiden prozeßrechtlichen Folgen willen die Entfernung von Parteien, Beschuldigten, Zeugen und Sachverständigen von einer Entscheidung des gesamten Gerichts abhängig machen. Der Zwangsmittel der öffentlich-rechtlichen Haus- und Ordnungsgewalt und der Verwaltungsvollstreckungs-

---

[159] *Kissel*, § 176 GVG, Rdnr. 25; *Maul*, MDR 1970, 286, 288; Löwe/Rosenberg-*Schäfer*/*Wickern*, § 176 GVG, Rdnr. 19; Kleinknecht/*Meyer-Goßner*, § 176 GVG, Rdnr. 7.
[160] *Wolf*, GerichtsverfassungsR, § 26 II 2, S. 259; *Eb. Schmidt*, Lehrkommentar III, § 176 GVG, Rdnr. 4, 8 f.; *Steinbrenner*, Die Justiz 1968, 235, 236; *Roxin*, JR 1976, 385, 386; Zöller-*Gummer*, § 176 GVG, Rdnr. 6.
[161] *Kissel*, § 176 GVG, Rdnr. 21.

gesetze kann sich das Gericht zur Abwehr von Gefahren für die Sitzung nicht punktuell bedienen. Dieser auf Verwaltungstätigkeit bezogene Normenkomplex ist insgesamt durch §§ 175 Abs. 1 und 176 ff. GVG derogiert. Sitzungspolizeilicher Zwang ist daher, soweit nicht § 177 GVG eine Spezialregelung enthält, auf § 176 GVG zu stützen.[162]

---

[162] § 179 GVG, nach dem der Vorsitzende die Vollstreckung unmittelbar zu veranlasen hat, kann man – neben §§ 177, 178 GVG – auch auf Maßnahmen nach § 176 GVG beziehen, vgl. *Kissel*, § 179 GVG, Rdnr. 1; Löwe/Rosenberg-*Schäfer/Wickern*, § 179 GVG, Rdnr. 2.

V. Polizei im Gerichtsgebäude

1. Abgrenzung der Zuständigkeitsbereiche

Die Erfüllung der öffentlichen Sachaufgabe und die hierfür notwendigen Vorkehrungen und Maßnahmen zur Aufrechterhaltung der Ordnung im nach außen abgeschirmten Bereich fallen in die Zuständigkeit der jeweiligen hoheitlichen Stelle. Die speziellen Befugnisnormen der öffentlich-rechtlichen Haus- und Ordnungsgewalt und der richterlichen Sitzungspolizei schließen die Polizeigewalt aus.[1] Für den Geltungsbereich der genannten funktionsschützenden Institute geht die Aufgabe der Gefahrenabwehr, die bekanntlich auch den Schutz der Einrichtungen und Veranstaltungen des Staates umfaßt, von Ordnungsbehörden und Polizei auf den Funktionsträger über.[2] Die Mauern des Gebäudes oder die Grundstücksumfriedung markieren die Kompetenzgrenze. Befindet sich die in den Innenraum zielende Gefahrenquelle (noch) außerhalb, so darf sie mit Haus- und Ordnungsgewalt und Sitzungspolizei zwar am Hineingelangen gehindert, nicht aber von innen nach außen greifend Ordnungsmaßnahmen unterzogen werden.[3] Befindet sich der Störer im Gebäude und droht von dort aus Schutzgüter der öffentlichen Sicherheit und Ordnung jenseits des umschlossenen Raumes zu schädigen, so ist die Polizei zum Eingreifen berechtigt.[4] Die Annexkompetenz des Gebäudeträgers schließt die Zuständigkeit der Polizei- und Ordnungsbehörden nur für solche Gefahren aus, die der eigenen Sachtätigkeit drohen. Die sonderbehördliche und polizeiliche Gefahrenabwehr kann deshalb dort völlig ungehindert in den Innenraum anderer Verwaltungsstellen hineinlangen, wo Dritte nicht deren Aufgabenerfüllung, sondern allein sonstige Schutzgüter der öffentlichen Sicherheit und Ordnung gefährden.[5] Insoweit fehlt es an einer Befugnisnorm, die den hoheitlichen Hausherrn zu den erforderlichen Maßnahmen der allgemeinen Gefahrenabwehr ermächtigt.

---

[1] Für "Hausrecht" bzw. Ordnungsgewalt: *Rudolf*, S. 26 f.; *Folz*, JuS 1965, 41, 45 f.; *Karpen*, WissR 1972, 195, 213 f.; *Leinius*, NJW 1973, 448, 449; *Engeln*, S. 138; *Scholz*, DVBl. 1968, 732, 739; *Drews/Wacke/Vogel/Martens*, § 15, 3 b, S. 239; *Zeiler*, DVBl. 1981, 1000, 1004; *Knoke*, AöR 94 (1969), 388, 413; *Götz*, Rdnr. 119, 121; – für die Sitzungspolizei: MünchKomm-ZPO-*Wolf*, § 169 GVG, Rdnr. 40; *Leinius*, NJW 1973, 448, 449.

[2] Unberührt bleibt, wie sich versteht, die Aufgabe der Polizei, Straftaten und Ordnungswidrigkeiten zu erforschen (repressives Handeln), § 163 Abs. 1 StPO, § 53 OWiG.

[3] *Knoke*, AöR 94 (1969), 388, 411 f.; *Folz*, JuS 1965, 41, 42; – für die Sitzungspolizei: *Hofmann*, S. 48; Löwe/Rosenberg-*Schäfer/Wickern*, § 176 GVG, Rdnr. 6. Dem entspricht die Ablehnung der sog. Anstaltspolizei, vgl. *Forsthoff*, § 25 II 3, S. 503 f.; *Rauch*, S. 32 in Fn. 2; *Karpen*, WissR 1972, 195, 208 f.

[4] *Rudolf*, S. 27 f.; *Folz*, JuS 1965, 41, 42; *Knoke*, AöR 94 (1969), 388, 413 f.; *Karpen*, WissR 1972, 195, 216, Fn. 103.

[5] Vgl. oben unter Erster Teil II 1 b aa (2), S. 43 f.

Regelmäßig geht allerdings mit der Gefährdung eines sonstigen Schutzgutes der öffentlichen Sicherheit, zum Beispiel eines Individualrechtsgutes oder der Verletzung einer Rechtsvorschrift durch einen innerhalb der physischen Abschirmung befindlichen verwaltungsfremden Störer, eine Gefahr für die sachliche Tätigkeit des Gerichts, der Behörde, Anstalt oder Einrichtung einher. In einem ehrverletzenden oder körperlichen Angriff auf einen Amtswalter oder einen Teilnehmer einer Gerichtssitzung liegt zugleich eine Gefahr für die Funktionserfüllung, die Mitnahme einer aufgebohrten Gaspistole verstößt nicht nur gegen Vorschriften des Waffengesetzes, sondern bedroht auch die behördliche Tätigkeit. Dann ist der Annexbereich der funktionsbezogenen Ordnungswahrung berührt. Die Bekämpfung derartiger Gefahren im internen Geschäftsbereich der betroffenen Stelle durch die allgemeinen Gefahrenabwehrbehörden würde kompetenzverletzend wirken.[6]

Zu beachten ist allerdings die subsidiäre Zuständigkeit der Vollzugspolizei zum ersten Zugriff in Eilfällen. Ist Gefahr im Verzuge, so darf die Polizei anstelle der zuständigen Behörde die vorläufigen und unaufschiebbar notwendigen Maßnahmen treffen, um den Eintritt eines Schadens für ein Schutzgut der öffentlichen Sicherheit zu verhindern.[7] Diese Notkompetenz, die für das Verhältnis zu den Ordnungsbehörden in den Polizeigesetzen der Länder entsprechend § 1 a MEPolG normiert wurde,[8] ist innerhalb von Dienstgebäuden der Behörden und Gerichte zurückgedrängt. Denn zumindest während der Dienst- oder Gebäudeöffnungszeiten "erscheint" die Abwehr der Gefahr für die sachliche Aufgabenerfüllung durch die zur Ausübung der öffentlich-rechtlichen Haus- und Ordnungsgewalt berechtigten Personen als "rechtzeitig möglich" (§ 1 a MEPolG). Auch Eilfälle sind hier grundsätzlich von der hoheitlichen Stelle selbst – handelnd als Gefahrenabwehrbehörde in eigener Sache – zu bewältigen.

Immer möglich bleibt ein eigenverantwortliches Tätigwerden der Vollzugspolizei unter den engen Voraussetzungen, die von den Eingriffsermächtigungen in bezug auf "gefährdete Orte" in den Polizeigesetzen zur vorbeugenden Bekämpfung von Straftaten normiert sind. Danach ist die Vollzugspolizei in Amtsgebäuden dann zur Durchführung von Identitätsfeststellungen und Durchsuchungen befugt, wenn konkrete Anhaltspunkte die Begehung von Straftaten befürchten lassen, durch die Personen oder das Amtsgebäude gefährdet sind.[9]

---

[6] Vgl. *Rudolf*, S. 26 f.; *Scholz*, DVBl. 1968, 732, 739; *Folz*, JuS 1965, 41, 42; *Karpen*, WissR 1972, 195, 213 f.

[7] Lisken/Denninger-*Denninger*, E 179 f.; *Drews/Wacke/Vogel/Martens*, § 15, 3, S. 239 f.; *Götz*, Rdnr. 495.

[8] Vgl. z.B. § 1 Abs. 1 S. 3 PolG NW, § 4 Abs. 1 ASOG Bln.

[9] Vgl. z.B. §§ 12 Abs. 1 Nr. 3, 39 Abs. 1 Nr. 5, 40 Abs. 1 Nr. 5 PolG NW; §§ 21 Abs. 2 Nr. 3, 34 Abs. 2 Nr. 3, 35 Abs. 2 Nr. 3 ASOG Bln.

2. Amts- und Vollzugshilfe

Im eben umrissenen Anwendungsbereich von öffentlich-rechtlicher Haus- und Ordnungsgewalt und Sitzungspolizei, der insoweit örtlich und sachlich die Gefahrenabwehrzuständigkeit der Polizei ausschließt, können Beamte der Vollzugspolizei daher nur nach den Grundsätzen von Amts- und Vollzugshilfe tätig werden.[10] Zwar stehen der Gerichtsverwaltung wie auch den Spruchkörpern zum Schutz der Sachtätigkeit im Gebäude insgesamt und zur Aufrechterhaltung der Ordnung in Gerichtsverhandlungen mit den Beamten des Justizwachtmeisterdienstes eigene Vollzugsbeamte zur Verfügung, die zur Anwendung unmittelbaren Zwanges (unter Einsatz der Waffe Schlagstock) befugt sind.[11] Doch ist die Notwendigkeit, die besonderen Fähigkeiten, Kenntnisse und Mittel der Vollzugspolizeibeamten ergänzend zu Hilfe zu nehmen, unabweislich.[12]

Die Pflicht, auf Ersuchen Behörden oder sonstigen öffentlichen Stellen Vollzugshilfe zu leisten, obliegt der Polizei als eigene Aufgabe, die von den Polizeigesetzen der Länder als Spezialzuständigkeit dem größeren Zusammenhang der Amtshilfe entrissen wurde.[13] Für die meisten Bundesländer ist der Begriff der Vollzugs- oder Vollstreckungshilfe auf Maßnahmen des unmittelbaren Zwangs beschränkt.[14] Das Ersuchen um Polizeischutz, um bloße Präsenz von Polizeibeamten im Gerichtsbebäude durch den vorsitzenden Richter oder den Gerichtspräsidenten richtet sich dann nach Amtshilfegrundsätzen, mithin nach den Vorschriften der §§ 4 ff. VwVfG, Art. 35 Abs. 1 GG.[15] Gilt es im weiteren Verlauf der Ereignisse unmittelbaren Zwang anzuwenden, also etwa einen Gerichtssaal zu räumen oder die Erstürmung des Gebäudes zu verhindern, so kann sich die Amtshilfe

---

[10] Das nur in Bayern und Thüringen geregelte Institut des Handelns auf Weisung (vgl. jeweils § 9 Abs. 2 PolG) kommt nicht in Betracht, weil, was erforderlich wäre, die Tätigkeit der Vollzugspolizei im Inenraum anderer hoheitlicher Stellen grundsätzlich nicht zu deren Aufgabenbereich gehört, vgl. *Knemeyer*, Polizei- und OrdnungsR, Rdnr. 82.

[11] Vgl. z.B. § 1 Abs. 1 S. 1 UZwG Justiz Nds., § 1 Abs. 1 S. 1 UZwG Justiz SaAnh, § 3 Nr. UZwG Bln, § 2 lit. d DO für die Beamten des Justizwachtmeisterdienstes Bln (AmtsBl. 1974, 1130); § 86 Nr. 1 Brem PolG sowie § 6 Nr. 7 UZwG des Bundes.

[12] Dementsprechend bestimmen § 1 Abs. 1 S. 2 UZwG Justiz Nds. und SaAnh: "Die Polizei leistet Vollzugshilfe."

[13] Rechtstechnisch ist Vollzugshilfe deshalb kein Unterfall der Amtshilfe, weil § 4 Abs. 2Nr. 2 VwVfG eigene Aufgaben der ersuchten Stelle vom Begriff der Amtshilfe ausnimmt, *Drews/Wacke/Vogel/Martens*, § 10, 1, S. 146; Stelkens/Bonk/Sachs-*Bonk*, § 4 VwVfG, Rdnr. 42.

[14] Entsprechend § 25 Abs. 1MEPolG z.B. in § 47 Abs. 1 PolG NW, Art. 50 Abs. 1 Bay PAG, § 52 Abs. 1 ASOG Bln, vgl. die Übersicht bei Lisken/Denninger-*Denninger*, E 171.

[15] Die in §§ 4 ff. VwVfG niedergelegten Grundsätze finden in bezug auf das *sitzungspolizeiliche* Ersuchen nur entsprechende Anwendung, weil der Vorsitzende hierbei nicht als Organ der Behörde Gerichtsverwaltung, sondern judikativ als Richter handelt, vgl. § 2 Abs. 3 Nr. 1 VwVfG.

zur Vollzughilfe steigern.[16] In Ländern, welche mit dem Begriff der Vollzugshilfe alle tatsächlichen Unterstützungshandlungen durch Vollzugspolizeibeamte erfassen,[17] liegt dagegen von Anfang an Vollzugshilfe vor.

Unabhängig davon, ob ein Ersuchen um polizeiliche Hilfe zum Schutz einer Sitzung oder des gesamten Gerichtsgebäudes nach der Rechtslage des jeweiligen Bundeslandes eine Amts- oder eine Vollzugshilfepflicht auslöst, bleibt die ersuchende Stelle Herrin des Verfahrens.[18] Weil die Grundsätze der Amtshilfe für die Vollzugshilfe entsprechende Anwendung finden,[19] trägt die ersuchende Stelle in jedem Fall die Verantwortung für die Rechtmäßigkeit der zu treffenden Maßnahme (§ 7 Abs. 2 S. 1 VwVfG). Sie muß die gesetzlichen Befugnisse, bei deren Ausübung die Vollzugspolizei sie unterstützen soll, selbst besitzen.[20] Daß sich das Gericht, der Vorsitzende oder Organe der Gerichtsverwaltung per Amts- oder Vollzugshilfe polizeiliche Befugnisse anmaßen, steht nicht zu befürchten. Die sitzungspolizeilichen Vorschriften und die öffentlich-rechtliche Haus- und Ordnungsgewalt ermächtigen lückenlos zu den zum Schutz der Sachtätigkeit erforderlichen Maßnahmen unter Einschluß des unmittelbaren Zwanges.[21] Es ist das gerichtliche Organ, das im Grundverhältnis zum Störer die Maßnahmen (Verwaltungsakt oder sitzungspolizeiliche Verfügung) trifft. Das kann auch – man denke an sitzungspolizeiliche Zugangskontrollen – in genereller Form "auf Vorrat" geschehen, wobei so genaue Richtlinien vorzugeben sind, daß eine Verletzung prozessualer Beteiligungsrechte und des Öffentlichkeitsgrundsatzes ausgeschlossen ist. Die Polizei besitzt keine Befugnisse, Anordnungen zur Ordnungswahrung im Gerichtsgebäude zu treffen. Sie übt auch nicht die öffentlich-rechtliche Haus- und Ordnungsgewalt oder die Sitzungspolizei kraft Delegation aus. Das – auch konkludente, auch generelle – Ersuchen um ein Tätigwerden der Polizeibeamten führt immer nur zu Amts- und Vollzugshilfe. Die Entscheidung, einen Störer einer Gefahrenabwehrmaßnahme zu unterwerfen, ihn zu durchsuchen, ihn zurückzuweisen oder aus dem Sitzungszimmer oder Gebäude zu entfernen, muß auf den Willen des Organs zurückzuführen sein, dem die Befugnisse der öffentlich-rechtlichen Haus- und Ordnungsgewalt bzw. der Sitzungspolizei zustehen.

Nur für die Art und Weise der Hilfe ist die Vollzugspolizeibehörde verantwortlich, nur hierfür gilt Polizeirecht (vgl. § 7 Abs. 1, 2. HS, Abs. 2 S. 2 VwVfG). Das betrifft die Verhältnismäßigkeit und Zweckmäßigkeit der

---

[16] Vgl. *Berg/Knape/Kiworr*, vor § 52 ASOG Bln, Anm. C 3.
[17] Vgl. z.B. § 60 Abs. 4 PolG BW.
[18] Stelkens/Bonk/Sachs-*Bonk*, § 7 VwVfG, Rdnr. 2; Lisken/Denninger-*Denninger*, E 175.
[19] Vgl. die § 25 Abs. 2 S. 2 MEPolG entsprechenden Vorschriften.
[20] Lisken/Denninger-*Denninger*, E 176, *Knemeyer*, Polizei- und OrdnungsR, Rdnr. 77, 81; *Drews/Wacke/Vogel/Martens*, § 10, 2, S. 149, § 10, 3, S. 152 f.
[21] Vgl. oben unter Erster Teil II 3 c, S. 100 ff. und Erster Teil IV 6, S. 142 ff.

Durchführungshandlungen, Fragen der Polizeitaktik und die Auswahl von Mitteln des unmittelbaren Zwangs. Als nach der Gesetzeslage unausweichliche Konsequenz ergibt sich, daß der Gerichtsvorsitzende als ersuchende Stelle den angeforderten Polizeibeamten nicht das Tragen, Ablegen oder die Anwendung bestimmter Waffen oder Ausrüstungsgegenstände bindend vorschreiben darf.[22]

[22] *Leinius*, NJW 1973, 448; KK-*Diemer*, § 176 GVG, Rdnr. 6; Kleinknecht/*Meyer-Goßner*, § 176 GVG, Rdnr. 14; *Kissel*, § 176 GVG, Rdnr. 28; – a.A. *Katholnigg*, § 176 GVG, Rdnr. 7; *Berg/Knape/Kiworr*, vor § 52 ASOG Bln, Anm. C 3.

Zweiter Teil: Hausfriedensbruch in Gerichtsgebäuden

I. Rechtsgut und Hausrecht im allgemeinen

1. Das Rechtsgut des Hausfriedensbruchs

a) Einleitung

Das Strafrecht hat den Zweck, Rechtsgüter[1] zu schützen – oder neutraler: Die Straftat ist ganz wesentlich Rechtsgutsbeeinträchtigung.[2] Die Ermittlung des geschützten Rechtsgutes muß der näheren Beschäftigung mit einem Straftatbestand vorausgehen. Nur eine rechtsgutsbezogene Auslegung von § 123 StGB kann folgende Fragen beantworten: Wer ist derjenige, dem das Gesetz mit den Worten "eines anderen" die Tatobjekte Wohnung, Geschäftsraum, befriedetes Besitztum, öffentliche Dienst- und Verkehrsräume zuordnet? Wenn "Eindringen" ein Betreten gegen oder doch ohne den Willen bedeutet,[3] auf wessen Willen kommt es dann an? Wer ist der zur Ausweisung "Berechtigte", und wer hat als Verletzter (§ 77 StGB) das Strafantragsrecht nach § 123 Abs. 2 StGB?

Das Rechtsgut des einfachen Hausfriedensbruchs war und ist Gegenstand einer langanhaltenden Kontroverse. Eine Vielzahl von Schlagworten sollte das Rechtsgut des § 123 StGB bezeichnen: die Ehre, der Besitz,[4] der Hausfriede,[5] die Freiheit,[6] das Persönlichkeitsrecht,[7] das Hausrecht,[8] der private Rechtsfrieden.[9]

Seit der Weimarer Zeit dominiert die Ansicht, § 123 StGB schütze das Hausrecht,[10] nach der Formel *v. Liszts* ein "der persönlichen Freiheit verwandtes, aber doch eigenständiges Rechtsgut", nämlich "das rechtlich

---

[1] Den Begriff des Rechtsguts haben sachlich *Birnbaum*, ArchCrimR 15 (1834), S. 149, 171 f., 177 gegen *Feuerbachs* Rechtsverletzungslehre und ausdrücklich *Binding*, Die Normen I, 1. Aufl. 1872, S. 189, 193 begründet. Siehe dazu *Amelung*, Rechtsgüterschutz, S. 43 ff. und 73 ff.; *Sina*, S. 19 ff. ; 41 ff.
[2] *H. Jäger*, S. 21 ff.; LK-*Jescheck*, vor § 13 StGB, Rdnr. 5 ff.; Schönke/Schröder-*Lenckner*, vor §§ 13 ff. StGB, Rdnr. 9 f.; *Roxin*, AT I, § 2 Rdnr. 1, 48; *Rudolphi*, Honig-FS, 151, 166 f.; *Baumann/Weber/Mitsch*, § 3 Rdnr. 10 ff.; *Maurach/Zipf*, AT-1, § 19 Rdnr. 4; letztlich auch *Welzel*, § 1 I, S. 2 f.
[3] Zur (fast) allgemeinen Ansicht, daß auf Tatbestandsebene der Wille zu berücksichtigen ist, vgl. nur Schönke/Schröder-*Lenckner*, § 123 StGB, Rdnr. 11.
[4] Z.B. *Frank*, § 123 StGB, Anm. I 3; *Jauer*, S. 36
[5] Z.B. *Coupienne*, S. 19 f.; *Hesselberger*, S. 31, 33
[6] Z.B. *Mößner*, S. 6.
[7] *Rieffenberg*, S. 20 f.; *Leiser*, S. 35 ff., 46 ff.
[8] Z.B. *Berge*, S. 9
[9] Z.B. *J. Jäger*, S. 19
[10] Vgl. zunächst nur LK-*Schäfer*, § 123 StGB, Rdnr. 1; Schönke/Schröder-*Lenckner*, § 123 StGB, Rdnr. 1.

geschützte Interesse an ungestörter Betätigung des eigenen Willens in der eigenen Wohnung und dem umfriedeten Besitz, an dem freien Schalten und Walten in Haus und Hof"[11]. Weil aber die Kritik an der herrschenden Meinung nicht zur Ruhe kommt,[12] wird auch hier dazu Stellung zu beziehen sein.

Ohne eine kurze Verständigung darüber, *wie* das Rechtsgut einer Strafnorm bestimmt wird, kann aber das Problem, *was* Rechtsgut einer Strafnorm ist, nicht sinnvoll angegangen werden.

Der streng methodologische Rechtsgutsbegriff, nach dem das Rechtsgut allein aus dem gesetzlichen Tatbestand zu extrahieren ist, den "vom Gesetzgeber in den einzelnen Strafrechtssätzen anerkannten Zweck in seiner kürzesten Formel"[13] darstellt, wird einhellig abgelehnt.[14] Und wirklich kann ein formales, positivistisch ermitteltes Rechtsgut keinen Maßstab für die Auslegung einer Strafvorschrift abgeben.[15] Denn es ist zirkulär, aus der "Quintessenz des Tatbestandes"[16] wieder auf den Tatbestand rückschließen zu wollen.[17] Nur ein dem Strafgesetzgeber vorgegebener materialer Rechtsgutsbegriff hätte kraft seines liberalen Gehaltes[18] kriminalpolitische Potenz.[19]

Wenn aber der Rechtsgutsbegriff ein inhaltserfüllter ist,[20] so stellt sich die Frage, wie dieser Inhalt zu ermitteln sein soll. Zutreffend dürfte es sein, nicht auf schwer fassbare allgemeine Anschauungen oder überpositive Naturrechtssätze zurückzugreifen, sondern der Verfassung die materialen Kriterien zur Bestimmung von Rechtsgütern zu entnehmen.[21] Aus dem Rechtsstaatsprinzip,

---

[11] *v. Liszt/Schmidt*, § 119 I, S. 581.
[12] Die letzten ausführlichen Auseinandersetzungen stammen von *Engeln* (1989) und *Artkämper* (1995).
[13] *Honig*, S. 94.
[14] *H. Jäger*, S. 14, 21 f. ; *Rudolphi*, Honig-FS, 151, 153 f.; *Jescheck/Weigend*, § 26 I 2, S. 257; Schönke/Schröder-*Lenckner*, vor § 13 StGB, Rdnr. 9; *Marx*, S. 17 f., 20; *Roxin*, AT, § 2 Rdnr. 7, 9 m.w.N.
[15] *Jescheck*, a.a.O.; *Rudolphi*, a.a.O., 154.
[16] *Artkämper*, S. 65.
[17] Vgl. auch *Stoiber*, S. 8.
[18] *H. Jäger*, S. 6 f.; *Sina*, S. 89 ff.; *Marx*, S. 15 f., 63 ; *Rudolphi*, Honig-FS, 151, 154; – *Amelung*, Rechtsgüterschutz, S. 246 ff. bestreitet allerdings vehement, daß der materiale Rechtsgutsbegriff originär liberalen Gehalt besitzt.
[19] *Roxin*, AT, § 2 Rdnr. 7.
[20] Zur Definition des Begriffs Rechtsgut existiert eine ganze Anzahl Kurzformeln: "rechtlich geschütztes Interesse" (v. *Liszt/Schmidt*, § 119 I, S. 581; ähnlich noch *Baumann/Weber/Mitsch*, § 3 Rdnr. 10; *Maurach/Zipf*, § 19 Rdnr. 4), "Sozialwert", "Rechtswert" (*Jescheck/Weigend*, § 26 I 2, S. 257 f.; Schönke/Schröder-*Lenckner*, vor § 13 StGB, Rdnr. 9; *Stoiber*, S.8), "Achtungsanspruch" (*Schmidhäuser*, AT, 5. Kap., Rdnr. 27), "werthafter, (...) verletzbarer, schützbarer Zustand" (*H. Jäger*, S. 13), "werthafte soziale Funktionseinheit" (*Rudolphi*, Honig-FS, 151, 164; *Jakobs*, 2. Abschn., Rdnr. 15)
[21] *Sax*, Die Grundrechte III 2, S. 909, 911 ff.; ihm folgend *Hamann*, S. 25 ff.; *Roxin*, JuS 1966, 377, 381 f.; *ders.*, AT, § 2 Rdnr. 9 ff; *Rudolphi*, Honig-FS, 151, 158, 161;

Art. 20 Abs. 2, 3, Art. 1 Abs. 3 GG, folgt, daß der Gesetzgeber nur sozialschädliches Verhalten unter Strafe stellen darf.[22] Die im Rechtsstaatsprinzip enthaltene Idee materialer Gerechtigkeit[23] kann dann nur auf die – im sozialen System notwendig bloß beschränkt herstellbare – Freiheit des Einzelnen und die zur Erreichung dieses Ziels erforderlichen Institutionen oder Zwecksetzungen gerichtet sein.[24] Auch die Grundrechte, indem sie eine objektiv-rechtliche Wertordnung formen,[25] geben Richtlinien, welche Sozialwerte grundsätzlich Strafschutz verdienen.[26] Das Funktionieren des auf der Freiheit des Einzelnen aufbauenden Systems selbst kann in seinen Ausprägungen ebenfalls zum Rechtsgut werden.[27] Materiellen Anhalt bieten für die "Gemeinschaftswerte" beispielsweise die Staatszielbestimmung des Art. 20 a GG, die Wahlgrundsätze (Art. 38 GG) und die Vorschriften über die Landesverteidigung, Art. 87 a f. GG.

Auf diese Weise wären der methodische und der systemtranszendente Rechtsgutsbegriff zusammengeführt[28]: Die Verfassung bietet dem einfachen Recht vor-gelagerte, aber verbindliche positivrechtliche Kriterien. Daher vermag ein so verstandener Rechtsgutsbegriff sowohl seiner kriminalpolitischen als auch seiner dogmatisch-teleologischen Aufgabe gerecht zu werden.

Diese klare Schlußfolgerung erfährt aber doch noch eine gewisse Trübung. Mit den grundgesetzlichen Wertungen ist nämlich nicht mehr als ein lückenhafter Rahmen vorgegeben, innerhalb dessen der Rechtsgutsbegriff inhaltlich aufgeladen werden kann. Es besteht hier ein kriminalpolitischer Beurteilungsspielraum des Strafgesetzgebers, welchen Sozialwert er in den Rang eines strafrechtlich geschützten Rechtsgutes erheben will. Die Tatbestandsbeschreibung des Strafgesetzes bietet hierfür Hinweise, die aber immer vor dem Hintergrund der Verfassung, die die entscheidenden Wertungsgesichtspunkte enthält, zu lesen sind.[29]

Amelung, Rechtsgüterschutz, S. 318 ff., 330; *Marx*, S. 39 f.; *Schöch*, Schüler-Springorum-FS, 245, 253; *Schall*, S. 72, 85, 86 f.; *Baumann/Weber/Mitsch*, § 3 Rdnr. 12; auch LK-*Jescheck*, vor § 13 StGB, Rdnr. 7.

[22] *Rudolphi*, Honig-FS, 151, 161; *Amelung*, Rechtsgüterschutz, S. 319; *Schall*, S. 72.

[23] Daß der Rechtsstaatsbegriff sich nicht in der Gewährleistung formaler Verfahrenssicherungen erschöpft, ist heute anerkannt.

[24] *Rudolphi*, Honig-FS, 151, 159; *Roxin*, AT, § 2 Rdnr. 9.

[25] BVerfGE 7, 198, 205 und ständige Rechtsprechung.

[26] *Baumann/Weber/Mitsch*, § 3 Rdnr. 12; – Ausnahmsweise können aus Grundrechten sogar Schutzpflichten für den Staat erwachsen, die den Erlaß von Strafnormen verlangen, insbesondere aus Art. 2 Abs. 2 S. 1 GG; siehe etwa BVerfGE 39, 1, 45 ff. zu § 218 StGB.

[27] Dabei steht nicht nur die "Daseinsvorsorge" durch den Staat in Rede (so aber *Roxin*, JuS 1966, 377, 381; nicht wiederholt in AT § 2 Rdnr. 9), sondern das gesamte Gemeinwesen.

[28] *Rudolphi*, Honig-FS, 151, 158.

[29] *Rudolphi*, Honig-FS, 151, 161.

b) Das Hausrecht

Die herrschende Meinung gibt als Rechtsgut des einfachen Hausfriedensbruchs das "Hausrecht" an.[30] Der Begriff wird allerdings verschieden definiert.

Nur wenige Anhänger des Hausrechts sehen darin wirklich ein subjektives *Recht*, einen Anspruch, eine Befugnis oder Gesamtheit von Befugnissen.[31] Für einige ist – im Anschluß an *v. Liszts* klassische Definition[32] – das Hausrecht mit dem *Interesse* an ungestörter Willensbetätigung in den geschützten Örtlichkeiten identisch.[33] Die meisten Vertreter der Ansicht, Rechtsgut des § 123 StGB sei das Hausrecht, definieren es als eine besondere persönliche *Freiheit*, nämlich die Freiheit zu bestimmen oder zu entscheiden, wer sich innerhalb der geschützten Örtlichkeiten aufhalten darf.[34]

aa) Formale Ausschlußbefugnis

Nähme man diese Bestimmungen wörtlich, so würde die herrschende Meinung auf einen bloßen Nominalkonsens schrumpfen. Übrig bliebe die Übereinstimmung, das Rechtsgut des Hausfriedensbruchs mit "Hausrecht" zu bezeichnen.

---

[30] RGSt. 36, 322, 323; 57, 139; OLG Braunschweig NdsRPfl 1962, 118, 119; OLG Celle DRiZ 1979, 376, 377; OLG Köln NJW 1982, 2674, 2675; BayObLGSt 1990, 63, 64; OLG Hamm (Z) MDR 1997, 350; *Blei*, BT, § 30 I, S. 111; Lackner/*Kühl*, § 123 StGB, Rdnr. 1; Tröndle/*Fischer*, § 123 StGB, Rdnr. 1; Schönke/Schröder-*Lenckner*, § 123 StGB, Rdnr. 1; LK-*Schäfer*, § 123 StGB, Rdnr. 1; *Krey*, BT-1, Rdnr. 431; *Wessels/Hettinger*, BT-1, Rdnr. 573; *Otto*, Grundkurs BT, § 35 Rdnr. 1; *Schmidhäuser*, BT, 6. Kap., Rdnr. 11; *v. Liszt/Schmidt*, § 119 I, S. 581; *Berge*, S. 9; *J. Jäger*, S. 23; *Rieffenberg*, S. 20 ff.; *Preisendanz*, § 123 StGB, Anm. 1; *Haft*, BT, S. 14; *Hanack*, JuS 1964, 352, 353; *Ludwig/Lange*, JuS 2000, 446, 447; zahlreiche weitere Nachweise vor allem aus dem älteren Schrifttum bei *Kageler*, S. 86 in Fn. 1.

[31] *Maurach/Schroeder/Maiwald*, BT-1, § 30 Rdnr. 2: Recht auf Frieden und Ungestörtheit; Schönke/Schröder-*Lenckner*, § 123 StGB, Rdnr. 1: Anspruch auf räumliche Distanz, Entscheidungsrecht über den Aufenthalt anderer; *Schmidhäuser*, BT, 6. Kap. Rdnr. 11: Befugnis, andere von der Anwesenheit auszuschließen; Tröndle/*Fischer*, § 123 StGB, Rdnr. 1: Gesamtheit von Befugnissen, über die geschützten Bereiche tatsächlich frei zu verfügen.

[32] *v. Liszt/Schmidt*, § 119 I, S. 581.

[33] LK-*Schäfer*, § 123 StGB, Rdnr. 1, der andererseits als "strafrechtlich geschützten Kern des Hausrechts" die "Freiheit der Entscheidung darüber, wer zu der Wohnung oder zu dem sonstigen eigenen Schutzbereich Zutritt haben soll" ausmacht; Lackner/*Kühl*, § 123 StGB, Rdnr. 1; *Arzt*/Weber, LH 1, Rdnr. 472: Interesse, Besucher auswählen und ausschließen zu können.

[34] *Otto*, Grundkurs BT, § 35 Rdnr. 1; *Krey*, BT-1, Rdnr. 431; *Geppert*, Jura 1989, 378; auch *Haft*, BT, S. 14. *Wessels/Hettinger*, BT-1, Rdnr. 573 und LK-*Schäfer*, § 123 StGB, Rdnr. 1 äußern sich etwas diplomatischer: Jene besondere Freiheit mache nur den Kern des Hausrechts aus. Sie vermeiden damit die Gleichstellung von Hausrecht und Entscheidungsfreiheit.

Es fällt aber auf, daß alle Definitionen des Hausrechts etwas Vordergründiges, Formales bezeichnen, etwas, das um die – von dahinterstehenden Zwecken isolierte – Möglichkeit des Berechtigten kreist, mit seinem Willen andere vom Aufenthalt auszuschließen. Daß diese Möglichkeit, dieses abgelöste Potential, einmal Interesse, einmal Recht oder Befugnis, ein andermal Freiheit genannt wird, macht keinen sachlichen Unterschied. Bestätigt wird diese Sichtweise vom lax umschreibenden Sprachgebrauch mehrerer Vertreter der herrschenden Meinung: Die eigentlich disparaten Begriffe sollen einander erklären oder werden zur Definition des Hausrechts verbunden.[35]

Der Terminus, der wohl wegen seiner Unbestimmtheit[36] und Kürze so gern aufgenommen wird, steht für ein subjektives Recht.[37] Nun ist aber – auch von Autoren, die das Hausrecht als Rechtsgut des § 123 StGB nennen – anerkannt, daß das Strafrecht Rechtsgüter und nicht subjektive Rechte schützt. Die Rechtsgutslehre wurde geradezu in Abgrenzung zur Auffassung, das Strafrecht schütze Rechte, entwickelt.[38] Auch dürften subjektive Rechte als an Personen gebundene Macht zu konkret sein, um als hinreichend vergeistigter Sozialwert oder werthafte Funktionseinheit und damit als Rechtsgut angesprochen werden zu können.[39]

Sicher ist es mehr als bloß ungenau und bedeutet eine unzulässige Gleichsetzung von auf verschiedenen Ebenen liegenden Kategorien, ein (subjektives) Recht wie das Hausrecht geradezu als "Interesse" oder geradezu als "Freiheit" zu definieren. Das subjektive Recht, d. h. die dem Einzelnen zukommende rechtliche Macht, von einem anderen etwas zu verlangen, ist nur der Ausfluß von Interessen oder von Freiheit. Es entsteht, wenn die Rechtsordnung ein Interesse oder einen Wert in der Weise schützt, daß sie Personen in den Stand setzt, zur Verfolgung dieses Interesses oder Wertes von anderen ein Handeln oder Unterlassen zu verlangen. Das Interesse oder

---

[35] Z.B. LK-*Schäfer*, § 123 StGB, Rdnr. 1: Interesse an ungestörter Willensbetätigung und Freiheit der Entscheidung; *Krey*, BT-1, Rdnr. 431 verwandelt in einem von Anführungszeichen eingefaßten Zitat *Lenckners* "Entscheidungsrecht" (Schönke/Schröder, § 123 StGB, Rdnr. 1) in die "Freiheit zu bestimmen"; Arzt/Weber, LH 1, Rdnr. 472: Hausfrieden und Interesse an Auswahl und Ausschluß von Besuchern; Schönke/Schröder-*Lenckner*, § 123 StGB, Rdnr. 1 definiert das Hausrecht als Entscheidungsrecht über den Aufenthalt anderer, verweist aber zum Beleg auf *Wessels/Hettinger*, BT-1, (jetzt:) Rdnr. 573, die nur von der Entscheidungsfreiheit reden; vgl. dazu auch *Stoiber*, S. 29 f. mit Fn. 48.

[36] Dazu *Gössel*, BT, § 38 Rdnr. 3; *Bodendorf*, S. 18; *Artkämper*, S. 87; *Kageler*, S. 87 f.

[37] Das Hausrecht kann nur als subjektives Recht angesprochen werden, so auch *Schön*, NJW 1982, 2649, 2650; *Bodendorf*, S. 40 f.; *Artkämper*, S. 88; *Engeln*, S. 34; *Kageler*, S. 95: "anerkanntermaßen" m.w.N.;

[38] Vgl. oben unter Zweiter Teil I 1 a, S. 151, Fn. 1.

[39] Vgl. *Stoiber*, S. 30.

ein Wert wie die Freiheit findet im Recht nur seine rechtliche Form, ist aber nicht mit ihm identisch.[40]

Dies festgestellt zu haben entbindet jedoch nicht von der inhaltlichen Auseinandersetzung mit dem, was durch den Begriff "Hausrecht" bezeichnet wird.[41] Denn damit ist lediglich nachgewiesen, daß, wer das Rechtsgut des Hausfriedensbruchs im Interesse an ungestörter Willensbetätigung oder in der Freiheit der Entscheidung über den territorialen Ausschluß anderer erblickt, sich nicht des Etiketts "Hausrecht" bedienen darf.

bb) Eigene Stellungnahme

Die Freiheit, das Interesse oder die Befugnis einer Person, ihren auf den räumlichen Ausschluß anderer gerichteten Willen zu betätigen, worin sich nach herrschender Ansicht das Rechtsgut des § 123 StGB ("Hausrecht") erschöpfen soll,[42] ist dieser Person nicht kraft ihres Personseins beigegeben. Anders als das Leben oder die körperliche Unversehrtheit kann dieses Ausschlußinteresse erst entstehen, wenn die Person in eine Beziehung zu etwas außer ihr liegendem tritt, nämlich zu dem, wovon jemand als potentieller Täter des § 123 StGB ausgeschlossen werden soll.

Aus dieser Beziehung zu den Örtlichkeiten, unter denen die Tatobjekte der Norm zu finden sein werden, fließt die Befugnis oder die Freiheit oder das Interesse, anderen den Eintritt zu verwehren oder sie vom Ort zu weisen. Das Verhältnis Person – Sache, um dessentwillen jene Ausschlußfreiheit besteht, kann sehr verschieden geartet sein. Es wären da, in einer ersten, dem Territorium nahen Kategorie von rechtlich fixierten Herrschaftsverhältnissen, der Besitz (vgl. §§ 861 f. BGB), das Eigentum (vgl. § 1004 BGB), die öffentlich-rechtliche Haus- und Ordnungsgewalt und die Sitzungspolizei (vgl. §§ 175 Abs. 1 und 176 ff. GVG) zu nennen. Dahinter steht eine Klasse von ferneren Zwecken. Es sind dies eher tatsächliche, sozialbezogene Gegebenheiten oder Interessen, die eine Person mit einem Territorium verbindet, wie die Möglichkeit zur Persönlichkeitsentfaltung, zur Freihaltung eines privaten Rückzugsraumes, einer geschäftlichen Geheimsphäre oder zur Erfüllung öffentlicher Aufgaben in öffentlich-rechtlicher Form.

Die herkömmliche herrschende Meinung berücksichtigt bei der Rechtsgutsbestimmung weder die erste, sachnähere, noch die zweite, sachfernere, Gruppe von hinter der Ausschlußfreiheit stehenden Beziehungen und

---

[40] Einhellige Ansicht, vgl. *Larenz/Wolf*, § 14 Rdnr. 18; *Kargl*, JZ 1999, 930, 934; *Engeln*, S. 34 m.w.N.
[41] Vgl. aber dagegen *Engeln*, S. 34; *Artkämper*, S. 88 f.
[42] Nachweise oben unter Zweiter Teil I 1 b vor aa, S. 154, Fn. 34.

Interessen. Sie verlegt das Rechtsgut des Hausfriedensbruchs gewissermaßen in den Kopf der Person, die über ein Territorium herrscht. Das Hausrecht ist nichts weiter als das farblose Korrelat der von § 123 StGB beschriebenen tatbestandsmäßigen Handlungen, nämlich die Befugnis, einen strafbewehrten Ausschlußwillen bilden zu können. Ihm fehlt ein der Strafnorm vorgelagerter sozialer Sinngehalt.

Ein derart formales Rechtsgut kann keine Hilfe für die Auslegung der Tatbestandsmerkmale des § 123 StGB geben.[43] Vor allem bietet es keinen Anhalt dafür, welche Räumlichkeiten konkret von der Vorschrift erfaßt werden. Aus der "Freiheit, andere von der Anwesenheit auszuschließen" allein läßt sich nicht ableiten, wem diese Freiheit in bezug auf welche Örtlichkeiten zukommt. Hierfür muß auf die Zwecke oder Verhältnisse, die die Entscheidungsfreiheit hervorgebracht haben, zurückgegriffen werden. Der Einwand trifft die zahlreichen Vertreter der herrschenden Meinung besonders, in deren Definition des "Hausrechts" bereits von den "geschützten Räumlichkeiten", dem "gesetzlich geschützten Bereich" die Rede ist.[44] Es ist logisch ausgeschlossen, mit Hilfe eines in dieser Weise definierten Rechtsgutes festzustellen, was genau unter Wohnung, was unter Geschäftsraum und befriedetem Besitztum usw. zu verstehen ist.[45]

Schwierigkeiten bereitet es der herrschenden Meinung vom Hausrecht als Rechtsgut auch, die Person des Berechtigten und Hausrechtsinhabers zu bestimmen. Sie zu ermitteln ist notwendig, da nur ein Eintreten oder Verweilen gegen oder doch ohne *ihren* Willen den Tatbestand des § 123 StGB erfüllt.[46] Der Definition des Hausrechts als Befugnis oder Freiheit, in bestimmten Örtlichkeiten über den Aufenthalt anderer zu entscheiden, läßt sich nichts darüber entnehmen, wem diese Befugnis oder Freiheit zusteht. Es ist für die herrschende Ansicht kein inhaltserfülltes Rechtsgut hinter dem Hausrecht vorhanden. Sie muß deshalb die Person des Hausrechtsinhabers aus der Luft greifen. Dies geschieht äußerlich beschreibend, weil Kriterien fehlen, von denen aus sich schlußfolgern ließe. Die bestehende Unsicherheit dokumentieren folgende Annäherungsversuche:[47]

---

[43] *Amelung*, ZStW 98 (1986), 355, 356 f.; *Schall*, S. 42; SK-*Rudolphi*, § 123 StGB, Rdnr. 2; *Engeln*, S. 35; *Schild*, NStZ 1986, 346, 347.
[44] Wie Lackner/*Kühl*, § 123 StGB, Rdnr. 1; *Wessels/Hettinger*, BT-1, Rdnr. 573; *Krey*, BT-1, Rdnr. 431; *Otto*, Grundkurs BT, § 35 Rdnr. 1; LK-*Schäfer*, § 123 StGB, Rdnr. 1; Schönke/Schröder-*Lenckner*, § 123 StGB, Rdnr. 1; Tröndle/*Fischer*, § 123 StGB, Rdnr. 1.
[45] Vgl. *Amelung*, ZStW 98 (1986), 355, 356; *Engeln*, S. 35.
[46] Ein andere, nicht auf den Willen des Berechtigten abhebende Konzeption des "Eindringens" findet sich bei *Schild*, NStZ 1986, 346, 348 ff. und *Kargl*, JZ 1999, 930 ff.
[47] Vgl. auch *Engeln*, S. 18, 20 ff.

Der Inhaber des Hausrechts brauche nicht der Eigentümer zu sein,[48] häufig werde der Besitz am Raum Grundlage des Hausrechts sein,[49] nicht schon die tatsächliche Benutzung, sondern der unmittelbare Besitz,[50] dieser aber nicht stets.[51] Hausrechtsinhaber sei, wem kraft seiner Verfügungsgewalt das Bestimmungsrecht innerhalb des geschützten Bereichs zustehe[52] oder derjenige, dem der Raum den Hausfrieden gewähren solle.[53] Es müsse am Fall entschieden werden, Eigentum und Besitz gäben für diese Frage nichts her.[54]

Damit wird eine ganz wesentliche Schwäche der Doktrin vom Hausrecht als Rechtsgut offenbar. Sie kann den Inhaber des Hausrechts nicht dingfest machen. Seine Person ist von vornherein unbestimmt, die Eingrenzungsbemühungen entweder unbrauchbar (weil zirkelschlüssig) oder zu unsicher. Dem Strafrichter bleibt danach nichts weiter übrig, als von Fall zu Fall außerstrafrechtliche Kriterien heranzuziehen. So ist die Auslegung des Merkmals "Berechtigter" für den Normadressaten schwer vorhersehbar.[55] Es existiert keine gefestigte Rechtsprechung, die – vom Einzelfall abgelöst – hinreichend deutlich macht, auf wessen Willen es im Rahmen des Hausfriedensbruchs ankommt.

Die aus diesem Grund im Hinblick auf das Bestimmtheitsgebot des Art. 103 Abs. 2 GG aufkeimenden Bedenken[56] kann der vermeiden, für den das Hausrecht nicht selbst Rechtsgut ist, sondern lediglich subjektiv-rechtlicher Ausfluß eines inhaltserfüllten, wirklichen Rechtsgutes. Dem Träger dieses Wertes stünde dann das Hausrecht zu, er wäre die Person, deren Wille aus einem Eintreten ein "Eindringen" macht und deren Aufforderung zum Entfernen zuwiderzuhandeln die zweite Alternative von § 123 Abs. 1 StGB erfüllt.

Wenn sich die Anhänger des "Hausrechts" in einigen Zusammenhängen[57] doch gezwungen sehen, jenseits der formalen Entscheidungsfreiheit liegende

---

[48] LK-*Schäfer*, § 123 StGB, Rdnr. 51; Tröndle/*Fischer*, § 123 StGB, Rdnr. 2.
[49] LK-*Schäfer*, § 123 StGB, Rdnr. 51.
[50] Schönke/Schröder-*Lenckner*, § 123 StGB, Rdnr. 16.
[51] *Wessels/Hettinger*, BT-1, Rdnr. 575; Lackner/*Kühl*, § 123 StGB, Rdnr. 2.
[52] *Wessels/Hettinger*, BT-1, Rdnr. 575; *Welzel*, § 44 I 1, S. 333.
[53] LK-*Schäfer*, § 123 StGB, Rdnr. 51.
[54] *Haft*, BT, S. 15.
[55] Vgl. *Engeln*, S. 22.
[56] Dazu, daß unbestimmte Rechtsbegriffe jedenfalls dann nicht mit dem Bestimmtheitsgrundsatz in Konflikt geraten, wenn sie mit Hilfe der üblichen Auslegungsmethoden oder aufgrund einer gefestigten Rechtsprechung Kontur gewonnen haben, vgl. BVerfGE 25, 269, 285; 45, 363, 372; 73, 206, 243. Kritisch zur Berücksichtigung der Rechtsprechung sogar v. Münch/Kunig-*Kunig*, Art. 103 GG, Rdnr. 29; Bonner Kommentar-*Rüping*, Art. 103 Abs. 2 GG, Rdnr. 46 m.N.
[57] Erinnert sei an die "generelle Zutrittserlaubnis" für Geschäftsräume, wo an die Deutlichkeit eines entgegenstehenden Willens erhöhte Anforderungen gestellt werden (vgl. Schönke/

Zwecke bei der Auslegung des Tatbestandes zu berücksichtigen, so bestätigt das nur, daß das "Hausrecht" der systemkritischen Aufgabe eines Rechtsguts nicht gewachsen ist.[58] Hinzu kommt, daß nicht festgeschrieben ist, welche Fundamente des "Hausrechts" dann doch im Rahmen der teleologischen Norminterpretation erheblich sein sollen. Hier besteht die Gefahr der Manipulation.[59] Diese bannt, wer das Rechtsgut des Hausfriedensbruchs unter den materiellen Interessen und Verhältnissen sucht, die hinter der Freiheit, andere nicht einzulassen oder vom Ort zu weisen, stehen.[60]

Die Aussage *v. Liszts*, daß das Hausrecht ein zwar mit der persönlichen Freiheit verwandtes, aber doch eigenartiges Rechtsgut sei[61] – diese Eigenart könnte den inneren Grund für das Rechtsgut Hausrecht abgeben –, wird heute kaum noch wiederholt.[62] Und tatsächlich: Warum sollte das Rechtsgut des § 123 StGB eigenartiger sein als andere Rechtsgüter? Vor allem wird nicht mitgeteilt, worin diese Eigentümlichkeit des Hausrechts besteht.[63] Vielmehr erweckt man den Verdacht, daß das eigenartige Hausrecht nur deshalb zum Rechtsgut erklärt wurde, um die empfundene Heterogenität der Norm zu bewältigen, das Hausrecht ist dann eine "reine Zweckschöpfung"[64]. Es paßt – da es so gar nicht auf die Beziehungen des Berechtigten zum Territorium abstellt – zwanglos zu allen Tatobjekten der Norm. Namentlich das "befriedete Besitztum" wird legitimiert. Obwohl in ihm nach der Tatbestandsbeschreibung nicht wie in den anderen Räumlichkeiten soziale Prozesse ablaufen müssen, ist seine Einbeziehung in den Strafschutz für die herrschende Meinung unproblematisch. Man kann daher mutmaßen, daß aus diesem Grunde – und dies würde eine unzulässige Ableitung des Rechtsgutes aus dem Tatbestand darstellen - viele Autoren in der Nachfolge *v. Liszts* sogleich bereit waren, ein "eigenartiges" formales Rechtsgut zu akzeptieren.[65]

Schließlich sind Zweifel an der verfassungsrechtlichen Legitimation des Rechtsgutes Hausrecht angebracht. Die formale, von jeglichem tatsächlichen

---

Schröder-*Lenckner*, § 123 StGB, Rdnr. 23) und an die Einschränkung der Entscheidungsfreiheit des Berechtigten durch den Widmungszweck öffentlicher Gebäude (vgl. Schönke/Schröder-*Lenckner*, § 123 StGB, Rdnr. 20).

[58] Vgl. *Schön*, NJW 1982, 2649; *Schall*, NStZ 1983, 241, 244.

[59] *Schall*, NStZ 1983, 241, 245, in Fn. 50 .

[60] Ein weiteres Argument nennt *Artkämper*, S. 89: Das Hausrecht sei aus historischer Sicht ein spezielles Notwehrrecht (vgl. dazu *Osenbrüggen*, S. 17, 22). Es müsse deshalb wie die Notwehr anderen dahinterstehenden Interessen oder Gütern dienen, zu deren Schutz es ausgeübt wird.

[61] *v. Liszt*, Lb., § 117 I, S. 368 ; *v. Liszt/Schmidt*, § 119 I, S. 581.

[62] Soweit ersichtlich, nur von Schönke/Schröder-*Lenckner*, § 123 StGB, Rdnr. 1; LK-*Schäfer*, § 123 StGB, Rdnr. 1; ähnlich *Maurach/Schroeder/Maiwald*, BT-1, § 30 Rdnr. 2.

[63] *Schall*, S. 33; *Gössel*, BT, § 38 Rdnr. 2; *Amelung*, ZStW 98 (1986), 355, 357; *Kargl*, JZ 1999, 930, 933; *Stoiber*, S. 40; *Kageler*, S. 91 f.

[64] *Schall*, S. 33.

[65] *Schön*, NJW 1982, 2649; *Seier*, JA 1982, 232, 235.

Hintergrund abgelöste Entscheidungsfreiheit oder -befugnis mag man in Art. 2 Abs. 1 GG und im freiheitlich-demokratischen Gesamtzusammenhang des Grundgesetzes ausgedrückt sehen. Sie verblaßt aber gegenüber den dem Hausrecht zugrunde liegenden denkbaren Sozialwerten. Hausfrieden, Besitz, Privat- und Intimsphäre, Geheimhaltungsinteresse, Funktionstüchtigkeit des öffentlichen Dienstes und Verkehrs und so fort sind allesamt stärker in der Verfassung verankert. Man denke an das allgemeine Persönlichkeitsrecht, Art. 1 Abs. 1, 2 Abs. 1 GG, an das Grundrecht der Unverletzlichkeit der Wohnung, Art. 13 GG, welches auch Geschäftsräume schützt[66], die Eigentumsgarantie des Art. 14 GG[67], die Berufsfreiheit, Art. 12 GG. Der Gewährleistung eines funktionierenden öffentlichen Dienstes und Verkehrs sind etwa die Art. 33 Abs. 4, 5, Art. 35, Art. 83 ff., 92 ff. des Grundgesetzes gewidmet.

Mit *Sax*[68] zu fragen: Bedarf die Verletzung allein des "Hausrechts" der Strafe? Fehlt hier nicht der sittliche Bezug der Tat, der die Bestrafung als die einzig angemessene Reaktion erscheinen läßt? Es ließe sich hören, die Verletzung des Rechtsgutes Entscheidungsfreiheit/Ausschlußbefugnis deshalb für "strafbedürftig" zu halten, weil es "noch greifbar deutlich" zu in der Verfassung verankerten Grundwerten in Beziehung steht.[69] Doch mindestens konsequenter ist es, das Rechtsgut selbst unter jenen Grundwerten zu suchen.

Das "Hausrecht" ist nicht Rechtsgut des § 123 StGB.[70]

c) Weitere Auffassungen mit einheitlichem Rechtsgut

Es fehlt nicht an Versuchen, dem Hausfriedensbruch ein Rechtsgut zu unterlegen, das zwar materiellen Gehalt besitzt und doch für alle in der Norm aufgezählten Tatobjekte einheitlich gelten soll.

aa) Der Hausfrieden

Gern hat man – unter naheliegender Bezugnahme auf die Deliktsbezeichnung – den Hausfrieden zum Rechtsgut erklärt.[71] Was jedoch darunter zu verstehen sein soll, ist durchaus unklar. Zum Teil wird angenommen, Hausfrieden sei

---

[66] H.M., BVerfGE 32, 54, 68 ff.; 76, 83, 88.
[67] Die auch den Wohnungsmietbesitz einbezieht, BVerfGE 89, 1, 5 ff.
[68] Die Grundrechte III 2, S. 909, 924 f.
[69] Vgl. *Sax*, Die Grundrechte III 2, S. 909, 924.
[70] Zur Klarstellung sei gleich gesagt, daß damit der eingeführte Begriff "Hausrecht" keineswegs gänzlich verabschiedet werden soll. Als Bindeglied zwischen dem Rechtsgut und dem "Berechtigten" behält es auch im Bereich des § 123 StGB Bedeutung.
[71] *Coupienne*, S. 19 f.; *Hesselberger*, S. 31, 33; *Leiser*, S. 34; *Armknecht*, S. 72 ff.; *Stoiber*, S. 21 ff., 24.

ein vom Willen des Hausherrn gewährleisteter Zustand der Ordnung und der Ruhe.[72]

Diese Ansicht führt nicht über das "Hausrecht" hinaus. Wenn schon der auf das Fernbleiben von Personen gerichtete Wille das Rechtsgut schafft, dann ist im Grunde nur dieser Wille geschützt. Damit wäre nur eine Tatbestandsvoraussetzung – und der Ausschlußwille ist eine solche ("eindringt") – zum Rechtsgut erhoben.[73] Und auf den tatsächlich bestehenden Zustand von Frieden und Ordnung abzustellen geht nicht an. Dann wäre § 123 StGB dort nicht mehr zu verwirklichen, wo ein Hausfrieden, etwa wegen einer vorher unerwünscht eingedrungenen lärmenden Menschenmenge, gar nicht mehr besteht.[74]

Für andere ist der Hausfrieden Erscheinungsform der Privatsphäre und dient dem Geborgensein des Individuums.[75] Dies gelte auch hinsichtlich von Geschäftsräumen und solchen des öffentlichen Dienstes und Verkehrs.[76]

Diese Ansicht hat ihr Rechtsgutsverständnis am Tatbestandsmerkmal "Wohnung" entwickelt und es dann den anderen Tatobjekten aufgepfropft.[77] Es ist unbestritten, daß der Schutz von Geschäftsräumen oder öffentlichen Gebäuden durch § 123 StGB nicht an der Grenze der Privatsphäre des Geschäftsinhabers oder des Amtswalters endet. Die Norm greift in ihrer Schutzaussage weit über die Persönlichkeit des Einzelnen hinaus.[78]

Diese Einwände richten sich auch gegen die Auffassung *Kagelers*, der die "Haussphäre", die "räumliche Sphäre freier Persönlichkeitsentfaltung" als geschütztes Rechtsgut ansieht,[79] und gegen *Gössel*, der ganz ähnlich die persönliche Privat- und Intimsphäre[80] oder den "gegenständlichen Raum der Privat- und Intimsphäre"[81] für das Rechtsgut des Hausfriedensbruchs hält.

---

[72] *Hesselberger*, S. 31, 33; *Leiser*, S. 34.
[73] Vgl. *Kageler*, S. 101 f.
[74] *Schall*, S. 30 f.; *Artkämper*, S. 82.
[75] *Armknecht*, S. 73, 76; *Stoiber*, S. 24.
[76] *Armknecht*, S. 76; *Stoiber*, S. 26.
[77] Vgl. *Artkämper*, S. 83.
[78] Die Unhaltbarkeit eines so stark individualbezogenen Rechtsgutes Hausfrieden gesteht *Stoiber*, S. 157 selbst ein, wenn er sagt, daß in öffentlich-rechtlich gewidmeten Gebäuden nicht mehr das Rechtssubjekt, sondern der Widmungszweck von § 123 StGB geschützt wird.
[79] *Kageler*, S. 109 ff., 116.
[80] *Gössel*, BT-1, § 36 Rdnr. 3.
[81] *Gössel*, BT-1, § 38 Rdnr. 1.

bb) Die "physisch gesicherte Territorialität"

Amelung hat es unternommen, für den Tatbestand des Hausfriedensbruchs eine "physisch gesicherte Territorialität" als Rechtsgut zu etablieren.[82] Unmittelbares Schutzgut sei "das Interesse an der Beherrschung eines bereits physisch gesicherten Territoriums"[83]. Dahinter stünden die Interessen Sicherheit, Geheimhaltung und Störungsfreiheit, die wiederum ein Potential allgemeiner Freiheit, einen Verhaltensspielraum, gewährleisten sollen.

Zunächst ist zu konstatieren, daß das "Interesse an der Beherrschung eines Territoriums" kaum etwas anderes als das bekannte "Hausrecht" sein dürfte. Mit dem Unterschied, daß dieses Beherrschungsinteresse, diese menschliche Eigenschaft, Territorium für sich in Anspruch zu nehmen ("Territorialität"[84]), nur innerhalb physisch gesicherter Schranken, nicht aber außerhalb ihrer bestehen soll.

Hier wird deutlich, daß *Amelung* letztlich der Versuchung erlegen ist, das Rechtsgut aus den Tatbestandsmerkmalen zu extrahieren.[85] Diese methodische, systemimmanente Bestimmung des Rechtsgutes ist aber abzulehnen.[86] Daß *Amelung* so vorgegangen ist, gesteht er sogar recht deutlich ein, wenn er sagt,[87] daß sich "die Erstreckung des strafrechtlichen Schutzes auf fast jedes physisch eingehegte Grundstück (...) nur dadurch erklären (läßt), daß der eigentliche Strafgrund des Hausfriedensbruchs in der Verunsicherung zu sehen ist, die droht, wenn das Vertrauen auf den Schutz physischer Schranken mißachtet wird".[88] Er bildet also sein Rechtsgut "physisch gesicherte Territorialität", um den Tatbestand (hier dessen Beschränkung auf umfriedete, abgeschlossene Sachen) zu "erklären".

Und um so anfechtbarer ist es, aus einem so bestimmten Rechtsgut wieder Schlußfolgerungen für die Auslegung des Tatbestandes zu ziehen.[89] Denn die Auslegung des Tatbestandes mußte ja der methodischen Rechtsgutsbestimmung bereits vorausgegangen sein.

---

[82] *Amelung*, ZStW 98 (1986), 355, 403 ff.; *ders.* NJW 1986, 2075, 2077, 2079; *ders.* JZ 1986, 247; zustimmend *Behm*, GA 1986, 547, 557; ähnlich *M. Weber*, S. 241, die das "Hausrecht" der h.M. (Ausschlußfreiheit) auf physisch gesichertes Territorium beschränkt.
[83] *Amelung*, ZStW 98 (1986), 355, 403.
[84] Vgl. a.a.O., 365.
[85] Ähnlich die Kritik von *Artkämper*, S. 79 f.
[86] Vgl. oben unter Zweiter Teil I 1 a, S. 151 ff.
[87] In ZStW 98 (1986), 355, 408.
[88] Verräterisch auch a.a.O., 374: "Erst die physische Sicherung gegen Eindringlinge macht die Gleichstellung befriedeten Besitztums mit den anderen in § 123 StGB genannten Tatobjekten plausibel."
[89] *Amelung*, NJW 1986, 2075, 2077 ff. folgert aus dem Rechtsgut "physisch gesicherte Territorialität", daß nicht umzäunte Zubehörflächen keine "befriedeten Besitztümer" darstellen.

Körperlich wirksame Begrenzungen sind sicher Ausdruck und Folge eines gesteigerten Freiheitsinteresses des am Territorium Berechtigten. Diesen – wenig überraschenden – Befund sogleich in ein Rechtsgut umzumünzen, ist nicht geboten.[90] Die "physisch gesicherte Territorialität" ist zur Beantwortung von Auslegungsfragen untauglich und als Rechtsgut abzulehnen.[91]

cc) Der Besitz

Nachdem der Besitz als Schutzgut des Hausfriedensbruchs lange Zeit außer Kurs war,[92] haben ihn vor kurzem zwei Autoren in die wissenschaftliche Diskussion wiedereingeführt.[93] Und in der Tat: Der zivilistische (unmittelbare) Besitz ist ein Verhältnis, das notwendig verletzen muß, wer nach der Tatbestandsbeschreibung einen Hausfriedensbruch begehen will.[94] So ließe sich § 123 StGB zwanglos für alle Tatobjekte als strafrechtliche Besitzschutznorm mißverstehen. Da es eine "nichtvermögensrechtliche Seite" des Besitzes nicht gibt,[95] wäre § 123 StGB folglich Vermögensdelikt.[96]

Zwar läßt sich dieser Konzeption nicht entgegenhalten, daß § 123 StGB *jede* Besitzstörung unter Strafe stellen müßte, um den Besitz als alleiniges Rechtsgut anzuerkennen.[97] Jedoch kann diese Auffassung nicht erklären, warum § 123 StGB gerade *diese* Angriffe auf den Besitz mit Strafe belegt, während andere, oft schwerwiegendere (z. B. Immissionen, Verstecken, Fortwerfen beweglicher Sachen) nicht pönalisiert sind.[98]

---

[90] Vgl. Schönke/Schröder-*Lenckner*, § 123 StGB, Rdnr. 1. Mit seinem Gegenargument, das Tatbestandsmerkmal "befriedetes Besitztum" zeige, daß "physisch gesicherte Territorialität" nicht die einzige Erscheinungsform des räumlichen Schutzbereichs sei, läßt sich *Lenckner* allerdings auf *Amelungs* Rechtsgutsableitung aus dem Tatbestand ein. Er schließt aus dem Ergebnis seiner "Vor-Auslegung", nämlich daß das Merkmal "befriedetes Besitztum" auch manche nicht physisch gesicherte Zubehörflächen erfasse, daß "physisch gesicherte Territorialität" nicht Rechtsgut des § 123 StGB sein könne. — Wegen der Nichteinbeziehung von Zubehörflächen in den Strafschutz ablehnend auch *Krey*, BT-1, Rdnr. 431, 432a.

[91] Vgl. auch *Artkämper*, S. 77 ff.; Schönke/Schröder-*Lenckner*, § 123 StGB, Rdnr. 1; *Krey*, BT-1, Rdnr. 431, 432a; *Kargl*, JZ 1999, 930, 937.

[92] Zuvor etwa von *Jauer*, S. 36; *Nölting*, S. 29 f. ; *Beling*, S. 85; *Frank*, § 123 StGB Anm. 1 vertreten.

[93] *Engeln*, S. 39, 42 f.; *Artkämper*, S. 96 ff.

[94] Das ist unbestritten: RGSt. 36, 322, 323; *Rieffenberg*, S. 24; *Bodendorf*, S. 14 f.; *Schall*, S. 32; *Kageler*, S. 46; *Stoiber*, S. 33; *Artkämper*, S. 91.

[95] *U. Schmitt*, S. 23; *Schall*, S. 32; *Artkämper*, S. 92; *Engels*, DuR 1981, 293, 297 in Fn. 40.

[96] So in der Tat *Artkämper*, S. 98.

[97] So argumentieren *Coupienne*, S. 15 und *Kageler*, S. 44, nicht bedenkend, daß strafrechtliche Schutzgüter keinen Rundumschutz genießen müssen, vgl. *Artkämper*, S. 96.

[98] *Bodendorf*, S. 15; *Schall*, S. 32; *Stoiber*, S. 34.

Andererseits befremdet es, daß der schlichte Besitz, sofern nur ein Tatobjekt des Hausfriedensbruchs betroffen ist, umfassenderen Strafschutz genießen würde als das Eigentum.[99] Eigentumsstörungen ohne Wertminderung oder beabsichtigte Wert-verschiebung bleiben ungestraft,[100] hingegen erfaßt § 123 StGB solche abstrakten Vermögensgefährdungen ohne weiteres. Daß dies nur für die körperliche Anwesenheit von Personen in einigen bestimmten Örtlichkeiten gilt, hat einen Grund, der notwendig über die wertfreien Besitzverhältnisse hinausweist.

Besitzschutz gewährleisten die zivilrechtlichen Vorschriften in ausreichendem Maße.[101] Wenn der Hausfriedensbruch einhellig nicht als Straftat gegen die öffentliche Ordnung angesehen wird, so kann § 123 StGB nicht den Zweck des Besitzschutzes im BGB – allgemeine Friedenswahrung und Verhinderung eigenmächtiger Rechtsverwirk-lichung[102] – verfolgen und daher, entgegen der Ansicht einiger Autoren,[103] nicht einen bloß strafrechtlich verstärkten Besitzschutz darstellen.[104,105]

Und vollends versagt die besitzrechtliche Fundierung des Hausfriedensbruchs bei Territorien, auf denen ein Hoheitsträger auf der Grundlage öffentlich-rechtlicher Vorschriften öffentliche Aufgaben erfüllt. Hier ist der Besitz durch die öffentlich-rechtliche Sachherrschaft verdrängt, auf die zivilrechtlichen Abwehrbefugnisse der §§ 859 ff. BGB kann sich der Hoheitsträger nicht berufen.[106] Seine Berechtigung, Personen nicht einzulassen oder hinauszuweisen, folgt nicht, wie bei dem privaten Sachherrn, ohne weiteres aus dem Innehaben der Räumlichkeit, sondern ist – als Voraussetzung eines Grundrechtseingriffs – von einengenden Vorgaben des öffentlichen Rechts abhängig. Die Bestimmung der Person des Berechtigten und seiner strafbewehrten Befugnisse, den Zutritt zu verweigern und Personen

---

99 Vgl. *Stoiber*, S. 34; *Schön*, NJW 1982, 1126, 1128.
100 Abgesehen von § 248 b StGB.
101 *Hanack*, JuS 1964, 352, 354 in Fn. 12; *Kargl*, JZ 1999, 930, 933; *Bodendorf*, S. 15; *Kageler*, S. 43; – a.A. *Nölting*, S. 30 f.
102 Vgl. Palandt-*Bassenge*, Überbl. vor § 854 BGB, Rdnr. 2.
103 *Berge*, S. 13, 40 f.; *Jauer*, S. 36; *Frühling*, S. 31.
104 *Schall*, S. 32.
105 Auf den hinter dem Besitzschutz stehenden Rechtsfriedensgedanken und darauf, daß mit dem Besitz immer der öffentliche Friede gestört werde, beruft sich auch *Engeln*, S. 126 unter bb). Das ist widersprüchlich, da er andererseits das Hausrecht (welches allein aus dem Besitz fließen soll – S. 39, 43) als ein rein privates Recht ansieht (S. 117, 126 vor bb)) und sogar "den persönliche(n) Hausfriede(n) geradezu in einem Gegensatz zu dem 'öffentlichen' Frieden" (S. 29) sieht.
106 BGHZ 21, 319, 327; *Bethge*, Die Verwaltung 1977, 313, 320 f.; *Karpen*, WissR 1972, 195, 217; *Zeiler*, DVBl. 1981, 1000, 1001; *Papier*, Recht der öffentlichen Sachen, S. 10.

hinauszuweisen nach den Besitzrechtsvorschriften des BGB[107] verbietet sich in bezug auf öffentliche Sachen.

Der Gehalt des Hausfriedensbruchs erschließt sich nur dem, der über die Sphäre von Besitz und Gewahrsam hinausblickt. Es geht nicht um das "Haben" bestimmter Räumlichkeiten,[108] nicht das Eindringen eines raumverdrängenden Körpers ist das Wesentliche[109]. Wie der Schaden des Opfers meist ideeller Natur sein wird,[110] so ist auch das Rechtsgut des Hausfriedensbruchs unter den Nichtvermögensgütern zu suchen. Der Besitz ist nicht Rechtsgut des Hausfriedensbruchs.

d) Differenzierende Auffassungen

Für eine Minderheit von Autoren schützt der Tatbestand des Hausfriedensbruchs nicht ein einheitliches, sondern mehrere verschiedene Rechtsgüter. Dabei war *Schall* mit seiner vieldiskutierten Dissertation aus dem Jahre 1974[111] zwar der radikalste, nicht aber der erste Vertreter dieser Meinungsgruppe.

aa) Ältere Ansichten

Schon *Nölting* bezeichnete Hausrecht und Hausfrieden nur als "Sammelbegriffe", die "die wesentlichen Rechtsgüter (Schutzobjekte) beim Hausfriedensbruch in sich vereinigen"[112]. Für *Mößner* bestand das Rechtsgut des § 123 StGB im Hinblick auf private Räume und Besitztümer in der persönlichen Freiheit, im Hinblick auf öffentliche Räume ("mindestens in erster Linie") in der öffentlichen Ordnung.[113] Ähnlich differenziert *U. Schmitt*[114]: dort der Schutz der persönlichen Geheim- bzw. Individualsphäre, hier der Schutz des (öffentlich-rechtlichen) Widmungszwecks.

Bodendorf[115] ordnet den einzelnen tatbestandlichen Schutzobjekten jeweils eigene Rechtsgüter zu. Das Rechtsgut der Wohnung sei die Eigen- oder

---

[107] So verfährt *Engeln*, S. 45 ff., 57 ff. auch hinsichtlich der öffentlichen Diensträume (vgl. a.a.O., S. 125 f.).
[108] *Hanack*, JuS 1964, 352, 354; auch *Schall*, S. 32; *Kargl*, JZ 1999, 930, 933; *Engels*, DuR 1981, 293, 295; *Bernsmann*, Jura 1981, 738 m.w.N.; ähnlich *Stoiber*, S. 41.
[109] *Herzberg*, ZStW 82 (1970), 896, 928.
[110] *Armknecht*, S. 129.
[111] Die Schutzfunktion der Strafbestimmung gegen den Hausfriedensbruch, dazu: *Hirsch*, ZStW 88 (1976), 752 ff.; *Wagner*, GA 1976, 156; *Schroeder*, JZ 1977, 39; *Otto*, JR 1978, 220.
[112] *Nölting*, S. 32 f.
[113] *Mößner*, S. 132. Mit ähnlicher Zweiteilung: *Kronecker*, 1910, S. 307 und *John*, Hdb. Dt. StrafR, S. 154, 159; *Berge*, S. 12; *Jauer*, S. 30, 33, 43.
[114] *U. Schmitt*, S. 45, 50 ff., 53.
[115] Der Hausfriedensbruch, sein Rechtsgut und Tatbestand in neuerer Entwicklung, 1970.

Privatsphäre der Persönlichkeit,[116] das des Geschäftsraumes die quasi-private Eigensphäre des Geschäftsherrn,[117] wobei immer eine formelle, gegen bestimmte Eingriffe schlechthin geschützte Privatheit gemeint sei. Ob die private oder geschäftliche Geheimsphäre dabei tatsächlich gefährdet oder gar verletzt werde, sei deshalb ohne Belang.[118] Für Räume jedoch, die dem allgemeinen Publikumsverkehr eröffnet sind, sieht *Bodendorf* das sachliche Gut "Zustand der Ordnung" als geschützt an. Das gelte für einen Teil der Geschäftsräume[119] und im Wesentlichen für die Räume, die dem öffentlichen Dienst und Verkehr dienen.[120] Beim befriedeten Besitztum müsse – wegen der Vielgestaltigkeit der subsumierbaren Objekte – "von Fall zu Fall entsprechend der jeweiligen Bestimmung und Nutzung festgestellt werden", ob die private oder geschäftliche Eigensphäre oder der Zustand der Ordnung geschützt sei.[121]

Über diesen Einzelschutzgütern stehe als herrschendes Rechtsgut die Entscheidungsfreiheit des Berechtigten, darüber zu bestimmen, wer sich in den Räumen soll aufhalten dürfen und wer nicht.[122] Diese allen Tatbestandsvarianten gemeinsame "Verfügungsfreiheit" überlagere die übrigen unterschiedlichen Rechtsgüter und verklammere sie zu einer Einheit.[123]

bb) Die Ansicht von *Schall*

Schall hat die in § 123 StGB genannten Räumlichkeiten soziologisch analysiert und ihre sozialen Funktionen herausgearbeitet.[124] Dabei knüpft er an den zum Teil von strafrechtlicher Literatur und Rechtsprechung, zum Teil von der Soziologie vorgeformten Begriff von Wohnung, Geschäftsraum, öffentlichem Dienst- und Verkehrsraum und befriedetem Besitztum an. Die unterschiedlichen sozialen Zwecke werden sodann zu einzelnen Rechtsgütern erhoben[125,126]: die Spannungsausgleich, Selbstentfaltung und Familienleben ermöglichende Privatsphäre[127] ("Wohnung"), die halböffentliche Sphäre der Arbeitsprozesse[128] ("Geschäfträume"), die halböffentliche Sphäre, die der

[116] *Bodendorf*, S. 23 ff., 25.
[117] *Ders.*, S. 33 f.
[118] *Ders.*, S. 25 und S. 34.
[119] *Ders.*, S. 34.
[120] *Ders.*, S. 40 ff.
[121] *Ders.*, S. 37.
[122] *Ders.*, S. 49 f. Man beachte, daß dies dem Rechtsgut der herrschenden Meinung (von dieser als Hausrecht bezeichnet) entspricht, vgl. oben unter Zweiter Teil I 1 b vor aa, S. 154.
[123] *Ders.*, S. 51. Insgesamt soll das Rechtsgut dann aber weiter "Hausrecht" heißen, S. 19.
[124] *Schall*, S. 90 ff.; vgl. auch *dens.*, NStZ 1983, 241, 244 f.
[125] Wenn auch terminologisch etwas verbrämt als "Hausrecht" oder "Sphäre".
[126] Insoweit zustimmend *Wagner*, GA 1976, 156: Differenzierung in der Rechtsgutsfrage sei geboten, s. auch *Amelung/Schall*, JuS 1975, 565, 566.
[127] *Schall*, S. 134 f.
[128] *Ders.*, S. 150.

Durchführung von Gemeinschaftsaufgaben dient[129] (öffentliche Dienst- und Verkehrsräume). Das "befriedete Besitztum" solle de lege ferenda – da in ihm keine strafschutzwürdigen sozialen Prozesse abliefen – nur per Ordnungswidrigkeitenrecht im Interesse der allgemeinen Friedenswahrung geschützt werden.[130]

cc) Die formalisiert - funktionalistische Betrachtungsweise *Rudolphis*

Rudolphi[131] nimmt Bezug auf *Schall* und nennt als Schutzgüter die unterschiedlichen Funktionen der in § 123 StGB aufgeführten Örtlichkeiten.[132] Beim befriedeten Besitztum allerdings lasse sich kein einheitliches Schutzziel angeben.[133] Der Gesetzgeber habe jedoch den Schutz der verschiedenen materiellen Interessen aus guten Gründen formalisiert, indem er nicht die wirkliche Störung der in den Tatobjekten ablaufenden Prozesse für strafbar erklärte, sondern bereits das unbefugte Eindringen oder Verweilen.[134] Unmittelbares – und beim befriedeten Besitztum alleiniges[135] – Schutzgut sei die formale Rechtsposition des Hausrechtsinhabers.[136]

dd) Eigene Stellungnahme

Nach allem erscheint es im ganzen vorzugswürdig, mit dieser Meinungsgruppe davon auszugehen, daß der Tatbestand des Hausfriedensbruchs mehrere verschiedene Rechtsgüter schützt. Die Norm ordnet bestimmten vorgefundenen Sozialwerten oder Funktionseinheiten je von der Wortsinnschranke begrenzte Angriffsobjekte zu. Dem Schutz der Privatheit des Einzelnen und seiner engsten Beziehungen zu anderen dient die Strafbewehrung des Eindringens in Wohnungen. Die Mittelbeschaffung durch Arbeitsprozesse ist der Wert, der hinter dem Schutz von Geschäftsräumen steht. Mit der Nennung von abgeschlossenen Räumen, die dem öffentlichen

---

[129] *Ders.*, S. 160.
[130] *Ders.*, S. 169.
[131] In SK, § 123 StGB, Rdnr. 2 ff. Ihm folgen OLG Karlsruhe JR 1980, 342; OLG Düsseldorf NJW 1982, 2678, 2679 (je für öffentliche Diensträume); AK-StGB-*Ostendorf*, § 123, Rdnr. 6; *Maurach/Schroeder/Maiwald*, BT-1, § 30 Rdnr. 2 f.; *Seier*, JA 1982, 232, 235; *Ronellenfitsch*, Verwaltungsarchiv 73 (1982), 465, 466 in Fn. 16;– ähnlich oder sympathisierend: *Schild*, NStZ 1986, 346, 349; *Kargl*, JZ 1999, 930 ff.; *Knemeyer*, VBlBW 1982, 249, 250; *Bernsmann*, Jura 1981, 337, 338 f.; OLG Hamm NJW 1982, 2676, 2677.
[132] Wohnung: ihre Funktion, dem Inhaber einen Freiraum zur individuellen Entfaltung und Entspannung zu gewähren; Geschäftsräume: Sicherung einer geschäftlichen Geheimsphäre und Fernhalten von Störungen der Arbeitsprozeße; öffentliche Dienst- und Verkehrsräume: Schutz der staatlichen Geheimsphäe sowie der in den Räumen zu erledigenden Dienste.
[133] SK-*Rudolphi*, § 123 StGB, Rdnr. 6.
[134] A.a.O., Rdnr. 3, 7.
[135] A.a.O., Rdnr. 6.
[136] A.a.O., Rdnr. 7.

Dienst und Verkehr dienen, bezweckt § 123 StGB die ungestörte Erfüllung öffentlicher Aufgaben bzw. das Funktionieren des öffentlichen Transportwesens.

Derart festumrissene Einzelrechtsgüter lassen sich voraussehbar für die Auslegung der Tatbestandsmerkmale heranziehen. Durch ihre Verwendung wäre es nicht mehr zulässig, wie die herrschende Meinung vom Hausrecht die Weite der strafbarkeitsbegründenden Begriffe mit Hilfe von Fall zu Fall benutzter changierender Werte und Zwecke zu beschränken oder zu vergrößern.[137] Es ist letztlich ein Gebot der Methodenehrlichkeit und – weitergehend – der Rechtssicherheit (Art. 103 Abs. 2 GG), die Auslegung von Strafgesetzen offen an positiv bestimmten und eben vor Beginn des Auslegungsvorgangs bestimmten Rechtsgütern auszurichten. Die einheitlichen Rechtsgüter der oben durchgesprochenen Ansichten können diesem Gebot nicht gerecht werden. Wegen der Verschiedenartigkeit der in den geschützten Örtlichkeiten ablaufenden sozialen Prozesse besteht das Bedürfnis, die starre Strafdrohung des § 123 StGB im Wege der Auslegung den vielfältigen Formen menschlicher Begegnung anzupassen. Und mit Hilfe nur eines einheitlichen Rechtsgutes kann dies für den heterogenen Tatbestand[138] des Hausfriedensbruchs nicht geleistet werden.

Die herrschende Meinung hat ihr Rechtsgut Hausrecht aus den Verhältnissen der Wohnung als dem prinzipiell unzugänglichen privaten Rückzugsraum entwickelt.[139] Der Wohnungsinhaber kann dort wirklich weitestgehend "frei schalten und walten" und seinen Willen, Personen räumlich auszuschließen, ungehindert betätigen. Dieses Verständnis läßt sich zwar noch auf andere von Privaten beherrschte Räume und Besitztümer übertragen, nicht aber auf Räume, in denen Hoheitsträger öffentliche Aufgaben erfüllen. Hier existiert, was die Möglichkeit angeht, Personen räumlich auszuschließen, keine Willensfreiheit, kein Hausrecht im Sinne der herrschenden Meinung, sondern nur öffentlich-rechtliche Bindung.[140] Die Abhängigkeit der strafbewehrten Einlaßverweigerungs- und Ausweisungsbefugnis vom öffentlichen Recht wird von der herrschenden Meinung zwar auch anerkannt,[141] kann aber von ihr

---

[137] Darauf, daß die h.M. durchaus hinter dem Hausrecht liegende Zwecke bei der Tatbestandsauslegung berücksichtigt, wurde schon oben unter Zweiter Teil I 1 b bb, S. 158 f. hingewiesen. Vgl. auch *Schall*, NStZ 1983, S. 241, 244 bei und in Fn. 44, 45.

[138] Auf die historisch gespaltene Wurzel – Burgfriedensbruch/Hausfriedensbruch – des heutigen § 123 StGB weisen *Mößner*, S. 3 und *Schall*, S. 37; *ders.*, NStZ 1983, 241, 244, Fn. 43 hin.

[139] Vgl. auch *Schild*, NStZ 1986, 346, 350.

[140] Vgl. SK-*Rudolphi*, § 123 StGB, Rdnr. 2; *Amelung*, ZStW 98 (1986), 355, 357; *Schall*, S. 159 f.; *Kargl*, JZ 1999, 930, 934.

[141] BayObLGSt 1990, 63, 64; LK-*Schäfer*, § 123 StGB, Rdnr. 2, 37 ff.; Schönke/Schröder-*Lenckner*, § 123 StGB, Rdnr. 20; Lackner/*Kühl*, § 123 StGB, Rdnr. 8; *Oehler*, JR 1981, 33.

nicht rechtsgutbezogen erklärt werden. Aus einem Schutzgut "Erfüllung öffentlicher Aufgaben" ergeben sich die Einschränkungen, denen der auf den räumlichen Ausschluß gerichtete Wille hier unterliegt, unmittelbar. In ähnlicher Weise lassen sich die einzelnen funktionellen Rechtsgüter auch hinsichtlich der anderen Tatobjekte bei der Auslegung fruchtbar machen.[142]

Die materiellen Gründe für die Existenz der Strafvorschrift, die in der vorliegenden Arbeit als ihre Rechtsgüter angesehen werden sollen, entsprechen im wesentlichen den von *Schall* und *Rudolphi* ermittelten Funktionen der einzelnen Tatobjekte. Diese Autoren[143] geraten bei ihrer Rechtsgutsherleitung aber in einen logischen Zirkel. Sie nehmen den Wortlaut des Gesetzes zum Ausgangspunkt (z. B. "Wohnung") und bestimmen anhand des Gesetzesbegriffs den sozialen Zweck des Tatobjekts (z.B. "Wohnen" – schlagwortartig formuliert). Der so gefundene Zweck wird zum Rechtsgut des betreffenden Schutzobjekts erklärt und soll als solches über die teleologische Auslegung die Reichweite der Tatbestandsmerkmale festlegen helfen (z. B. wiederum "Wohnung").[144] Der Rechtsgutsbestimmung war aber bereits eine Vor-Auslegung vorausgegangen: Nur der kann die Funktion einer Wohnung, eines Geschäftsraums usw. ermitteln, der sich darüber im Klaren ist, welche Örtlichkeiten dem Begriff unterfallen.[145] Der Vorwurf wiegt um so schwerer, als *Bodendorf*, *Schall* und *Rudolphi* gerade und vor allem deshalb gegen das formale Hausrecht der herrschenden Meinung mit einem differenzierenden, inhaltserfüllten Rechtsgutsverständnis aufgetreten sind, um das Rechtsgut für die Auslegung des Tatbestandes nutzbar zu machen.[146]

Schall[147] hatte – später teilweise abgeschwächt[148] – für die Bejahung des Tatbestandes zusätzlich zu den geschriebenen Tatbestandsmerkmalen eine im Einzelfall nachzuweisende Störung der sozialen Funktion, also eine

---

[142] Vgl. SK-*Rudolphi*, § 123 StGB, Rdnr. 15, 24 ff., 32 ff.

[143] Aber auch *Bodendorf*, vgl. z.B. zur Wohnung S. 20 ff. und anschließend S. 23 ff.

[144] Die Gefahr dieses Zirkelschlusses sieht *Bodendorf*, S. 19 f., achtet sie aber gering, zumal seine "späteren Untersuchungen über das geschützte Rechtsgut nicht zu einem Ergebnis geführt (haben), das es notwendig erscheinen ließ, einzelne Tatbestandsmerkmale unter neuen Gesichtspunkten anders abzugrenzen als dies bereits geschehen war" (S. 20). Dazu: selbst wenn – beredter Weise – die Auslegung mit Hilfe des durch Tatbestandsauslegung gefundenen Rechtsguts deckungsgleiche Ergebnisse bringt (bei *Schall*, z.B. S. 136, 138 und *Rudolphi*, z.B. SK, § 123 StGB, Rdnr. 15 ist das nicht der Fall), so bleibt doch die Methode der Rechtsgutsbestimmung als zu tatbestandsbezogen zu kritisieren.

[145] Besonders anfechtbar *Schall*, dessen soziologische Analyse auf den Begriffen von Geschäftsraum (S. 116), öffentlichem Dienst- und Verkehrsraum (S. 123 f.) und befriedetem Besitztum (S. 167) aufbaut, die die Auslegung durch strafrechtliche Rechtsprechung und Literatur geschaffen hat.

[146] Siehe SK-*Rudolphi*, § 123 StGB, Rdnr. 2, 7; *Schall*, S. 42; *Bodendorf*, S. 19.

[147] *Schall*, S. 135, 162.

[148] *Schall*, NStZ 1983, 241, 245, Fn. 49.

Verletzung des Rechtsgutes verlangt. Diese Forderung begegnete einhelliger Ablehnung, insbesondere weil sie den Wortlaut des Gesetzes mißachte.[149] Dieses Argument sticht zwar nicht, weil bei jeder teleologischen Reduktion Divergenzen zum Wortlaut des Gesetzes entstehen. Dahinter stehen aber der Wille der Kritiker, die Strafbarkeit nicht einzuschränken, sowie das anerkennenswerte Bedürfnis nach Rechtssicherheit und Beweisbarkeit. Dem läßt sich auch vom Boden einer differenzierenden Rechtsgutslehre aus gerecht werden. Nichts hindert den Gesetzesanwender daran, § 123 StGB wörtlich zu nehmen und dennoch die verschiedenen "Schutzfunktionen"[150] der Strafbestimmung als Rechtsgüter aufzufassen. Nach dieser formalisiert-funktionalistischen Konzeption ist der Hausfriedensbruch mit dem bloßen Eindringen bzw. Verweilen trotz Verlassensaufforderung verwirklicht, ohne daß die soziale Funktion des jeweiligen Tatobjekts gestört sein muß.[151] Mit der Tatbestandsverwirklichung geht nicht notwendig die Verletzung des Rechtsgutes einher, der Hausfriedensbruch ist (abstraktes) Gefährdungsdelikt. Dabei wird – verglichen mit der herkömmlichen Auffassung, § 123 StGB sei Verletzungsdelikt – ein äußerliches Weniger an Rechtsgutsangriff (abstrakte Gefährdung statt Verletzung) kompensiert durch die größere Werthaltigkeit des angegriffenen Rechtsgutes (etwa Privatheit der Wohnsphäre oder Erfüllung öffentlicher Aufgaben statt schlichter Ausschlußfreiheit/Hausrecht oder nacktem Besitz). Bedenken gegen die formalisiert-differenzierende Betrachtungsweise, die sich unter dem Aspekt der Schuldprinzips und des Verhältnismäßigkeitsgrundsatzes gegen die Annahme eines abstrakten Gefährdungsdelikts richten könnten,[152] sind damit – man beachte auch die nur schwache Strafdrohung – der Boden entzogen.

Hier liegen denn auch die "guten Gründe"[153] für die Formalisierung des Rechtsgüterschutzes durch den Wortlaut der Vorschrift[154]: Es ist die typischerweise mit dem Eintreten oder Verweilen unerwünschter Personen verknüpfte Gefahr der tatsächlichen Störung der sozialen Funktionen der Schutzobjekte.[155] Das Gesetz geht davon aus, daß in aller Regel die vom Berechtigten nicht gebilligte Anwesenheit von Personen in den aufgezählten Örtlichkeiten eine Gefahr für den jeweiligen Sozialwert bildet. Die physische

[149] Für alle: *Hirsch*, ZStW 88 (1976), 752, 756 f., 759; *Wagner*, GA 1976, 156, 157; *Bockelmann*, BT-3, S. 154; LK-*Schäfer*, § 123 StGB, Rdnr. 4; SK-*Rudolphi*, § 123 StGB, Rdnr. 3; OLG Hamm NJW 1982, 1824 f.
[150] Vgl. den Titel der *Schallschen* Arbeit.
[151] SK-*Rudolphi*, § 123 StGB, Rdnr. 2 ff., weitere Nachweise oben unter Zweiter Teil I 1 d cc, S. 167, Fn. 131.
[152] Erinnert sei an die Diskussion um die Einschränkung abstrakter Gefährdungsdelikte (vgl. Schönke/Schröder-*Cramer*, vor §§ 306 ff. StGB, Rdnr. 3a f.) mit als unangemessen empfundener Strafdrohung.
[153] SK-*Rudolphi*, § 123 StGB, Rdnr. 3.
[154] *Artkämper*, S. 86 vermißt bei *Rudolphi* die Benennung der "guten Gründe".
[155] Vgl dazu bereits oben unter Erster Teil II 2 c bb, S. 84 ff.

Abschirmung nach außen ist das in der Tatbestandsbeschreibung aufgenommene gesetzliche Indiz für die besondere Schutzwürdigkeit der dahinter ablaufenden sozialen Prozesse. Angesichts des hohen Störpotentials, das Menschen in einem ihnen fremden und obendrein untersagten örtlichen Bereich besitzen,[156] und angesichts der – wenn auch abgestuften – Empfindlichkeit der verschiedenen Rechtsgüter ist gegen die starre Tatbestandsbeschreibung nichts einzuwenden.

Spätestens an dieser Stelle wird das "befriedete Besitztum" zum Problem. Für dieses Tatobjekt läßt sich nicht nur keine *einheitliche* Grundfunktion, keine *bestimmte* Art von werthaften Sozialbeziehungen angeben, sondern das Gesetz scheint Strafschutz auch dann zu gewähren, wenn *gar keine* Prozesse oder Zustände in oder auf dem "Besitztum" sich abspielen, die durch die Anwesenheit unerwünschter Personen gefährdet werden könnten. Daraus gewinnen die Gegner der differenzierenden Rechtsgutskonzeption ihr Hauptargument: Wer auf die Funktionen der Tatobjekte abstelle, könne das "befriedete Besitztum" nicht "erklären".[157] Mit Genugtuung wird konstatiert, daß *Schall* und *Rudolphi* die Ebene der materiellen Funktionsrechtsgüter verlassen müssen, um das "befriedete Besitztum" zu "retten".

In der Tat ist es inkonsequent, für dieses dann nur das "Interesse an der Friedenswahrung"[158] oder "insoweit allein die formale Rechtsposition des Hausrechtsinhabers"[159] als geschütztes Gut anzusehen. Diese Schutzgüter setzen sich denselben Angriffen aus, die (auch von *Schall* und *Rudolphi* selbst) gegen das "Hausrecht" erhoben worden sind. Die Rechtsgüter innerhalb eines Tatbestandes verschiedenen Wertebenen zu entnehmen ist dogmatisch widersprüchlich. Die dargelegten Vorteile der funktionalistischen Konzeption würden nahezu völlig entwertet, wenn man hinsichtlich des befriedeten Besitztums wieder davon abginge. Denn von beweglichen Sachen abgesehen ist jede Wohnung, jeder Geschäfts-, Dienst- und Verkehrsraum gleichzeitig ein befriedetes Besitztum. Das befriedete Besitztum bliebe der Auffangtatbestand, mit dem die funktional orientierten Eingrenzungsbemühungen unterlaufen werden könnten.

Vorzuziehen ist deshalb die Auffassung, dem befriedeten Besitztum je im Einzelfall die schutzwürdige Nutzung als Rechtsgut zuzuordnen.[160] Schirmt

---

[156] Nicht Tiere oder Sachen – diese Objekte haben je für sich ein generell geringeres Störpotential als Menschen auf fremdem Territorium.
[157] *Maurach/Schroeder/Maiwald*, BT-1, § 30 Rdnr. 3; *Engeln*, S. 36 f.; *Amelung*, ZStW 98 (1986), 355, 360; *Artkämper*, S. 85, 136 f.; *Gössel*, BT-1, § 38 Rdnr. 3 a.E.; Schönke/Schröder-*Lenckner*, § 123 StGB, Rdnr. 2.
[158] *Schall*, S. 169; *ders.*, NStZ 1983, 241, 245.
[159] SK-*Rudolphi*, § 123 StGB, Rdnr. 6.
[160] Ebenso *Bodendorf*, S. 37; *Schild*, NStZ 1986, 346, 351; *Kargl*, JZ 1999, 930, 937.

das befriedete Besitztum keinen Sozialwert, dann führt eine teleologische Reduktion zur Straffreiheit des Eindringenden. Die Belegung schlichter Besitzstörungen mit einem Strafmakel und entsprechender Sanktion wäre im übrigen verfassungsrechtlich bedenklich.[161] Kriminalpolitisch unerträgliche Strafbarkeitslücken entstehen dadurch nicht. Nur ein schmaler Randbereich befriedeter Besitztümer ist tatsächlich materiell funktionslos. Verbaut wäre dem Rechtsanwender allerdings der häufig anzutreffende bequeme Rekurs auf das befriedete Besitztum, wenn die Eigenschaft eines Raumes oder Territoriums als Wohnung, Geschäftsraum usw. nicht auf der Hand liegt. Das ist aber durchaus im Sinne des Gesetzes. Die Schutzfunktionen des Hausfriedensbruchs begrenzen das "befriedete Besitztum". Wäre stattdessen das Hausrecht als formale Ausschlußfreiheit Rechtsgut, so hätte sich der Gesetzgeber auf die Nennung des befriedeten Besitztums als einziges Tatobjekt beschränken können. Vereinssporthallen, private Kindergärten und Gebäude nicht öffentlich-rechtlich verfaßter Religionsgemeinschaften bleiben als befriedete Besitztümer geschützt,[162] weil sie rechtlich anerkannten sozialen Funktionen dienen. Daß das Betreten eines Stückes umzäunter Brache fernab menschlicher Behausung nicht mehr bestraft werden kann, ist hinzunehmen. De lege ferenda sollte zwar nicht die Streichung des befriedeten Besitztums,[163] wohl aber seine klarstellende Begrenzung auf den "häuslichen Bezirk" in Erwägung gezogen werden.[164]

2. Das Hausrecht – die Berechtigung des Rechtsgutträgers

a) Die Bedeutung des Hausrechtsbegriffs im Rahmen von § 123 StGB

Ist das Hausrecht auch nicht Rechtsgut des Hausfriedensbruchs, so bedeutet das nicht, daß es als strafrechtlicher Begriff aus dem Tatbestandsraum von § 123 StGB verabschiedet werden müßte.[165]

§ 123 StGB macht die Strafbarkeit des Täters nach ganz herrschender Meinung vom Willen einer anderen Person abhängig. Ob die körperliche Inanspruchnahme eines geschützten Areals als tatbestandsmäßige Handlung anzusehen ist, kann danach nur der beurteilen, der die psychische Beziehung

---

[161] Vgl. in einem ähnlichen Zusammenhang *Lagodny*, S. 335.
[162] Vgl. Schönke/Schröder-*Lenckner*, § 123 StGB, Rdnr. 6a.
[163] So aber *Schall*, S. 169; *ders.*, NStZ 1983, 241, 247, Fn. 73; *Bernsmann*, Jura 1981, 465, 472.
[164] *Armknecht*, S. 80 f., 186 f.; *Trabandt*, S. 209; *Bodendorf*, S. 5; AK-StGB-*Ostendorf*, § 123 StGB, Rdnr. 18.
[165] Der Begriff des Hausrechts wird denn auch von allen Autoren beibehalten, die ein Rechtsgut Hausrecht ablehnen, vgl. z.B. *Schall*, S. 132; *Stoiber*, S. 45 ff.; SK-*Rudolphi*, § 123 StGB, Rdnr. 14; *Engeln*, S. 37; *Artkämper*, S. 99.

des Hausherrn zum Handelnden in bezug auf dessen Aufenthalt auf dem Territorium beleuchtet. Für die zweite Tatalternative, die eine Aufforderung zum Verlassen voraussetzt, leuchtet das unmittelbar ein. Die Person, deren Ausschlußwille strafrechtlich erheblich ist, wird hier vom Gesetz "Berechtigter" genannt. Aber auch für § 123 StGB Abs. 1, 1. Alt. StGB soll es auf dieselbe Person ankommen, indem man Eindringen als Betreten gegen oder ohne den Willen des Berechtigten definiert.[166]

Das Recht, das diese Person zum Berechtigten macht, ist das Hausrecht. § 123 StGB setzt offenbar eine subjektiv-rechtliche Befugnis beim "Berechtigten" voraus: verlangen zu können, daß andere Menschen bestimmte näher gekennzeichnete Territorien nicht betreten oder sie verlassen Nicht jeder tatsächliche Ausschlußwille schlechthin, sondern nur der durch die Rechtsordnung geschützte Ausschlußwille wird in § 123 StGB mit strafrechtlichen Folgen für den ihm zuwider Handelnden belegt. Nicht der Ausschlußwille irgendeiner Person ist strafrechtlich beachtlich, sondern nur der Ausschlußwille desjenigen, der in einer rechtlich verfaßten Beziehung zum betreffenden Areal steht, aus der heraus er das Nichtbetreten oder Verlassen verlangen kann. In dieser Rechtmacht, dem Hausrecht, erkennt die Rechtordnung den Ausschlußwillen an.[167] Das Hausrecht wird so zum Gelenk zwischen der tatbestandlichen Willensbarriere und dem in die funktionale Ebene zurückverlagerten Rechtsgut.

Die Bedeutung des Hausrechtsbegriffs ist gebietsübergreifend dieselbe. Er bezeichnet ganz formal die Befugnis, über den Aufenthalt von Personen in Häusern, Räumen und auf anderem befriedeten Territorium bestimmen zu können.[168] Diese subjektiv-rechtliche Macht wird einem Rechtssubjekt von Normen des objektiven Rechts eingeräumt. Die Voraussetzungen seiner Entstehung, die Person des Berechtigten und die Grundsätze seiner Ausübung richten sich nach der jeweils anwendbaren gesetzlichen Vorschrift. So gibt es ein privates Hausrecht des Besitzers, des Eigentümers, des Erbbauberechtigten. Ein Hausrecht als subjektives öffentliches Recht räumen u. a. der Gewohnheitsrechtssatz der öffentlich-rechtlichen Haus- und Ordnungsgewalt und die sitzungspolizeilichen Vorschriften (§§ 175 Abs. 1 und 176 ff. GVG) ein.[169]

---

[166] RGSt 39, 440, 441; BGH bei Dallinger MDR 1968, 551; BGHSt 30, 350, 354; Tröndle/*Fischer*, § 123 StGB, Rdnr. 10; *Bohnert*, GA 1983, 1, 9 f.; SK-*Rudolphi*, § 123 StGB, Rdnr. 13; Schönke/Schröder-*Lenckner*, § 123 StGB, Rdnr. 11 m.w.N.; – abweichend *Schild*, NStZ 1986, 346 ff.; *Kargl*, JZ 1999, 930 ff.
[167] Vgl. *Bohnert*, GA 1983, 1, 4.
[168] Vgl. oben unter Erster Teil II 2 d, S. 92 ff.
[169] Vgl. unten unter Zweiter Teil II 2 e, S. 201 ff.

Der Straftatbestand des Hausfriedensbruchs birgt oder generiert kein davon verschiedenes "strafrechtliches Hausrecht",[170] sondern bewehrt allein den auf der Grundlage der verschiedenen zivil- oder öffentlich-rechtlichen Vorschriften gebildeten hausrechtlichen Ausschlußwillen mit Strafe. Das Strafrecht hat das Hausrecht vorgefunden und um des Schutzes der in hausrechtsfähigen Örtlichkeiten ablaufenden sozialen Prozesse willen in § 123 StGB für tatbestandlich relevant erklärt.[171] Aus der Verletzung eines subjektiven privaten oder öffentlichen Rechts auf Nichtbetreten oder Sichentfernen wird unter den Voraussetzungen von § 123 StGB Kriminal-unrecht.

Ein so präzisierter, für alle Rechtsgebiete einheitlich verstandener Hausrechtsbegriff macht deutlich, daß neben den genannten objektiv-rechtlichen Vorschriften kein selbständiges Hausrecht als Grundlage anwesenheitssteuernder Maßnahmen existiert. Das Hausrecht ist nur das traditionelle Etikett, mit dem, ohne damit etwas über die jeweilige objektiv-rechtliche Grundlage auszusagen, all jene Befugnisse bezeichnet werden, welche die Regelung des Aufenthalts von Personen auf befriedetem Territorium, in Räumen und Gebäuden zum Inhalt haben. Das wurde oben für das Verwaltungsrecht anhand der Ordnungswahrung in öffentlichen Gebäuden herausgearbeitet,[172] und kann nun, erleichtert durch das funktionale Rechtsgutsverständnis, auch im Zusammenhang mit § 123 StGB anerkannt werden.

b) Der Inhaber des Hausrechts

aa) Rechtsnormen als Quellen der Hausberechtigung

Inhaber des Rechts, über den Aufenthalt anderer Personen auf physisch abgeschirmtem Territorium zu bestimmen, ist diejenige Person, der eine Rechtsnorm dieses Recht zuweist. Das klingt banal, ist aber angesichts der Schwierigkeiten der herrschenden Ansicht, den Inhaber des Hausrechts zu bestimmen,[173] bereits ein Erkenntnisgewinn. "Das" Hausrecht als eigenständiges Rechtsinstitut gibt es nicht. Deshalb muß die Bestimmung des Inhabers der Befugnis, den Zutritt zu einem befriedeten Areal zu verbieten oder zum Verlassen desselben aufzufordern, recht freihändig geraten, wenn keinerlei Rechtsnorm als materielle Basis des Hausrechts in den Blick genommen wird. Rechtsprechung und Wissenschaft haben es bisher nicht

---

170 *Frühling*, S. 41; *Engeln*, S. 51 ff.; – vgl. demgegenüber *Stoiber*, S. 45 ff., 62 f., der ein aus Hausfrieden, Persönlichkeitsrecht und besitzähnlicher Hausherrschaft zusammengesetztes Hausrecht des "Berechtigten" zu begründen versucht.
171 Zum akzessorischen Charakter des Strafrechts vgl. in bezug auf das Hausrecht auch *Engeln*, S. 51 ff.
172 Vgl. oben unter Erster Teil II 1 und 2, S. 28 ff. und S. 63 ff.
173 Vgl. oben unter Zweiter Teil I 1 b bb, S. 157 f.

vermocht, die Tatbestandsmerkmale des "Berechtigten" und des "Eindringens" im Hinblick auf die Person, deren Willen strafbegründend wirkt, in vorhersehbarer und nachvollziehbarer Weise auszulegen. Stattdessen bescheidet man sich mit dem an sich unklaren und schillernden Begriff des "Hausrechts", der allerdings schrankenlos die Möglichkeit bietet, die Person des Berechtigten nach der Wünschbarkeit eines Ergebnisses im Einzelfall festzulegen. Ein solches Vorgehen ist mit dem strafrechtlichen Bestimmtheitsgrundsatz (Art. 103 Abs. 2 GG) schwerlich vereinbar.[174]

Die Anhänger der differenzierenden Betrachtungsweise, die als Rechtsgut nicht das Hausrecht selbst, sondern die materiellen Schutzfunktionen der Strafvorschrift ansehen, suchen den Inhaber des Hausrechts demgegenüber nicht selten nach der Funktionsträgerschaft zu bestimmen. Das Hausrecht stehe der Person zu, die Trägerin des jeweiligen sozialen Wertes sei, dessen Störungsfreiheit § 123 StGB gewährleisten solle. So wird behauptet, daß Inhaber des Hausrechts an einer Wohnung derjenige sei, der die jeweiligen Räume bewohne.[175]

Das ist dogmatisch bedenklich. Der Bewohner ist nicht deshalb Hausrechtsinhaber, weil er tatsächlich eine Wohnung bewohnt, sondern weil und wenn eine Rechtsnorm ihm das Hausrecht einräumt. Es gibt aber keine Rechtsnorm, die bestimmt, daß der Bewohner einer Wohnung, der Unternehmer im Geschäftsraum, der Hoheitsträger im Behördengebäude als solcher den Zutritt und Aufenthalt von Personen regeln darf. Es gibt nur die bekannten Vorschriften, welche dem Besitzer, dem Eigentümer, dem Inhaber der öffentlich-rechtlichen Haus- und Ordnungsgewalt und der Sitzungspolizei hausrechtliche Befugnisse zuweisen. Die tatsächliche Benutzung einer Sache allein bringt auch dann kein Haus*recht* in bezug auf diese Sache zum Entstehen, wenn Zweck und Funktion der Benutzung einem der durch § 123 StGB geschützten Rechtsgüter entsprechen. Um nicht in Widerspruch zur Rechtsordnung zu geraten, sehen sich die zitierten Autoren denn auch gezwungen, die Hausrechtsinhaberschaft für bestimmte Fallgestaltungen von der Rechtsgutträgerschaft abzukoppeln,[176] was schon allein – ungeachtet ihrer rechtsdogmatischen Fragwürdigkeit – die gesamte Konzeption entwertet.

---

[174] Vgl. zur Kritik schon *Engeln*, S. 20 ff.

[175] SK-*Rudolphi*, § 123 StGB, Rdnr. 14; *Schall*, S. 132; *Amelung/Schall*, JuS 1975, 565, 566; *Bernsmann*, Jura 1981, 337, 342; auch *Heinrich*, JR 1997, 89; *Gössel*, BT-1, § 38 Rdnr. 9, 39.

[176] SK-*Rudolphi*, § 123 StGB, Rdnr. 14; *Schall*, S. 137, Fn. 25; *Gössel*, BT-1, § 38 Rdnr. 9; – je mit der Beschränkung auf die rechtmäßige Inbesitznahme der Wohnung.

bb) Privatrechtliches Hausrecht

Um die Normbezogenheit des strafrechtlich bedeutsamen Hausrechts insgesamt zu veranschaulichen, seien die zivilrechtlichen Hausrechtsnormen in der gebotenen Kürze mitbehandelt.

Die Vorschriften der §§ 1004, 985 BGB geben dem Eigentümer Ansprüche, von einem anderen das Nichtbetreten oder das Verlassen seines umfriedeten Grundstückes oder seines Gebäudes zu verlangen. Entsprechendes gilt für sonst dinglich Berechtigte (vgl. § 11 Abs. 1 S. 1 ErbbauVO, §§ 1027, 1065, 1090 Abs. 2 BGB). Unter den zivilrechtlichen Positionen, die ein Hausrecht vermitteln, ist jedoch die des Besitzers am stärksten.[177] Seine Ansprüche aus §§ 861 und 862 BGB setzen sich nicht nur gegen Dritte, sondern wegen des Ausschlusses petitorischer Einwendungen durch § 863 BGB auch gegen den materiell am Territorium Berechtigten durch. Hinzu kommt, daß der Besitzer einer (hausrechtsfähigen) Sache ein weitergehendes Selbsthilferecht (§ 859 BGB) hat als derjenige, der das Fernbleiben von Personen nur aus anderen Rechtsgründen verlangen kann (dann gilt § 229 BGB). Der Besitz ist die Position, aus der in jedem Fall ein Recht folgt, das stärker ist als das des Störers.[178] Soweit Zivilrecht Anwendung findet, bilden daher die Besitzschutzvorschriften die maßgebliche Grundlage des Hausrechts. Ist der Besitzer zugleich dinglich oder obligatorisch an der Sache berechtigt, treten die daraus folgenden hausrechtlichen Ansprüche neben den Besitzschutz. Sie verdoppeln oder vervielfachen die Berechtigung, anwesenheitssteuernde Maßnahmen treffen zu können (materiell-rechtliche Anspruchskonkurrenz), überlassen aber dem stärkeren possessorischen Hausrecht die dogmatische Führung.

Inhaber des Hausrechts an einem nicht öffentlich-rechtlich beherrschten Areal ist der unmittelbare Besitzer, und zwar nach Maßgabe der §§ 859, 861 f. BGB.[179] Das Hausrecht des Besitzers entsteht folglich originär bei diesem durch die Inbesitznahme der Sache nach § 854 BGB, d. h. durch die von einem Besitzbegründungswillen getragene Erlangung der tatsächlichen Gewalt. Auch die einverständliche Übertragung des Besitzes von Hand zu Hand schafft keine Sonderform des Besitzes.[180] Das aus §§ 859, 861 f. BGB folgende Hausrecht des Mieters ist nicht von einem übergeordneten Vermieterhausrecht per mietvertraglicher Vereinbarung abgeleitet, sondern entsteht als eigenes Recht mit dem Erwerb des Besitzes. Hausrechtliche

[177] Besitzlose Objekte können hier vernachlässigt werden.
[178] Vgl. zu dieser Formulierung RGSt 12, 132, 134; Tröndle/*Fischer*, § 123 StGB, Rdnr. 2; Lackner/*Kühl*, § 123 StGB, Rdnr. 2; *Otto*, Grundkurs BT, § 35 Rdnr. 2.
[179] Vgl. auch *Karpen*, WissR 1972, 195, 217; *Frühling*, S. 52 f.; *Engeln*, S. 45 ff.
[180] Vgl. Staudinger-*Bund*, § 854 BGB, Rdnr. 21.

Ansprüche des Vermieters aus dem Mietvertrag – auf Betreten des Mietobjekts oder auf Fernbleiben bestimmter Personen oder Personengruppen – sind zwar existent und einklagbar, werden aber als lediglich petitorische Einwendungen (§ 863 BGB) in der Handlungssituation vom Besitzhausrecht des Mieters überwunden. Die ältere Ansicht von einem Resthausrecht des Vermieters[181] wird deshalb zu Recht heute überwiegend abgelehnt.[182]

Daß sich unter den Befugnissen, über Zugang und Aufenthalt anderer zu bestimmen, die an den unmittelbaren Besitz gebundenen Besitzschutzrechte durchsetzen, lassen Rechtsprechung und Literatur anklingen, wenn sie – wie das nicht selten geschieht – als Berechtigten im Grundsatz den unmittelbaren Besitzer der geschützten Örtlichkeit ausmachen.[183] Umstritten ist dabei, ob der rechtswidrig, d. h. der durch verbotene Eigenmacht (§ 858 Abs. 1 BGB) erlangte Besitz dem Besitzer (Hausbesetzer) ein Hausrecht gibt. Zum Teil wird das rundweg abgelehnt; das Hausrecht verbleibe uneingeschränkt beim früheren Besitzer.[184] Die wohl herrschende Ansicht differenziert: Gegenüber Dritten stehe auch dem Okkupanten in jedem Fall ein Hausrecht zu, gegenüber dem verdrängten früheren Besitzer und seinen Hilfspersonen jedoch nicht vor Ablauf der Jahresfrist des § 864 Abs. 1 BGB.[185] Weiter geht *Engeln*, der ein Hausrecht des fehlerhaft Besitzenden auch im Verhältnis zum früheren Besitzer ohne Einschränkungen bejaht.[186]

Die hier vertretene strikte Anbindung des zivilrechtlichen Hausrechts an die gesetzlichen Regelungen des Besitzschutzes bestätigt im Wesentlichen die Ergebnisse der differenzierenden Ansicht. Die Vorschriften der §§ 861 Abs. 2, 862 Abs. 2 BGB bestimmen, indem sie das Hausrecht des Okkupanten (nur) gegenüber dem Opfer der verbotenen Eigenmacht und nur innerhalb

---

[181] OLG Braunschweig NJW 1966, 263, 264; OLG Hamm GA 1961, 181 f.; OLG Köln MDR 1954, 359, 360; Tröndle/*Fischer*, § 123 StGB, Rdnr. 2; LK-*Schäfer*, § 123 StGB, Rdnr. 53 f.; *Gössel*, BT-1, § 38 Rdnr. 39.

[182] SK-*Rudolphi*, § 123 StGB, Rdnr. 15; Schönke/Schröder-*Lenckner*, § 123 StGB, Rdnr. 17; *Amelung/Schall*, JuS 1975, 565, 566; *Bernsmann*, Jura 1981, 337, 343; *Seier*, JA 1982, 233, 237; *Heinrich*, JR 1997, 89, 90; *Engeln*, S. 107 ff.; *Artkämper*, S. 174 ff. m.w.N. in Fn. 673.

[183] Vgl. RGSt 36, 322, 323; RGSt 57, 139; OLG Braunschweig NdsRPfl 1962, 118, 119; *Bockelmann*, BT-3, S. 151; Schönke/Schröder-*Lenckner*, § 123 StGB, Rdnr. 16, 29; LK-*Schäfer*, § 123 StGB, Rdnr. 51, 59; *Heinrich*, JR 1997, 89; eingehend *Engeln*, S. 45 ff.

[184] Schönke/Schröder-*Lenckner*, § 123 StGB, Rdnr. 16; AK-StGB-*Ostendorf*, § 123 StGB, Rdnr. 33.

[185] RGSt 57, 139; LK-*Schäfer*, § 123 StGB, Rdnr. 59; SK-*Rudolphi*, § 123 StGB, Rdnr. 14; *Bernsmann*, Jura 1981, 337, 342; – zu Unrecht wird OLG Braunschweig NdsRPfl 1962, 118, 119 dieser Meinungsgruppe zugeschlagen, das Gericht läßt die Frage ausdrücklich dahinstehen.

[186] *Engeln*, S. 49 ff., 53, – dann allerdings diesem Hausrecht innerhalb der Jahresfrist des § 864 Abs. 1 BGB den Strafschutz versagend, (a.a.O., S. 53 ff., 56).

Jahresfrist ausschließen, ausdrücklich, was anderswo[187] ohne Begründung postuliert wird. Die Selbsthilferechte aus § 859 BGB kennen diese Beschränkung zwar nicht, so daß sie dem früheren Besitzer auch innerhalb des ersten Jahres nach der Okkupation ausgeübt werden dürfen. Hausrechtliche Befugnisse aus § 859 BGB bleiben aber als an den Augenblick verbotener Eigenmacht gebundene Sofortrechte weit hinter den Möglichkeiten zurück, die §§ 861, 862 BGB dem Besitzer einräumen. § 859 BGB gibt anders als die Besitzschutzansprüche (vgl. § 862 Abs. 1 S. 2 BGB) kein Recht, ein in die Zukunft wirkendes Hausverbot auszusprechen. Und genau besehen bietet das Gewaltrecht für sich genommen auch keine Handhabe, den einmal willentlich hineingelassenen Besucher wieder hinauszuweisen.[188] Denn die dort für das Bestehen des Selbsthilferechts vorausgesetzte verbotene Eigenmacht liegt eben erst dann vor, wenn sich der Täter nach dem Aussprechen einer rechtlich begründeten Hinausweisung nicht entfernt.[189] Diese Aufforderung kann nicht auf die Norm gestützt werden, zu deren Tatbestandsvoraussetzungen sie gehört.[190]

Die Person des unmittelbaren Besitzers bestimmt sich nach §§ 854 ff. BGB und den hierzu von Rechtsprechung und Lehre entwickelten Grundsätzen. Wer danach im Einzelfall als Hausrechtsinhaber anzusehen ist, kann hier nicht behandelt werden. Hinzuweisen ist allenfalls noch auf die Figur des Organbesitzes, nach der juristische Personen selbst unmittelbare Besitzer der ihren Zwecken dienenden Sachen und damit Inhaber der hausrechtlichen Befugnisse aus §§ 859, 861, 862 BGB sind.[191]

cc) Öffentlich-rechtliches Hausrecht

Hoheitsträgern ist, wenn sie öffentliche Aufgaben in öffentlich-rechtlicher Form erfüllen, der Rückgriff auf die privatrechtlichen Jedermannsrechte des Besitz- und Eigentumsschutzes verwehrt.[192] Stattdessen richtet sich die Hausrechtsinhaberschaft nach Vorschriften des öffentlichen Rechts. Die Ausübung des Hausrechts durch die öffentliche Gewalt greift in Grundrechte

---

[187] LK-*Schäfer*, § 123 StGB, Rdnr. 59; SK-*Rudolphi*, § 123 StGB, Rdnr. 14.
[188] Anders *Engeln*, S. 83 f.
[189] D.h., nach dem Widerruf der Zustimmung, vgl. *Löwisch/Rieble*, NJW 1994, 2596 sowie RGZ 146, 182, 186; Staudinger-*Bund*, § 858 BGB, Rdnr. 19.
[190] Der Besitz gibt daher nicht in jedem Fall die Befugnis, einen einmal Eingelassenen ohne weiteres hinauszuweisen (so aber *Löwisch/Rieble*, NJW 1994, 2596). Ist der zunächst willkommene Besucher derjenige, demgegenüber der Besitzer (Okkupant) fehlerhaft besitzt und ist seit der Erlangung des Besitzes durch den Okkupanten noch kein Jahr vergangen, so hat dieser weder aus § 859 Abs. 3 noch aus §§ 861, 862 BGB eine hausrechtliche Befugnis, den Besucher (den früheren Besitzer) zum Verlassen des Territoriums aufzufordern.
[191] Vgl. BGHZ 57, 166, 167; Palandt-*Bassenge*, § 854 BGB, Rdnr. 12; Staudinger-*Bund*, § 854 BGB, Rdnr. 58 f.
[192] Vgl. oben unter Erster Teil III 3, S. 111.

des betroffenen Bürgers ein. Für hausrechtliche Maßnahmen von Hoheitsträgern, Zutrittsverweigerungen, Hinausweisungen und Hausverbote, kommen daher nur dem Prinzip des Gesetzesvorbehalts genügende gesetzliche Befugnisnormen in Betracht. Als solche wurden oben der Gewohnheitsrechtssatz der öffentlich-rechtlichen Haus- und Ordnungsgewalt und die sitzungspolizeilichen Vorschriften (§§ 175 Abs. 1 und 176 ff. GVG) erkannt.[193] Sie räumen ihrem Zuordnungssubjekt – bei Vorliegen bestimmter Voraussetzungen – neben anderen Befugnissen die Macht ein, über den Aufenthalt von Personen auf eingefriedetem Territorium zu entscheiden.

Inhaber dieser rechtlichen Macht kann indessen nur ein Rechtsträger, d. h. eine Person im rechtstechnischen Sinne, sein. Die Normen ermächtigen nicht die Privatperson des Organwalters zur Ausübung des Hausrechts, sondern nur das Organ als Organ eines Hoheitsträgers. Nur eine rechtsfähige Organisationseinheit, nicht ein Organ, ist eigentlicher Inhaber des Hausrechts, und zwar selbst dann, wenn die Befugnisnorm – wie §§ 176, 177 GVG ("der Vorsitzende", "das Gericht") – das Organ zu berechtigen scheint. Das aus öffentlich-rechtlichen Vorschriften fließende Hausrecht steht folglich als eigenes immer der sich aus dem Normzusammenhang ergebenden juristischen Person des öffentlichen Rechts, der rechtsfähigen Körperschaft, Anstalt oder Stiftung, zu.[194]

Öffentlich-rechtliche Haus- und Ordnungsgewalt und Sitzungspolizei sind funktionsschützende, zweckakzessorische Instrumente.[195] Sie berechtigen daher diejenige rechtsfähige Einheit, die den öffentlichen Zweck der entfalteten sachlichen Tätigkeit trägt. Zu Recht wird als Inhaber des "öffentlich-rechtlichen Hausrechts" von der verwaltungsrechtlichen Rechtsprechung und Literatur der Hoheitsträger bezeichnet, der als öffentlicher Sachherr die zu schützende Tätigkeit entfaltet.[196] Daß die betreffende staatliche oder unterstaatliche Körperschaft, Anstalt oder Stiftung gleichzeitig unmittelbare Besitzerin des Territoriums nach Maßgabe des Bürgerlichen Rechts ist, spielt für das Hausrecht keine Rolle.

---

[193] Vgl. oben unter Erster Teil II, S. 28 ff. und Erster Teil IV, S. 114 ff.

[194] Deutlich auch: OVG Münster DÖV 1990, 979, 980; Schönke/Schröder-*Lenckner*, § 123 StGB, Rdnr. 16; *Bodendorf*, S. 42 f.; *Jauer*, S. 38 ff.

[195] Vgl. oben unter Erster Teil II 1 a, S. 28 ff. und Zweiter Teil IV 1, S. 114 f.

[196] OVG Münster NVwZ-RR 1989, 316, 317; DÖV 1990, 979, 980; BayVGH NJW 1980, 2722, 2723; *Knemeyer*, DÖV 1970, 596, 598; *ders.* BayVBl. 1977, 206, 207; *Karpen*, WissR 1972, 195, 217; *U. Schmitt*, S. 77; *Hardinghaus*, S. 139 f.; *Bethge*, Die Verwaltung 1977, 313, 320 ff., 330 f.

c) Der zur Ausübung des Hausrechts Berechtigte

Neben demjenigen, der nach der jeweils anwendbaren objektiv-rechtlichen Vorschrift Inhaber des Hausrechts ist, muß es weitere Personen geben, die verbindliche anwesenheitssteuernde Anordnungen treffen können. Juristische Personen als nicht handlungsfähige abstrakte Gebilde sind sogar von vornherein für die Ausübung des Hausrechts auf ihre Organe angewiesen. Abgesehen davon ist das praktische Bedürfnis unabweisbar, daß der Aufenthalt von Personen in Räumen, Gebäuden und auf eingehegten Grundstücken nicht allein vom Hausherrn, dem Inhaber des Hausrechts oder dem Leitungsorgan der juristischen Person, sondern daneben von Dritten überwacht und geregelt wird, deren Handeln dem selbst subjektiv Berechtigten zuzurechnen ist.[197] Auch natürliche Personen gebieten oft (als Besitzer, als Eigentümer usw.) hausrechtlich über so viel, auch verstreut liegendes Territorium, daß für Einzelfallentscheidungen über den Zutritt oder den weiteren Aufenthalt anderer die Hilfe Dritter in Anspruch genommen werden muß.

aa) Die herrschende Unsicherheit

Weil Rechtsprechung und Lehre die Akzessorietät des Hausrechts von dahinterstehenden objektiv-rechtlichen Vorschriften nicht (an-)erkennen, setzt sich die bei der Bestimmung des Hausrechtsinhabers beobachtete Unsicherheit hier fort. Das für notwendig erkannte Tätigwerden von Hilfspersonen bei der Ausübung des Hausrechts wird mehr nebelhaft beschreibend als mit rechtsdogmatischem Anspruch durch die unterschiedlichsten Modelle zu rechtfertigen gesucht. Insofern ist die Rede von der Ermächtigung zur Ausübung des Hausrechts,[198] von der Übertragung des Hausrechts,[199] der Übertragung der Ausübung des Hausrechts,[200] der Bevollmächtigung zur Ausübung[201] und von tatsächlicher Vertretung.[202] Die Delegierung der Ausübungsberechtigung bzw. des Hausrechts soll nicht nur, woran es regelmäßig fehlen dürfte, ausdrücklich, sondern auch "stillschweigend" möglich sein.[203] Der Bundesgerichtshof hat, ohne auf eine

---

[197] Vgl. *Schröder*, JR 1967, 304, 305; *Engeln*, S. 61.

[198] LK-*Schäfer*, § 123 StGB, Rdnr. 61; SK-*Rudolphi*, § 123 StGB, Rdnr. 17.

[199] LK-*Schäfer*, § 123 StGB, Rdnr. 61; *Kissel*, § 12 GVG, Rdnr. 47; Kleinknecht/*Meyer-Goßner*, § 176 GVG, Rdnr. 3.

[200] Schönke/Schröder-*Lenckner*, § 123 StGB, Rdnr. 21; AK-StGB-*Ostendorf*, § 123 StGB, Rdnr. 35; Löwe/Rosenberg-*Schäfer/Wickern*, § 176 GVG, Rdnr. 3.

[201] SK-*Rudolphi*, § 123 StGB, Rdnr. 21.

[202] Tröndle/*Fischer*, § 123 StGB, Rdnr. 17; *Bockelmann*, BT-3, S. 153.

[203] Schönke/Schröder-*Lenckner*, § 123 StGB, Rdnr. 21; SK-*Rudolphi*, § 123 StGB, Rdnr. 21; LK-*Schäfer*, § 123 StGB, Rdnr. 61; *Bernsmann*, Jura 1981, 403, 405; Lackner/*Kühl*, § 123 StGB, Rdnr. 2; AK-StGB-*Ostendorf*, § 123 StGB, Rdnr. 35; – in bezug auf

dogmatische Konstruktion Bezug zu nehmen, für die Wahrung des Hausrechts in einer Wohnung neben dessen Inhaber auch seine Familienangehörigen "kraft ihrer Zugehörigkeit zur Familiengemeinschaft" als befugt angesehen.[204] Die Ausübung des Hausrechts an Gerichtsgebäuden soll indessen übertragen werden können.[205]

Zum Teil verzichtet man innerhalb der herrschenden Meinung vom Hausrecht als Rechtsgut des Hausfriedensbruchs auf das dogmatische Feigenblatt der "stillschweigenden Ermächtigung" und gesteht offen ein, daß Kriterien fehlen, die Ausübungsberechtigung Dritter unabhängig vom Einzelfall zu bestimmen.[206] Namentlich für die Berechtigung, bereits eingetretene Personen zum Verlassen der Örtlichkeit aufzufordern, werden die Anforderungen an das ableitende Band zum Rechtsinhaber abgesenkt. Überwiegend behauptet man, der Kreis der Aufforderungsberechtigten (§ 123 Abs. 1, 2. Alt. StGB) sei weiter zu ziehen als der Kreis der Personen, deren Willen aus einem Eintreten ein Eindringen (§ 123 Abs. 1, 1. Alt. StGB) macht.[207] Noch jenseits von Konstruktionen "stillschweigender" Übertragungen und "tatsächlicher" Vertretung soll es für die aufenthaltsbeendende Ausübung des Hausrechts ausreichen, daß der Betreffende am Schutz des Hausrechts teilnimmt und der Hausrechtsinhaber von ihm ein Einschreiten erwarten kann.[208] Es genüge eine Beziehung zum Hausherrn, welche die Hilfsperson als legitimiert erscheinen lasse, im Interesse des Hausfriedens für den nicht gegenwärtigen Hausrechtsinhaber zu handeln.[209] Hier nun ist der mit Begriffen wie Ermächtigung oder Übertragung gewahrte rechtstechnische Schein aufgegeben und die Bestimmung des Ausübungsberechtigten allein nach einem (angeblich vorhandenen) kriminalpolitischen Bedürfnis ausgerichtet worden, das aus der Erforderlichkeit einer situativ ausgesprochenen Verlassensaufforderung im Rahmen der zweiten Handlungsalternative des Hausfriedensbruchs folge.[210]

Die Befugnis zur Ausübung des Hausrechts leitet sich nicht aus den Besonderheiten der tatbestandlichen Fassung von § 123 StGB her, sondern sie

---

Gerichtsgebäude: *Katholnigg*, § 176 GVG, Rdnr. 5; *Pfeiffer*, § 176 GVG, Rdnr. 4; *Willms*, JZ 1972, 653, 654; *Wolf*, GerichtsverfassungsR, § 26 I 2, S. 257.

[204] BGHSt 21, 224, 226.

[205] BGHSt 30, 350, 354.

[206] Lackner/*Kühl*, § 123 StGB, Rdnr. 2; "Im ganzen hängt es von den Umständen ab, wer im Einzelfall zur Ausübung des Hausrechts befugt ist."

[207] *Schröder*, JR 1967, 304, 305; LK-*Schäfer*, § 123 StGB, Rdnr. 75; Schönke/Schröder-*Lenckner*, § 123 StGB, Rdnr. 29; *Geppert*, Jura 1989, 378, 382, Fn. 42; – ablehnend *Gössel*, BT-1, § 38 Rdnr. 45; ohne Differenzierung auch BGHSt 21, 224, 226; Lackner/*Kühl*, § 123 StGB, Rdnr. 2, 9; SK-*Rudolphi*, § 123 StGB, Rdnr. 17, 21.

[208] Schönke/Schröder-*Lenckner*, § 123 StGB, Rdnr. 21.

[209] LK-*Schäfer*, § 123 StGB, Rdnr. 75.

[210] Eingestanden von *Schröder*, JR 1967, 304, 305 f.; LK-*Schäfer*, § 123 StGB, Rdnr. 75.

richtet sich nach den Vorschriften, die für die jeweilige objektiv-rechtliche Hausrechtsnorm Dritten die Möglichkeit geben, an der Stelle des Rechtsinhabers zu handeln.[211] Je nachdem, welche Norm dem Hausherrn das Recht zuweist, die Anwesenheit anderer Personen im geschützten Bereich zu regeln, können – entsprechend den je verschiedenen Vorschriften zur Delegierung der Ausübungsberechtigung – die Möglichkeiten, dieses Recht durch Hilfspersonen ausüben zu lassen, durchaus variieren. Insbesondere ergeben sich Unterschiede zwischen der Ausübung der privatrechtlichen und der öffentlich-rechtlichen Hausberechtigung.

bb) Privatrechtliches Hausrecht

Sind besitzrechtliche Vorschriften unter Privaten die entscheidende Grundlage des Hausrechts, so muß danach gefragt werden, welche Möglichkeiten gerade der Besitzer hat, seine hausrechtlichen Befugnisse durch Dritte ausüben zu lassen.

Soweit das Besitzer-Hausrecht auf § 859 BGB fußt (zu denken ist an Zutrittsverweigerungen gegenüber unmittelbar zum Eintritt ansetzenden Personen, § 859 Abs. 1 BGB[212]) sind gemäß § 860 BGB zu seiner Ausübung auch die Besitzdiener (§ 855 BGB) befugt.[213] Eine Ermächtigung anderer Personen zur Ausübung der Gewaltrechte aus § 859 BGB ist daneben nicht möglich.[214]

Zur Geltendmachung der Besitzschutzansprüche aus §§ 861, 862 BGB sind Besitzdiener dagegen nicht von Gesetzes wegen berechtigt.[215] Hier besteht aber für den unmittelbaren Besitzer die Möglichkeit, Besitzdiener und andere Hilfspersonen in entsprechender Anwendung von § 185 BGB zur Ausübung des Hausrechts zu ermächtigen.[216] Das kann niemals im Wortsinne "stillschweigend", wohl aber konkludent geschehen. Stets muß geprüft werden, ob einem Verhalten des Rechtsinhabers unter Würdigung der Umstände ein entsprechender Erklärungswert beizumessen ist.

---

211 Vgl. *Engeln*, S. 25.
212 In der ernsthaften Annäherung des anderen liegt bereits die ohne den Willen des Besitzers erfolgende Besitzstörung und damit verbotene Eigenmacht i.S.v. § 858 Abs. 1 BGB, vgl. Palandt-*Bassenge*, § 858 BGB, Rdnr. 6.
213 Vgl. *Frühling*, S. 20 f., 52 mit Fn. 194; *Engeln*, S. 62, 87.
214 RGSt 60, 273, 278; Palandt-*Bassenge*, § 859 BGB, Rdnr. 1; – a.A. *Engeln*, S. 91.
215 Palandt-*Bassenge*, § 860 BGB, Rdnr. 1; Staudinger-*Bund*, § 860 BGB, Rdnr. 1.
216 Hierzu ausführlich *Engeln*, S. 59 ff., 68 ff.

cc) Öffentlich-rechtliches Hausrecht

Hoheitsträger, die ihre Sachaufgaben in öffentlich-rechtlicher Form erfüllen, bedienen sich zum Schutz ihrer Tätigkeit innerhalb abgeschirmter räumlicher Bereiche der zur Verfügung stehenden öffentlich-rechtlichen Instrumente. Diese können formell-gesetzlich geregelt sein (wie die Sitzungspolizei, §§ 175 Abs. 1 und 176 ff. GVG) oder als Gewohnheitsrecht existieren (wie die öffentlich-rechtliche Haus- und Ordnungsgewalt). Die Zuständigkeit zur Ausübung dieser Ordnungsinstitute, die auch ein Hausrecht geben, folgt nicht aus § 860 BGB oder aus privatrechtlichen Ermächtigungen analog § 185 BGB. Wer für den Inhaber einer öffentlich-rechtlichen Befugnis handelt, richtet sich nach öffentlichem Recht.

Die vereinzelt, vor allem in den Staats- und Gemeindeverfassungen und den Schul- und Hochschulgesetzen anzutreffenden Vorschriften, die das Hausrecht einem Leitungsorgan zuweisen,[217] sind nicht selbst Rechtsgrundlage hausrechtlicher Befugnisse. Sie sind Zuständigkeitsregelungen, die bestimmen, welches Organ einer Stelle öffentlicher Verwaltung für die funktionstragende juristische Person des öffentlichen Rechts (zunächst) das Hausrecht auszuüben hat.[218] Das Hausrecht wird hier als Element der gewohnheitsrechtlichen Haus- und Ordnungsgewalt angesprochen. Die sitzungspolizeilichen Vorschriften der §§ 176, 177 GVG weisen das sitzungspolizeiliche Hausrecht explizit bestimmten Organen, dem vorsitzenden Richter bzw. dem Gericht, zur Ausübung zu. Existiert keine formell-gesetzliche Vorschrift über die Ausübung des Hausrechts, dann greift Gewohnheitsrecht Platz. Die Zuständigkeit des Behördenleiters zur Ausübung des Hausrechts ist gewohnheitsrechtlich anerkannt.[219] Weiterhin besteht die Möglichkeit, die Ausübung hausrechtlicher Befugnisse der öffentlich-rechtlichen Haus- und Ordnungsgewalt untergesetzlich durch Rechtsverordnung, Satzung oder Dienstanweisung (als ministerielle Dienstordnung oder als "Hausordnung") Organen und Unterorganen ausdrücklich zuzuweisen.[220]

Unabhängig davon kann der Behördenleiter die Zuständigkeit zur Ausübung der öffentlich-rechtlichen Haus- und Ordnungsgewalt nach allgemeinen Rechtsgrundsätzen, die in § 185 BGB einen Ausdruck gefunden haben, übertragen. Problematisch ist die Ermächtigung Privater, etwa privater Sicherheitsunternehmen, zur Ausübung des hoheitlichen Ordnungsmittels. Im

---

[217] Vgl. z.B. Art. 40 Abs. 2 S. 1 GG, Art. 39 Abs. 2 S. 3 Verf NW, § 51 Abs. 1 GO NW, § 19 Abs. 2 S. 3 UnivG NW, § 20 Abs. 2 S. 6 SchulVwG NW.

[218] *Folz*, JuS 1965, 41, 44; *U. Schmitt*, S. 20; *Knemeyer*, DÖV 1970, 596, 598; *Tettinger*, WissR 1983, 221, 225; *Engeln*, S. 16, 129; *Axer*, S. 192.

[219] *Berg*, JuS 1982, 260, 262; *Gerhardt*, BayVBl. 1980, 724, 725; *Witthohn*, S. 157.

[220] Vgl. LK-*Schäfer*, § 123 StGB, Rdnr. 61; *Bockelmann*, BT-3, S. 153.

Ergebnis dürfte die Übertragung der Ausübungsberechtigung an die Voraussetzungen der öffentlich-rechtlichen Beleihung gebunden sein.[221] Unproblematisch ist dagegen die Delegation der hoheitlichen Zuständigkeit an untergeordnete, weisungsabhängige Beamte, Angestellte und Arbeiter des öffentlichen Dienstes. Bereits mit der dauerhaften Einbindung in den räumlichen Zusammenhang öffentlicher Sachaufgabenerfüllung wird einer Person mit der Sachaufgabe auch die Annexzuständigkeit zur Sicherung der Sachaufgabe übertragen. In der Begründung eines Dienst- oder Arbeitsverhältnisses mit einem Hoheitsträger liegt die konkludente Ermächtigung, die allgemeine öffentlich-rechtliche Haus- und Ordnungsgewalt im Sinne einer abgeleiteten Eilzuständigkeit im Namen des Behördenleiters und der juristischen Person auszuüben. Insbesondere beinhaltet die Zuweisung eines Dienstzimmers oder sonstigen umschlossenen Raumes an einen Sachwalter die Übertragung der Berechtigung zur Ausübung des Hausrechts.[222] Das gilt nicht nur für die Berechtigung, einen Störer hinauszuweisen, sondern auch für die Berechtigung, dem Störer bereits den Zutritt zum Raum zu verwehren.[223] Aber auch um einen Störer zum Verlassen des gesamten Gebäudes aufzufordern, ist es nicht erforderlich, daß der Behördenleiter selbst tätig wird.[224] Nach dem – den räumlichen Gegebenheiten entsprechenden – Sinn der konkludenten Zuständigkeitsübertragung ist jeder dauerhaft im Gebäude tätige Amtswalter und Angestellte befugt, auf der Grundlage und unter den Voraussetzungen der öffentlich-rechtlichen Haus- und Ordnungsgewalt Sofortmaßnahmen zu ergreifen, um eine Gefahr für die öffentliche Aufgabenerfüllung abzuwehren oder eine Störung zu beseitigen.[225] Läßt sich die akute Gefahr nicht anders als durch eine auf das gesamte Gebäude bezogene hausrechtliche Maßnahme abwehren,[226] dann darf jeder anwesende Sachwalter in der erforderlichen Weise einschreiten. Ist keine Gefahr im Verzuge, so bleibt die hausrechtliche Maßnahme allerdings – das betrifft den

---

[221] Vgl. dazu *Greifeld*, DÖV 1981, 906, 910 sowie die mit zunehmender Belastung der öffentlichen Haushalte intensivierte Diskussion um "Public-Private Partnership", die hier aus Raumgründen nicht noch einmal aufgenommen werden soll.

[222] Im Ergebnis ebenso: *U. Schmitt*, S. 78; – für das Hausrecht des Dozenten am Hörsaal einer Hochschule: Maunz/Dürig-*Scholz*, Art. 5 Abs. III, Rdnr. 171; *Tettinger*, WissR 1983, 221, 243; VGH Mannheim, DVBl. 1976, 51 Nr. 32.

[223] Einen gegenteiligen Eindruck erwecken jedoch LK-*Schäfer*, § 123 StGB, Rdrn. 75; Schönke/Schröder-*Lenckner*, § 123 StGB, Rdnr. 29. Das hieße, daß dem erkennbar gefährlichen Angreifer von einem Beamten nicht der Eintritt in sein Dienstzimmer verboten, er jedoch nach dem Betreten zum Verlassen desselben aufgefordert werden könnte. Für diese Differenzierung fehlt jeder Grund.

[224] *Tettinger*, WissR 1983, 221, 222 f., 240; *Leuze*, § 19 UnivG NW, Rdnr. 7; a.A. offenbar Schönke/Schröder-*Lenckner*, § 123 StGB, Rdnr. 29.

[225] Vgl. schon oben unter Erster Teil II 3 a, S. 94 ff.

[226] Beispiele: Betrunkener stört durch Lärmen auf dem Rathausflur, Bewaffneter nähert sich dem Eingang des Amtsgebäudes einer Staatsanwaltschaft.

Erlaß von Hausverboten und Hausordnungen – dem Behördenleiter vorbehalten.[227]

d) Der Inhaber des Hausrechts als Rechtsgutträger

Für die herrschende Meinung sind Hausrechtsinhaber und Rechtsgutträger bereits deshalb identisch, weil sie das Hausrecht zum Rechtsgut erklärt. Wer als Anhänger der funktionalistischen Konzeption die Hausrechtsinhaberschaft ohne weiteres dem Träger der materiellen Schutzfunktion der Strafvorschrift, also dem Bewohner, dem Geschäftsbetreiber, dem Träger des öffentlichen Dienstes oder Verkehrs zuweist,[228] hat ebenfalls den Ausschlußberechtigten mit dem Rechtsgutsinhaber gleichgesetzt.[229] Wenn demgegenüber hier betont wurde, daß nichts anderes als objektiv-rechtliche Normen dem Berechtigten das subjektive Recht Hausrecht einräumen, so treten die Funktionsebene der Rechtsgüter und die Ebene der Berechtigung, Personen räumlich auszuschließen, auseinander. Die jeweils anwendbare privat- oder öffentlich-rechtliche Hausrechtsnorm wird innerhalb des tatbestandlichen Rahmens von § 123 StGB strafrechtlich garantiert. Anordnungen des Besitzschutzes, des Eigentumsschutzes, der öffentlich-rechtlichen Haus- und Ordnungsgewalt usw. sind dabei nur insoweit strafbewehrt, als einerseits die Grenze des möglichen Wortsinns der Tatbestandsbeschreibung nicht überschritten und andererseits eine wenigstens abstrakte Rechtsgutsgefährdung nicht ausgeschlossen ist.

Auch wenn man die Normabhängigkeit der Hausberechtigung anerkennt, bleibt es dabei, daß deren Inhaber gleichzeitig Träger des funktionalen Rechtsgutes ist. Er ist es aber nicht als Funktionsträger an sich, sondern deshalb, weil objektiv-rechtliche Normen ihm die hausrechtlichen Befugnisse geben. Für öffentlich-rechtliche Hausrechtsbefugnisse ergibt sich das unmittelbar: Dort ist das strafrechtliche Rechtsgut, der Schutz der öffentlichen Aufgabenerfüllung, bereits Teil des Tatbestandes der Hausrechtsnormen. Schon das Bestehen einer hausrechtlichen Befugnis setzt voraus, daß ein Träger öffentlicher Gewalt eine zu schützende öffentlich-rechtliche Tätigkeit entfaltet. Ohne die Sitzung eines Gerichts gibt es keine sitzungspolizeilichen Befugnisse, ohne räumlich radizierte hoheitliche Sachtätigkeit gibt es keine öffentlich-rechtliche Haus- und Ordnungsgewalt. Wegen der eigenen Funktionsbezogenheit der öffentlich-rechtlichen Hausrechtsvor-

---

[227] *U. Schmitt*, S. 78.

[228] *Schall*, S. 132, 150, 160; SK-*Rudolphi*, § 123 StGB, Rdnr. 14; *Bernsmann*, Jura 1981, 337, 342; *Gössel*, BT-1, § 38 Rdnr. 9, 39.

[229] Zu der Inkonsequenz, nur denjenigen Funktionsträger schützen zu wollen, der das Territorium rechtmäßig in Besitz genommen hat, vgl. *Schall*, S. 137, Fn. 25; SK-*Rudolphi*, § 123 StGB, Rdnr. 14; *Gössel*, BT-1, § 38 Rdnr. 9.

schriften treffen Normberechtigung und Rechtsgutsinhaberschaft hier notwendig zusammen.

Das privatrechtliche Hausrecht, dessen bestimmende Grundlage die Besitzschutzrechte sind, ist, weniger direkt, über die Angriffsobjekte des Hausfriedensbruchs mit dem jeweiligen funktionalen Rechtsgut verknüpft. Denn der Träger des sozialen Prozesses, der Bewohner einer Wohnung, der Betreiber einer gewerblichen, wissenschaftlichen, künstlerischen Unternehmung im Geschäftsraum, der private Betreiber öffentlichen Verkehrs ist immer gleichzeitig unmittelbarer Besitzer der Örtlichkeit. Als solchem steht ihm, dem Rechtsgutsinhaber, auch das aus §§ 859 ff. BGB folgende Hausrecht zu. Nur bei Territorium, das sich nicht als Wohnung, Geschäftsraum, zum öffentlichen Dienst oder Verkehr bestimmter Raum, sondern lediglich als befriedetes Besitztum ansprechen läßt, existiert ein schmaler Randbereich von Fallgestaltungen, wo dem Hausrecht des unmittelbaren Besitzers kein Rechtsgut korrespondiert. Mangels eines werthaltigen sozialen Prozesses ist das Hausrecht dann nicht strafrechtlich geschützt. Rechtsgutsbezogene Auslegung muß hier zu teleologischer Reduktion führen.

Zusammengefaßt ergibt sich somit folgendes Bild: § 123 StGB erklärt den Willen einer Person, des “Berechtigten”, für tatbestandlich relevant. Die Bildung und Betätigung dieses Willens geschieht in Ausübung des Hausrechts, d. h. der subjektiv-rechtlichen Macht, verlangen zu können, daß umfriedetes Areal nicht betreten oder verlassen wird. Ein Hausrecht besteht ausschließlich nach Maßgabe objektiv-rechtlicher Normen. Diesen Normen allein ist jeweils zu entnehmen, wer Rechtsinhaber, wer Unterworfener ist und unter welchen Voraussetzungen das Recht besteht. Ausschlußwille, hausrechtliche Befugnis und Hausrechtsnorm sind von der Funktionsebene der Rechtsgüter zu trennen. Die Rechtsgüter sind Motiv für den strafrechtlichen Schutz des Hausrechts an den in § 123 StGB aufgeführten Objekten.

II. Die Strafbarkeitsvoraussetzungen im einzelnen

1. Das Tatobjekt: Der zum öffentlichen Dienst bestimmte Raum

"Abgeschlossene Räume, welche zum öffentlichen Dienst bestimmt sind", sind Gebäude, Zimmer und andere eingehegte Areale, in denen ein Träger hoheitlicher Gewalt unter Anwendung des öffentlichen Rechts öffentliche Aufgaben erfüllt.[1] Bestimmung zum öffentlichen Dienst bedeutet also Bestimmung zu öffentlich-rechtlicher Sachtätigkeit. Als öffentliche Diensträume genießen folglich alle Gebäude Strafschutz, die von Parlamenten, Rechtsprechung, Regierung und Verwaltung in öffentlich-rechtlicher Form genutzt werden.

Eine (auch nur teilweise) Überdachung des Raumes fordert der Wortlaut ebensowenig wie beim befriedeten Besitztum oder den anderen Tatobjekten.[2] Das Funktionsschutzinteresse des Hausherrn, das den Strafgrund bildet, drückt sich im Vorhandensein einer seitlichen Umfriedung aus, die ein Betreten durch Menschen verhindert oder kontrollierbar macht, nicht aber in einer Überdachung.[3]

Die gemeinwohlbezogene Funktion des öffentlich-rechtlich genutzten abgeschirmten Areals ist einerseits die Grundlage für dessen Qualifizierung als zum öffentlichen Dienst bestimmter Raum und andererseits das einschlägige Schutzgut der Strafbestimmung. Die im ersten Teil der Arbeit behandelte öffentlich-rechtliche Haus- und Ordnungsgewalt füllt, vorbehaltlich formell-gesetzlicher Spezialregelungen, die öffentlichen Diensträume als Angriffsobjekte des Hausfriedensbruchs bis in den letzten Winkel aus. Als öffentliche Diensträume geschützt sind somit nicht nur das Gerichtsgebäude als Ganzes und einzelne Säle und Zimmer,[4] sondern auch der umbaute Hofplatz oder ein abgezäunter Vorgarten des Gebäudes.

---

[1] BayObLGSt 1986, 27, 28; Schönke/Schröder-*Lenckner*, § 123 StGB, Rdnr. 8; Tröndle/*Fischer*, § 123 StGB, Rdnr. 7; SK-*Rudolphi*, § 123 StGB, Rdnr. 30; LK-*Schäfer*, § 123 StGB; Lackner/*Kühl*, § 123 StGB, Rdnr. 4; *Bernsmann*, Jura 1981, 465.

[2] OLG Stuttgart NStZ 1987, 121; Tröndle/*Fischer*, § 123 StGB, Rdnr. 6; LK-*Schäfer*, § 123 StGB, Rdnr. 18 und wohl auch SK-*Rudolphi*, § 123 StGB, Rdnr. 29; *Bernsmann*, Jura 1981, 465. – Anders Schönke/Schröder-*Lenckner*, § 123 StGB, Rdnr. 7.

[3] Vgl. oben unter Erster Teil II 2 c bb, S. 84, Fn. 348.

[4] Unstreitig, vgl. BGHSt 30, 350, 353; Schönke/Schröder-*Lenckner*, § 123 StGB, Rdnr. 8; SK-*Rudolphi*, § 123 StGB, Rdnr. 30; LK-*Schäfer*, § 123 StGB, Rdnr. 18.

2. Das Hausrecht an Gerichtsgebäuden

a) Das Verhältnis von Zutrittsberechtigung und Ausschlußbefugnis

Zu differenzieren ist zwischen dem Bestehen eines Eintritts- und Anwesenheitsrechts und dem Fehlen einer Ausschlußbefugnis.

Nur unter Privaten fällt dies zusammen. Wer kein Recht hat, das befriedete Besitztum einer natürlichen Person oder einer nicht staatlich beherrschten juristischen Person des Privatrechts zu betreten, darf ohne Einschränkungen jedenfalls auf der Grundlage der besitzrechtlichen Vorschriften des Bürgerlichen Gesetzbuches ab- oder hinausgewiesen werden. Eintrittsrecht des Besuchers und Ausschlußrecht des Besitzers oder Eigentümers sind komplementär, weil die Tatbestandsvoraussetzungen der Ausschlußnorm (§§ 859 ff., 985, 1004, 903 BGB) schon allein durch den Aufenthalt auf dem fremden Territorium erfüllt sind. Das Bestehen der Ausschlußbefugnis hängt dann nur noch vom Vorhandensein einer Zutrittsberechtigung ab.

Anders bei Gebäuden, in denen Hoheitsträger öffentlich-rechtliche Tätigkeit entfalten: Die Ausschlußbefugnis ist über den bloßen Aufenthalt des Besuchers hinaus an weitere Voraussetzungen gebunden. Ihre Grundlage sind nicht Besitz und Eigentum, sondern die Gefahrtatbestände der öffentlich-rechtlichen Haus- und Ordnungsgewalt und – in Gerichtsgebäuden auch – der Sitzungspolizei. Nur derjenige darf hinausgewiesen oder nicht eingelassen werden, der eine Gefahr für die im Gebäude zu erfüllende Sachaufgabe verursacht. Und eine Gefahr in diesem ordnungsrechtlichen Sinne wird allein durch den Aufenthalt eines Bürgers im öffentlichen Gebäude nicht oder nur in seltenen Fällen begründet.

Auf der anderen Seite existiert kein allgemeines Recht des Bürgers, Verwaltungsgebäude, öffentliche Einrichtungen, Gerichtsgebäude zu betreten.[5] Lediglich einzelnen Personen räumt das Gesetz eine Zutrittsberechtigung ein. So folgt aus den prozessualen Vorschriften, die eine Beteiligung bestimmter Personen bei Gerichtsverhandlungen vorsehen, allein oder in Verbindung mit der amtlichen Ladung oder Benachrichtigung vom Termin das subjektive öffentliche Recht, am Ort der Sitzung anwesend zu sein.[6] Dasselbe gilt für Personen, die als Zuhörer an einer öffentlichen Verhand-

---

[5] *Zeiler*, DVBl. 1981, 1000, 1002 f.; *Bethge*, Die Verwaltung 1977, 313, 318; *Tettinger*, WissR 1983, 221, 225; BayVGH BayVBl. 1964, 24 f.; – a.A. *Haak*, DVBl. 1968, 134, 136 f.; *Bahls*, DVBl. 1971, 275; AK-StGB-*Ostendorf*, § 123 StGB, Rdnr. 39.

[6] *Kissel*, § 12 GVG, Rdnr. 48.

lung teilnehmen wollen (§ 169 S. 1 GVG).[7] Auch das Recht auf Akteneinsicht[8] oder auf Abgabe von Erklärungen zu Protokoll des Urkundsbeamten der Geschäftsstelle[9] impliziert die Befugnis, das Gerichtsgebäude zu betreten und sich dort bis zur Erledigung der Angelegenheit aufzuhalten.[10] Das Zugangsrecht folgt nicht selbständig aus der Widmung des Gerichtsgebäudes als öffentliche Sache, sondern ist – wie stets bei öffentlichen Sachen im Verwaltungsgebrauch[11] – nur Derivat außerhalb des öffentlichen Sachenrechts begründeter Rechte des Bürgers, mit einem Hoheitsträger in Kontakt zu treten.[12]

Gerichtsfremde jedoch, die im Kasino lediglich preisgünstig zu Mittag essen, die Toilette benutzen oder sich vor einem Regenguss schützen wollen, haben kein Zutrittsrecht. Es gibt keine Norm, aus der sie einen Anspruch auf den Aufenthalt im Gebäude herleiten können. Die tatsächliche Duldung des Zutritts, die generelle Zutrittserlaubnis, bedeutet keine Zutrittsberechtigung.

Dennoch kann auch diesem Personenkreis nur der Zutritt zum Gerichtsgebäude verweigert, kann auch dieser Personenkreis nur hinausgewiesen werden, wenn dies zur Abwehr einer Gefahr für die Sitzungs- oder sonstige Tätigkeit erforderlich ist. Der Grund liegt darin, daß die hausrechtliche Maßnahme jedenfalls einen Eingriff in das Grundrecht der allgemeinen Handlungsfreiheit (Art. 2 Abs. 1 GG) darstellt. Als rechtfertigende Befugnisnormen stehen die sitzungspolizeilichen Vorschriften und der Gewohnheitsrechtssatz der öffentlich-rechtlichen Haus- und Ordnungsgewalt zur Verfügung. Sind deren Voraussetzungen nicht erfüllt, ist der Eingriff zu unterlassen. Diese Personengruppe hat zwar kein (Leistungs-) Recht auf Duldung des Zutritts, sie hat jedoch, dies folgt aus dem Abwehrrecht des Art. 2 Abs. 1 GG, ein Recht darauf, daß der Zutritt nicht durch eine staatliche Maßnahme verhindert wird, die nicht von einer öffentlich-rechtlichen Ermächtigungsgrundlage gedeckt ist. Prozeßrechtlich gewendet: Mangels eines subjektiven öffentlichen Rechts auf Zugang wäre zwar die verwaltungsgerichtliche allgemeine Leistungsklage[13] erfolglos, nicht aber die

---

[7] Ausführlich *Bäumler*, JR 1978, 317 ff. sowie *Roxin*, JR 1976, 385 und 386; LK-*Schäfer*, § 123 StGB, Rdnr. 37; wohl auch AK-StGB-*Ostendorf*, § 123 StGB, Rdnr. 39; – gegen ein subjektives öffentliches Recht von Zuhörern: *Kissel*, § 169 GVG, Rdnr. 53 m.w.N.

[8] Z.B. aus § 34 FGG, § 147 StPO.

[9] Z.B. aus § 81 Abs. 1 S. 2 VwGO, § 341 StPO.

[10] Vgl. *Knemeyer*, VBlBW 1982, 249, 251; *Zeiler*, DVBl. 1981, 1000, 1003; *Kissel*, § 12 GVG, Rdnr. 48.

[11] Dazu, daß Gerichtsgebäude öffentliche Sachen im Verwaltungsgebrauch sind, vgl. *Papier*, Recht der öffentlichen Sachen, S. 34; *Pappermann/Löhr/Andriske*, S. 10.

[12] *Papier*, Recht der öffentlichen Sachen, S. 34; *Pappermann/Löhr/Andriske*, S. 161.

[13] *Bäumler*, JR 1978, 317, 318 hält dagegen die Verpflichtungsklage auf Erlaß eines Verwaltungsakts für einschlägig. – Aber erstrebt wird in der Regel, die Zugangsverhinderung zu unterlassen. Wo Einlaßschleusen oder freizugebende Drehkreuze fehlen, bleibt die Duldung des Eintretens als begünstigender Verwaltungsakt eine Konstruktion.

Anfechtungsklage gegen den zutrittsverweigernden Verwaltungsakt, weil dieser als nicht von der öffentlich-rechtlichen Haus- und Ordnungsgewalt gedeckt rechtswidrig wäre und den Bürger in seinem Abwehrrecht aus Art. 2 Abs. 1 GG verletzen würde (vgl. § 113 Abs. 1 S. 1 VwGO).

b) Hausrechtsinhaber und Ausübungsberechtigte

aa) Kritik der herrschenden Auffassung

Bei der Bestimmung des Berechtigten in bezug auf Gerichtsgebäude gerät die herrschende Meinung in Schwierigkeiten. An sich nicht anfechtbar ist die Prämisse, § 123 StGB bestrafe nur den Verstoß gegen "das Hausrecht". Dabei wird aber dieses Hausrecht (das Rechtsgut der Strafvorschrift sein soll) mit dem Ordnungsinstrument der Gerichtsverwaltung gleichgesetzt. Dieses Ordnungsinstrument, das oben als öffentlich-rechtliche Haus- und Ordnungsgewalt auf eine breitere Grundlage gestellt worden ist, bezeichnet man bekanntlich weithin gleichfalls als (privat- oder öffentlich-rechtliches) Hausrecht. Das hat zur Folge, daß das in Gerichtsgebäuden zusätzlich geltende Instrument der Sitzungspolizei, das ebenfalls anwesenheitssteuernde Anordnungen vorsieht, per Sprachgebrauch aus dem Begriffsfeld des Hausrechts und damit des § 123 StGB ausgeschlossen ist. Nicht der Verstoß gegen eine sitzungspolizeiliche Anordnung als solche, sondern nur der Verstoß gegen das "Hausrecht" der Gerichtsverwaltung soll als Hausfriedensbruch strafbar sein.[14] Verschärft wird diese Trennung zwischen strafbewehrtem Hausrecht hier und nicht strafbewehrter Sitzungspolizei dort durch den allgemein anerkannten "Vorrang" der sitzungspolizeilichen Befugnisse des vorsitzenden Richters bzw. des Gerichts gegenüber dem "Hausrecht des Gerichtspräsidenten".[15] Über die Frage, ob die Vorrangwirkung der Sitzungspolizei auch die Strafbarkeit desjenigen, der entgegen einer sitzungspolizeilichen Anordnung ein Sitzungszimmer betritt oder es nicht verläßt, wegen Hausfriedensbruchs ausschließt, kam es zu einer Divergenz in der obergerichtlichen Rechtsprechung.[16] Der Bundesgerichtshof machte daraufhin die Möglichkeit, einen Hausfriedensbruch zu begehen, nicht davon abhängig, ob dem vorsitzenden Richter "das Hausrecht" vom Gerichts-

---

[14] Vgl. BGHSt 30, 350, 354; *Geppert*, JK 82, StGB, § 123/3; MünchKomm-ZPO-*Wolf*, § 169 GVG, Rdnr. 39, Fn. 114; LK-*Schäfer*, § 123 StGB, Rdnr. 35 f.; *Greiser/Artkämper*, Rdnr. 83.

[15] Vgl. dazu BGHSt 24, 329, 330; 30, 350, 353; OLG Celle DRiZ 1979, 376 f.; OVG Schleswig NJW 1994, 340; Löwe/Rosenberg-*Schäfer/Wickern*, § 176 GVG, Rdnr. 3; *Kissel*, § 176 GVG, Rdnr. 3 m.w.N.

[16] Gegen die Annahme von § 123 StGB: OLG Celle DRiZ 1979, 376 f.; dafür die Vorlagebeschlüsse des OLG Oldenburg NJW 1980, 1416 und (nach BGHSt 29, 310 erneut in) NStZ 1981, 183.

präsidenten zur Ausübung übertragen worden ist,[17] sondern stellte allein auf den (mutmaßlichen) Willen des Gerichtspräsidenten ab: In der Regel könne davon ausgegangen werden, daß ein Betreten oder Verweilen des Täters entgegen einer sitzungspolizeilichen Anordnung des Vorsitzenden auch dem Willen des Gerichtspräsidenten als dem maßgeblichen Berechtigten widerspreche.[18]

Die Konstruktion wirkt nicht nur gekünstelt, sondern weist erhebliche Schwächen auf. Zunächst erscheint es als widersprüchlich, auf der einen Seite einen absoluten Vorrang der Sitzungspolizei des Vorsitzenden bzw. des Spruchkörpers vor dem Hausrecht der Gerichtsverwaltung zu postulieren, dann aber im Ausgangspunkt die Strafbarkeit eines Verstoßes gegen eine sitzungspolizeiliche Anordnung doch vom Willen des Behördenleiters abhängig zu machen. Die einschneidendste staatliche Sanktion ordnungswidrigen Verhaltens in einer Sitzung hängt damit nicht von dem zuständigen Rechtspflegeorgan ab, dem Art. 97 Abs. 1 GG richterliche Unabhängigkeit garantiert, sondern vom Gerichtspräsidenten in seiner Verwaltungsfunktion. Mit dem Hinweis, daß "in der Regel" der Wille des Gerichtspräsidenten dem durch eine sitzungspolizeiliche Anordnung ausgedrückten Willen des vorsitzenden Richters parallel laufen dürfte, vermag der Bundesgerichtshof dem Vorwurf nicht zu entgehen. Denn es bleibt offen, wann ein solcher Regelfall vorliegt und was anderenfalls zu gelten hat. Weiter ist unannehmbar, daß trotz einer verbal artikulierten Verfügung desjenigen, dem §§ 175 Abs. 1 und 176 GVG das Recht, Personen nicht einzulassen oder hinauszuweisen, einräumen, nicht der sich darin ausdrückende tatsächlich vorhandene Wille, sondern der nur mutmaßliche, als psychisches Faktum nicht existierende Wille des Gerichtspräsidenten strafrechtlich erheblich sein soll. Das erstaunt um so mehr, als das "Hausrecht des Gerichtspräsidenten" gleichzeitig als durch die sitzungspolizeilichen Befugnisse begrenzt angesehen wird.

So vollzieht denn auch die Kommentarliteratur die auf den Willen des Gerichtspräsidenten abhebende Konstruktion des Bundesgerichtshofes nicht nach, sondern formuliert einfach, wenn auch unter Bezugnahme auf BGHSt 30, 350: Derjenige mache sich gemäß § 123 StGB strafbar, der entgegen einer sitzungspolizeilichen Anordnung des Vorsitzenden in den Sitzungssaal eintrete oder ihn nicht verlasse.[19] Andere gehen – ebenfalls unter Berufung auf die genannte Entscheidung – noch weiter und behaupten, daß der

---

[17] In diesem Sinne aber: *Katholnigg*, § 176 GVG, Rdnr. 5; Löwe/Rosenberg-*Schäfer/Wickern*, § 176 GVG, Rdnr. 3; *Kissel*, § 176 GVG, Rdnr. 5.

[18] BGHSt 30, 350, 354.

[19] Tröndle/*Fischer*, § 123 StGB, Rdnr. 2; SK-*Rudolphi*, § 123 StGB, Rdnr. 34 a.E.; Wieczorek/Schütze-*Schreiber*, § 176 GVG, Rdnr. 10; *Krey*, BT-1, Rdnr. 454a. – Auf eine Übertragung des Hausrechts auf den Vorsitzenden soll es dabei nicht ankommen.

vorsitzende Richter mit einer anwesenheitsbezogenen sitzungspolizeilichen Anordnung gleichzeitig das Hausrecht ausübe, und zwar "ohne (...) dessen zusätzliche Übertragung durch den Behördenleiter".[20]

Die angeführten Autoren widersprechen damit zwar der eigenen Voraussetzung, daß nur ein Verstoß gegen das Hausrecht zu § 123 StGB führe und daß dieses Hausrecht mit dem Hausrecht der Gerichtsverwaltung identisch sei. Sie bestätigen aber so zugleich die Richtigkeit der hier vertretenen Auffassung vom Hausrecht.

Die sitzungspolizeilichen Vorschriften geben danach, soweit sie zu anwesenheitssteuernden Maßnahmen ermächtigen, ein eigenständiges Hausrecht, das die hausrechtlichen Befugnisse der Gerichtsverwaltung, die aus dem Gewohnheitsrechtssatz der öffentlich-rechtlichen Haus- und Ordnungsgewalt folgen, ausschließt.[21] Die hausrechtlichen Befugnisse von Gerichtsverwaltung und Richtern grenzen sich nach Maßgabe der diesen Befugnisse zugrundeliegenden objektiv-rechtlichen Normen voneinander ab. Soweit also die Ordnung in einer Sitzung betroffen ist, steht das Recht, Verhandlungsbeteiligten, Zuhörern oder anderen Störern den Zutritt zum geschützten Bereich zu verwehren oder sie zum Verlassen desselben aufzufordern (Hausrecht) gemäß §§ 175 Abs. 1 und 176 f. GVG dem vorsitzenden Richter bzw. dem Spruchkörper zu.[22] Die Strafbarkeit wegen Hausfriedensbruchs hängt nicht davon ab, ob der Wille des vorsitzenden Richters als des "Berechtigten" (§ 123 Abs. 1 StGB) sich auf eine sitzungspolizeiliche Norm oder auf das "Hausrecht der Gerichtsverwaltung" (die öffentlich-rechtliche Haus- und Ordnungsgewalt) stützt. Beide Ordnungsmittel stehen dem vorsitzenden Richter je für ihren Anwendungsbereich ohne weiteres zur Verfügung, so daß die Berechtigung, strafrechtlich wirkkräftige Ausweisungs- oder Abweisungsanordnungen zu treffen, zum Schutz der Sitzung nicht eigens durch den Gerichtspräsidenten übertragen zu werden braucht.[23]

Außerhalb des Anwendungsbereiches der Sitzungspolizei beansprucht die öffentlich-rechtliche Haus- und Ordnungsgewalt und als Element derselben das Hausrecht der Gerichtsverwaltung Geltung. Die aus den sitzungspolizeilichen Vorschriften oder der gewohnheitsrechtlichen Haus- und Ordnungsgewalt fließende Befugnis, Personen nicht einzulassen oder hinauszuweisen, ist gleichzeitig die Berechtigung, die § 123 StGB zur Tatbestands-

---

[20] Schönke/Schröder-*Lenckner*, § 123 StGB, Rdnr. 20; *Wolf*, GerichtsverfassungsR, § 26 I 2, S. 257.
[21] Vgl. hierzu bereits oben unter Erster Teil II 2 d, S. 92 ff. und Erster Teil IV 5, S. 140.
[22] Zur Abgrenzung zwischen Sitzungspolizei und öffentlich-rechtlicher Haus- und Ordnungsgewalt im einzelnen siehe oben unter Erster Teil IV 4, S. 131 ff.
[23] Siehe oben unter Erster Teil IV 5, S. 137 ff.

voraussetzung des Hausfriedensbruchs erklärt. Wem diese Berechtigung, das Hausrecht, in bezug auf Gerichtsgebäude zur Ausübung zusteht, muß anhand der zugrunde liegenden Vorschriften ermittelt werden.

bb) Hausberechtigung aufgrund zivilrechtlicher Normen

(1) Zivilrechtliche Sonderverbindungen

Das Verlassen des hoheitlichen Bereichs oder das Fernbleiben von ihm kann aus einem privatrechtlichen Vertrag oder einem sonstigen zivilistischen Schuldverhältnis geschuldet sein. Entsprechende Aufforderungen des Hoheitsträgers an den Schuldner sind, so lange die zivilrechtliche Sonderbeziehung besteht, privatrechtliche Mahnungen.[24] Was Gerichtsgebäude angeht, so sind privatrechtliche Schuldverhältnisse ohnehin eine Randerscheinung. Wo sie bestehen – zu denken ist an Pachtverträge zum Betreiben der Gerichtskantine, an Wartungs- und Instandhaltungsverträge oder die Lieferung von Verbrauchsmaterial – haben sie nicht das Fernbleiben des Vertragspartners zum Inhalt. Nur das aus dem Vertrag folgende Zutrittsrecht auf Seiten des Lieferanten oder Kantinenbetreibers und seiner Erfüllungsgehilfen ist privatrechtlich, nicht aber der gerichtliche Verwehrungswille und seine Betätigung.

(2) Besitz und Eigentum

Die zivilrechtlichen Abwehransprüche und Selbsthilferechte aus dem Besitz und gegebenenfalls dem Eigentum kann der öffentliche Träger des Gerichts nicht ausüben. Sie sind durch die öffentliche Sachherrschaft und ihr Entstörungsinstrument, die öffentlich-rechtliche Haus- und Ordnungsgewalt, überlagert.[25] Hausrechtliche Maßnahmen sind hier nicht Besitz-, sondern Funktionsschutz. Sie knüpfen nicht an das neutrale Faktum der tatsächlichen Sachherrschaft, sondern an den Widmungszweck des Gerichtsgrundstücks oder Gebäudeteils als öffentliche Sache an.[26] Gerade auch dann, wenn die Voraussetzungen der öffentlich-rechtlichen Haus- und Ordnungsgewalt oder der Sitzungspolizei für eine auf den räumlichen Ausschluß zielende Maßnahme nicht gegeben sind, kann nicht auf bürgerlich-rechtliche Besitz- oder Eigentumsrechte zurückgegriffen werden.

---

[24] Vgl. oben unter Erster Teil III 2, S. 108 f.
[25] Vgl. oben unter Erster Teil III 3, S. 111.
[26] Grundsätzlich anders *Engeln*, der auch das Hausrecht von Hoheitsträgern stets als Besitzschutzrecht nach §§ 858 ff. BGB ansieht (S. 125 f.) und damit Hausrechtsinhaberschaft und -ausübungsberechtigung auch in Gerichtsgebäuden dem Besitzer und Besitzdiener nach Maßgabe der §§ 854 ff. BGB zuweist.

cc) Hausberechtigung aufgrund der öffentlich-rechtlichen Haus- und Ordnungsgewalt

Das aus der öffentlich-rechtlichen Haus- und Ordnungsgewalt fließende Hausrecht wird für den Inhaber, den staatlichen oder unterstaatlichen Träger des Gerichts, zunächst durch den Gerichtspräsidenten oder -direktor als Leiter der Gerichtsverwaltung ausgeübt.[27] Sind mehrere, verwaltungsmäßig im Verhältnis der Über- und Unterordnung zueinander stehende Gerichte in einem Gebäude konzentriert, dann ist der Präsident des übergeordneten Gerichts oberster Wahrer des Hausrechts.[28] Beherbergt das Gebäude voneinander unabhängige Verwaltungen (Gericht und Staatsanwaltschaft, Bundesgericht und Landesgericht), so bleibt nur die Möglichkeit der Absprache über ein hausrechtliches Letztentscheidungsrecht.

Daneben sind alle dauerhaft in die Verwaltungsorganisation des Gerichtes eingebundenen Angestellten, Beamten und Richter konkludent zur Ausübung des Hausrechts in unaufschiebbaren Fällen ermächtigt.[29] Den Beamten des Justizwachtmeisterdienstes ist die Zuständigkeit zur Ausübung des Hausrechts der Gerichtsverwaltung darüber hinaus oftmals – durch Gesetz oder Dienstordnung – ausdrücklich zugewiesen worden.[30]

Bei der Ausübung dieses Hausrechts haben alle anderen Ausübungsberechtigten den Weisungen des Gerichtspräsidenten Folge zu leisten. Das gilt – im Unterschied zum sitzungspolizeilichen Hausrecht – auch für Richter, die hier als Organ der Gerichtsverwaltung und nicht als Rechtsprechungsorgan tätig werden.[31]

dd) Hausberechtigung aufgrund der sitzungspolizeilichen Vorschriften

Die sitzungspolizeilichen Befugnisse werden vom Gesetz selbst bestimmten Organen zur Ausübung zugewiesen. § 175 Abs. 1 GVG (Zutritt zu Verhandlungen) und § 177 GVG (Entfernung aus dem Sitzungszimmer) beschäftigen sich ausdrücklich mit anwesenheitssteuernden Maßnahmen in bezug auf öffentliche Diensträume. § 175 Abs. 1 GVG nennt zwar den Berechtigten nicht; da es sich aber nur um einen Spezialfall der sitzungs-

---

[27] Allgemeine Ansicht, vgl. BGHSt 24, 329, 330; 30, 350, 353; *Kissel*, § 12 GVG, Rdnr. 41; MünchKomm-ZPO-*Wolf*, § 176 GVG, Rdnr. 13; Wieczorek/Schütze-*Schreiber*, § 176 GVG, Rdnr. 13; *Berg*, JuS 1982, 260; *Stürner*, JZ 1972, 664, 665.
[28] Vgl. *Kissel*, § 12 GVG, Rdnr. 41.
[29] Dazu oben unter Zweiter Teil I 2 c cc, S. 178 f.
[30] Vgl. z.B. § 1 Abs. 1 S. 1 UZwG Justiz Nds.; § 1 Abs. 1 S. 1 UZwG Justiz SaAnh; § 2 lit. d DienstO für die Beamten des Justizwachtmeisterdienstes Bln.
[31] Vgl. oben unter Erster Teil IV 2, S. 117.

polizeilichen Generalklausel des § 176 GVG handelt, ist wie dort der vorsitzende Richter zuständig.[32] § 177 S. 2 GVG teilt die Ausübungsberechtigung für die als Entfernung aus dem Sitzungszimmer bezeichnete hausrechtliche Maßnahme je nach der Person des Betroffenen zwischen dem Vorsitzenden und Gericht auf. Alle anderen sitzungspolizeilichen Gefahrenabwehrmaßnahmen fallen unter den Auffangtatbestand des § 176 GVG und sind damit vom vorsitzenden Richter zu ergreifen.[33,34]

Vor Beginn der eigentlichen Verhandlung und in Verhandlungs- und Beratungspausen besteht ein Bedürfnis, die Ordnung der Sitzung durch nichtrichterliches Personal wahren zu lassen. Ordnet der Vorsitzende im Hinblick auf eine bestimmte Sitzung die Einrichtung einer Zugangskontrollstelle durch sogenannte Sicherheitsverfügung an, so liegt darin die konkludente Ermächtigung der diensttuenden Wachtmeisterbeamten, die Befugnis, Personen gegebenenfalls den Zutritt zu verwehren (§ 175 Abs. 1 oder § 176 GVG), an seiner Stelle auszuüben. Darüber hinaus muß man in der richterlichen Mitteilung einer Terminsbestimmung an die Gerichtsverwaltung, die zur Zuordnung eines Justizwachtmeisters zu der abzuhaltenden Sitzung führt, die schlüssige Ermächtigung zur Ausübung der Zurückweisungsrechte aus §§ 175 Abs. 1, 176 GVG sehen.[35] Um der Gefahr irreparabel rechtswidriger Zutrittsverwehrungen zu begegnen, sollten sich, insbesondere dann, wenn detaillierte Ausübungsrichtlinien des Vorsitzenden fehlen,[36] die ermächtigten Beamten bis zum Eintreffen des Gerichts auf vorläufige Maßnahmen beschränken.

Nr. 128 Abs. 3 S. 3 RiStBV, wonach für Hauptverhandlungstermine im Straf- und Bußgeldverfahren festgelegt ist, daß der anwesende Justizwachtmeister

---

[32] *Kissel*, § 175 GVG, Rdnr. 10; Löwe/Rosenberg-*Schäfer/Wickern*, § 175 GVG, Rdnr. 4; Kleinknecht/*Meyer-Goßner*, § 175 GVG, Rdnr. 1; MünchKomm-ZPO-*Wolf*, § 175 GVG, Rdnr. 5; Zöller-*Gummer*, § 175 GVG, Rdnr. 1; *Steinbrenner*, Die Justiz 1968, 235, 236.

[33] Welche raumbezogenen Maßnahmen § 177 GVG dem gesamten Spruchkörper vorbehält und inwieweit hausrechtliche Befugnisse nach § 176 GVG dem Vorsitzenden zustehen, wird sogleich unter Zweiter Teil II 2 e bb S. 198 ff. im Zusammenhang erörtert.

[34] *Engeln*, S. 148 will demgegenüber dem Vorsitzenden ein eigenes Hausrecht am Sitzungssaal jenseits der sitzungspolizeilichen Vorschriften wegen der tatsächlichen Beherrschung des Raumes zuschreiben. Das geht nicht nur deshalb nicht an, weil die Besitzschutzrechte von Hoheitsträgern durch die öffentliche Zweckbestimmung der hoheitlich genutzten Räume überlagert werden. Diese Annahme *Engelns*, der das Hausrecht konsequent an die bürgerlichrechtlichen Besitzschutznormen binden will (S. 45 ff.), ist auch widersprüchlich, weil der Vorsitzende weder selbst Besitzer des Verhandlungszimmers (das ist die juristische Person, die das Gericht trägt) noch Besitzdiener ist (insofern fehlt es an der Weisungsgebundenheit des Vorsitzenden in der Verhandlung).

[35] Daß der Justizwachtmeister hier für den Vorsitzenden handeln darf, ist unstreitig, vgl. Kleinknecht/*Meyer-Goßner*, § 175 GVG, Rdnr. 1; Löwe/Rosenberg-*Schäfer/Wickern*, § 175 GVG, Rdnr. 4; *Kissel*, § 175 GVG, Rdnr. 10.

[36] Zu deren Notwendigkeit bei der Anordnung von Zugangskontrollen auf der Grundlage von § 176 GVG vgl. BVerfGE 48, 118, 124 f.; BVerfG NJW 1998, 296, 298.

zur Aufrechterhaltung der Ordnung in der Sitzung "bei drohender Gefahr sofort selbständig einzugreifen" hat, illustriert nur die Praxis der konkludenten richterlichen Ermächtigung, bewirkt aber nicht selbst eine Übertragung der Ausübungsberechtigung. Dasselbe gilt für Dienstordnungen, die zuweilen Entsprechendes für alle Gerichtszweige bestimmen.[37] Denn die Justizminister, die diese Verwaltungsvorschriften erlassen haben, können sitzungspolizeiliche Befugnisse, die ihnen selbst nicht zustehen, nicht zur Ausübung übertragen. Über die Aufrechterhaltung der Ordnung in der Sitzung gebietet gemäß §§ 175 Abs. 1 und 176 ff. GVG allein der vorsitzende Richter bzw. das Gericht. Die Verwaltungsspitze der Justizverwaltung ist dadurch zur Sicherung der richterlichen Unabhängigkeit von jeder Einflußnahme ausgeschlossen.

c) Außenrichtung des Hausrechts?

Überwiegend wird das Bedürfnis gesehen, intern weisungswidrigen Aufenthalt bestimmter Personengruppen in öffentlichen Diensträumen straflos zu stellen. Um dies zu erreichen, behauptet man ohne Begründung, das von § 123 StGB geschützte Hausrecht diene nur der Abwehr von Störungen durch Außenstehende.[38] Beamte, Soldaten und Gefangene unterlägen der innerdienstlichen oder -betrieblichen Ordnungsgewalt, nicht aber dem Hausrecht. Andererseits werden Schüler und Studenten sowie die Benutzer öffentlicher Einrichtungen zu den Außenstehenden gerechnet und deshalb wegen Hausfriedensbruchs bestraft, wenn sie anwesenheitsbeschränkenden Verfügungen nicht nachkommen.[39]

Dem Diktum von der Außenrichtung des Hausrechts ist auch für das Strafrecht zu widersprechen.[40] Unrichtig ist bereits die Voraussetzung, es gebe ein von der Ordnungs- und Dienstgewalt zu trennendes, als Rechtsinstitut selbständiges Hausrecht.[41] Vielmehr kann sich die Befugnis,

[37] Z.B. in § 2 lit. 1 DienstO für die Beamten des Justizwachtmeisterdienstes Bln, nach dem der Sitzungsdienst bei Abwesenheit oder sonstiger Behinderung des Vorsitzenden auch erforderlichenfalls das Ergreifen sitzungspolizeilicher Maßnahmen aus eigenem Entschluß umfaßt.

[38] OLG Hamburg NJW 1980, 1007, 1008; LG Lüneburg NJW 1977, 1832; Tröndle/*Fischer*, § 123 StGB, Rdnr. 6; LK-*Schäfer*, § 123 StGB, Rdnr. 18; Schönke/Schröder-*Lenckner*, § 123 StGB, Rdnr. 15; Lackner/*Kühl*, § 123 StGB, Rdnr. 8; SK-*Rudolphi*, § 123 StGB, Rdnr. 29; *Bernsmann*, Jura 1981, 465, 466; – RGSt 28, 192, 194 (die einzelne Gefängniszelle sei kein öffentlicher Dienstraum) meint dasselbe.

[39] Vgl. OLG Hamburg NJW 1978, 2520, 2521; OLG Karlsruhe NJW 1978, 116; LG Lüneburg NJW 1977, 1832 f.; Schönke/Schröder-*Lenckner*, § 123 StGB, Rdnr. 15; – insoweit ablehnend *Bernsmann*, Jura 1981, 465, 467.

[40] Im Ergebnis wie hier: *Engeln*, S. 131, 134 f., 137, für den das Hausrecht stets auf dem privatrechtlichen Besitz beruht und daher, unabhängig von öffentlich-rechtlichen Instrumenten, gegen jeden Besitzstörer zum Einsatz kommt.

[41] Vgl. auch oben unter Erster Teil II 2 a, S. 63 ff.

Personen nicht einzulassen oder hinauszuweisen (Hausrecht), aus ganz verschiedenen Rechtsgründen ergeben.[42] Auch Interne müssen sich, sei es hinsichtlich einzelner Zimmer, sei es (z. B. zur Nachtzeit) hinsichtlich des gesamten Gebäudes, hausrechtliche Maßnahmen gefallen lassen, wenn die gesetzliche Ordnung des Sonderstatusverhältnisses dies vorsieht. Die schlichte Gefahrenabwehrnorm der öffentlich-rechtlichen Haus- und Ordnungsgewalt, wie sie für jedermann gilt, der den öffentlichen Dienstraum betritt, wird im öffentlich-rechtlichen Sonderverhältnis modifiziert. Die Befugnis zur Zutrittsverwehrung oder Hinausweisung ist dann gegenüber dem Verwaltungsangehörigen oder Anstaltsnutzer erst unter stark einschränkenden Voraussetzungen gegeben.

Ist das aber der Fall, so ist das Hausrecht auch strafbewehrt. § 123 StGB begrenzt seinem Wortlaut nach den Täterkreis in öffentlichen Diensträumen nicht auf außenstehende Personen. Eine teleologische Reduktion liegt fern. Für die herrschende Meinung vom Hausrecht als Rechtsgut schon deshalb, weil die Freiheit, seinen Ausschlußwillen ungehindert zu betätigen, nicht auf Außenstehende beschränkt ist. Und in der Konsequenz der hier vertretenen funktionalistischen Rechtsgutskonzeption liegt es allemal, auch von Verwaltungsangehörigen begangene Hausrechtsverstöße zu bestrafen.[43] Denn wenn dem Internen der Aufenthalt in einem Dienstraum untersagt werden kann, dann nur deshalb, weil eine Gefahr für die öffentlich-rechtliche Sachtätigkeit, die gleichzeitig Rechtsgut der Strafvorschrift ist, besteht.[44] Schließlich ist so die erforderliche Gleichbehandlung mit den Angestellten und Arbeitern des öffentlichen Dienstes erreicht,[45] die, obgleich nicht "Außenstehende", durchaus dem strafbewehrten Hausrecht unterworfen werden.[46]

d) Exkurs: Ortstermin und fremdes Hausrecht

Bekanntlich besteht die Möglichkeit, vollständige mündliche Verhandlungen außerhalb des Gerichtssitzes abzuhalten, wenn dies zur sachdienlichen

---

[42] Vgl. oben unter Erster Teil II 2 d, S. 92 ff.

[43] Vgl. OLG Karlsruhe JR 1980, 342, wo mit dieser Begründung das Hausrecht des Vorsitzenden des Gemeinderats auf eine Stadträtin erstreckt wird, – insoweit zustimmend *Schwabe*, JR 1980, 344.

[44] Für den Bereich der gerichtlichen Sitzungspolizei ist denn auch nie bezweifelt worden, daß die dort gegenüber Justizangehörigen und Verhandlungsbeteiligten möglichen Ausschlußmaßnahmen strafbewehrt sind, vgl. Tröndle/*Fischer*, § 123 StGB, Rdnr. 2; SK-*Rudolphi*, § 123 StGB, Rdnr. 34 a.E.; *Krey*, BT-1, Rdnr. 454 a; Wieczorek/Schütze-*Schreiber*, § 176 GVG, Rdnr. 10.

[45] *Engeln*, S. 137.

[46] Vgl. OLG Hamm, JMBlNW 1952, 12; Schönke/Schröder-*Lenckner*, § 123 StGB, Rdnr. 33; LK-*Schäfer*, § 123 StGB, Rdnr. 70; SK-*Rudolphi*, § 123 StGB, Rdnr. 39; *Kageler*, S. 189; *Engeln*, S. 115, 136; *Hesselberger*, S. 77; – anders AK-StGB-*Ostendorf*, § 123 StGB, Rdnr. 31.

Erledigung notwendig ist.[47] Sicherheitsbedenken oder eine besonders große Zahl von Verfahrensbeteiligten können die Verlegung von Gerichtssitzungen in Räume einer Justizvollzugsanstalt oder eines anderen Gerichts rechtfertigen. Hier gilt für das Verhältnis von Sitzungspolizei und den Ordnungsbefugnissen der Behörde, die den Saal im Wege der Amtshilfe zur Verfügung stellt, nichts Besonderes. Unproblematisch sind insofern auch Ortstermine auf öffentlichem Straßenland. Die Ordnungswahrung erfolgt allein mit den Mitteln der Sitzungspolizei, eine öffentlich-rechtliche Haus- und Ordnungsgewalt existiert hier nicht.[48]

Dagegen kommt es zu Kollisionen, wenn die prozeßordnungsgemäße Behandlung einer Rechtssache es nötig macht, Teile einer öffentlichen Verhandlung oder Beweisaufnahmen durch den ersuchten oder beauftragten Richter[49] im Geltungsbereich privaten Hausrechts durchzuführen. Meist wird es sich um eine Wohnung oder einen Geschäftsraum handeln. Der Eintritt und das Verweilen des staatlichen Organs Gericht und in seinem Gefolge der Verfahrensbeteiligten samt Prozeßvertretern und der Zuhörer greift dann, wenn der Wohnungs- oder Geschäftsinhaber nicht einverstanden ist, in das Grundrecht der Unverletzlichkeit der Wohnung (Art. 13 Abs. 1 GG)[50] ein.[51] Zwar läßt Art. 13 GG auch für Eingriffe Raum, die weder Durchsuchungen (Abs. 2) oder Lausch- und Späheingriffe (Abs. 3 - 6) sind, noch in der von Abs. 7 vorausgesetzten Gefahrensituation vorgenommen werden.[52] Derartige Eingriffe mögen ad minorem an Art. 13 Abs. 2 oder Abs. 7 GG gemessen[53] oder aufgrund verfassungsimmanenter Begrenzungen jenseits der geschriebenen Schrankensystematik für zulässig gehalten werden[54]. Jedenfalls ist eine gesetzliche Ermächtigungsgrundlage erforderlich, die den Betretens-

---

[47] Vgl. § 102 Abs. 3 VwGO, § 91 Abs. 3 FGO, § 110 Abs. 2 SGG sowie *Kissel*, § 22 GVG, Rdnr. 29.

[48] Ist der Aufenthalt Fußgängern verboten (Randstreifen der Bundesautobahn, OLG Köln NJW 1976, 637), muß um eine ordnungsbehördliche Genehmigung nachgesucht werden, vgl. *Foth*, JR 1979, 262, 263.

[49] Vgl. z. B. §§ 361, 362 ZPO; §§ 96 Abs. 2 , 98 VwGO; §§ 66 b, 233 Abs. 2 StPO.

[50] Zum Schutz auch von Geschäftsräumen vgl. BVerfGE 32, 54, 68 ff.; 76, 83, 88; Bonner Kommentar-*Herdegen*, Art. 13 GG, Rdnr. 34.

[51] Vgl. BVerfGE 75, 318, 326 f.; BGHSt 40, 191, 193; OLG Nürnberg NJW-RR 1990, 908, 909; *Jankowski*, NJW 1997, 3347, 3348; *Lilie*, NStZ 1993, 121, 124.

[52] Vgl. Sachs-*Kühne*, Art. 13 GG, Rdnr. 26, 52; *Jarass/Pieroth*, Art. 13 GG, Rdnr. 14; *Lilie*, NStZ 1993, 121, 124 und BVerfGE 97, 228, 265 f., wo nun entgegen BVerfGE 32, 54, 75 f. ausdrücklich auch die Wahrnehmung behördlicher Betretensrechte in bezug auf Betriebs- und Geschäftsräume als Eingriffe und Beschränkungen i.S.v. Art. 13 Abs. 3 a.F. (Abs. 7 n.F.) GG qualifiziert werden. Anders noch v. Münch/Kunig-*Kunig*, Art. 13 GG, Rdnr. 36; Bonner Kommentar-*Herdegen*, Art. 13 GG, Rdnr. 69.

[53] BVerfGE 97, 228, 265 f.; Sachs-*Kühne*, Art. 13 GG, Rdnr. 26, 52.

[54] *Jarass/Pieroth*, Art. 13 GG, Rdnr. 14; Bonner Kommentar-*Herdegen*, Art. 13 GG, Rdnr. 91; *Jankowski*, NJW 1997, 3347, 3350.

berechtigten benennt und Zweck, Gegenstand und Umfang des Betretens von Wohnung oder Geschäftsraum erkennen läßt.[55]

aa) Gericht und andere an der Verhandlung beteiligte Personen

Für den finanzgerichtlichen Prozeß erlauben § 76 Abs. 1 S. 4 FGO in Verbindung mit § 99 Abs. 1 AO es dem Gericht und, richtig verstanden, auch den Verfahrensbeteiligten, Geschäfts- und Wohnräume zur Durchführung von Hauptverhandlungen und Beweisterminen zu betreten.

In allen Abschnitten des Strafverfahrens und damit auch in der Hauptverhandlung beanspruchen die Vorschriften über die Durchsuchung, §§ 102 ff. StPO, Geltung. Sie erfassen nicht nur das zielgerichtete Suchen nach etwas Verborgenem, sondern auch die bloße Nachschau und überhaupt jedes strafprozessuale Betreten von Räumen.[56] Es ist daher vertretbar, die Durchführung von Teilen der Hauptverhandlung beim Angeklagten oder bei anderen Personen, die ebenso der Erlangung von Beweismitteln dient wie eine Ermittlungsdurchsuchung, aber weniger belastend wirkt, nach §§ 102 ff. StPO für zulässig zu halten.[57] Das bedeutet, daß im Strafverfahren die staatlichen Organe Gericht, Staatsanwaltschaft und Urkundsbeamter der Geschäftsstelle, aber auch die nichtamtlichen Verfahrensbeteiligten, deren Anwesenheit bei richterlichen Untersuchungshandlungen bzw. bei Hauptverhandlungen gesetzlich vorgesehen ist, das private Besitztum gegen den Willen des Hausrechtsinhabers (Eigentümers oder Besitzers) betreten dürfen.[58] Das gilt selbstverständlich nur, soweit der Ortstermin im jeweiligem Verfahrensstadium zur Erforschung der Wahrheit erforderlich ist. Sogenannte überschießende Feststellungen, die von der gerichtlichen Aufklärungspflicht nicht geboten sind, können daher auf privatem Territorium für sich nicht getroffen werden.

Mit der Sitzungspolizeigewalt üben der einzelne Richter (§ 180 GVG), der Vorsitzende bzw. das Gericht dann auch das Hausrecht aus.[59] Insofern dies also für die Aufrechterhaltung der Ordnung im Ortstermin erforderlich ist, bestimmt nicht der private Besitzer oder Eigentümer, sondern der Richter über den räumlichen Ausschluß von Personen. Das kann so weit gehen, daß

---

[55] BVerfGE 97, 228, 266; BGHSt 40, 191, 193; OLG Nürnberg NJW-RR 1990, 908, 909; v. Münch/Kunig-*Kunig*, Art. 13 GG, Rdnr. 38, 42; *Jarass/Pieroth*, Art. 13 GG, Rdnr. 12, 14; – a.A. *Lilie*, NStZ 1993, 121, 124 (die richterliche Anordnung allein gebe die Ermächtigung).

[56] AK-StPO-*Amelung*, § 102 StPO, Rdnr. 21; *Th. Schmidt*, JuS 1995, 110, 113; Löwe/Rosenberg-*Schäfer*, § 102 StPO, Rdnr. 6 m.w.N.

[57] *Th. Schmidt*, JuS 1995, 110, 112 f.; *Geppert*, JK 95, GVG 169/1.

[58] Anders im Ergebnis: OLG Hamburg NStZ 1986, 569; offengelassen von BGHSt 40, 191, 193.

[59] *Lilie*, NStZ 1993, 121, 125.

ein Wohnungsinhaber, der die durchzuführende Augenscheinseinnahme stört, gemäß § 177 GVG aus seiner eigenen Wohnung entfernt wird.

Nicht so in den übrigen Gerichtszweigen. Hier existieren keine Normen prozessualen Zwanges, die das Betreten von Wohnungen und anderen Privaträumen durch das Gericht und Verfahrensbeteiligte erlauben. Dementsprechend wird zu Recht weithin die Durchführung eines Ortstermins von der Einwilligung des Hausrechtsinhabers, sei er nun selbst Verfahrensbeteiligter oder Dritter, abhängig gemacht.[60] Die prozessualen Folgen einer Weigerung richten sich – allerdings in Verfahren, für die der Amtsermittlungsgrundsatz gilt, nicht immer sachgerecht[61] – nach den Regeln von Beweis- bzw. Mitwirkungslast.[62] Stimmt der private Berechtigte der Abhaltung des Termins auf seinem Territorium auch zu, so behält er doch sein Hausrecht als Besitzer oder Eigentümer in vollem Umfang. Ebenso frei wie er den Zutritt versagen kann, darf er die Erlaubnis widerrufen, was wegen der Grundrechtswidrigkeit des weiteren Aufenthalts den sofortigen Abbruch der Verhandlung oder des Beweistermins erzwingt. Die sitzungspolizeilichen Befugnisse des Richters werden durch diesen Vorbehalt geschwächt.

bb) Zuhörer

Sind Lokaltermine auf privatem Territorium Teil einer öffentlichen Verhandlung, dann stellt sich die Frage, ob der Hausrechtsinhaber, der Gericht und Beteiligte eingelassen hat, auch die Anwesenheit von beliebigen Zuhörern, darunter Medienvertretern, dulden muß.

Findet die Verhandlung nur deshalb auf dem Privatgelände statt, weil er dies erlaubt hat, ohne durch §§ 76 Abs. 1 S. 3 FGO, 99 Abs. 1 AO oder §§ 102 ff. StPO dazu gezwungen zu sein, dann darf der Besitzer oder Eigentümer einzelne oder alle Zuhörer abweisen. Denn wo, mangels einer gesetzlichen Eingriffsgrundlage, der Aufenthalt sogar von Gericht und Verhandlungsteilnehmern in Wohnung oder Besitztum allein vom Willen des Hausrechtsinhabers gesteuert wird, können Privatleute, deren Anwesenheit keinen

[60] Zivilprozeß: OLG Köln NJW-RR 1990, 908 f.; OLG Koblenz NJW 1968, 897; Baumbach/Lauterbach/Albers/*Hartmann*, § 219 ZPO, Rdnr. 6; Zöller-*Greger*, § 357 ZPO, Rdnr. 1; MünchKomm-ZPO-*Feiber*, § 219 ZPO, Rdnr. 2; *Jankowski*, NJW 1997, 3347 ff.; – Verwaltungsprozeß: Schoch/Schmidt-Aßmann/Pietzner-*Rudisile*, § 97 VwGO, Rdnr. 9; *Schulte*, NJW 1988, 1006, 1008 f.; – allgemein: *Kissel*, § 22 GVG, Rdnr. 30. Durchweg für ein Zurücktreten des Hausrechts und die Zulässigkeit des Eingriffs in Art. 13 GG: *Lilie*, NStZ 1993, 121, 124.
[61] Vgl. *Schulte*, NJW 1988, 1006, 1009 f.
[62] OLG Koblenz NJW 1968, 897; MünchKomm-ZPO-*Feiber*, § 219 ZPO, Rdnr. 2; Zöller-*Greger*, § 357 ZPO, Rdnr. 1; Schoch/Schmidt-Aßmann/Pietzner-*Rudisile*, § 97 VwGO, Rdnr. 9; abwägend *Jankowski*, NJW 1997, 3347, 3348 f.

unmittelbaren Einfluß auf die gerichtliche Entscheidung hat, erst recht nach Belieben zurückgewiesen oder eingelassen werden.

Namentlich ergibt sich aus § 169 S. 1 GVG, der die Öffentlichkeit der Verhandlung vorschreibt, keine Pflicht, neben Gericht und Verhandlungsbeteiligten auch Zuhörer zuzulassen,[63] und zwar auch dann nicht, wenn, wie im Finanzgerichts- und im Strafprozeß, die Durchführung des Lokaltermins erzwungen werden könnte.[64] Die Vorschrift ist keine Ermächtigungsgrundlage für Eingriffe in Art. 13 Abs. 1 GG und deckt nicht den atypischen Fall, daß Gerichtsverhandlungen nicht an Gerichtsstelle, sondern im Bereich privaten Hausrechts abgehalten werden sollen. Die Möglichkeit, die Öffentlichkeit gemäß §§ 171 b, 172 Nr. 2, 3 GVG wegen der Erörterung von Umständen aus dem persönlichen oder geschäftlichen Geheimbereich auszuschließen, ändert daran nichts.[65] Art. 13 GG schützt die räumliche Dimension der Privatsphäre,[66] die bereits durch den schlichten Aufenthalt von Personen berührt wird. Daß dabei persönlich Umstände oder Geschäftsgeheimnisse "zur Sprache kommen können", was erst den Ausschluß der Öffentlichkeit rechtfertigen würde (vgl. §§ 171 b Abs. 1 S. 1, 172 Nr. 2 GVG), ist nicht erforderlich.

e) Die Voraussetzungen hausrechtlicher Maßnahmen im einzelnen

Im folgenden soll zusammenfassend die Zulässigkeit von Anordnungen erörtert werden, die sich auf den Aufenthalt von Personen in Gerichtsgebäuden beziehen. Anwesenheitssteuernde Verfügungen haben neben ihrer Strafbewehrung durch § 123 StGB auch deshalb eine eminent praktische Bedeutung, weil sie regelmäßig nach einem sonstigen Verhaltens- oder Duldungsgebot ergehen, das dessen Adressat nicht befolgt. Die Exmittierung oder die Verwehrung des Zutritts erscheint als das gängige Druckmittel, um Durchsuchungen, Ausweiskontrollen oder Anordnungen, nicht zu lärmen, nicht zu rauchen, nicht zu essen usw., Gewicht zu verleihen, weil sich deren unmittelbare Durchsetzung mit Zwangsmitteln oft als wenig sachdienlich erweisen würde.

Neben den rechtssatzähnlichen Hausordnungen sind drei Typen von belastenden Einzelanordnungen zu unterscheiden: die Zutrittsverweigerung,

---

[63] BGHSt 40, 191, 193; *Ranft*, Jura 1995, 573, 575 f.; *Geppert*, JK 95, GVG 169/1; *Foth*, JR 1979, 262 f.; Kleinknecht/*Meyer-Goßner*, § 169 GVG, Rdnr. 6; KK-*Diemer*, § 169 GVG, Rdnr. 9; Löwe/Rosenberg-*Schäfer*/*Wickern*, § 169 GVG, Rdnr. 17; *Kissel*, § 169 GVG, Rdnr. 36; Baumbach/Lauterbach/*Albers*/Hartmann, § 169 GVG, Rdnr. 3; Zöller-*Gummer*, § 169 GVG, Rdnr. 2; – abweichend nur *Lilie*, NStZ 1993, 121, 124 f.
[64] Insoweit anders aber *Th. Schmidt*, JuS 1995, 110, 113 f.
[65] BGHSt 40, 191, 194; *Geppert*, JK 95, GVG § 169/1.
[66] BVerfGE 89, 1, 12; 97, 228, 265.

die Hinausweisung und das Hausverbot. Die ersteren beiden ergehen gegen den, der aktuell zu dem räumlich abgeschrankten Bereich in Beziehung getreten ist. Sie erschöpfen sich in der Situation, in welcher der Betroffene Zutritt begehrt oder sich bereits innnerhalb der physischen Abschirmung aufhält. Das Hausverbot dagegen wirkt für die Zukunft, es kann gegen örtlich Abwesende ausgesprochen werden. Zutrittsverweigerung, Hinausweisung und Hausverbot sind die Formen, in denen im Einzelfall das Hausrecht in Erscheinung tritt. Das Hausrecht ist nichts als die Befugnis, über den Aufenthalt von Personen auf befriedetem Territorium zu bestimmen.[67] Es wird von verschiedenen objektiv-rechtlichen Normen eingeräumt; wer sein Träger ist, unter welchen Voraussetzungen es auszuüben ist, richtet sich allein nach der jeweiligen – privatrechtlichen oder öffentlich-rechtlichen – Vorschrift.

aa) Hausrechtsausübung aufgrund der öffentlich-rechtlichen Haus- und Ordnungsgewalt

Zutrittsverweigerungen, Hinausweisungen und Hausverbote in bezug auf Gerichtsgebäude sind auf der Grundlage der öffentlich-rechtlichen Haus- und Ordnungsgewalt möglich. Die hausrechtliche Maßnahme muß sich als das erforderliche Mittel darstellen, eine Gefahr von der im Gebäude ausgeübten hoheitlichen Tätigkeit, die nicht Sitzungstätigkeit ist, abzuwehren.

(1) Der Ausschluß von einzelnen Räumen und Gebäudeteilen

Unter dem Dach von Gerichtsgebäuden befinden sich außer Verhandlungssälen noch weitere abgetrennte Raumeinheiten: Dienstzimmer von Richtern, Justizbeamten (auch der Staatsanwaltschaft) und Angestellten, Büros der Geschäftsstelle und Betriebsräume. Die Befugnis, hausrechtliche Maßnahmen in bezug auf diese Örtlichkeiten zu treffen, setzt früh ein. Denn eine Gefahr für die Aufgabenerfüllung wird hier regelmäßig bereits durch die schlichte Anwesenheit gerichtsfremder Personen bzw. das Bevorstehen ihres Eintritts begründet. Die Räume bergen Aktenmaterial, das vor der Kenntnisnahme durch Unbefugte geschützt werden muß.[68] Es handelt sich um abgeschirmte Bereiche, die ungestörtes Arbeiten gewährleisten sollen. Die körperliche Anwesenheit eines ungebetenen Gastes im mehr oder weniger engen Dienstzimmer allein wäre schon eine Ablenkung und läßt natürlich eine Störung durch den mündlichen Vortrag eines Anliegens erwarten.

---

[67] Vgl. oben unter Erster Teil II 2 d, S. 92 ff.

[68] Das vorsätzliche Offenbaren würde gemäß § 203 Abs. 2 S. 1 Nr. 1 StGB als Verletzung von Privatgeheimnissen bestraft.

Anders fällt die Beurteilung aus, wenn dem Bürger ein Zutrittsrecht zur Seite steht. Das ist für die Geschäfts- oder Rechtsantragsstelle wegen der Vorschriften der Fall, die vorsehen, Anträge, Klagen und Erklärungen zu Protokoll des Urkundsbeamten der Geschäftsstelle anzubringen[69] oder Akteneinsicht zu nehmen[70]. Besteht ein Recht zum Aufenthalt im umfriedeten Raum, so kann nicht allein dessen Inanspruchnahme, nicht allein die Tatsache des Aufenthalts die Grundlage dafür sein, die Person wieder hinauszuweisen. Der Aufenthalt des Betroffenen ist sogar Bedingung für die Erfüllung der gesetzlich vorgesehenen Aufgabe des Justizorgans. Eine Gefahr für dessen Tätigkeit und damit die Befugnis, auf der Grundlage der öffentlich-rechtlichen Haus- und Ordnungsgewalt freiheitsbeschränkend tätig zu werden, setzt voraus, daß weitere Umstände hinzutreten. Nicht mehr vom Akteneinsichtsrecht oder dem Recht, Erklärungen in Person abgeben zu dürfen, gedeckt sind zum Beispiel Versuche, in Gespräche allgemeinen Inhalts einzutreten, Beleidigungen, das Lesen von den Besucher nicht betreffenden Akten und die Anwesenheit über den Zeitpunkt der Erledigung der gesetzlich vorgesehenen Angelegenheit hinaus. Dann darf, wenn mildere Mittel nicht fruchten, der Eingetretene vom Urkundsbeamten oder Justizangestellten hinausgewiesen und erforderlichenfalls durch die Vollzugsbeamten der Justiz oder der Polizei gewaltsam entfernt werden.

Rechtmäßig ist es auch, Gerichtsfremden den Zutritt zu ganzen Gebäudeteilen zu verwehren, in denen besonders sicherheitsbedürftige Tätigkeit ausgeübt wird. Flurbereiche, die Dienstzimmer von Strafrichtern und Staatsanwälten oder die Büro- und Besprechungsräume von Oberlandesgerichten und Bundesgerichten erschließen, dürfen per bewachter Eingangsschleuse oder Schließanlage vom übrigen Gebäude abgetrennt werden. Denn die öffentlich-rechtliche Haus- und Ordnungsgewalt erlaubt es, den Eintrittswilligen schon vor Betreten des Sicherheitsbereiches auf seine Zutrittsberechtigung hin zu befragen. Personen ohne Zutrittsberechtigung (Ladung zur richterlichen oder staatsanwaltlichen Vernehmung, Akteneinsichtsrecht) können ohne weiteres abgewiesen werden, weil ihr schlichter Aufenthalt im abgeschirmten Bereich besonders zu schützender Tätigkeit bereits den Tatbestand der gewohnheitsrechtlichen Befugnisnorm erfüllt.

(2) Der Ausschluß vom gesamten Gebäude

Vielschichtiger muß die Abwägung geraten, die der Entscheidung, eine Person vom gesamten Gerichtsgebäude auszuschließen, vorangeht. Die auf die öffentlich-rechtliche Haus- und Ordnungsgewalt gestützte hausrechtliche Maßnahme kollidiert regelmäßig mit einem Recht des Adressaten, sich als

[69] Z.B. § 81 Abs. 1, S. 2 VwGO, § 341 StPO.
[70] Z.B. § 34 FGG, § 147 StPO.

Beteiligter oder Zuhörer einer gerichtlichen Sitzung im Gebäude aufzuhalten. Berührt ist damit auch die richterliche Unabhängigkeit, weil dazu auch die Entscheidung darüber gehört, ob Personen, deren Anwesenheit bei einer Verhandlung die Verfahrensordnungen fordern oder zulassen, den Ort dieser Verhandlung im Gerichtsgebäude, den Sitzungssaal, auch aufsuchen dürfen. Weiterhin kann dem Abzuweisenden ein Recht zustehen, das Gebäude zur Wahrnehmung von Angelegenheiten außerhalb der Sitzungsteilnahme zu betreten (Beschuldigten- oder Zeugenvernehmug im strafprozessualen Ermittlungsverfahren, Akten- und Registereinsicht, Erklärungs- und Antragsrechte).

(a) Personen ohne Zutrittsrecht

Ohne diese Komplizierungen darf nur die kleine und für die Praxis fast zu vernachlässigende Personengruppe der Besucher ohne Zutrittsrecht behandelt werden. Es sind dies Justizfremde, die das Gerichtsgebäude zu gesetzlich nicht vorgesehenen Zwecken (private Nutzung der Gerichtsbibliothek, Veranstaltung einer Demonstration, Schutz vor Kälte oder Regen) betreten. Sie unterliegen der Haus- und Ordnungsgewalt der Gerichtsverwaltung, wenn und soweit sie nicht eine Gefahr für den ordnungsgemäßen Ablauf einer Sitzung verursachen. Ihnen den Zutritt zu verweigern oder sie hinauszuweisen ist zulässig, wenn sie eine konkrete tatsächlich bestehende oder Anscheinsgefahr für die reibungslose Erfüllung der Sachaufgabe im Gebäude setzen und der räumliche Ausschluß vom Gebäude sich als verhältnismäßige Maßnahme zu deren Abwehr darstellt. Der Grundsatz der Öffentlichkeit, prozessuale Beteiligungsrechte und die richterliche Unabhängigkeit finden keine Berücksichtigung und können deshalb die behördliche Gefahrenabwehr nicht beschränken.

Daher ist es auch diese Personengruppe, der gegenüber sich die einschneidendste hausrechtliche Maßnahme des Hausverbots am ehesten als rechtmäßig erweisen kann. Wenn eine Person mehrmals gezeigt hat, daß sie das Gebäude nicht als Zuhörer oder sonst zur Wahrnehmung sachlicher Angelegenheiten, sondern nur zum Stören und Behindern aufsucht, dann ist die Erteilung eines Hausverbotes durch den Behördenleiter zulässig.[71]

Vor Beginn und nach Ende der Dienst- und Sitzungszeiten bestehen keine Zutrittsrechte für das Publikum. Weil diese Rechte in Gerichtsgebäuden als "öffentlichen Sachen im Verwaltungsgebrauch" nur Annex der Berechtigung, Angelegenheiten im Gebäude wahrzunehmen, sind[72], erlöschen sie mit der Sachtätigkeit, an die sie anknüpfen. Die Festschreibung von Gebäude-

---

[71] Vgl. OVG Schleswig NJW 1994, 340; *Frühling*, S. 135 f.

[72] *Papier*, Recht der öffentlichen Sachen, S. 34, *Pappermann/Löhr/Andriske*, S. 161.

öffnungszeiten per Hausordnung wird dann schon dadurch gerechtfertigt, daß der unbeaufsichtigte Aufenthalt von gerichtsfremden Personen im nun weitgehend verlassenen Gebäude eine Gefahr für Daten, Akten, und Sachmittel darstellt.

(b) Zuhörer

Die Gefahrbeurteilung und die Verhältnismäßigkeitsprüfung müssen bei anwesenheitsausschließenden Maßnahmen gegen Zuhörer öffentlicher Verhandlungen deren Recht aus § 169 S. 1 GVG berücksichtigen, den Verhandlungssaal zur Wahrnehmung ihrer Zuhörerrolle auch zu erreichen. Die Zutrittsverweigerung, die Hinausweisung, das Hausverbot dürfen den Grundsatz der Öffentlichkeit nicht verletzen. Tun sie das, so verfallen bei entsprechender Anfechtung sowohl der hausrechtliche Verwaltungsakt selbst als auch das in der betroffenen Verhandlung ergangene Urteil der Aufhebung.

Bedenklich ist die insbesondere bei Strafgerichten offenbar weithin geübte Praxis, das Betreten des Gebäudes allen Personen zu verbieten, die sich nicht durch ein Ladungsschreiben oder ein amtliches Personaldokument ausweisen können. In diesen Zusammenhang gehört auch die Zurückweisung von Zuhörern, die sich nicht einer Durchsuchung ihrer Person und ihrer Sachen am Gebäudeeingang unterziehen lassen. Es handelt sich um Maßnahmen nicht der Sitzungspolizei, sondern der öffentlich-rechtlichen Haus- und Ordnungsgewalt, weil und wenn derartige Zugangskontrollen als ständige Einrichtung auf Weisung des Gerichtspräsidenten durchgeführt werden und nicht aufgrund einer Verfügung eines vorsitzenden Richters zum Schutz der einzelnen von ihm geleiteten Sitzung.

Die herrschende Meinung billigt ein solches Vorgehen und sieht die Öffentlichkeit der Verhandlung als nicht verletzt an, und zwar ohne Einschränkungen[73] oder zumindest dann, "wenn die Sicherheit im Gerichtsgebäude nicht ohne weiteres gewährleistet ist"[74]. Sitzungspolizeiliche Ausweiskontrollen, Durchsuchungen und Abweisungen, die überwiegend an der Tür zum Sitzungszimmer vorgenommen werden, teilen, was die Kollision mit dem Öffentlichkeitsgrundsatz angeht, die Problematik. Auch hier wird nur zum Teil gefordert, daß tatsächliche Anhaltspunkte die Befürchtung begründen, die abzuhaltende Sitzung werde durch Zuhörer gestört werden.[75]

[73] OLG Koblenz NJW 1975, 1333; OLG Karlsruhe NJW 1975, 2080, 2081; *O. H. Schmitt*, DRiZ 1971, 20, 21; KK-*Diemer*, § 169 GVG, Rdnr. 10.
[74] BGHSt 27, 13 ff., *Kissel*, § 169 GVG, Rdnr. 39; – ähnlich auch RGSt 54, 225, 226 ("in unruhigen Zeiten").
[75] Löwe/Rosenberg-*Schäfer/Wickern*, § 169 GVG, Rdnr. 33, § 176 GVG, Rdnr. 22; Kleinknecht/*Meyer-Goßner*, § 176 GVG, Rdnr. 6; *Steinbrenner*, Die Justiz 1968, 235, 236;

Roxin hält es für unzulässig, Zuhörwilligen, die ihren Ausweis nicht vorlegen können oder wollen, den Zutritt zu Gerichtsverhandlungen zu verweigern. Dies komme einem vorweggenommenen Ausschluß "auf Verdacht" gleich, von dem das Gesetz nichts wisse. Erst wenn ein Zuhörer als Störer manifest geworden sei und damit sein Recht auf Anwesenheit quasi verwirkt habe, könne aufgrund der sitzungspolizeilichen Vorschriften gegen ihn vorgegangen werden.[76]

Die Lösung ist unter Anwendung der allgemeinen ordnungsrechtlichen Gefahr- und Verantwortlichkeitsgrundsätze, die sowohl auf die Haus- und Ordnungsgewalt der Gerichtsverwaltung als auch für die Sitzungspolizei Anwendung finden, zu suchen. Die Kritik an der Praxis ist insoweit zutreffend, als die Tatsache *allein*, daß ein Sitzungsbeteiligter, ein Zuhörer oder eine andere Person an der Gerichtspforte ein Ladungsschreiben oder einen Personalausweis nicht vorlegen kann, eine Gefahr für die Ordnung im Gerichtsgebäude und die aufzusuchende Gerichtssitzung nicht begründet. Weder besteht eine Verpflichtung für den Bürger, ein amtliches Ausweispapier ständig bei sich zu führen, noch existiert eine Befugnis der Gerichtsverwaltung oder des Inhabers der Sitzungspolizei, von jedem Zutrittbegehrenden ohne weitere Voraussetzungen die Vorlage des Personalausweises verlangen zu können. § 1 Abs. 1 PersonalausweisG verpflichtet nur zur Vorlage gegenüber einer zur Prüfung der Personalien ermächtigten Stelle. Die – außerhalb und innerhalb von Gerichtsgebäuden geltenden – präventiven Ermächtigungsgrundlagen setzen aber allesamt bereits voraus, daß eine Gefahr für die öffentliche Sicherheit und Ordnung,[77] die Aufgabenerfüllung in öffentlichen Gebäuden[78] oder den Ablauf einer Gerichtssitzung[79] vorliegt und der Betroffene für sie verantwortlich ist. Ohne eigene Gefahrverantwortlichkeit muß dieser den Eingriff, der in dem Vorlageverlangen liegt, nicht dulden. Da also eine Pflicht, sich auszuweisen für den in ein Gerichtsgebäude eintretenden Bürger nicht besteht, kann auch die Unmöglichkeit oder Unwilligkeit, sich auszuweisen allein nicht zum Anlaß genommen werden, ihm den Zutritt zu verwehren.[80]

Wieczorek/Schütze-*Schreiber*, § 176 GVG, Rdnr. 11; – ohne dies zu verlangen: *Kissel*, § 176 GVG, Rdnr. 17; Zöller-*Gummer*, § 176 GVG, Rdnr. 5; *Schilken*, Rdnr. 226; OLG Hamburg NStZ 1992, 509; OLG Karlsruhe NJW 1975, 2080, 2081.

[76] *Roxin*, FS Peters, 393, 396 ff.; *ders.*, JR 1976, 385 f., – zustimmend offenbar *Bäumler*, JR 1978, 317.

[77] Befugnisnormen zur Identitätsfeststellung der Polizeigesetze.

[78] Gewohnheitsrechtssatz der öffentlich-rechtlichen Haus- und Ordnungsgewalt, vgl. oben unter Erster Teil II 1 b cc, S. 59 ff.

[79] §§ 175 Abs. 1, 176 GVG.

[80] *Roxin*, JR 1976, 385.

Auch eine Anscheinsgefahr oder ein Gefahrenverdacht entsteht hier erst durch das Hinzutreten weiterer Umstände. Sind lautstarke Demonstrationen im Gerichtsgebäude, Angriffe auf Justizbedienstete oder Prozeßbeteiligte angekündigt, kann das Verlangen, sich auszuweisen als Gefahrerforschungseingriff gerechtfertigt sein. Von Belang ist dabei zum Beispiel durchaus das äußere Erscheinungsbild des Eintretenden, sofern es Aufschluß über die Zugehörigkeit zu einer gefährlichen Gruppe gibt. Insbesondere Drohungen gegen Leib oder Leben bieten den Hintergrund, vor dem dann auch Abweisungen von Personen, die sich nicht ausweisen, als endgültige Maßnahmen in der Situation des Gefahrenverdachts zulässig sind.[81] Unter denselben Voraussetzungen können Personen, die sich einer Durchsuchung verweigern, zurückgewiesen werden. Fördert die als Gefahrerforschungseingriff durchgeführte Durchsuchung gefährliche Gegenstände (Waffen, Lärminstrumente, u. U. auch Ton- und Bildaufzeichnungsgeräte) an den Tag, dann ist schon eine konkrete Gefahr offenbar geworden. Gibt der Störer den Gegenstand nicht heraus und ist auch die zwangsweise Wegnahme allein nicht geeignet, Störungen durch ihn zu vermeiden, so darf dem Betreffenden in der Regel der Zutritt zum Gerichtsgebäude verwehrt werden.[82]

Die gefahrenabwehrende Stelle muß dabei immer im Auge behalten, ob die einlaßbegehrende Person ein Zutrittsrecht, etwa als Verfahrensbeteiligter oder Zuhörer, hat und welche Grundrechte und Verfassungsgrundsätze die hausrechtliche Maßnahme berühren würde. Die Abweisung von Personen ohne Zutrittsberechtigung ist eher gerechtfertigt als die Abweisung von Zuhörern. Zudem dürfen diese auf der Grundlage der allgemeinen Haus- und Ordnungsgewalt nur dann aufgehalten werden, wenn die richterliche Unabhängigkeit des betroffenen Spruchkörpers nicht verletzt wird. Begehren Journalisten Zutritt, so ist die Gefahrenabwehrnorm im Lichte der wertsetzenden Bedeutung der Grundrechte der Presse- und Rundfunkfreiheit (Art. 5 Abs. 1 S. 2 GG) auszulegen und die Verhältnismäßigkeitsprüfung daran auszurichten.[83]

(c) Verhandlungsbeteiligte

Verfahrensbeteiligten (Parteien, Angeklagten, Beigeladenen, Nebenklägern, Privatklägern u. a.) und ihren Bevollmächtigten steht ein verfassungskräftig verstärktes Zutrittsrecht zur Seite. Der Anspruch auf rechtliches Gehör, Art.

[81] Vgl. dazu *Drews/Wacke/Vogel/Martens*, § 13 2 c, S. 227, *Knemeyer*, Polizei- und OrdnungsR, Rdnr. 70 und oben unter Erster Teil IV 4, S. 135 f.
[82] Vgl. *Kissel*, § 12 GVG, Rdnr. 45.
[83] Die Tätigkeit der Medien berührt typischerweise die Ordnung einer bestimmten Verhandlung. Die Lenkung dieser Tätigkeit und Abwehr von Beeinträchtigungen geschieht daher meist durch den vorsitzenden Richter in Ausübung der Sitzungspolizei. Näheres dazu deshalb unten unter Zweiter Teil II 2 e bb (1) (b), S. 210 ff.

103 Abs. 1 GG, hat in den Prozeßordnungen, die die Anwesenheit dieser Personen teils verlangen, teils gestatten, Ausdruck gefunden.[84] Andere bei einer Verhandlung beteiligte Personen (Zeugen, Sachverständige) sind ebenfalls zum Erscheinen an der Gerichtsstelle verpflichtet. Die Unabhängigkeit des verhandelnden Gerichts, Art. 97 Abs. 1 GG, ist von hausrechtlichen Maßnahmen der Gerichtsverwaltung gegenüber Verhandlungsbeteiligten stärker betroffen als von Maßnahmen gegenüber Zuhörern. Denn der Gang des Verfahrens und sein Ergebnis wird unmittelbar beeinflußt, wenn Aussagepersonen und Antragsberechtigten der Zutritt zum Ort der mündlichen Verhandlung verwehrt wird. Die Beurteilung, ob prozessuale Nachteile und Verfahrensverzögerungen um der Aufrechterhaltung der Ordnung willen hinzunehmen sind, obliegt grundsätzlich dem sachlich unabhängigen Richter. Gegenüber Verhandlungsbeteiligten ist deshalb von der öffentlich-rechtlichen Haus- und Ordnungsgewalt noch zurückhaltender Gebrauch zu machen als gegenüber Zuhörern. Begründet auch ein Verhandlungsbeteiligter eine Gefahr für die Ordnung im Gebäude jenseits der zu besuchenden Gerichtssitzung, so kann die Abwägung mit dem Anwesenheitsrecht, dem Grundsatz der richterlichen Unabhängigkeit und Prozeßgrundrechten doch ergeben, daß der Störer das Gebäude betreten darf. Ein gegenüber der Zutrittsverweigerung milderes Mittel ist es etwa, einen angetrunkenen, randalierenden Angeklagten zum Sitzungssaal zu eskortieren, damit das Gericht dann dort die Ausschlußentscheidung nach § 231 a Abs. 1, 3 oder § 230 Abs. 2 StPO fälle.[85] Andererseits ist es nicht von vornherein ausgeschlossen, Verhandlungsbeteiligten Personen den Zutritt zum Gerichtsgebäude aufgrund der öffentlich-rechtlichen Haus- und Ordnungsgewalt zu verwehren.[86]

Die Generalisierung von Zutrittsverweigerungen durch ausgehängte Hausordnungen und die ihnen verwandten Verbotsschilder wird häufig einen Großteil der Adressaten, besonders Zuhörer und Verhandlungsbeteiligte, unverhältnismäßig treffen. Ein Schild "Betreten mit Tieren verboten" etwa verstellt zunächst einmal auch dem auf einen Führhund angewiesenen erblindeten Tatopfer den Weg in den Zeugenstand. Mit Hilfe der sogenannten gesetzeskonformen Auslegung kann die Allgemeinverfügung nicht dem Einzelfall angepaßt werden, um dem Verdikt der Rechtswidrigkeit zu entgehen; hierfür fehlt der gesetzten Regelung die vorauszusetzende Unklarheit.[87] Hausordnungen und Schilder sind nicht der Ort, in der gebotenen

[84] Z.B. in §§ 128 Abs. 1, 274 Abs. 1 ZPO (Parteien); §§ 230 f. StPO (Angeklagter); § 397 Abs. 1 S. 1 StPO (Nebenkläger).
[85] Vgl. *Kissel*, § 12 GVG, Rdnr. 42.
[86] Vgl. oben unter Erster Teil IV 3 c, S. 125 ff.
[87] Vgl. OVG Münster DVBl. 1984, 1081, 1082; VGH München BayVBl. 1980, 501, 502; *Wolff/Bachof/Stober*, VwR Bd. 1, § 36 Rdnr. 11; Stelkens/Bonk/Sachs-*P.Stelkens/U.Stelkens*, § 35 VwVfG, Rdnr. 48 m.w.N.

Weise nach Adressaten und Gefahrintensität zu differenzieren. Sie sind deshalb – von Ausnahmefällen abgesehen[88] – nicht geeignet, Personen rechtmäßig vom Gebäude auszuschließen.

bb) Hausrechtsausübung aufgrund der Sitzungspolizei

Soweit dies zur Aufrechterhaltung der Ordnung in einer Sitzung, zum Schutz einer Verhandlung erforderlich ist, können anwesenheitssteuernde Verfügungen nach Maßgabe der sitzungspolizeilichen Vorschriften ergehen und durchgesetzt werden. Das allgemeinere Ordnungsinstrument, die öffentlich-rechtliche Haus- und Ordnungsgewalt, findet dann keine Anwendung.

(1) Der Ausschluß vom Verhandlungssaal

(a) Zuhörer

§ 175 Abs. 1 GVG erlaubt es, Personen, die an einer öffentlichen Verhandlung als Zuhörer teilnehmen wollen, den Zutritt zum Ort dieser Verhandlung, dem Sitzungszimmer, zu verbieten.

Zuhörer, die zwar nicht "unerwachsen" sind und auch durchaus begrifflich in einer der "Würde des Gerichts" entsprechenden Weise erscheinen, jedoch aus anderen Gründen eine Gefahr für die Ordnung in der Sitzung begründen, werden auf der Grundlage der Auffangnorm des § 176 GVG zurückgewiesen.[89] Auch hier darf einem Zuhörer nur dann der Zutritt verwehrt werden, wenn dies zur Abwehr einer durch diesen Zuhörer drohenden Gefahr oder in der Situation eines durch Tatsachen erhärteten Gefahrenverdachts erforderlich erscheint.[90] Ohne tatsächliche Anhaltspunkte für eine besondere Gefahrenlage (Drohungen, Ausschreitungen bei vergleichbaren Verhandlungen in der Vergangenheit) darf die – dann berechtigte – Weigerung eines Zuhörers, sich durchsuchen zu lassen oder einen Ausweis vorzulegen, nicht zum Anlaß genommen werden, ihm den Zutritt zum Sitzungszimmer (oder zum Gebäude) zu verwehren.[91]

---

[88] Z.B. "Zutritt mit Waffen untersagt".

[89] *Kissel*, § 175 GVG, Rdnr. 8; *Schilken*, Rdnr. 194; – unklar Kleinknecht/*Meyer-Goßner*, § 175 GVG, Rdnr. 3, § 176 GVG, Rdnr. 5 und Löwe/Rosenberg-*Schäfer*/*Wickern*, § 175 GVG, Rdnr. 3, § 176 GVG, Rdnr. 21 f., die einerseits § 175 Abs. 1 GVG auf jeden Zuhörer anwenden wollen, der den Ablauf zu stören droht, andererseits die Zurückweisung bei Einlaßkontrollen auf § 176 GVG stützen.

[90] Vgl. oben unter Erster Teil IV 4, S. 134 ff.

[91] Vgl. oben unter Zweiter Teil II 2 e aa (2) (b), S. 205 ff. für entsprechende Maßnahmen auf der Grundlage der Haus- und Ordnungsgewalt sowie OLG Köln NJW-RR 1998, 1141, 1142.

Die Aufforderung an Zuhörer, den Verhandlungssaal zu verlassen, trifft der vorsitzende Richter. Sie kann ergehen, wenn anders die Ordnung in der Sitzung nicht aufrechtzuerhalten ist. Regelmäßig wird es erforderlich sein, einen störenden Zuhörer gemäß § 176 GVG zu ordnungsgemäßem Verhalten aufzufordern, bevor ihm sein Anwesenheitsrecht entzogen werden darf. Rechtsgrundlage für die schlichte verbale Hinausweisung ist § 176 GVG.[92] Erst deren zwangsweise Durchsetzung, die Entfernung aus dem Sitzungszimmer, richtet sich nach § 177 GVG.[93] Unter Umständen kann es sich als notwendig erweisen, einem Zuhörer nach Art eines Hausverbotes das (Wieder-) Betreten des Sitzungszimmers für die Dauer einer aus einer Reihe von Sitzungstagen bestehenden Verhandlung zu untersagen. Diese Anordnung ist ebenfalls nach § 176 GVG möglich.

(b) Vertreter von Presse, Funk und Fernsehen

Die Entscheidung des Vorsitzenden, in der Kollisionslage zwischen Öffentlichkeitsgrundsatz und Ordnungsinteresse Personen räumlich von der Sitzung auszuschließen, wird erschwert, wenn es sich um Vertreter der Massenmedien handelt.[94] Gerichtsverhandlungen, insbesondere in Verfahren vor den obersten Gerichten mit weittragender Bedeutung und in Aufsehen erregenden Strafprozessen, sind Medienereignisse geworden. Der Zugang zum Ereignis und damit der Zutritt zum Sitzungssaal ist grundrechtlich geschützt, denn die Grundrechte der Presse- und der Rundfunkfreiheit (Art. 5 Abs. 1 S. 2 GG) gewährleisten auch das Recht, sich die zu verbreitenden Informationen prinzipiell ungehindert zu beschaffen.[95] Die Vorschriften der §§ 169 ff., 176 ff. GVG beschränken als allgemeine Gesetze im Sinne von Art. 5 Abs. 2 GG dieses Recht.[96]

---

[92] BGHSt 24, 329, 331; Kleinknecht/*Meyer-Goßner*, § 176 GVG, Rdnr. 8; *Wolf*, GerichtsverfassungsR, § 26 II 1, S. 258; Zöller-*Gummer*, § 176 GVG, Rdnr. 5; Baumbach/Lauterbach/*Albers*/Hartmann, § 176 GVG, Rdnr. 4; *Stürner*, JZ 1972, 664, 666; *Roxin*, FS Peters, 393, 406 f.

[93] BGHSt 24, 329, 331 f.; *Wolf*, GerichtsverfassungsR, § 26 II 2, S. 259; Zöller-*Gummer*, § 176 GVG, Rdnr. 5 f.; Baumbach/Lauterbach/*Albers*/Hartmann, § 176 GVG, Rdnr. 4; *Stürner*, JZ 1972, 664, 666; *Roxin*, FS Peters, 393, 406 f.; – a.A. Löwe/Rosenberg-*Schäfer*/*Wickern*, § 177, Rdnr. 3; *Kissel*, § 177 GVG, Rdnr. 2.

[94] Zuhörer sind allerdings nur jene Reporter, die während der Verhandlung im Sitzungssaal verbleiben wollen.

[95] BVerfGE 50, 234, 240; 91, 125, 134; BVerfG NJW 1996, 310; Bonner Kommentar-*Degenhardt*, Art. 5 Abs. 1 und 2 GG, Rdnr. 735.

[96] BVerfGE 50, 234, 240; 91, 125, 136 f.; BVerfG NJW 1996, 310; Bonner Kommentar-*Degenhardt*, Art. 5 Abs. 1 und 2 GG, Rdnr. 887; *Kortz*, AfP 1997, 443, 445.

(aa) Das Verbot von Rundfunk- und Filmaufnahmen durch § 169 S. 2 GVG

Bereits aus sich selbst heraus wirkt das absolute und nicht abdingbare Verbot von Radio-, Fernseh- und Filmaufnahmen während der Verhandlung durch § 169 S. 2 GVG, das nur für Verhandlungen des Bundesverfassungsgerichts neuerdings in § 17 a BVerfGG etwas abgeschwächt worden ist. Es dient, wie die Sitzungspolizei, der Aufrechterhaltung der Ordnung, dem Schutz der Persönlichkeitsrechte der Beteiligten und damit letztlich der Wahrheits- und Rechtsfindung.[97] Drohende oder bereits geschehene Verstöße können, wenn Ermahnungen nicht beachtet werden, den sitzungspolizeilichen Ausschluß vom Verhandlungszimmer rechtfertigen. Das Gesetz hat – in verfassungskonformer Weise[98] – für einen Teilbereich der Rundfunkfreiheit, nämlich die Beschaffung von bewegten Bildern und von Originalton aus einer laufenden Verhandlung, die Abwägung zwischen Informationsbedürfnis auf der einen und Funktionstüchtigkeit der Rechtspflege und Persönlichkeitsrechten auf der anderen Seite selbst vorgenommen. Der vorsitzende Richter wacht nur noch über die Einhaltung des Verbotes. Er setzt dafür auch die Mittel der Zutrittsverweigerung und Hinausweisung ein, ohne diese Maßnahmen im einzelnen an Art. 5 Abs. 1 S. 2 GG messen zu müssen.

(bb) Sitzungspolizeiliche Verbote jenseits von § 169 S. 2 GVG

Anders liegen die Dinge, wenn es Störungen durch Medienvertreter abzuwehren gilt, die nicht schon unter das Verbot des § 169 S. 2 GVG fallen. Pressefotos aus der laufenden Verhandlung,[99] Ton- und Videoaufnahmen für Hörfunk und Fernsehen vor Beginn und nach Ende der eigentlichen Verhandlung sowie in Sitzungspausen sind nicht schlechthin verboten. Wenn sich journalistisches Interesse ankündigt, ist der vorsitzende Richter gehalten, eine sitzungspolizeiliche Entscheidung über die Zulässigkeit insbesondere von Bildberichterstattung in diesem Bereich zu treffen.

Das Schrankengesetz des § 176 GVG ist dabei im Lichte der besonderen Bedeutung der Grundrechte der Presse- und Rundfunkfreiheit für den

---

[97] BVerfG NJW 1996, 581, 583; *Kortz*, AfP 1997, 443, 445; *Gündisch/Dany*, NJW 1999, 256, 259; *Kissel*, § 169 GVG, Rdnr. 62; MünchKomm-ZPO-*Wolf*, § 169 GVG, Rdnr. 44.
[98] Bonner Kommentar-*Degenhardt*, Art. 5 Abs. 1 und 2 GG, Rdnr. 887; *Kortz*, AfP 1997, 443, 448; *Plate*, NStZ 1999, 391, 394; – zur neueren rechtspolitischen Diskussion um die Berechtigung von § 169 S. 2 GVG vgl. *Huff*, NJW 1996, 571 ff., *Schwarz*, AfP 1995, 353 ff.; *Kortz*, AfP 1997, 443 ff.; *Gündisch/Dany*, NJW 1999, 256 ff. je m.w.N.
[99] Dazu, daß § 169 S. 2 GVG "stehende Bilder" nicht erfaßt, vgl. nur BGH bei Dallinger MDR 1971, 188; *Maul*, MDR 1970, 286; Löwe/Rosenberg-*Schäfer/Wickern*, § 169 GVG, Rdnr. 42.

freiheitlich-demokratischen Staat auszulegen.[100] Das führt zu einer Abwägung der betroffenen Rechte und Rechtsgüter unter Berücksichtigung des Grundsatzes der Verhältnismäßigkeit.[101]

Für die Zulässigkeit von Bild- und Tonberichterstattung streiten die oft weitreichenden Auswirkungen, die Gerichtsverfahren auf das Leben der Bürger haben und die Bedeutung von Bildern für die Wirksamkeit auch objektiver Berichterstattung. Verfahren vor den obersten Gerichtshöfen des Bundes mit ihrer starken Präjudizwirkung auf Untergerichte und Kautelarpraxis oder Entscheidungen über öffentliche Großprojekte etwa bedürfen einer anderen Behandlung als der kleine Verkehrsunfallprozeß unter Privaten.

Zugunsten einer beschränkenden Verfügung fällt das allgemeine Persönlichkeitsrecht der Verfahrensbeteiligten mit seinen Ausprägungen, dem Recht am eigenen Bild und am gesprochenen Wort, ins Gewicht. Es wird für die Herstellung von Aufnahmen entsprechend den zu §§ 22 ff. KUG entwickelten Grundsätzen – wo unmittelbar nur die Verbreitung von Bildnissen geregelt ist – geschützt.[102] Folglich ist in Fällen, die nicht schon zeitgeschichtliches Interesse erregt haben, die Aufnahme von Beteiligten ohne ihr erkennbares Einverständnis unzulässig. Nur in einem geringen Teil aller Verfahren werden Beteiligte durch das große Interesse der Öffentlichkeit an dem (spektakulären) Rechtsfall zu relativen Personen der Zeitgeschichte[103] oder sind von vornherein als absolute Personen der Zeitgeschichte betroffen[104]. Aber auch dann kann entsprechend § 23 Abs. 2 KUG ein berechtigtes Interesse des Abzubildenden die Befugnis zur Herstellung der Aufnahme ausschließen.

In strafprozessualen Sitzungen bedürfen die Medien in besonderem Maße der Bändigung. Hier sind zugunsten des Angeklagten die Unschuldsvermutung, die gerichtliche Fürsorgepflicht und der fair trial-Grundsatz zu berücksichtigen; unzumutbare Prangerwirkungen müssen vermieden werden.[105]

---

[100] Wechselwirkungslehre des BVerfG, st. Rspr. seit BVerfGE 7, 198, 208 f., – im hier gegebenen Zusammenhang: BVerfGE 50, 234, 241; 91, 125, 136; BVerfG NJW 1996, 310.

[101] BVerfGE 91, 125, 136; *Scholz*, NStZ 1995, 42, 43; Kleinknecht/*Meyer-Goßner*, § 176 GVG, Rdnr. 15; Löwe/Rosenberg-*Schäfer*/*Wickern*, § 176 GVG, Rdnr. 36.

[102] Vgl. BGH NJW 1966, 2353, 2354, *Soehring*, Rdnr. 9.4 ff.; *Wenzel*, Rdnr. 7.14 f.

[103] Z.B. Angeklagte, Parteien, u.U. auch Zeugen, Richter, Verteidiger, vgl. *Soehring*, Rdnr. 21.6; *Kortz*, AfP 1997, 443, 446.

[104] Politiker, bekannte Schauspieler und Sportler, die vor Gericht auftreten oder auftreten müssen, z.B. die Angehörigen der Partei- und Staatsführung der ehemaligen DDR als Angeklagte, BVerfGE 87, 334, 340.

[105] *Kortz*, AfP 1997, 443, 446 f.; Löwe/Rosenberg-*Schäfer*/*Wickern*, § 176 GVG, Rdnr. 36; Kleinknecht/*Meyer-Goßner*, § 176 GVG, Rdnr. 15; Bonner Kommentar-*Degenhardt*, Art. 5 Abs. 1 und 2 GG, Rdnr. 887; *Stürner*, JZ 1995, 297, 298; *Wenzel*, Rdnr. 10.172; *Ranft*, Jura 1995, 573, 580 f.

Auch die Gefahr, daß Verhandlungsbeteiligte ihr Aussageverhalten angesichts laufender Kameras, die eine unübersehbare Medienöffentlichkeit vermitteln, ändern, ist durch § 169 S. 2 GVG nicht vollständig gebannt. So muß gegebenenfalls im Interesse der Wahrheitsfindung sichergestellt werden, daß Aufnahmen gefährdeter Zeugen überhaupt, also auch vor Beginn der Verhandlung und in Verhandlungspausen, unterbleiben.[106] Schließlich sind Behinderungen und Verzögerungen durch die für Bild- und Tonberichterstattung nötigen technischen Vorkehrungen, durch die schiere Menge der Reporter und ihren Raum- und Zeitbedarf in die Abwägung einzustellen.[107]

Hat der Gerichtsvorsitzende unter Berücksichtigung all dieser Gesichtspunkte eine sitzungspolizeiliche Verfügung getroffen, die die Medienberichterstattung über § 169 S. 2 GVG hinaus rechtmäßig beschränkt, dann darf er daran, falls die Beschlagnahme von Aufnahmegeräten und dergleichen untunlich erscheint, Zutrittsverwehrungen und Hinausweisungen knüpfen. Die Rechtmäßigkeit des Ausschlußwillens hängt hier nicht allein von der Nichtbeachtung des von § 169 S. 2 GVG ausgesprochenen Verbotes durch den betroffenen Journalisten, sondern von der Rechtmäßigkeit der zugrundeliegenden Anordnung ab.

(c) Verhandlungsbeteiligte

Die Notwendigkeit, Parteien, Angeklagten, Zeugen oder Sachverständigen zum Schutz der Sitzung den Zutritt zu verweigern wird sich selten, die Notwendigkeit, dies gegenüber Rechtsanwälten, Staatsanwälten, Protokollführern und Richtern zu tun, wird sich noch seltener ergeben. Praktische Bedeutung kann dies vor allem im Zusammenhang mit Zugangskontrollen erlangen, die auf Anordnung des vorsitzenden Richters den Eintritt in das Sitzungszimmer oder einen abgeschrankten Sicherheitsbereich von der Bedingung, sich und mitgeführte Sachen auf gefährliche Gegenstände durchsuchen zu lassen, abhängig machen. Hinter jeder Einlaßkontrolle verbirgt sich die hausrechtliche Anordnung, den Betroffenen unter bestimmten Voraussetzungen zurückzuweisen. Der Erforschung dieser Voraussetzungen dienen die Kontroll- und Durchsuchungsmaßnahmen.

Unbestritten ist es grundsätzlich zulässig, auf der Grundlage von § 176 GVG Zugangskontrollen auch Verhandlungsbeteiligten in den Weg zu legen.[108] Die

[106] BGHSt 44, 23 ff.; BVerfG NJW 1996, 310 f.
[107] BVerfGE 91, 125, 138 f. – dort auch zu der Möglichkeit, die Beeinträchtigungen durch die Zulassung nur eines Kamerateams, das anderen Sendern das Material überläßt, gering zu halten (Pool-Lösung).
[108] BVerfGE 48, 118, 123; BVerfG NJW 1998, 296, 297; OLG Hamburg NStZ 1992, 509; (– betroffen waren jeweils Verteidiger); *Kissel*, § 176 GVG, Rdnr. 18; Löwe/Rosenberg-*Schäfer*/*Wickern*, § 176 GVG, Rdnr. 22; Kleinknecht/*Meyer-Goßner*, § 176 GVG, Rdnr. 5;

Rechtmäßigkeit derartiger sitzungspolizeilicher Verfügungen ist an das Vorliegen einer konkreten Gefahr oder doch eines durch Tatsachen begründeten Gefahrenverdachts gebunden.[109] Gerade auch die betroffenen Verhandlungsbeteiligten müssen zu der Gruppe von Personen gehören, auf die sich der Verdacht bezieht. Die Kontrollmaßnahme kann eine Gefahr offenbar werden lassen – dann ist die Abweisung möglich – oder den Gefahrenverdacht hinsichtlich der einzelnen kontrollierten Person ausräumen – dann muß diese Person eingelassen werden. Wenn der Gefahrenverdacht verstärkt fortbesteht, weil der Betroffene sich der Kontrolle verweigert, darf zum Schutz von Leib und Leben oder um die Verhandlung überhaupt durchführen zu können auch der Zutritt zum Sitzungszimmer untersagt werden. § 176 GVG ist Rechtsgrundlage für derartige sitzungspolizeiliche Zutrittsverweigerungen, weil § 175 Abs. 1 GVG nur die Abweisung von Zuhörern oder sonstigen an der Verhandlung nicht beteiligten Personen erlaubt[110] und § 177 GVG allein die Entfernung des bereits Eingetretenen behandelt.

Der vorsitzende Richter hat schon die Durchsuchungsanordnung an der Stärke des Gefahrenverdachts und der Wertigkeit der bedrohten Rechtsgüter sowie der prozeßrechtlichen Stellung der potentiell gefährlichen Personen auszurichten. Um so mehr gilt das für die Entscheidung, dem Betroffenen das Betreten des Gerichtssaales zu verbieten. Denn dadurch wird dem Verhandlungsbeteiligten die Wahrnehmung seiner prozessualen Rechte in der abzuhaltenden Sitzung unmöglich. Der Anspruch auf rechtliches Gehör darf zwar zum Zweck der Ordnungswahrung in der Sitzung beschnitten, nicht aber verletzt werden. Erforderlich ist eine Abwägung der Gesichtspunkte, die eine Gefahrenlage begründen, mit den Rechtspositionen der zutrittsberechtigten Verhandlungsbeteiligten. Die Sicherheitsverfügung des Vorsitzenden muß den Beamten des Wachtmeisterdienstes daher die Ausführung der Kontrollmaßnahmen – gegebenenfalls nach Personengruppen differenzierend – detailliert vorschreiben.[111] Die Entscheidung, einen danach als gefährlich einzustufenden Verhandlungsbeteiligten für den anstehenden Termin endgültig abzuweisen, sollte einer gesonderten Einzelfallbeurteilung durch den Vorsitzenden selbst vorbehalten bleiben.

Für die "Entfernung" von bestimmten verhandlungsbeteiligten Personen, nämlich Parteien, Beschuldigten, Zeugen und Sachverständigen, trifft § 177 GVG eine von § 176 GVG abweichende Regelung. § 177 S. 2 GVG fordert

---

Katholnigg, § 176 GVG, Rdnr. 7 f.; *Hübel*, StV 1998, 243 f.; *Krekeler*, NJW 1979, 185 ff.; Baumbach/Lauterbach/*Albers*/Hartmann, § 176 GVG, Rdnr. 4.

[109] Siehe oben unter Erster Teil IV 4, S. 134 ff.

[110] *Kissel*, § 175 GVG, Rdnr. 2; Zöller-*Gummer*, § 175 GVG, Rdnr. 1; Löwe/Rosenberg-*Schäfer*/*Wickern*, § 175 GVG, Rdnr. 1; MünchKomm-ZPO-*Wolf*, § 175 GVG, Rdnr. 2.

[111] Vgl. BVerfGE 48, 118, 124 f.; BVerfG NJW 1998, 296, 298.

hierfür (und für die Anordnung von Ordnungshaft) einen Beschluß des Gerichts. Die Entfernung von nicht an der Verhandlung beteiligten Personen kann, wie dies bereits § 176 GVG entspricht, allein vom Vorsitzenden verfügt werden. Die an der Verhandlung beteiligten Organe der Rechtspflege – Rechtsanwälte, Staatsanwälte, Urkundsbeamte, Richter – sind in § 177 GVG nicht genannt. Das zwingt zu dem Gegenschluß, daß sie weder auf Anordnung des Vorsitzenden noch aufgrund einer Entscheidung des Spuchkörpers aus dem Sitzungszimmer "entfernt" werden dürfen.[112] Weil einerseits § 176 GVG Maßnahmen auch gegen diese Personen erlaubt,[113] und andererseits die schlichte Aufforderung, das Sitzungszimmer zu verlassen, ebenfalls auf § 176 GVG zu stützen ist,[114] meint § 177 GVG nur noch die zwangsweise Durchsetzung der Hinausweisung aus dem Verhandlungssaal.[115] Nur hierfür ist folglich die Anordnungskompetenz vom Vorsitzenden, was Parteien, Beschuldigte, Zeugen und Sachverständige betrifft, auf das Gericht verlagert,[116] und auch nur hierfür schließt § 177 GVG ein Vorgehen gegen die verhandlungsbeteiligten Rechtsanwälte und Justizorgane aus.

Auch für Entscheidungen über Hinausweisungen von Verhandlungsbeteiligten aus dem Sitzungszimmer sind die zu schützenden und die einzuschränkenden Rechte und Rechtsgüter aneinander zu messen. Die Ermessensentscheidung

---

[112] BGH NStZ-RR 1997, 71; Kleinknecht/*Meyer-Goßner*, § 177 GVG, Rdnr. 3; *Kissel*, § 176 GVG, Rdnr. 40 ff.; Löwe/Rosenberg-*Schäfer*/*Wickern*, § 177 GVG, Rdnr. 8, 10 ff.; *Schilken*, Rdnr. 224; KK-*Diemer*, § 177 GVG, Rdnr. 2; *Wolf*, GerichtsverfassungsR, § 26 II 2, S. 260; *P. Müller*, NJW 1979, 22. Für die Möglichkeit, einen Rechtsanwalt im "Extremfall" und bei "schwersten Dauerstörungen" zwangsweise zu entfernen hingegen obiter BGHZ 67, 184, 189 und *Katholnigg*, § 177 GVG, Rdnr. 3; *Malmendier*, NJW 1997, 227, 234 f.; *Greiser*, JA 1983, 429, 432; *Greiser*/*Artkämper*, Rdnr. 106, 113.

[113] BVerfGE 48, 118, 123; BVerfG NJW 1998, 296, 297; OLG Hamburg NStZ 1992, 509; OLG Karlsruhe NJW 1977, 309, 310 f.; KK-*Diemer*, § 176 GVG, Rdnr. 3; Kleinknecht/*Meyer-Goßner*, § 176 GVG, Rdnr. 10; *Schilken*, Rdnr. 224; *Kissel*, § 176 GVG, Rdnr. 39 f., 44 f.; Löwe/Rosenberg-*Schäfer*/*Wickern*, § 176 GVG, Rdnr. 39; *Malmendier*, NJW 1997, 227, 232 f.; *Hübel*, StV 1998, 243, 244; *Gmelch*, S. 19; – *Jahn*, NStZ 1998, 389, 391 ff. will dagegen aus § 177 GVG folgern, daß auch § 176 GVG auf Ordnungsverstöße von Verteidigern nicht anwendbar ist. Die tatbestandlich unbeschränkte Aufgabe des § 176 GVG finde an der Befugnis der §§ 177 f. GVG ihre Grenze. Aber zum einen ist auch § 176 GVG Befugnisnorm, zum anderen kann § 177 GVG eine so weit gehende Ausschlußwirkung nicht entnommen werden.

[114] BGHSt 24, 329, 331; Kleinknecht/*Meyer-Goßner*, § 176 GVG, Rdnr. 8; *Wolf*, GerichtsverfassungsR, § 26 II 1, S. 258; Zöller-*Gummer*, § 176 GVG, Rdnr. 5; Baumbach/Lauterbach/*Albers*/Hartmann, § 176 GVG, Rdnr. 4; *Stürner*, JZ 1972, 664, 666; *Roxin*, FS Peters, 393, 406 f.

[115] BGHSt 24, 329, 331 f.; *Wolf*, GerichtsverfassungsR, § 26 II 2, S. 259; Zöller-*Gummer*, § 176 GVG, Rdnr. 5 f.; Baumbach/Lauterbach/*Albers*/Hartmann, § 176 GVG, Rdnr. 4; *Stürner*, JZ 1972, 664, 666; *Roxin*, FS Peters, 393, 406 f.; – a.A. Löwe/Rosenberg-*Schäfer*/*Wickern*, § 177, Rdnr. 3; *Kissel*, § 177 GVG, Rdnr. 2.

[116] Abweichend Löwe/Rosenberg-*Schäfer*/*Wickern*, § 176 GVG, Rdnr. 31, § 177 GVG Rdnr. 3; *Kissel*, § 177 GVG, Rdnr. 2, 24; *Malmendier*, NJW 1997, 227, 233, die schon für die Aufforderung, den Saal freiwillig zu verlassen, gegenüber Verhandlungsbeteiligten einen Gerichtsbeschluß verlangen.

über den räumlichen Ausschluß ist nur dann verhältnismäßig, wenn sich das Ordnungsinteresse gegen die einfachgesetzlichen und verfassungsrechtlichen Anwesenheits- und Mitwirkungsrechte durchsetzt.[117] Erforderlich ist eine Abwägung der Nachteile, die der Ausschluß des Verhandlungsbeteiligten für die Wahrheitsfindung und für die prozessuale Stellung der betroffenen Partei odes des Angeklagten mit sich bringt, mit der Schwere der Gefahr für die Durchführbarkeit der Sitzung. Nur gravierende Gefahren oder Störungen durch an der Verhandlung beteiligte Personen dürfen deshalb zum Anlaß genommen werden sie hinauszuweisen oder zu entfernen.[118]

(2) Der Ausschluß vom gesamten Gebäude

Genügt auch im Regelfall der Ausschluß vom Verhandlungszimmer, um eine Gefahr von der Sitzung abzuwehren, so sind doch Fälle vorstellbar, in denen der Sitzungsstörer außerhalb des Gebäudes gehalten oder nach dort verbracht werden muß. Wer nach dem Verlassen des Sitzungssaals oder seiner Entfernung gemäß § 177 GVG vom Flur aus die Verhandlung weiter stört oder zu tätlichen Angriffen ansetzt, darf vom vorsitzenden Richter aus dem Gebäude gewiesen werden. Rechtsgrundlage ist § 176 GVG, einer vorherigen "Übertragung des Hausrechts" durch die Gerichtsverwaltung bedarf es entgegen der herrschenden Meinung nicht.[119] Lediglich dann, wenn die Hinausweisung aus dem Gebäude mit einer Entfernung aus dem Sitzungszimmer zusammenfällt, dem Störer also zugleich zwangsweise das Recht zur weiteren Teilnahme an der Sitzung entzogen werden soll, ist nach § 177 GVG zu verfahren.

Zutrittsverweigerungen im Zusammenhang mit sitzungspolizeilichen Einlaßkontrollen am Gebäudeeingang können vor allem dann rechtmäßig sein, wenn im Gebäude lediglich die eine zu schützende Sitzung stattfindet[120] oder eine besonders hohe Gefahrerwartung sich gegen das Zutrittsrecht des gefahrverdächtigen Verhandlungsbeteiligten durchsetzt. Hausverbote über das Ende eine Sitzungstermins hinaus sind zwar grundsätzlich möglich, dürften aber zum Schutz einer Verhandlung selten erforderlich sein.

Damit sind die Voraussetzungen, unter denen in Gerichtsgebäuden hausrechtliche Befugnisse bestehen, umrissen. Ist der Tatbestand der

[117] Für den nach § 177 GVG entfernten Angeklagten existiert in § 231 b StPO eine Sonderregelung, die die Voraussetzungen, unter denen in seiner Abwesenheit verhandelt werden darf, festlegt.
[118] Vgl. für den Angeklagten: *Kissel*, § 177 GVG, Rdnr. 18 sowie BGHSt 25, 317, 320.
[119] Ausführlich oben unter Erster Teil IV 5, S. 137 ff.
[120] Fall BVerfGE 48, 118 (Terroristenprozeß im Gebäude einer Justizvollzugsanstalt).

öffentlich-rechtlichen Funktionsschutzvorschrift (Sitzungspolizei oder gewohnheitsrechtlichen Haus- und Ordnungsgewalt) nicht gegeben, existiert auch kein Hausrecht. Wenn demgegenüber formuliert wird, daß das Hausrecht in Räumen des öffentlichen Dienstes "eingeschränkt", seine Ausübung öffentlich-rechtlich gebunden sei,[121] so muß dem entgegnet werden: Es geht nicht um Einschränkungen des Hausrechts, es gibt hier keine öffentlich-rechtlichen Bindungen eines vorgegebenen Hausrechts, sondern es besteht das öffentlich-rechtliche Hausrecht von vornherein nur insoweit, als die öffentlich-rechtliche Funktion die Abwehr von Störungen durch Anwesenheitssteuerung erlaubt.

Die strenge Bindung der hausrechtlichen Befugnisse an die Voraussetzungen der jeweils anwendbaren Hausrechtsnorm erklärt zwanglos, warum der Hausherr eines öffentlichen Dienstraumes anders als die Privatperson in ihrer Wohnung oder ihrem Geschäftsraum nicht frei und willkürlich über die Anwesenheit anderer bestimmen können soll.[122] Hausrechtliche Anordnungen kann der öffentlich-rechtlich handelnde Hausherr eben erst dann treffen, wenn der Gefahrtatbestand der öffentlich-rechtlichen Norm erfüllt ist. Der Private hingegen bedient sich der Besitzschutznormen, die – beschränkt allenfalls von § 138 Abs. 1 BGB und der mittelbaren Drittwirkung von Grundrechten – den willkürlichen Ausschluß erlauben. Handeln Hoheitsträger privatrechtlich, was aber per definitionem nur in anderen als öffentlichen Diensträumen der Fall sein kann, dann allerdings ist das Besitz-Hausrecht in der Tat öffentlich-rechtlich gebunden. Es gilt das sogenannte Verwaltungsprivatrecht, dessen Auswirkungen aber hinter der unmittelbaren Anwendung von öffentlichem Recht zurückbleiben.[123]

Weil das Hausrecht in öffentlichen Diensträumen nicht als normabhängig erkannt wird, herrscht in der strafrechtlichen Rechtsprechung und Literatur Unklarheit über die "Reichweite der Einschränkungen des Hausrechts" von Hoheitsträgern. Genannt wird neben dem allgemeinen Gleichheitssatz und dem Grundsatz der Verhältnismäßgkeit die öffentliche Zweckbindung des Raums. Dieses Kriterium wird wechselnd verwendet, indem einerseits Hausverbote für zulässig erachtet werden, die der öffentlichen Zweck-

---

[121] BayObLGSt 1990, 63, 64; LK-*Schäfer*, § 123 StGB, Rdnr. 37; Schönke/Schröder-*Lenckner*, § 123 StGB, Rdnr. 20; SK-*Rudolphi*, § 123 StGB, Rdnr. 34; AK-StGB-*Ostendorf*, § 123 StGB, Rdnr. 38 ff.; *Schall*, S. 160 f.; *Bernsmann*, Jura 1981, 465, 467; *Oehler*, JR 1981, 33 sowie BGHZ 33, 230; *U. Schmitt*, S. 75.
[122] Vgl. zu dieser Gegenüberstellung Schönke/Schröder-*Lenckner*, § 123 StGB, Rdnr. 19, 20; SK-*Rudolphi*, § 123 StGB, Rdnr. 34; *Bernsmann*, Jura 1981, 465, 467.
[123] Vgl. im hier gegebenen Zusammenhang Schönke/Schröder-*Lenckner*, § 123 StGB, Rdnr. 20 (unter "Konsequenzen für § 123"); *Bernsmann*, Jura 1981, 465, 468 sowie allgemein: *Gusy*, DÖV 1984, 872 ff.; *Ehlers* in Erichsen, AllgVwR, § 2 Rdnr. 77 ff.; BVerwG DVBl. 1990, 712, 713.

bestimmung des Raumes nicht zuwiderlaufen,[124] andererseits eine Störung der öffentlichen Zweckbestimmung zur Voraussetzung einer hausrechtlichen Maßnahme gemacht wird.[125] Mit der Gleichsetzung des durch § 123 StGB strafbewehrten Hausrechts in öffentlichen Diensträumen mit den hausrechtlichen Befugnissen der §§ 175 Abs. 1, 176 f. GVG und der öffentlich-rechtlichen Haus- und Ordnungsgewalt sind die Voraussetzungen auch der strafrechtlich erheblichen Hausrechtsausübung wie geschehen definiert und derartige Unklarheiten beseitigt.

3. Ausschlußwille und Tathandlungen in Gerichtsgebäuden

a) Zum Stand der Diskussion um die Merkmale des Eindringens und des Verweilens trotz Aufforderung

Der Tatbestand des Hausfriedensbruchs kennt zwei Begehungsweisen, das widerrechtliche Eindringen in den geschützten Raum (§ 123 Abs. 1, 1. Alt. StGB) und das echte Unterlassungsdelikt der zweiten Tatalternative. Nach dieser ist strafbar, wer, wenn er ohne Befugnis darin verweilt, sich auf die Aufforderung des Berechtigten nicht aus dem geschützten Raum entfernt. Die Worte "widerrechtlich" und "ohne Befugnis" sind keine Merkmale des objektiven Tatbestandes, sondern nur Hinweise auf das allgemeine Deliktsmerkmal der Rechtswidrigkeit.[126] Die Betonung der Rechtswidrigkeitsebene durch das Gesetz findet ihren Grund in der Weite der Tathandlungen, der eine Vielfalt von rechtlichen Beschränkungen des Hausrechts gegenübersteht.[127] Nahezu einig ist man sich auch darin, daß die zweite Tatalternative nicht etwa zwei Aufforderungen des Berechtigten voraussetzt, eine, die den zuvor berechtigten Aufenthalt zu einem unbefugten macht und anschließend eine zweite, um unter den Schutz des § 123 StGB zu gelangen. Vielmehr geht mit der Verlassensaufforderung an den Täter ein befugtes in ein unbefugtes Verweilen über.[128]

---

[124] SK-*Rudolphi*, § 123 StGB, Rdnr. 34; LK-*Schäfer*, § 123 StGB, Rdnr. 37; *Helle*, NJW 1963, 1022, 1023.
[125] BayObLGSt 1990, 63, 64; *Schall*, S. 162, 166 f.; *Bernsmann*, Jura 1981, 465, 468 f.
[126] Ganz h.M., vgl. OLG Düsseldorf VRS 57, 281, 283; OLG Hamburg NJW 1977, 1831; Tröndle/*Fischer*, § 123 StGB, Rdnr. 11; LK-*Schäfer*, § 123 StGB, Rdnr. 63; SK-*Rudolphi*, § 123 StGB, Rdnr. 38; *Geppert*, Jura 1989, 378, 379, Fn. 15; *Maurach/Schroeder/Maiwald*, BT-1, § 30 Rdnr. 16; Schönke/Schröder-*Lenckner*, § 123 StGB, Rdnr. 31 m.w.N.
[127] *Maurach/Schroeder/Maiwald*, BT-1, § 30 Rdnr. 16; *Stoiber*, S. 43 f.
[128] RGSt 5, 109, 111 f.; LK-*Schäfer*, § 123 StGB, Rdnr. 65, 75; Schönke/Schröder-*Lenckner*, § 123 StGB, Rdnr. 27; *Haft*, BT, S. 16; SK-*Rudolphi*, § 123 StGB, Rdnr. 21; *Seier*, JA 1978, 622, 625; – abweichend *Engeln*, S. 79 ff.

aa) Der Wille des Berechtigten

§ 123 StGB Abs. 1, 2. Alt. StGB beschreibt die äußeren Umstände der Unterlassungstat recht genau. Unbestreitbar wird hier die Mißachtung eines ausdrücklich erklärten raumbezogenen Ausschlußwillens unter Strafe gestellt. Dagegen läßt der Begriff des Eindringens, mit dem die praktisch bedeutsamere Begehungsalternative die Tathandlung bezeichnet, viel Raum für Interpretation.

Fast[129] allgemein hält man auch hier den verwehrenden Willen des Berechtigten für maßgeblich. Eindringen wird dabei überwiegend als das Betreten gegen den Willen des Berechtigten definiert.[130] Nach anderen dringt bereits ein, wer ohne den Willen des Berechtigten in den geschützten Raum hineingelangt.[131] Dieser Formulierungsunterschied soll sich aber im Ergebnis nicht auswirken, weil jeweils auch auf den mutmaßlichen Willen des Berechtigten zurückgegriffen wird.[132] Als Kehrseite des verwehrenden Willens hält man den gewährenden Willen für bedeutsam. Das Merkmal des Eindringens wird verneint, wenn der Berechtigte mit dem Eintritt des anderen einverstanden ist (tatbestandausschließendes Einverständnis).[133]

– Die Dinge liegen jedoch komplizierter. Nur der als psychisches Faktum aktuell im Tatzeitpunkt bestehende, den Eintretenden individualisierende, irrtumsfreie und ausdrücklich gegenüber dem Täter erklärte verwehrende Wille des Berechtigten erscheint als unproblematisch. Dieser prototypische Fall des Eindringens, von dem die auf den Willen abstellende Konzeption ihren Ausgang nimmt, ist jedoch selten.[134] Der Wille tritt in vielerlei Form auf. Es gibt den in bezug auf einen größeren oder kleineren Kreis

[129] Anders *Schild*, NStZ 1986, 346 ff.; *Kargl*, JZ 1999, 930 ff.

[130] RGSt 5, 109, 111; 12, 132, 134; 39, 440, 441; BGH MDR bei Dallinger 1968, 551; OLG Düsseldorf NJW 1982, 2678, 2679; Tröndle/*Fischer*, § 123 StGB, Rdnr. 10; Schönke/Schröder-*Lenckner*, § 123 StGB, Rdnr. 11; Lackner/*Kühl*, § 123 StGB, Rdnr. 5; *Bohnert*, GA 1983, 1, 10; Stoiber, S. 82 f.; *Maurach/Schroeder/Maiwald*, BT-1, § 30 Rdnr. 13; *Otto*, Grundkurs BT, § 35 Rdnr. 9; LK-*Schäfer*, § 123 StGB, Rdnr. 24

[131] *Schröder*, JR 1967, 304, 305; *Schall*, S. 142; *Amelung/Schall*, JuS 1975, 565, 567; *Amelung*, NStZ 1985, 457; SK-*Rudolphi*, § 123 StGB, Rdnr. 13, 25, 33; *Engeln*, S. 58.

[132] LK-*Schäfer*, § 123 StGB, Rdnr. 26; Schönke/Schröder-*Lenckner*, § 123 StGB, Rdnr. 11; SK-*Rudolphi*, § 123 StGB, Rdnr. 13; *Artkämper*, S. 164 f.; *Geppert*, Jura 1989, 378, 379 f.; *Bernsmann*, Jura 1981, 337, 341; *Schröder*, JR 1969, 467 f. sowie BayObLG JR 1969, 467; OLG Düsseldorf NJW 1982, 2678, 2679.

[133] Tröndle/*Fischer*, § 123 StGB, Rdnr. 10; Schönke/Schröder-*Lenckner*, § 123 StGB, Rdnr. 22; SK-*Rudolphi*, § 123 StGB, Rdnr. 18; Lackner/*Kühl*, § 123 StGB, Rdnr. 5; *Maurach/Schroeder/Maiwald*, BT-1, § 30 Rdnr. 8; *Schall*, S. 142; *Krey*, BT-1, Rdnr. 437; *Artkämper*, S. 165; *Geppert*, Jura 1989, 378, 380; *Bohnert*, GA 1983, 1, 3; vgl. auch BGH NStZ-RR 1997, 97, 98. – Wegen der Nichtberücksichtigung des Willens bei der Begriffsbestimmung des Eindringens a.A.: *Kargl*, JZ 1999, 930, 937 (rechtfertigende Einwilligung).

[134] Vgl. *Bohnert*, GA 1983, 1, 19; *Schild*, NStZ 1986, 346, 347.

unerwünschter Personen erklärten generellen Ausschlußwillen, es gibt den intern bleibenden individualisierenden oder generellen, den rechtswidrigen, den fehlerhaft gebildeten und den "wahren" Willen. Es kann der Äußerungstatbestand eines früher existierenden, jetzt aber fallengelassenen Ausschlußwillens fortbestehen. Es kann schließlich an jeder realen psychischen Beziehung zwischen dem Berechtigten und dem Handelnden fehlen, was zum Rückgriff auf den mutmaßlichen Willen führt.[135]

Noch undurchsichtiger wird es, wenn dem verwehrenden Willen ein gewährender Wille des Berechtigten gegenübersteht. Auch dieser Wille wird nicht nur als individualisierter, ausdrücklich erklärter, sondern ebenfalls als genereller, typischer, nicht erklärter und mutmaßlicher für erheblich gehalten. Verwehrender Wille und Einverständnis bilden zwar theoretisch ein Entsprechungspaar. Sie schließen einander aber nur dann aus, wenn sie mit demselben Grad an personeller Individualisierung und psychischer Konkretisierung zeitlich zusammentreffen. Dann kann der Wille des Berechtigten nur entweder als verwehrender oder als gewährender auftreten.[136]

Die zahlreichen in Rechtsprechung und Literatur umstrittenen Fälle sind hingegen immer dadurch gekennzeichnet, daß einer bestimmten Art von Ausschlußwillen eine andere Art von erlaubendem Willen gegenübersteht. Das individuelle Betretensverbot kollidiert mit einer generellen Zutrittserlaubnis, die von einem Böswilligen erschlichene Einladung mit dem "wahren" Willen, ihn fernzuhalten. Der im früher erlassenen Hausverbot ausgedrückte Ausschlußwille wird durch ein abgetäuschtes aktuelles Einverständnis des Berechtigten konterkariert, ein auf das Fernbleiben eines Kreises unerwünschter Personen gerichteter mutmaßlicher Wille stößt auf eine generelle Zutrittserlaubnis und so fort. Die entsprechenden Fallgruppen werden anhaltend kontrovers diskutiert,[137] ohne daß eine Einigung darüber

---

[135] Unter dem mutmaßlichen Willen wird hier also nicht auch der unerklärte, aber reale Wille oder der konkludent-generell erklärte, aber gleichfalls wirkliche Wille verstanden (so jedoch Schönke/Schröder-*Lenckner*, § 123 StGB, Rdnr. 23; *Wessels/Hettinger*, BT-1, Rdnr. 585; – wie hier: *Geppert*, Jura 1989, 378, 380). Die Feststellung des nicht erklärten realen Willens ist also keine Frage der materiell-rechtlichen Mutmaßung, sondern eine des Beweises einer inneren Tatsache.

[136] Ein erklärter, auf eine bestimmte Person konkretisierter Verwehrungswille schließt die gleichzeitige Erklärung eines Einverständnisses gegenüber derselben Person aus. Die Annahme eines mutmaßlichen Verwehrungswillens schließt die Annahme eines mutmaßlichen Einverständnisses aus.

[137] Eintritt von Kaufhausdieben, von durch ein Schild ausgeschlossenen, von ihrer äußeren Erscheinung nach unerwünschten Personen – je bei genereller Zutrittserlaubnis, Erschleichen einer ausdrücklichen Einverständniserklärung vor dem Hintergrund deliktischer Absichten oder eines bestehenden individuellen Hausverbotes, vgl. im einzelnen die Darstellungen bei LK-*Schäfer*, § 123 StGB, Rdnr. 27, 30 ff.; Schönke/Schröder-*Lenckner*, § 123 StGB, Rdnr. 14, 22 ff.

erkennbar wäre, welcher Kategorie von Willen durchgehend der Vorrang zukommen und welche unbeachtlich sein soll. Es erscheint unmöglich, die Vielgestaltigkeit der sich überlagernden Willensformen dogmatisch zu bändigen.[138] Hinzu kommt, daß die herrschende Ansicht von ihrem Rechtsgut "Hausrecht" dabei keine Hilfe beziehen kann. Wenn das Rechtsgut in nichts anderem als der Freiheit oder Befugnis, einen Ausschlußwillen bilden zu können, gesehen wird, muß die teleologische Auslegung des Willensmerkmals scheitern: Das formale Rechtsgut führt nicht über den Willen hinaus.[139]

bb) Verzicht auf den Willen als Element des "Eindringens"?

Um den Unklarheiten und Unsicherheiten, die der Willensbezug des "Eindringens" mit sich bringt, zu entgehen, ist vorgeschlagen worden, dieses Tatbestandsmerkmal unabhängig davon zu bestimmen. Eindringen wird danach als Mißachtung der physischen Befriedungsgrenze definiert.[140] Ausgehend von der differenzierenden, funktionalistischen Rechtsgutskonzeption mißt man hier dem Eindringen je nach dem betroffenen Tatobjekt und dem dahinter stehenden Schutzinteresse einen variablen Bedeutungsgehalt zu. Wer in einen dem allgemeinen Publikumsverkehr eröffneten Geschäfts-, Dienst- oder Verkehrsraum in der äußerlich üblichen Weise eintrete, mißachte die Begrenzung der Räumlichkeiten in keinem Fall. Er dringe daher auch dann nicht im Sinne von § 123 Abs. 1, 1. Alt. StGB ein, wenn der Inhaber der Räumlichkeit und Berechtigte seine Anwesenheit nicht wolle und ihm ein individuelles Hausverbot erteilt habe.[141] Auf der anderen Seite soll ein erlaubender Wille erst auf der Rechtswidrigkeitsebene als rechtfertigende Einwilligung erheblich sein. Wegen der Mißachtung der geschlossenen Begrenzung dringe auch derjenige ein, der auf einen Hilferuf des Hausherrn hin die Tür aufbreche[142] oder derjenige, der über eine Leiter in eine Dachkammer gelange und dort mit offenen Armen erwartet werde.[143]

Die Auffassung ist abzulehnen. Sie wird von der funktionalistischen Rechtsgutskonzeption, auf die sie sich beruft,[144] nicht gestützt. Vielmehr fordert diese im Gegenteil, den Willen des Berechtigten bei der Auslegung des "Eindringens" zu berücksichtigen. Der private Wohnzweck, die geschäftliche oder dienstliche Tätigkeit und der öffentliche Verkehr werden eben typischerweise von Personen gefährdet, die dem Berechtigten nicht willkommen sind. *Sie* sollen von § 123 Abs. 1, 1. Alt. StGB ferngehalten

[138] Vgl. auch *Bohnert*, GA 1983, 1, 19.
[139] Vgl. *Schild*, NStZ 1986, 346; *Stoiber*, S. 83 f.
[140] *Schild*, NStZ 1986, 346, 348; *Kargl*, JZ 1999, 930, 938.
[141] *Schild*, NStZ 1986, 346, 350; *Kargl*, JZ 1999, 930, 938.
[142] *Schild*, NStZ 1986, 346, 349.
[143] *Kargl*, JZ 1999, 930, 937.
[144] *Schild*, NStZ 1986, 346, 349; *Kargl*, JZ 1999, 930, 934 ff.

werden und nicht straflos eintreten dürfen. Umgekehrt werden die Schutzfunktionen der Vorschrift regelmäßig nicht nachteilig berührt, wenn der Besucher mit dem Willen des Hausherrn – auf welchem Weg auch immer – in den geschützten Raum hineingelangt. Eine rechtsgutsbezogene Auslegung muß derartige Fälle aus dem Begriff des Eindringens ausklammern.

Aber auch größere Rechtsklarheit und Anwendungssicherheit kann durch den Verzicht auf das Willenselement nicht erzielt werden. Offen bleibt, was unter der Mißachtung oder Überwindung der physischen Befriedungsgrenze der Räumlichkeit zu verstehen ist. Auch bei dem allgemeinen Publikumsverkehr eröffneten Geschäfts-, Dienst- und Verkehrsräumen, wo ein Eindringen ausscheiden soll,[145] hat der Eintretende häufig zunächst die physische Abschirmung zu überwinden, indem er eine Tür aufklinkt oder aufdrückt. Was soll gelten, wenn Räume zwar nicht der Allgemeinheit, aber einem weiten Kreis von Berechtigten (Fahrscheininhabern, Hochschulangehörigen) offenstehen? Soll wirklich die Möglichkeit des Eindringens vom Schließzustand der Tür abhängig sein?[146] Und wenn über das Eindringen letztlich entscheiden soll, ob der betreffende Raum dem allgemeinen Publikumsverkehr eröffnet worden ist,[147] so hat man damit doch wieder auf einen zutrittsbezogenen Willensakt des Berechtigten abgestellt.

Schließlich führt diese Ansicht zu kriminalpolitisch bedenklichen Einschränkungen der Strafbarkeit. Alle abgeschirmten Territorien, deren Schutzwehr nicht lückenlos ist, wären nicht mehr gegen das Betreten durch Störer geschützt, weil keine physische Abschirmung überwindet, wer durch die Lücke eintritt. Insbesondere soll in allen dem Publikum offenstehenden Geschäfts-, Dienst- und Verkehrsräumen Hausfriedensbruch durch Eindringen während der Öffnungszeiten nicht begangen werden können.[148] Strafschutz würde dem Hausherrn erst durch § 123 Abs. 1, 2. Alt. StGB zuteil, den er durch eine Aufforderung auslösen müßte.[149] Jene Räume und die von ihnen geschirmten Sozialwerte wären weitgehend schutzlos gestellt, und zwar gerade gegenüber Personen, die bereits als diesen Werten gefährlich erkannt und deshalb mit einem Hausverbot belegt worden sind. Ist

---

[145] *Schild*, NStZ 1986, 346, 350; *Kargl*, JZ 1999, 930, 938.

[146] Vgl. *Kargl*, JZ 1999, 930, 937, der vor dieser Konsequenz seiner Auffassung denn auch zurückschreckt und doch wieder auf den Willen des Berechtigten, nämlich darauf, daß dieser den anderen "eintreten läßt", abhebt. Inkonsequent auch, bei der Anwendung von Gewalt gegen den Berechtigten durch den Täter ein Eindringen durch die geöffnete Tür zu bejahen (a.a.O.). Wenn Eindringen allein durch "die Überwindung von physischen Grenzen, die *von den Schutzobjekten selbst* gesetzt werden", gekennzeichnet sein soll (a.a.O., 938, – Hervorhebung nur hier), kann ein Abwehrverhalten des Berechtigten nicht zur Begründung des Eindringens herangezogen werden.

[147] *Schild*, NStZ 1986, 346, 350; *Kargl*, JZ 1999, 930, 938.

[148] A.a.O.

[149] Vgl. *Kargl*, JZ 1999, 930, 938.

der Störer erst einmal in den nach außen gesicherten Bereich straflos hineingelangt, hält ihn bis zu seiner Entdeckung und Hinausweisung durch den Berechtigten keine Strafdrohung davon ab, ein Schutzgut tatsächlich zu verletzen.[150]

b) Ausschlußwille und Hausrecht

Es bleibt somit dabei, daß auch die erste Tatvariante des Hausfriedensbruchs ihren Gehalt neben der räumlichen Komponente aus dem Willen des Inhabers oder Ausübungsberechtigten des Hausrechts bezieht.

Über den Willen des Berechtigten entfaltet das Hausrecht seine tatbestandliche Relevanz.[151] Nur der verwehrende Wille, der sich als – stille oder erklärte – Ausübung des Hausrechts darstellt, führt zu einer Bestrafung des ihm zuwider Eintretenden. Nur die Verlassensaufforderung, die sich auf das Hausrecht stützen kann, ist strafbewehrt. Und umgekehrt: Nur das Einverständnis eines Hausberechtigten beseitigt – in gewährender Ausübung des Hausrechts – die einmal aufgerichtete Willensbarriere und damit die Strafbarkeit des Eintretens.

Liegen die tatbestandlichen Voraussetzungen der je anwendbaren hausrechtlichen Vorschriften nicht vor, so ist ein dennoch gebildeter Ausschlußwille rechtlich – und damit erst recht: strafrechtlich – unbeachtlich. Die Freiheit, einen Ausschlußwillen bilden zu können, ist dabei entsprechend der Ausformung der bürgerlich-rechtlichen Besitzschutzvorschriften für Private unbegrenzt, so lange sie nur Besitzer oder zur Ausübung ermächtigt sind. Organe von Hoheitsträgern, die das öffentlich-rechtlich genutzte Areal hausrechtlich schützen wollen, können dies nur unter den engeren Voraussetzungen der öffentlich-rechtlichen Gefahrenabwehrnormen. Ermächtigen diese nach den Umständen des Falles nicht zu hausrechtlichen Maßnahmen, so ist das Organ mangels eines entsprechenden Hausrechts nicht "Berechtigter". Sein etwa gebildeter Ausschlußwille ist rechtswidrig und daher grundsätzlich nicht zu berücksichtigen.[152] Diese Abhängigkeit des auf öffentliche Diensträume bezogenen Ausschlußwillens von öffentlich-rechtlichen Vorschriften ist im Zusammenhang mit den sogenannten

---

[150] Wegen der Irrelevanz des Willens kann hier auch nicht auf die umstrittene Figur des Eindringens durch Unterlassen zurückgegriffen werden, vgl. dazu einerseits BGHSt 21, 224, 225 f.; *Heinrich*, JR 1997, 89, 94; *Kareklas*, FS Lenckner, 459, 461 ff. und SK-*Rudolphi*, § 123 StGB, Rdnr. 19; *Geppert*, Jura 1989, 378, 382 andererseits und unten unter Zweiter Teil II 3 c bb (1), S. 232 f.

[151] Vgl. oben unter Zweiter Teil I 2 a, S. 172 ff.

[152] Vgl. *Gössel*, BT-1, § 38 Rdnr. 38; *Bohnert*, GA 1983, 1, 5; *Arnhold*, JZ 1977, 789, 790; *Bernsmann*, Jura 1981, 465, 469; *v. Mutius/Ruge*, LKV 1998, 377, 382.

öffentlich-rechtlichen Beschränkungen des Hausrechts anerkannt.[153] Umstritten ist dabei nur, ob und unter welchen Bedingungen der rechtswidrige Ausschlußwille dann doch strafrechtlich relevant ist, wenn er in der Form eines Verwaltungsakts geäußert wurde. Diese Problematik folgt daraus, daß das Verwaltungsverfahrensrecht den Grundsatz, daß rechtswidrige Hoheitsakte nichtig sind, für Einzelfallregelungen der Verwaltung durchbricht (§§ 43 Abs. 2, 3 VwVfG). Darauf wird noch einzugehen sein.[154]

Das Hausrecht als die Berechtigung des "Berechtigten", auf dessen Willen es ankommt, ist Tatbestandsmerkmal. Liegen seine Voraussetzungen auf der Seite des Hausherrn im Einzelfall nicht vor, entfällt das "Eindringen" bzw. ist keine "Aufforderung des Berechtigten" gegeben. Ein entsprechender Irrtum des Täters läßt gemäß § 16 Abs. 1 StGB den Tatvorsatz entfallen.[155]

Mit der Berücksichtigung nur des durch die Funktionsschutznormen legitimierten Ausschlußwillens ergibt sich, gewissermaßen automatisch, eine rechtsgutsbezogene Auslegung der Merkmale des Eindringens und des Verweilens trotz Aufforderung in öffentlichen Diensträumen. Weil die sitzungspolizeilichen Vorschriften und die Eingriffsnorm der öffentlich-rechtlichen Haus- und Ordnungsgewalt Zutrittsverwehrungen, Hinausweisungen und Hausverbote nur bei Gefährdung der Sachaufgabenerfüllung zulassen, kann die Tathandlung mangels eines Hausrechts dort nicht begangen werden, wo das Rechtsgut – eben wiederum die Erfüllung öffentlicher Aufgaben – nicht gefährdet ist.

c) Eindringen und strafbares Verweilen in Fallgruppen

aa) Eindringen

Als Ausgangspunkt soll die überwiegend verwendete Formel vom Eindringen als dem Hineingelangen gegen den Willen des Berechtigten dienen. Hat sich der Gegensatz zur "ohne"-Formel auch als "Scheinproblem" herausgestellt,[156] so wird doch dem Wortsinn des "Eindringens" durch die Vorstellung einer vor den Eintritt gesetzten geistigen Barriere besser entsprochen als durch ihr Fehlen.[157] Auch sehen sich die Anhänger der "ohne"-Formel gezwungen, auf das "mutmaßliche Einverständnis" des Berechtigten zurückzugreifen, um die

---

[153] Vgl. BayObLGSt 1990, 63, 64; Schönke/Schröder-*Lenckner*, § 123 StGB, Rdnr. 20; LK-*Schäfer*, § 123 StGB, Rdnr. 37; SK-*Rudolphi*, § 123 StGB, Rdnr. 34.
[154] Siehe unten unter Zweiter Teil II 3 d, S. 235 ff.
[155] Vgl. weiter unten unter Zweiter Teil II 4, S. 242 f.
[156] *Hanack*, JuS 1964, 352, 354; *Geppert*, Jura 1989, 378, 379 f.
[157] Vgl. LK-*Schäfer*, § 123 StGB, Rdnr. 26; *Ludwig/Lange*, JuS 2000, 446, 449.

Strafbarkeit in Abwesenheitsfällen nicht ausufern zu lassen.[158] Ein mutmaßliches tatbestandsausschließendes Einverständnis ist jedoch als strafrechtsdogmatisches Institut nicht existent.[159] Die mutmaßliche Zustimmung des Rechtsgutträgers kann dem Verhalten nur – als "mutmaßliche Einwilligung" – die Rechtswidrigkeit nehmen. Das ist unabhängig davon anerkannt, ob man die herkömmliche Trennung zwischen tatbestandsausschließendem Einverständnis und rechtfertigender Einwilligung zugunsten einer einheitlich den Tatbestand ausschließenden Einwilligung aufgeben will oder nicht. Denn auch diese neuere Lehre verlangt mindestens einen "natürlichen", realen und nicht bloß hypothetischen Willen des Betroffenen.[160]

Das Erfordernis, einen verwehrenden Willen des Berechtigten für den Zeitpunkt des Eintretens festzustellen, befreit aber nicht von der Notwendigkeit, einen etwa vorhandenen gewährenden Willen im Auge zu behalten. Das Einverständnis ist insofern von Interesse, als es den zum Eindringen erforderlichen Ausschlußwillen beseitigen kann. Aber es ist eben auch *nur* insofern von Interesse.[161] So kann nicht allein mit der Annahme eines "mutmaßlichen Einverständnisses" des abwesenden Berechtigten ein Eindringen verneint werden. Das Tatbestandsmerkmal des Eindringens entfällt dann nur deshalb, weil und wenn ein Verwehrungswille nicht gegeben ist. In der Kollisionsbeziehung zwischen verwehrendem und gewährendem Willen, durch die alle problematischen Fallgruppen gekennzeichnet sind,[162] muß geklärt werden, ob sich der Ausschlußwille durchsetzt.

(1) Eingangsschleusen und Zugangskontrollen

Einige Gerichtsgebäude, insbesondere die der obersten Gerichtshöfe des Bundes, aber auch mancher Obergerichte und Kriminalgerichte, sind mit bewachten Eingangsschleusen oder Drehkreuz-Sperren ausgestattet, die im Einzelfall vom Einlaßpersonal freigegeben werden müssen. Dieselbe Situation besteht bei Zugangskontrollen, die zum Schutz einer bestimmten Sitzung am Eingang zum Verhandlungssaal oder besonderen Sicherheitsbereich eingerichtet worden sind.

(a) Individuelle Zutrittsverwehrung

Hat sich der Berechtigte entschlossen, den Besucher nicht einzulassen, so dringt dieser, falls er dennoch hineingelangt, im Sinne von § 123 StGB

[158] Vgl. *Schall*, S. 142; *Schröder*, JR 1967, 304; *ders.*, JR 1969, 467; SK-*Rudolphi*, § 123 StGB, Rdnr. 18.
[159] Dezidiert im vorliegenden Zusammenhang: *Artkämper*, S. 167 f.
[160] Vgl. *Roxin*, AT, § 13 Rdnr. 11 ff. m.N.
[161] *Gössel*, BT-1, § 38 Rdnr. 33.
[162] Vgl. oben unter Zweiter Teil II 3 a aa, S. 220 f.

Abs. 1, 1. Alt. StGB ein, wenn der Ausschlußwille von einer hausrechtlichen Befugnis gedeckt ist. Ist die Einlaßkontrollstelle aufgrund einer sitzungspolizeilichen Verfügung eingerichtet worden, dann hängt die strafrechtliche Beachtlichkeit der Zutrittsverwehrung allein von ihrer Rechtmäßigkeit nach §§ 175 Abs. 1, 176 GVG ab. Bei allen anderen Zurückweisungen am Gebäudeeingang muß die öffentlich-rechtliche Haus- und Ordnungsgewalt den Ausschlußwillen legitimieren. Die Voraussetzungen, unter denen hier ein Hausrecht besteht, sind oben dargelegt worden.[163] Tritt der Ausschlußwille als Verwaltungsakt auf,[164] so stellt sich – anders als bei sitzungspolizeilichen Maßnahmen, die nie Verwaltungsakte sind – die Frage nach der Strafbewehrung auch des rechtswidrigen Ausschlußwillens. Sie wird einstweilen zurückgestellt.[165]

(b) Individuelle Zutrittsgewährung

Mit der einladenden Handbewegung des Justizwachtmeisters nach der Personenkontrolle oder der Betätigung des elektrischen Türöffners ist der reale Wille des Berechtigten auf die Person des Zutrittbegehrenden konkretisiert erklärt worden. Dieser gewährende Wille kann auf einem Irrtum beruhen. Dringt dennoch ein, wen die Einlaßperson abgewiesen hätte, wenn ihr alle für ihre Entscheidung maßgeblichen Umstände bekannt gewesen wären? Es werden zwei Fallgestaltungen diskutiert: das Erschleichen des Einverständnisses durch Verbergen widerrechtlicher Zwecke und die Vereitelung eines zuvor erteilten individuellen Hausverbotes.

In der ersten Konstellation – Täter hat die mitgebrachte Waffe gegen die Metallsonde abgeschirmt, einen Ausweis gefälscht oder schlicht seine "böse Absicht" nicht mitgeteilt – kann nur zur Bejahung des Eindringens kommen, wer den mutmaßlichen, den "wahren" Ausschlußwillen berücksichtigt[166] und ihn, weitergehend, über den individuellen, realen, erklärten Gewährungswillen stellt.[167]

---

[163] Vgl. oben unter Zweiter Teil II 2 e aa (2), S. 203 ff.

[164] Was durchaus nicht immer der Fall sein muß: das bloße Unterlassen der Türfreigabe ohne begleitende Äußerung ist kein Verwaltungsakt.

[165] Und unten unter Zweiter Teil II 3 d, S. 235 ff. beantwortet.

[166] Berücksichtigungsfähig wäre dabei nur der von der hausrechtlichen Befugnisnorm gedeckte mutmaßliche Wille.

[167] So RGSt 12, 132, 134; OLG München NJW 1972, 2275; LK-*Schäfer*, § 123 StGB, Rdnr. 27; *Maurach/Schroeder/Maiwald*, BT-1, § 30 Rdnr. 14; *Gössel*, BT-1, § 38 Rdnr. 37 (im Widerspruch zu Rdnr. 29, 30 a.E.). *Schall*, S. 143; *Amelung/Schall*, JuS 1975, 565, 567 und SK-*Rudolphi*, § 123 StGB, Rdnr. 18 bejahen (als Vertreter der differenzierenden Rechtsgutskonzeption und des "ohne den Willen"-Theorems) zwar das Eindringen bei erschlichenem Einverständnis in Wohnungen. Wie abgetäuschte individuelle Zutrittserlaubnisse aber in öffentlichen Diensträumen zu bewerten sind, wird nicht behandelt (vgl. *Schall*, S. 161 ff.; SK-*Rudolphi*, § 123 StGB, Rdnr. 33).

Die heute herrschende Ansicht lehnt das zu Recht ab.[168] Den Ausschlag gibt dabei nicht das formaljuristische Argument, daß beim tatbestandsausschließenden Einverständnis im Gegensatz zur rechtfertigenden Einwilligung die Irrtumsfreiheit des "rein tatsächlichen", "natürlichen" Willens nicht vorausgesetzt sei. Denn dieses Argument steht und fällt allein mit dem dogmatischen Ausgangpunkt: Die Lehre von der einheitlich tatbestandsausschließenden Einwilligung hält demgegenüber (rechtsgutsbezogene) Willensmängel sehr wohl für beachtlich.[169] Vielmehr ist entscheidend, daß nach allgemeinen Grundsätzen der Wille allenfalls dort gemutmaßt werden darf, wo ein erklärter realer Wille nicht vorhanden ist.[170] Dies kommt vor allem in Fällen der Abwesenheit des Berechtigten in Betracht.[171] Hat der Berechtigte aber seinen Willen als gewährenden Willen auf den Eintretenden konkretisiert, kann von einem Eindringen als Betreten gegen oder ohne seinen Ausschlußwillen nicht mehr die Rede sein. Der Rückgriff auf den mutmaßlichen verwehrenden Willen wäre in dieser Konstellation nurmehr ein Rückgriff auf das Subjektive des Rechtsanwenders. Die Mutmaßung kann nämlich nicht aus den Begleitumständen gewonnen werden, wenn der Berechtigte einen genau entgegengesetzten Willen gebildet und geäußert hat. Und der mutmaßliche Ausschlußwille des Berechtigten ist selbst keine dem Beweise zugängliche Tatsache, weil er nur ein hypothetisch Gedachtes bezeichnet.[172]

In der zweiten Konstellation – mit (angenommen: rechtmäßigem) Hausverbot belegter Querulant wird irrtümlich eingelassen – steht der individuellen Zutrittserlaubnis der Einlaßperson ein zuvor ebenso individuell im Hausverbot ausgedrückter Ausschlußwille des Behördenleiters gegenüber. Der Hausverbots-Verwaltungsakt wird durch die Zutrittsgewährung auch dann nicht beseitigt, wenn diese ihrerseits als Verwaltungsakt auftritt. Denn mangels erkannbaren Bezugs zum Hausverbot besitzt die Erlaubnis nicht den Erklärungswert eines Widerrufsverwaltungsakts (§ 49 Abs. 1 VwVfG).

---

168 Schönke/Schröder-*Lenckner*, § 123 StGB, Rdnr. 22; Tröndle/*Fischer*, § 123 StGB, Rdnr. 10; Lackner/*Kühl*, § 123 StGB, Rdnr. 5; AK-StGB-*Ostendorf*, § 123 StGB, Rdnr. 32; *Otto*, NJW 1973, 668; *Bernsmann*, Jura 1981, 403 f.; *Bohnert*, GA 1983, 1, 14 ff., 20; *Geppert*, Jura 1989, 378, 380 f.; *Wessels/Hettinger*, BT-1, Rdnr. 587 f.; *Kareklas*, FS Lenckner, 459, 472.

169 Vgl. *Roxin*, AT, § 13 Rdnr. 68 ff. m.w.N. und in Anwendung auf § 123 Abs. 1, 1. Alt. StGB: *Amelung/Schall*, JuS 1975, 565, 567.

170 *Geppert*, Jura 1989, 378, 380; *Wessels/Hettinger*, BT-1, Rdnr. 588; *Otto*, Grundkurs BT, § 35 Rdnr. 9.

171 Unzulässig verallgemeinernd daher *Ludwig/Lange*, JuS 2000, 446, 447 ff., die den gewährenden Willen als Einverständnis bzw. Einwilligung in jedem Fall hinter den auch nur gemutmaßten verwehrenden Willen zurücktreten lassen wollen.

172 Vgl. *Bohnert*, GA 1983, 1, 17 f.

Vereinzelt hält man auch hier das in der Handlungssituation erklärte Einverständnis für maßgeblich und verneint deshalb – zunächst – ein Eindringen.[173] Herrschend ist die Auffassung, die nicht auf die erschlichene individuelle Zutrittserlaubnis, sondern auf das Hausverbot abstellt und somit Hausfriedensbruch durch Eindringen annimmt.[174]

Das ist zutreffend, weil das Einverständnis des nachgeordneten Organs den individualisierten Ausschlußwillen, den der Gerichtspräsident als übergeordnetes Organ im Hausverbot erklärt hat, unberührt läßt. Bei demselben Grad an Individualisierung setzt sich überdies der mangelfreie gegen den fehlerhaft gebildeten Willen durch. Schließlich kann die teleologische Auslegung des Merkmals Eindringen in der Kollision zwischen qualitativ gleichwertigen Willensformen den Ausschlag geben. Die mit dem Hausverbot aufgerichtete Willensbarriere wird vom funktional verstandenen Rechtsgut der Strafbestimmung gestützt. Der irrtümlich gewährende Wille vermag sie nicht zu beseitigen, weil sonst die öffentlich-rechtliche Sachtätigkeit im Gebäude durch das straflose Eintreten des Störers gefährdet und nicht geschützt wird.

(2) Generelle Zutrittserlaubnis

In der Regel sind Gerichtsgebäude innerhalb der Öffnungszeiten frei zugänglich. Die Tür steht offen oder ist vom Besucher selbst zu öffnen, Einzelkontrollen finden nicht statt. Dieser äußere Tatbestand hat, wenn man ihn zu der erkennbaren Funktion des Gebäudes in Beziehung setzt, einen Erklärungswert. Der faktischen Öffnung eines Gerichtsgebäudes ist zu entnehmen, daß der Gerichtspräsident als Hausherr mit dem Eintritt jedes Zutrittswilligen einverstanden ist.[175] Genauso liegen die Dinge in bezug auf Sitzungssäle, die vor und während einer öffentlichen Verhandlung frei betreten werden können. Es handelt sich um die konkludente Erklärung eines generellen Zulassungswillens, der insbesondere dem Grundsatz der Öffentlichkeit (§ 169 S. 1 GVG) Rechnung trägt. Der Äußerungstatbestand der geöffneten Tür drückt keinerlei Einschränkungen aus. Vor diesem Hintergrund wird eine Reihe von Fallgruppen diskutiert.

[173] *Kareklas*, FS Lenckner, 459, 472 f., sodann jedoch auf "Eindringen durch Unterlassen" (§§ 123 StGB Abs. 1, 1. Alt., 13 Abs. 1 StGB) ausweichend.

[174] Schönke/Schröder-*Lenckner*, § 123 StGB, Rdnr. 22; Tröndle/*Fischer*, § 123 StGB, Rdnr. 10; Lackner/*Kühl*, § 123 StGB, Rdnr. 5; *Geppert*, Jura 1989, 378, 380; *Otto*, Grundkurs BT, § 30 Rdnr. 10. Erst recht muß hier zur Bejahung des Eindringens kommen, wer ein erschlichenes Einverständnis stets für unbeachtlich hält, vgl. LK-*Schäfer*, § 123 StGB, Rdnr. 27; *Maurach/Schroeder/Maiwald*, BT-1, § 30 Rdnr. 13; *Gössel*, BT-1, § 38 Rdnr. 37; *Amelung/Schall*, JuS 1975, 565, 567; SK-*Rudolphi*, § 123 StGB, Rdnr. 18.

[175] Die angelehnte Tür einer Wohnung, ein unverschlossenes Gartentor haben hingegen – bei derselben faktischen Zugänglichkeit – wegen des erkennbar engeren Wohnzwecks nicht den Erklärungswert einer generellen Zutrittserlaubnis.

(a) Eintritt in "böser Absicht"

Verfolgt der Besucher widerrechtliche Zwecke, ohne daß dies äußerlich erkennbar ist, so steht der generellen Zutrittserlaubnis der mutmaßliche Ausschlußwille des Berechtigten (Einlaßperson, vorsitzender Richter, Behördenleiter), gegenüber.[176] Wie in den Fällen des erschlichenen individuellen Einverständnisses lehnt es die überwiegende Ansicht ab, unter Rückgriff auf den mutmaßlichen Willen ein "Eindringen" zu bejahen.[177]

Auch dem ist zuzustimmen. Die Gegenansicht denaturiert den Hausfriedensbruch zum Auffangtatbestand. Sie bestraft im Grunde allein die böse Absicht des Eintretenden. Die straflose Vorbereitung eines anderen Delikts kann so "wenigstens" als Hausfriedensbruch erfaßt werden.[178] Gäbe der Besucher den widerrechtlichen Plan nach dem Eintritt auf, so bliebe doch, was absurd anmutet, die Strafbarkeit wegen Hausfriedensbruchs bestehen.[179] Zwar hat der gewährende Wille hier eine geringere Qualität als in der Fallgruppe des erschlichenen individuellen Einverständnisses. Er bleibt aber als realer und erklärter maßgeblich. Eine Willensbarriere besteht wegen des generell erklärten Einverständnisses nicht, so lange der Ausschlußwille nicht aus dem Bereich des Hypothetischen heraustritt. Aus Gründen der Rechtsklarheit darf es keinen Unterschied machen, ob die Einlaßperson in der Pförtnerloge den in versteckt böser Absicht Eintretenden innerlich willkommen heißt (internes individuelles Einverständnis), ihn sogar freundlich vorbeiwinkt (erklärtes individuelles Einverständnis) oder ihn überhaupt nicht wahrnimmt (generelles Einverständnis). Wird die Störereigenschaft des Eingetretenen offenbar, mögen die öffentlich-rechtlichen Abwehrinstrumente in ihre Rechte treten. Auf ihrer Grundlage ausgesprochene Hinausweisungen sind dann auch – durch § 123 Abs. 1, 2. Alt. StGB – strafrechtlich bewehrt, – ein kriminalpolitisch ausreichender Schutz.[180]

---

[176] Überhaupt berücksichtigungsfähig wäre wiederum nur der rechtmäßige, d.h. der je nach Anwendungsbereich von §§ 175 Abs. 1, 176 GVG oder der gewohnheitsrechtlichen Haus- und Ordnungsgewalt gedeckte Verwehrungswille. Und das, da es sich um Ermessensnormen handelt, obendrein nur dann, wenn das Ermessen "auf Null" geschrumpft ist.

[177] Schönke/Schröder-*Lenckner*, § 123 StGB StGB, Rdnr. 23, 26; Lackner/*Kühl*, § 123 StGB, Rdnr. 7; Tröndle/*Fischer*, § 123 StGB, Rdnr. 11; AK-StGB-*Ostendorf*, § 123 StGB, Rdnr. 29; *Maurach/Schroeder/Maiwald*, BT-1, § 30 Rdnr. 14; *Bohnert*, GA 1983, 1, 11 ff., 20; *Geppert*, Jura 1989, 378, 381 f.; *Stoiber*, S. 93 ff., 109 f.; *Bernsmann*, Jura 1981, 403, 407 f.; SK-*Rudolphi*, § 123 StGB, Rdnr. 26; *Amelung*, NStZ 1985, 457; *Mitsch*, JuS 1998, 307, 308 f.; – offengelassen von OLG Zweibrücken NStZ 1985, 456. Für die Gegenansicht: LK-*Schäfer*, § 123 StGB, Rdnr. 30, 32 f.; *Gössel*, BT-1, § 38 Rdnr. 37; – unergiebig BGH NStZ-RR 1997, 97, 98.

[178] *Bohnert*, GA 1983, 1, 13; *Geppert*, Jura 1989, 378, 382; AK-StGB-*Ostendorf*, § 123 StGB, Rdnr. 32; *Steinmetz*, JuS 1985, 94, 95 mit Fn. 9.

[179] Vgl. *Geppert*, a.a.O.

[180] *Geppert*, Jura 1989, 378, 381 f.; *Krey*, BT-1, Rdnr. 450.

(b) Erkennbarkeit der "bösen Absicht"

Ganz überwiegend wird hingegen dann ein Eindringen bejaht, wenn der verfolgte widerrechtliche Zweck sich im äußeren Erscheinungsbild des in einen publikumsoffenen Raum Eintretenden niederschlägt.[181] Zur Begründung führt man aus, daß die generelle Zutrittserlaubnis sich von vornherein nicht auf Personen erstrecke, welche erkennbar deliktische Absichten verfolgen.[182]

Diese Differenzierung der herrschenden Meinung, nach der zwar nicht die böse Absicht, wohl aber die Erkennbarkeit der bösen Absicht als Hausfriedensbruch bestraft werden soll, leuchtet nicht ein.[183] Dem Erklärungstatbestand des generellen Einverständnisses, der faktischen Öffnung, ist eine Beschränkung auf bestimmte Personengruppen nicht zu entnehmen. Das ist die eigene Prämisse der herrschenden Ansicht, wenn sie es grundsätzlich ablehnt, wegen der Verfolgung widerrechtlicher Zwecke die generelle Zutrittserlaubnis für unbeachtlich zu erklären. In Wahrheit zieht man nunmehr doch den mutmaßlichen Ausschlußwillen des Berechtigten heran.[184] Das ist inkonsequent und wurde bereits abgelehnt. Der mutmaßliche Ausschlußwille kennt im übrigen keine Differenzierung nach dem äußeren Erscheinungsbild. Fernhalten will der Berechtigte nach seinem "wahren" Willen nicht nur Störer, die im Moment des Eintretens wie Störer aussehen, sondern auch Störer, die ihre Absichten vorerst verbergen.[185] Weil diese (Bombenleger, Attentäter) sogar oftmals die gefährlicheren sind, vermag auch der zuweilen anzutreffende Rekurs auf das Funktionsrechtsgut[186] die Differenzierung nach der Erkennbarkeit nicht zu begründen. Abgesehen vom Fall des "maskierten Bankräubers mit der Waffe im Anschlag" ist unklar geblieben, welche äußere Erscheinung als Hausfriedensbruch zu bestrafen ist.[187] Jedenfalls sind Strafbarkeitslücken hier erst recht nicht zu befürchten.

---

181 OLG Düsseldorf, NJW 1982, 2678 f.; Schönke/Schröder-*Lenckner*, § 123 StGB, Rdnr. 26; SK-*Rudolphi*, § 123 StGB, Rdnr. 26; AK-StGB-*Ostendorf*, § 123 StGB, Rdnr. 29; *Blei*, BT, § 30 II 2, S. 113; *Wessels/Hettinger*, BT-1, Rdnr. 591; *Geppert*, Jura, 1989, 378, 381; *Armknecht*, S. 86 f.; *Seier*, JA 1978, 622, 623 f.; *Mitsch*, JuS 1998, 307, 308 f.

182 OLG Düsseldorf NJW 1982, 2678, 2679; Schönke/Schröder-*Lenckner*, § 123 StGB, Rdnr. 26; SK-*Rudolphi*, § 123 StGB, Rdnr. 16; *Geppert*, Jura 1989, 378, 381; *Armknecht*, S. 86 f.; *Seier*, JA 1978, 622, 623 f.

183 Wie hier: *Bohnert*, GA 1983, 1, 20, Fn. 60; vgl. auch *Steinmetz*, JuS 1985, 94, 95 f., der stattdessen das Eindringen an den Versuch einer weiteren Straftat knüpft.

184 Ein realer, aktueller Ausschlußwille der Einlaßperson bildet sich erst, wenn diese den Täter nach dem Eintritt als Störer wahrnimmt. Er kommt also für den Moment des Eintretens (Überschreiten der Schwelle) zu spät und kann schon deshalb nicht zur Begründung des "Eindringens" herangezogen werden.

185 Vgl. auch die von der anderen Seite aus geführte Kritik bei LK-*Schäfer*, § 123 StGB, Rdnr. 32.

186 *Schall*, S. 152, 156 in Fn. 92; *Amelung/Schall*, JuS 1975, 565, 566 f.; *Seier*, JA 1978, 622, 623.

187 Vgl. *Bohnert*, GA 1983, 1, 20, Fn. 60.

Die Aufforderung, den betretenen Raum wieder zu verlassen (§ 123 Abs. 1, 2. Alt. StGB), kann der Berechtigte sofort aussprechen, weil ihm die Unerwünschtheit des Eingetretenen offensichtlich ist.

(c) Teilausschluß durch Schilder

Zuweilen versuchen Gerichtsverwaltungen bei genereller Öffnung des Gebäudes unerwünschte Personen mit Hilfe von Verbotsschildern fernzuhalten. Derartige Schilder nach dem Muster "Betreten mit Hund verboten" treffen häufig einen Teil der Adressaten unverhältnismäßig und sind daher dann, mangels Teilbarkeit, insgesamt rechtswidrig.[188] Als Verwaltungsakte in der Form der Allgemeinverfügung könnten sie aber dennoch wegen ihrer Tatbestandswirkung strafbegründende Kraft besitzen.[189] Immerhin sind darüber hinaus auch zutrittsverwehrende Verfügungen denkbar, die von dem Gefahrtatbestand der öffentlich-rechtlichen Haus- und Ordnungsgewalt gedeckt sind.

Die Fallgruppe der Kollision einer generellen Zutrittserlaubnis mit einem ebenfalls noch generellen, durch ein Schild erklärten Teilausschließungswillen wird – recht unübersichtlich – für Geschäftsräume mit Kundenverkehr diskutiert. Zwar verneint man heute in den Testkäuferfällen ("Zutritt für Testkäufer verboten") ein Eindringen fast durchweg.[190] Dem widerspricht aber, daß Hinweisschilder, die einen Teilausschließungswillen rechtmäßig artikulieren, ansonsten überwiegend für beachtlich angesehen werden.[191] Zum Teil scheint man hierbei darauf abzustellen, ob es äußerlich erkennbar ist, daß der Täter die Verwehrensbedingung erfüllt.[192] Andere halten derartige Schilder in keinem Fall für geeignet, die generelle Zutrittserlaubnis auszuschließen.[193]

Den Streit entscheidet die Erkenntnis, daß das den Ausschlußwillen erklärende Schild gegenüber der generellen Öffnung des Hauses die speziellere Regelung darstellt. Das zunächst personell unbeschränkte Einverständnis ist für einen näher bezeichneten Personenkreis beseitigt. Der vom Einverständnis bewußt und irrtumsfrei ausgenommene Teil des Publikums ist zwar noch nach allgemeinen Merkmalen beschrieben. Darin

---

[188] Vgl. oben unter Zweiter Teil II 2 e aa (2) (c), S. 208 f.
[189] Dazu unten unter Zweiter Teil II 3 d, S. 235 ff.
[190] OLG Hamm WRP 1964, 313; LG Frankfurt/Main NJW 1963, 1022, 1023; Tröndle/*Fischer*, § 123 StGB, Rdnr. 11; *Armknecht*, S. 86; *Hanack*, JuS 1964, 352, 354; SK-*Rudolphi*, § 123 StGB, Rdnr. 26; AK-StGB-*Ostendorf*, § 123 StGB, Rdnr. 30; Schönke/Schröder-*Lenckner*, § 123 StGB, Rdnr. 25 m.w.N.
[191] So Schönke/Schröder-*Lenckner*, § 123 StGB, Rdnr. 23; *Bernsmann*, Jura 1981, 403, 409; *Serwe*, Schs-Ztg. 1994, 119, 120; wohl auch Lackner/*Kühl*, § 123 StGB, Rdnr. 7.
[192] SK-*Rudolphi*, § 123 StGB, Rdnr. 27; *Hanack*, JuS 1964, 352, 354 f.
[193] AK-StGB-*Ostendorf*, § 123 StGB, Rdnr. 30; *Rengier*, BT II, § 30 Rdnr. 12.

drückt sich aber der verwehrende Wille mit einem höheren Grad an Individualisierung aus als der gewährende Wille. Hinzu kommt, daß dieser lediglich den Umständen zu entnehmen ist, während jener ausdrücklich erklärt wurde. Hier, nicht in den eben erörterten "Bankräuberfällen", erstreckt sich das tatbestandsausschließende Einverständnis sichtbar nicht auf den bezeichneten Kreis unerwünschter Personen. Stattdessen richtet das Schild eine psychische Barriere auf, die das Eintreten der erfaßten Personen unabhängig von der äußeren Erkennbarkeit des zugehörigkeitsbegründenden Merkmals zu einem Eindringen macht.[194] Erst eine individuell und aktuell erklärte, wenn auch nun nicht willensmangelfreie Gestattung durch die Einlaßperson überspielt die vergleichsweise unspezifische Ausschlußwirkung des Schildes.

(d) Hausverbote

Die Mißachtung eines Hausverbotes durch Betreten des Gerichtsgebäudes ist – vorbehaltlich der Verwaltungsakts-Problematik[195] – als Eindringen nach § 123 Abs. 1, 1. Alt. StGB zu bestrafen. Der ausdrücklich erklärte, individuelle verwehrende Wille des Gerichtspräsidenten wird von der generellen Zutrittserlaubnis nicht ausgeschlossen.[196]

bb) Strafbares Verweilen

(1) Eindringen durch Unterlassen, §§ 123 Abs. 1, 1. Alt., 13 StGB

Anhaltend umstritten ist die Behandlung der Fälle, in denen der Täter zunächst straflos in den geschützten Raum hineingelangt ist, später aber die bisher fehlende Strafbarkeitsvoraussetzung (z.B. Vorsatz, Rechtswidrigkeit, Schuldfähigkeit) in seiner Person erfüllt. Kann dann die weitere Anwesenheit, ohne daß eine Verlassensaufforderung des Berechtigten im Sinne der zweiten Tatalternative vorliegt, als unechtes Unterlassungsdelikt gemäß §§ 123 Abs. 1, 1. Alt., 13 StGB bestraft werden? Relevant wird die Frage vor allem für Wohnungen bei Abwesenheit des Berechtigten. Aber auch in öffentlichen

---

[194] Ob das Schild bereits vor dem Überschreiten der Schwelle wahrnehmbar war und wahrgenommen wurde, ist ebenso eine Frage des Tatvorsatzes wie eine etwaige Leseunkundigkeit des Adressaten.
[195] Siehe unten unter Zweiter Teil II 3 d, S. 235 ff.
[196] Fast allgemeine Ansicht, vgl. nur Schönke/Schröder-*Lenckner*, § 123 StGB, Rdnr. 23; Tröndle/*Fischer*, § 123 StGB, Rdnr. 11; SK-*Rudolphi*, § 123 STGB, Rdnr. 26; – das "Eindringen" auch hier verneinend: *Schild*, NStZ 1986, 346, 350; *Kargl*, JZ 1999, 930, 938, – dazu bereits oben unter Zweiter Teil II 3 a bb, S. 221 ff.

Diensträumen wie Sitzungssälen oder Dienstzimmern mag sie durchaus einmal von Bedeutung sein.[197]

Vielfach wird hier ein Eindringen durch Unterlassen bejaht.[198] Zur Begründung verweist man auf den Charakter des Hausfriedensbruchs als Dauerdelikt. Der straflos gegen den Willen des Berechtigten Eingetretene sei aus Ingerenzgesichtspunkten verpflichtet, den rechtswidrigen Zustand seines Aufenthalts zu beenden.[199] Dies entspreche auch dem Schutzzweck der Strafvorschrift: Das Hausrecht werde nicht nur durch das Durchschreiten der physischen Abschirmung, sondern durch jeden willenswidrigen Aufenthalt beeinträchtigt.[200]

Die Gegenauffassung lehnt – abgesehen vom Fall des Überwachungsgaranten, der einen anderen nicht am aktiven Eindringen hindert – die Möglichkeit eines Eindringens durch unechtes Unterlassen ab.[201] Ihr ist beizupflichten.

Bereits der Wortlaut der Handlungsbeschreibung durch den Begriff des "Eindringens" ist keineswegs neutral, sondern weist auf aktivitätsgeprägtes Tun hin.[202] Unrechtskonstituierend ist allein das Überschreiten der feststehenden Grenze des geschützten Territoriums. Selbstverständlich ist jemand, der gegen den Willen des Berechtigten, aber aus irgendeinem Grunde straflos in einen Raum oder auf ein Besitztum gelangt ist, verpflichtet, sich nach Wegfall der vorsatzausschließenden oder rechtfertigenden Umstände davon zu entfernen. Dasselbe gilt, wenn bei gestattetem Eintritt ein Aufenthaltsrecht durch Zeitablauf oder einen schlichten Willensumschwung des Hausherrn endet. Das folgt aber nicht aus dem Dauercharakter der Strafvorschrift, sondern aus den zivilrechtlichen oder öffentlich-rechtlichen Hausrechtsnormen. Die weitere Anwesenheit des

---

[197] Beispiele: Zur Vernehmung bestellter Zeuge verwechselt die Raumnummern und bleibt, obwohl er seinen Irrtum erkannt hat; Zuhörer verbleibt nach Ende der Sitzung im Verhandlungszimmer, ohne daß dies bemerkt wird.

[198] BGHSt 21, 224, 225 f. (obiter); *Schröder*, JR 1967, 304 f.; Schönke/Schröder-*Lenckner*, § 123 StGB, Rdnr. 13, Tröndle/*Fischer*, § 123 StGB, Rdnr. 10a; LK-*Schäfer*, § 123 StGB, Rdnr. 29; Lackner/*Kühl*, § 123 StGB, Rdnr. 5; *Heinrich*, JR 1997, 89, 94; – etwas einschränkend: *Janiszewski*, JA 1985, 570 f.; *Kareklas*, FS Lenckner, 459, 461 ff.

[199] Vgl. *Schröder*, JR 1967, 304; LK-*Schäfer*, § 123 StGB, Rdnr. 29; Schönke/Schröder-*Lenckner*, § 123 StGB, Rdnr. 13.

[200] Vgl. *Janiszewski*, JA 1985, 570 f. ; *Kareklas*, FS Lenckner, 459, 463 f.

[201] SK-*Rudolphi*, § 123 StGB, Rdnr. 19; AK-StGB-*Ostendorf*, § 123 StGB, Rdnr. 27 f.; *Armknecht*, S. 89; *Stoiber*, S. 112 ff.; *Artkämper*, S. 228 f.; *Seier*, JA 1978, 622, 624 f.; *Bernsmann*, Jura 1981, 403, 404 f.; *Bohnert*, GA 1983, 1, 9, Fn. 24; *Geppert*, Jura 1989, 378, 382; *Herzberg/Hardtung*, JuS 1994, 492, 493; *Mitsch*, JuS 1998, 307, 309; *Maurach/Schroeder/Maiwald*, BT-1, § 30 Rdnr. 7; *Rengier*, BT II, § 30 Rdnr. 17; *Otto*, Grundkurs BT, § 35, Rdnr. 11.

[202] SK-*Rudolphi*, § 123 StGB, Rdnr. 19; AK-StGB-*Ostendorf*, § 123 StGB, Rdnr. 27; *Geppert*, Jura 1989, 378, 382; *Rengier*, BT II, § 30 Rdnr. 17; – vgl. auch *Kareklas*, FS Lenckner, 459, 461 ff.

Betroffenen ist dann zwar fraglos rechtswidrig. *Straf*rechtswidrig wird sie hingegen erst, wenn eine Verlassensaufforderung durch den Berechtigten ergeht. Das Gesetz hat in § 123 Abs. 1, 2. Alt. StGB die Bedingungen, unter denen beim Hausfriedensbruch ein Unterlassen dem positiven Tun im Sinne von § 13 Abs. 1, letzter Halbs. StGB entspricht, selbst festgeschrieben.[203] In durchaus konsistenter Weise ist dem aktiven Überwinden oder Durchschreiten der Umfriedung in der ersten die Aufforderung zum Verlassen in der zweiten Tatalternative gegenübergestellt. In beiden Fällen muß dem in besonderer Form erkennbaren Ausschlußwillen des Berechtigten zuwidergehandelt werden. Insofern findet die physische Abschirmung ihre Entsprechung in der Verlassensaufforderung. Mit dem Rückgriff auf "Eindringen durch Unterlassen" wird diese gesetzliche Wertung mißachtet. Ob es kriminalpolitisch wünschenswert ist, das bloße willenswidrige Verweilen mit Strafe zu belegen, ist umstritten.[204] Jedenfalls darf im Hinblick auf das strafrechtliche Analogieverbot die unmißverständlich von § 123 Abs. 1, 2. Alt. StGB aufgestellte Voraussetzung der Aufforderung des Berechtigten nicht zu Lasten des Täters umgangen werden.[205]

(2) Nichtentfernen trotz Aufforderung, § 123 Abs. 1, 2. Alt. StGB

Die Bedeutung der zweiten Tatvariante des Hausfriedensbruchs erschöpft sich daher nicht darin, bei Vorliegen einer Verlassensaufforderung die ansonsten nach § 13 Abs. 2 StGB gegebene Möglichkeit der fakultativen Strafmilderung abzuschneiden.[206] § 123 Abs. 1, 2. Alt. StGB greift selbständig immer dann ein, wenn der Täter, sei es mit dem Willen des Berechtigten, sei es in sonstiger Weise, straflos das befriedete Areal betreten hat. Dann hängt die Strafbarkeit des Unterlassens nur davon ab, ob der Berechtigte seinen – nunmehr oder von Anfang an bestehenden – Ausschlußwillen als "Aufforderung" artikuliert.

Allerdings sind, und darüber besteht Einigkeit, an diese Aufforderung zum Sichentfernen keine hohen Anforderungen zu stellen. Sie muß nicht ausdrücklich-verbal und auf eine bestimmte Person gerichtet ergehen, sondern kann sowohl konkludent (Handzeichen) als auch in genereller Form

---

[203] Vgl. *Stoiber*, S. 119 f.
[204] Dagegen: *Geppert*, Jura 1989, 378, 382; dafür: *Heinrich*, JR 1997, 89, 94.
[205] Vgl. SK-*Rudolphi*, § 123 StGB, Rdnr. 19; AK-StGB-*Ostendorf*, § 123 StGB, Rdnr. 27; *Maurach/Schroeder/Maiwald*, BT-1, § 30 Rdnr. 7; *Geppert*, Jura 1989, 378, 382; *Bernsmann*, Jura 1981, 403, 405; *Mitsch*, JuS 1998, 307, 309; *Artkämper*, S. 228 f.; *Armknecht*, S. 89; *Rengier*, BT II, § 30 Rdnr. 17.
[206] Vgl. *Seier*, JA 1978, 622, 625; *Herzberg/Hardtung*, JuS 1994, 492, 493.

(Lichtsignal, Klingelzeichen) geäußert werden.[207] Darüber hinaus ist auch in der Bekanntmachung von Gebäudeöffnungszeiten die vorab erklärte Aufforderung zu sehen, das Gebäude zum Ende der Öffnungszeit zu verlassen.[208]

In publikumsoffenen öffentlichen Diensträumen wie Gerichtsgebäuden kommt dem Unterlassungsdelikt der zweiten Handlungsalternative erhöhte Bedeutung zu. Wegen der generell, zuweilen auch individuell erklärten Zutrittserlaubnis scheidet ein Eindringen in Verhandlungszimmer und das Gebäude selbst regelmäßig aus. Erst wenn der Eingelassene als Störer in Aktion tritt, wird der Berechtigte einen Ausschlußwillen bilden. Die Verlassensaufforderung als Äußerung dieses Ausschlußwillens muß von einer hausrechtlichen Ermächtigungsnorm gedeckt sein.[209] In Betracht kommen nur die genuin öffentlich-rechtlichen Vorschriften der Sitzungspolizei, §§ 176, 177 GVG, und der gewohnheitsrechtlichen Haus- und Ordnungsgewalt. Die Voraussetzungen, unter denen sie Hinausweisungen erlauben, sind oben dargelegt worden.[210]

d) Der in Gestalt von Verwaltungsakten kundgetane Ausschlußwille

Die Abhängigkeit des Hausfriedensbruchs von den öffentlich-rechtlichen Voraussetzungen des Hausrechts in öffentlichen Diensträumen sieht die noch herrschende Meinung als gelockert an, wenn der Ausschlußwille in der Form eines Verwaltungsaktes geäußert wurde. Verwaltungsakten kommt, abgesehen vom Fall ihrer Nichtigkeit (§§ 43 Abs. 3, 44 VwVfG), eine Tatbestandswirkung zu. Ungeachtet ihrer etwaigen Rechtswidrigkeit sind sie verbindliche Rechtsquellen und Grundlage der Verwaltungsvollstreckung. Tritt der Ausschlußwille dagegen als Realakt oder als sitzungspolizeiliche Anordnung auf oder wird er gar nicht geäußert, so bedeutet seine Rechtswidrigkeit zugleich seine durchgehende Unbeachtlichkeit. Vor diesem Hintergrund sollen auch materiell rechtswidrige, d. h. nicht von einem Hausrecht gedeckte Zutrittsverwehrungen, Hinausweisungen und Hausverbote als hausrechtliche Verwaltungsakte unter Umständen strafbewehrt sein. Die engeren Voraussetzungen, unter denen Hoheitsträgern erst ein Hausrecht zusteht – nach herkömmlicher Terminologie: die "öffentlich-rechtlichen Beschränkungen

---

[207] Vgl. Schönke/Schröder-*Lenckner*, § 123 StGB, Rdnr. 28; LK-*Schäfer*, § 123 StGB, Rdnr. 65; Tröndle/*Fischer*, § 123 StGB, Rdnr. 15.

[208] *Rengier*, BT II, § 30 Rdnr. 13; *Seier*, JA 1978, 622, 625; *Geppert*, Jura 1989, 378, 382; *Janiszewski*, JA 1985, 570, 571. Für Eindringen durch Unterlassen in diesen Fällen: Schönke/Schröder-*Lenckner*, § 123 StGB, Rdnr. 13; Tröndle/*Fischer*, § 123 StGB, Rdnr. 10a; LK-*Schäfer*, § 123 StGB, Rdnr. 29; *Schröder*, JR 1967, 304, 305.

[209] Vgl. oben unter Zweiter Teil II 3 b, S. 223 f.

[210] Siehe oben unter Zweiter Teil II 2 e, S. 201 ff.

des Hausrechts" –, wären insoweit strafrechtlich ohne Auswirkung.[211] Betroffen sind beide Begehungsformen des Hausfriedensbruchs.

Anerkannt ist jedoch zunächst, daß einerseits nichtige Verwaltungsakte strafrechtlich unbeachtlich und andererseits rechtmäßige bestandskräftige Verwaltungsakte strafbewehrt sind.[212] Ebenfalls unumstritten ist, daß Verwaltungsakte, die im Tatzeitpunkt mit aufschiebender Wirkung angefochten waren (§ 80 Abs. 1 VwGO), nicht zum Anknüpfungspunkt eines strafrechtlichen Vorwurfs gemacht werden können.[213]

Nach der Rechtsprechung der Strafgerichte sind rechtswidrige Hausverbots-Verwaltungsakte jedenfalls dann strafbewehrt, wenn sie kraft Gesetzes oder kraft besonderer Anordnung sofort vollziehbar sind, Widerspruch und Anfechtungsklage also nach § 80 Abs. 2 VwGO der aufschiebenden Wirkung entbehren.[214] Weil es allein auf die Verhältnisse zur Tatzeit ankomme, soll auch eine spätere Aufhebung des Verwaltungsakts im Rechtsbehelfsverfahren an der Strafbarkeit nichts ändern.[215] Zur Begründung weist man auf die "berechtigten Bedürfnisse der staatlichen Ordnung" hin, "denen sich jeder einsichtige Bürger, der Ordnung und Sicherheit wünscht, beugen" müsse.[216] Wer sich über ein vollziehbares Hausverbot hinwegsetze, verletze das Hausrecht.[217] Um dessen Schutz effektiv zu gewährleisten, sei es erforderlich, sofort vollstreckbare Hausverbote unabhängig von ihrer Rechtmäßigkeit mit strafrechtlicher Wirkkraft auszustatten.[218]

Vereinzelt geht man noch weiter: Danach soll nicht die sofortige Vollziehbarkeit, sondern allein die verwaltungsrechtliche Wirksamkeit entscheiden. Strafbewehrt wären rechtswidrige Verwaltungsakte auch dann, wenn sie im

---

211 Vgl. *Bernsmann*, Jura 1981, 465, 469.

212 Vgl. BGHSt 23, 86, 91; *Gerhards*, NJW 1978, 86, 88 f.; *Bernsmann*, Jura 1981, 465, 469; *Ostendorf*, JZ 1981, 165, 166; *Reinhart*, StV 1995, 101, 106; *Krey*, BT-1, Rdnr. 453.

213 Vgl. BGHSt 23, 86, 91; LK-*Schäfer*, § 123 StGB, Rdnr. 46; Schönke/Schröder-*Lenckner*, § 123 StGB, Rdnr. 20; *Arnhold*, Srafbewehrung, S. 5 ff., *Gerhards*, NJW 1978, 86, 88.

214 BGH NJW 1982, 189; OLG Karlsruhe NJW 1978, 116; OLG Hamburg NJW 1980, 1007, 1008; OLG Hamm MDR 1979, 716; – zustimmend: Tröndle/*Fischer*, § 123 StGB, Rdnr. 7; LK-*Schäfer*, § 123 StGB, Rdnr. 47; *Otto*, Grundkurs BT, § 35 Rdnr. 15; *Oehler*, JR 1981, 33 f.; – grundlegend BGHSt 23, 86, 91 ff. (Verkehrszeichen).

215 OLG Karlsruhe NJW 1978, 116; OLG Hamburg NJW 1980, 1007, 1008; Tröndle/*Fischer*, § 123 StGB, Rdnr. 7; *Oehler*, JR 1981, 33, 34 sowie wiederum BGHSt 23, 86, 93 f.; – insoweit ablehnend *Schenke*, JR 1970, 449 ff.

216 BGHSt 23, 86, 92; OLG Karlsruhe NJW 1978, 116; LK-*Schäfer*, § 123 StGB, Rdnr. 47.

217 LK-*Schäfer*, § 123 StGB, Rdnr. 47 a.E.

218 AK-StGB-*Ostendorf*, § 123 StGB, Rdnr. 41; LK-*Schäfer*, § 123 StGB, Rdnr. 47; *Oehler*, JR 1981, 33, 34.

Tatzeitpunkt noch mit aufschiebender Wirkung angefochten werden könnten.[219]

Im Vordringen ist die rechtsstaatlich inspirierte literarische Minderansicht, die grundsätzlich und so auch beim Hausfriedensbruch nur materiell rechtmäßigen Verwaltungsakten strafrechtliche Beachtlichkeit zuerkennt.[220] Sie wird auch vom Bundesverfassungsgericht vertreten.[221] Der Hausfriedensbruch in öffentlichen Diensträumen ist danach nicht verwaltungsakts-, sondern verwaltungsrechtsakzessorisch.

Das ist aus folgenden Gründen überzeugend:

Strafvorschriften ermächtigen zu besonders einschneidenden und qualitativ anders gearteten Grundrechtseingriffen, die gegenüber dem in der Tatsituation wirksamen Verhaltensgebot selbständig sind.[222] Es gilt zusätzlich Art. 103 Abs. 2 GG, der an die gesetzliche Bestimmtheit von Strafvoraussetzungen gesteigerte Anforderungen stellt. Deshalb muß zwischen der Handlungssituation, in welcher die hoheitliche Verfügung ergeht (Situationsebene), und der retrospektiven strafrechtlichen Bewertung des Vorgangs (Sanktionsebene) unterschieden werden.[223]

Ob auf der Situationsebene auch rechtswidrige belastende Verwaltungsakte zu beachten sind, bestimmt sich nach dem Regel-Ausnahme-Mechanismus von § 80 Abs. 1, 2 VwGO. Indem § 80 Abs. 2 VwGO die aufschiebende Wirkung von Rechtsbehelfen unter bestimmten Bedingungen entfallen läßt, trägt er der Situationsgebundenheit der hoheitlichen Maßnahme Rechnung. Hier soll die Berufung auf die etwaige Rechtswidrigkeit die Durchsetzung der Maßnahme nicht vereiteln können. Der Bürger ist auf die nachträgliche Feststellung der Rechtswidrigkeit im Klageverfahren und auf vorläufigen Rechtsschutz (§§ 80 Abs. 4, 5, 80 a VwGO) verwiesen. Insoweit setzen sich die Erfordernisse des

---

[219] Vgl. OLG Hamburg MDR 1968, 1027; *Krey*, BT-1, Rdnr. 453; *Frühling*, S. 179 ff.

[220] *Lorenz*, DVBl. 1971, 165 ff.; *Stoiber*, S. 164 ff.; *Arnhold*, Strafbewehrung, zsfd. S. 114 f., 139; *ders.*, JZ 1977, 789; *Gerhards*, NJW 1978, 86, 87 ff.; *Dingeldey*, NStZ 1982, 160 f.; *Gössel*, BT-1, § 38 Rdnr. 38; *Rengier*, BT II, § 30 Rdnr. 24 f.; SK-*Rudolphi*, § 123 StGB, Rdnr. 35 a; Schönke/Schröder-*Lenckner*, § 123 StGB, Rdnr. 20 a.E.; *Bernsmann*, Jura 1981, 465, 470 f.; *v. Mutius/Ruge*, LKV 1998, 377, 382; *Reinhart*, StV 1995, 105 ff.; *ders.*, NJW 1997, 911 ff.; *C. Weber*, JuS 1997, 1080 ff.; – im Grundsatz auch *Ostendorf*, JZ 1981, 165, 173 f., wenngleich wegen der "Formalisierung des Schutzgutes" für § 123 StGB anderer Ansicht (a.a.O., 171, Fn. 87 und in AK-StGB, § 123 StGB, Rdnr. 41).

[221] BVerfGE 87, 399, 406 ff.; 92, 191, 196 ff. Betroffen waren Bußgeldtatbestände, das Gericht bezieht aber das Strafrecht in seine Argumentation mit ein.

[222] Vgl. *Lagodny*, S. 96 ff.; Maunz/Dürig-*Schmidt-Aßmann*, Art. 103 II GG, Rdnr. 165 m.w.N.

[223] BVerfGE 87, 399, 410; 92, 191, 201; *Reinhart*, StV 1995, 101, 105 ff. (Begrifflichkeit zuerst dort); *ders.*, NJW 1997, 911, 912 f.; *C. Weber*, JuS 1997, 1080, 1082; *Rühl*, JuS 1999, 521, 527 f. Vgl. auch schon *Ostendorf*, JZ 1981, 165, 170.

Augenblicks durch. Die Notwendigkeit raschen Handelns, die Unmöglichkeit, die Rechtmäßigkeit eines Verhaltensgebotes an Ort und Stelle zweifelsfrei zu klären, rechtfertigen zunächst den unvermeidbaren Grundrechtseingriff.[224]

Auf der Sanktionsebene entfallen diese Umstände. Der Strafrichter kann und muß nun in rückblickender Bewertung die Rechtmäßigkeitsvoraussetzungen aufklären. Bestraft er die Zuwiderhandlung gegen einen materiell rechtswidrigen Verwaltungsakt, so läge darin die Fortsetzung der nur auf der Situationsebene unvermeidlichen Rechtsbeeinträchtigung.[225] Mehr noch: Der Bürger würde für die rechtmäßige Inanspruchnahme eines Grundrechts kriminalisiert. Auch der verkürzte strafrechtliche Rechtmäßigkeitsbegriff, der, von jeher umstritten, für Diensthandlungen im Widerstandstatbestand (§ 113 Abs. 3, 4 StGB) sowie beim Verstrickungsbruch und Siegelbruch (§ 136 Abs. 3, 4 StGB) gelten soll,[226] ist damit verfassungsrechtlich nicht haltbar.[227]

Zwar ist es dem Gesetzgeber nicht durchweg verwehrt, die Nichtbefolgung behördlicher Anordnungen unabhängig von ihrer Rechtmäßigkeit unter Strafe zu stellen. Wegen des Bestimmtheitsgebots des Art. 103 Abs. 2 GG muß die Pönalisierung bloßen Verwaltungsungehorsams aber der Sanktionsnorm unzweideutig zu entnehmen sein.[228] Bei § 123 StGB ist das, anders als bei Vorschriften, die ausdrücklich den Verstoß gegen eine "vollziehbare" Anordnung oder Untersagung anführen,[229] nicht der Fall.

Die sofortige Vollziehbarkeit von ad hoc ausgesprochenen Zutrittsverwehrungs- und Hinausweisungsverwaltungsakten gemäß § 80 Abs. 2 S. 1 Nr. 2 VwGO analog[230] und die Möglichkeit, für die Zukunft wirkende Hausverbote gemäß § 80 Abs. 2 S. 1 Nr. 4 VwGO mit der Anordnung der sofortigen Vollziehung zu versehen, gewährleisten bereits einen effektiven Schutz der öffentlich-rechtlichen Sachtätigkeit im Gebäude. So hat das Verwaltungsrecht selbst die Interessen der gefahrenabwehrenden Stelle in

---

[224] BVerfGE 87, 399, 409; 92, 191, 201; *Reinhart*, StV 1995, 101, 105; *ders.*, NJW 1997, 911, 912 f.; *Rühl*, JuS 1999, 521, 527.

[225] BVerfGE 87, 399, 410; 92, 191, 201; *Reinhart*, StV 1995, 101, 106; *ders.*, NJW 1997, 911, 913.

[226] Vgl. BGHSt 4, 161, 164; 21, 334, 361 ff; Tröndle/*Fischer*, § 113 StGB, Rdnr. 11 ff. m.w.N.

[227] BVerfGE 92, 191, 200 f.; *Reinhart*, StV 1995, 101, 107; *ders.*, NJW 1997, 911 ff.; *C. Weber*, JuS 1997, 1080, 1081 f.

[228] BVerfGE 87, 399, 411;; *Reinhart*, StV 1995, 101, 106; *Lorenz*, DVBl. 1971, 165, 170; *C. Weber*, JuS 1997, 1080, 1082; *Rühl*, JuS 1999, 521, 527 f.; *Ostendorf*, JZ 1981, 165, 174; *Gerhards*, NJW 1978, 86, 88.

[229] Z.B. §§ 327 Abs. 1, 328 Abs. 1 StGB, §§ 64 Abs. 2 Nr. 5, 65 Abs. 1 BSeuchenG; § 26 Nr. 1 VersammlG

[230] Vgl. oben unter Erster Teil II 3 c, S. 101 f.

praktisch ausreichender Weise berücksichtigt.[231] In diesen Zusammenhang gehören auch öffentlich-rechtliche Verdachtstatbestände und die Figuren der Anscheinsgefahr und des Gefahrenverdachts im Recht der Gefahrenabwehr.

§ 123 StGB schützt nicht die ungehinderte Betätigung des Willens, das "freie Schalten und Walten" des Hausherrn, sondern materielle Sachinteressen.[232] Die auf die sofortige Vollziehbarkeit eines aufenthaltsuntersagenden Verwaltungsakts abstellende herrschende Meinung pönalisiert demgegenüber die verwaltungsrechtliche Unbotmäßigkeit anstelle der Rechtsgutsgefährdung.[233] Aber auch auf das Hausrecht und seine "Ordnungsfunktion" oder "Formalisierung" kann sie sich nicht berufen.[234] Denn es besteht gar kein Hausrecht, das verletzt werden könnte, wenn das Hausverbot materiell rechtswidrig ist.[235]

Zu bedenken ist weiter, daß der Wille des Berechtigten in öffentlichen Diensträumen häufig überhaupt nicht in der Gestalt eines Verwaltungsaktes auftritt. Strafbewehrt sind auch sitzungspolizeiliche Anordnungen nach §§ 175 Abs. 1, 176 f. GVG.[236] Für sie ist, anders als für Verwaltungsakte in §§ 43 f. VwVfG, nicht festgeschrieben, daß sie auch dann zu befolgen sind, wenn sie rechtswidrig sind. Strafbewehrt sind aber auch der sich nur in den tatsächlichen Umständen äußernde und der intern bleibende Ausschlußwille. Hier folgt die Straflosigkeit des Eintretens oder Verweilens ohne weiteres aus der Rechtswidrigkeit des Willens. Es ist kein Grund ersichtlich, den als Verwaltungsakt erklärten Verwehrungswillen gegenüber dem als sitzungspolizeiliche Anordnung, dem generell-konkludent oder gar nicht erklärten Verwehrungswillen strafrechtlich zu privilegieren.

Entscheidend ist immer, ob die öffentlich-rechtliche Ermächtigungsnorm dem hoheitlichen Organ, das eine relevante Form von Ausschlußwillen gebildet und gegebenenfalls geäußert hat, in Tatbestand und Rechtsfolge die hausrechtliche Befugnis gibt. Darüber entscheidet das Strafgericht entsprechend § 262 StPO selbst. Weder ist es an behördliche oder verwal-

---

[231] *Ostendorf*, JZ 1981, 165, 168; *Reinhart*, StV 1995, 101, 107; *ders.*, NJW 1997, 911, 913.
[232] Vgl. oben unter Zweiter Teil I 1 b bb, S. 156 ff.
[233] *Stoiber*, S. 166 f.; *Arnhold*, Strafbewehrung, S. 63 ff.; *ders.*, JZ 1977, 789; *Gerhards*, NJW 1978, 86, 88; *Bernsmann*, Jura 1981, 465, 470; *Dingeldey*, NStZ 1982, 160; Schönke/Schröder-*Lenckner*, § 123 StGB, Rdnr. 20; SK-*Rudolphi*, § 123 StGB, Rdnr. 35 a.
[234] So aber LK-*Schäfer*, § 123 StGB, Rdnr. 47; *Ostendorf*, JZ 1981, 165, 171, Fn. 87; *ders.* in AK-StGB, § 123 StGB, Rdnr. 41; *Oehler*, JR 1981, 33, 34.
[235] Angedeutet bei Schönke/Schröder-*Lenckner*, § 123 StGB, Rdnr. 20 a.E.
[236] Nach BGHSt 30, 350, 354 ist nicht die sitzungspolizeiliche Verfügung an sich, sondern sogar nur der mutmaßliche Wille des Gerichtspräsidenten, also ebenfalls kein Verwaltungsakt, maßgeblich. Vgl. dazu die Ausführungen oben unter Zweiter Teil II 2 b aa, S. 190 ff.

tungsgerichtliche Beurteilungen gebunden, noch muß es das Verfahren aussetzen, um die Rechtskraft einer Verwaltungsstreitentscheidung abzuwarten.[237] Das heißt übrigens auch, daß es auf die maßnahmepezifischen formellen Rechtmäßigkeitsvoraussetzungen, die für Verwaltungsakte gelten (Anhörungspflicht, Form, Begründung), nicht ankommt.[238]

4. Die Rechtswidrigkeit der Tat

Das allgemeine Deliktsmerkmal der Rechtswidrigkeit wird beim Hausfriedensbruch durch die Worte "widerrechtlich" für die erste und "ohne Befugnis" für die zweite Tatalternative besonders gekennzeichnet. Von den verselbständigten strafrechtlichen Rechtfertigungsgründen sind hier vor allem die mutmaßliche Einwilligung und der rechtfertigende Notstand (§ 34 StGB) zu nennen, die auch in öffentlichen Diensträumen wie Gerichtsgebäuden einmal Bedeutung gewinnen können.[239]

Entgegenzutreten ist der Tendenz, öffentlich-rechtliche Betretensrechte in bezug auf öffentliche Diensträume als Rechtfertigungsgründe zu behandeln. Man kommt so nicht zum Ausschluß des Tatvorsatzes, sondern nur zur Annahme eines – häufig vermeidbaren – Verbotsirrtums (Erlaubnisirrtums) entsprechend § 17 StGB, wenn sich der Täter in Kenntnis der Tatsachen über sein Anwesenheitsrecht geirrt hat.[240] Nun ist aber anerkannt, daß das Hausrecht des "Berechtigten" samt seiner "öffentlich-rechtlichen Beschränkungen" zu den Tatbestandsmerkmalen gehört. Das Betreten gegen den Willen und das Verweilen trotz Aufforderung ist dann kein tatbestandsmäßiges Verhalten, wenn der Träger des Ausschlußwillens nicht "Berechtigter" ist, ihm kein Hausrecht zur Seite steht.[241] Weil die herrschende Meinung den Inhalt und die Grundlage dessen, was sie als Hausrecht bezeichnet, nicht geklärt hat, kann sie nicht zuverlässig bestimmen, welche Rechtspositionen und Umstände einen rechtfertigenden Erlaubnissatz begründen und welche noch dem tatbestandlichen Hausrecht zuzuordnen sind. Hier hilft dann auch das Wort,

---

[237] *Arnhold*, Strafbewehrung, S. 166 ff.; *Lorenz*, DVBl. 1971, 165, 172; *Ostendorf*, JZ 1981, 165, 174; *Bernsmann*, Jura 1981, 465, 471. Für eine Aussetzungspflicht entgegen § 262 Abs. 2 StPO: *Gerhards*, NJW 1978, 86, 89; *Dingeldey*, NStZ 1982, 160, 161; *Rengier*, BT II, § 30 Rdnr. 25.

[238] *Bernsmann*, Jura 1981, 465, 471; ähnlich *Stoiber*, S. 168.

[239] Beispiele: nächtlicher Brand oder Rohrbruch (mutmaßliche Einwilligung); ein in einer Beratungspause bedrohter Zeuge flüchtet sich ins Beratungszimmer (rechtfertigender Notstand).

[240] Vgl. OLG Hamburg NJW 1977, 1831; NJW 1980, 1007 f.; OLG Karlsruhe JR 1980, 342 f.

[241] Vgl. etwa Schönke/Schröder-*Lenckner*, § 123 StGB, Rdnr. 11 mit 16 ff.; Tröndle/*Fischer*, § 123 StGB, Rdnr. 10 mit 2; AK-StGB-*Ostendorf*, § 123 StGB, Rdnr. 25 mit 33 ff. und oben unter Zweiter Teil II 3 b, S. 223 f.

daß Rechte, die als stärkere dem Hausrecht vorgehen, die Tat rechtfertigen,[242] nicht weiter.

Es muß entsprechend den jeweiligen Normvoraussetzungen des Hausrechts differenziert werden. Dabei ist die Erkenntnis von Bedeutung, daß auf der einen Seite das privatrechtliche Hausrecht letztlich ein Besitzschutzrecht (§§ 859 ff. BGB) ist und es auf der anderen Seite ein öffentlich-rechtliches Hausrecht gibt, das eigenen, nämlich öffentlich-rechtlichen, Regeln folgt. Deshalb ist es zwar zutreffend, hoheitliche Befugnisse zum Betreten von Wohnungen und Geschäftsräumen, z. B. zum Zwecke der Durchsuchung, Verhaftung und Pfändung als Rechtfertigungsgründe zu behandeln.[243] Sie lassen nicht die willkürlich auszuübende Berechtigung des Wohnungs- oder Geschäftsinhabers aus §§ 859 ff. BGB entfallen, sondern erlauben den Aufenthalt entgegen dem bestehenden Hausrecht. Ein Irrtum des Täters über seine Berechtigung, dem Ausschlußwillen des Besitzers zuwider einzutreten oder aufforderungswidrig zu verweilen, betrifft nicht das tatbestandliche Besitz-Hausrecht, sondern die Rechtswidrigkeitsebene. Die Einordnung als Verbotsirrtum (§ 17 StGB) ist hier – nach den Ergebnissen der sogenannten eingeschränkten Schuldtheorie – daher nicht zu beanstanden.

Anders beim öffentlich-rechtlichen Hausrecht: Die eigenständig öffentlich-rechtliche Konzeption des Hausrechts der öffentlichen Hand hat hier Konsequenzen, welche strafrechtliche Rechtsprechung und Literatur noch kaum erkennen. Anwesenheits- und Betretensrechte des Bürgers finden bereits bei der Auslegung des Gefahrtatbestandes der hausrechtlichen Vorschrift und über den Grundsatz der Verhältnismäßigkeit Berücksichtigung. Setzen sie sich im Einzelfall durch, so ist die Ausschlußmaßnahme des Hoheitsträgers rechtswidrig. Ein Hausrecht besteht nicht, das handelnde Organ ist nicht "Berechtigter" im Sinne von § 123 StGB. Nur wer auch in öffentlich-rechtlich genutzten Gebäuden das strafbewehrte Hausrecht stets als privatrechtlich fundiert ansieht,[244] dürfte öffentlich-rechtliche Betretensrechte als Rechtfertigungsgründe behandeln. Die fast allgemeine Ansicht erkennt aber – zumindest auch – das öffentlich-rechtliche Hausrecht an.[245] Dann ist es widersprüchlich, Betretensrechte des Täters, die bereits die hausrechtliche

---

[242] RGSt 12, 132 134; 35, 395, 397; OLG Hamburg NJW 1977, 1831; LK-*Schäfer*, § 123 StGB, Rdnr. 48; Schönke/Schröder-*Lenckner*, § 123 StGB, Rdnr. 33, 34; Tröndle/*Fischer*, § 123 StGB, Rdnr. 11.

[243] Vgl. OLG München NJW 1972, 2275; Schönke/Schröder-*Lenckner*, § 123 StGB, Rdnr. 32 f.; Tröndle/*Fischer*, § 123 StGB, Rdnr. 11; SK-*Rudolphi*, § 123 StGB, Rdnr. 38.

[244] Wiw *Stürner*, Privatrechtliche Gestaltungsformen, S. 108 ff.; *ders.*, JZ 1977, 312 f.; *Engeln*, S. 125 ff.

[245] Aus strafrechtlicher Sicht: OLG Hamburg NJW 1980, 1007, 1008; LK-*Schäfer*, § 123 StGB, Rdnr. 45; SK-*Rudolphi*, § 123 StGB, Rdnr. 35 f.; AK-StGB-*Ostendorf*, § 123 StGB, Rdnr. 33; *Oehler*, JR 1981, 33; *Bernsmann*, Jura 1981, 465, 469; *Gössel*, BT-1, § 38 Rdnr. 38.

Befugnis des Hoheitsträgers zerstören, erst auf der Rechtswidrigkeitsebene zu berücksichtigen. Die umfassende Gesetzesbindung des öffentlich-rechtlich handelnden Hausherrn und der Verhältnismäßigkeitsgrundsatz ziehen als Rechtmäßigkeitsvoraussetzungen des Hausrechts öffentlich-rechtliche Zutrittsrechte auf die Tatbestandsebene hinab.[246]

Für das Hausrecht der Gerichtsverwaltung (gewohnheitsrechtliche Haus- und Ordnungsgewalt) und des vorsitzenden Richters in der Sitzung (Sitzungspolizei) ist denn im gerichtsverfassungsrechtlichen Schrifttum auch nie bezweifelt worden, daß die prozessualen Anwesenheits- und Beteiligungsrechte bereits die Befugnis auf Seiten des Hoheitsträgers berühren und gegebenenfalls ausschließen. Erinnert sei daran, daß der Gerichtsverwaltung das Recht abgesprochen wird, Personen hausrechtlichen Maßnahmen zu unterwerfen, deren Anwesenheit die Verfahrensordnungen verlangen oder erlauben.[247] Im Strafrecht schlägt das auf die Tatbestandsebene durch. Wo das Hausrecht entfällt, ist kein Raum mehr für die Rechtfertigung tatbestandsmäßigen, also hausrechtsverletzenden Verhaltens.[248] Der grundrechtliche Anspruch auf rechtliches Gehör und seine einfachgesetzlichen Ausprägungen, die Anwesenheitsrechte bzw. -pflichten von Verfahrensbeteiligten, Aussagepersonen und Zuhörern gehen in die öffentlich-rechtlichen Funktionsschutznormen der gewohnheitsrechtlichen Haus- und Ordnungsgewalt und der Sitzungspolizei ein.[249]

Daß ein – auch fahrlässiger, auch vermeidbarer – Irrtum über die eigene Betretensberechtigung hier gemäß § 16 StGB den Tatvorsatz und damit die Strafbarkeit entfallen läßt, ist die logische Folge. Der Täter muß mindestens billigend in Kauf nehmen, daß die Person, die ihm den Zutritt verwehrt oder ihn hinausweist, der "Berechtigte", d. h. zur Ausübung einer bestehenden hausrechtlichen Befugnis berechtigt ist. Fehlt es daran, so wird die öffentlich-rechtliche Sachtätigkeit nicht strafrechtlich, sondern nur mit den Mitteln der Gefahrenabwehr geschützt. Die Rechtsprechung[250] macht insoweit den Hausfriedensbruch zum Fahrlässigkeitsdelikt, indem sie Tatbestandselemente zu Rechtfertigungsgründen erklärt. Wegen der Privilegierung des öffentlichen Hausherrn, der Maßnahmen der öffentlich-rechtlichen Haus- und

---

[246] Vgl. auch *Stoiber*, S. 167, 181 f.

[247] So *Kissel*, § 12 GVG, Rdnr. 42, 44, § 176 GVG, Rdnr. 4; *Schilken*, Rdnr. 207; *Engeln*, S. 150; *Stürner*, JZ 1972, 664, 665; *Stober*, DRiZ 1980, 3, 8; MünchKomm-ZPO-*Wolf*, § 169 GVG, Rdnr. 38.

[248] Widersprüchlich *Engeln*, S. 150 f., der einerseits dem Gerichtspräsidenten die Befugnis abspricht, Verfahrensbeteiligten gegenüber hausrechtliche Maßnahmen zu erlassen und andererseits die Zuwiderhandlung gegen eine ebensolche (unzulässige) Maßnahme als Hausfriedensbruch bestrafen will.

[249] Vgl. im einzelnen oben unter Zweiter Teil II 2 e, S. 201 ff.

[250] OLG Hamburg NJW 1977, 1831; NJW 1980, 1007 f.; OLG Karlsruhe JR 1980, 342 f.

Ordnungsgewalt und der Sitzungspolizei sogleich selbst vollstrecken darf, ist dies auch aus kriminalpolitischer Sicht nicht geboten.

5. Das Strafantragsrecht

§ 123 Abs. 2 StGB erklärt den Hausfriedensbruch zum unbedingten, absoluten Antragsdelikt. Die an sich strafbare Tat ist nicht verfolgbar, wenn der durch sie Verletzte (§ 77 Abs. 1 StGB) nicht rechtzeitig Strafantrag stellt. Verletzter ist derjenige, in dessen Rechtssphäre die verbotene Handlung eingreift, der Träger des durch die Tat unmittelbar verletzten Rechtsgutes.[251] Der Streit um das Rechtsgut des Hausfriedensbruchs ist daher auf die Strafantragsberechtigung nicht ohne Auswirkung.[252] Allerdings ist es auch vom hier vertretenen Standpunkt aus nicht zu beanstanden, daß das Strafantragsrecht dem Inhaber des Hausrechts zugeschrieben wird.[253] Denn dem Träger des funktionalistischen Rechtsgutes kommt als Besitzer oder als Inhaber der öffentlich-rechtlichen Haus- und Ordnungsgewalt oder der Sitzungspolizei auch die entscheidende hausrechtliche Berechtigung zu.[254]

In öffentlichen Diensträumen muß das Strafantragsrecht für den Verletzten, nämlich die juristische Person des öffentlichen Rechts, durch Organe ausgeübt werden. Zuweilen ist die Berechtigung zur Stellung des Strafantrages rechtssatzmäßig – durch Satzung oder Verwaltungsanordnung – festgelegt.[255] Ist das nicht der Fall, so ist der Behördenleiter, der mit der öffentlich-rechtlichen Haus- und Ordnungsgewalt als bestimmendes Organ ein hoheitliches Areal beherrscht, strafantragsberechtigt.[256] § 77 a StGB, nach dem, wenn sich die Straftat gegen eine Amtsperson richtet, nicht nur diese als Verletzter, sondern auch deren Dienstvorgesetzter antragsberechtigt ist, findet keine Anwendung. Denn der Hausfriedensbruch in öffentlichen Diensträumen ist, anders als z. B. eine Individualbeleidigung oder eine Körperverletzung, nicht gegen die (natürliche) Person des Einzelnen, sondern gegen den öffentlich-rechtlichen Funktionsträger begangen. Die Einlaß-

---

[251] RGSt 38, 6, 7; 68, 305; BGHSt 31, 307, 310; LK-*Jähnke*, § 77 StGB, Rdnr. 23; *Lackner*/Kühl, § 77 StGB, Rdnr. 6; Schönke/Schröder-*Stree*, § 77 StGB, Rdnr. 10.
[252] Vgl. *Bodendorf*, S. 42.
[253] Vgl. dazu OLG Düsseldorf StV 1982, 228, 229; Lackner/*Kühl*, § 123 StGB, Rdnr. 14; LK-*Schäfer*, § 123 StGB, Rdnr. 84; LK-*Jähnke*, § 77 StGB, Rdnr. 29; Schönke/Schröder-*Lenckner*, § 123 StGB, Rdnr. 38; Tröndle/*Fischer*, § 123 StGB, Rdnr. 22; AK-StGB-*Ostendorf*, § 123 StGB, Rdnr. 51; *Karpen*, WissR 1972, 195, 219 f.; – aber auch, wiewohl das Hausrecht nicht als Rechtsgut ansehend, SK-*Rudolphi*, § 123 StGB, Rdnr. 46.
[254] Vgl. oben unter Zweiter Teil I 2 d, S. 185 f.
[255] Vgl. OLG Celle NStZ 1981, 223, 224; OLG Köln NStZ 1982, 333; LK-*Schäfer*, § 123 StGB, Rdnr. 84; SK-*Rudolphi*, § 123 StGB, Rdnr. 46; Tröndle/*Fischer*, § 123 StGB, Rdnr. 22.
[256] Vgl. LK-*Jähnke*, § 77 StGB, Rdnr. 40. Für das Delikt der Beleidigung bestimmt § 194 Abs. 3 S. 2 StGB die Zuständigkeit des Behördenleiters, wenn sich die Tat gegen eine Behörde richtet.

person, deren Ausschlußwille der Täter beim Betreten des Gebäudes mißachtet, ist nicht Träger des Rechtsgutes und damit nicht Verletzter im Sinne von § 77 Abs. 1 StGB. Der Behördenleiter übt die Strafantragsbefugnis unmittelbar als Vertreter der verletzten Körperschaft, Anstalt oder Stiftung des öffentlichen Rechts aus, gegen die der Hausfriedensbruch begangen worden ist. Er kann aber, weil § 123 StGB in öffentlichen Diensträumen mit der öffentlich-rechtlichen Sachtätigkeit kein höchstpersönliches Rechtsgut schützt, untergeordnete Amtswalter auch zur Vertretung im Willen (und nicht nur in der Erklärung) ermächtigen.[257] Abseits ausdrücklicher Erklärungen ist das Auslegungsfrage.[258]

Die Antragsberechtigung folgt dabei nur in begrenztem Maße der hausrechtlichen Ausübungsberechtigung. Zwar gebieten es die Ziele wirksamer Gefahrenabwehr im räumlichen Bezirk eines Hoheitsträgers, jeden dauerhaft in die Verwaltungsorganisation einbezogenen Organwalter und Angestellten als zur Ausübung der öffentlich-rechtlichen Haus- und Ordnungsgewalt unter Einschluß hausrechtlicher ad hoc-Maßnahmen berechtigt anzusehen. Der Behördenleiter hat insoweit die ihm unterstellten Personen für Eilfälle konkludent ermächtigt, die vorläufig erforderlichen Maßnahmen vorzunehmen.[259] Auf der Ebene strafrechtlicher Sanktionen entfällt diese Begründung. Die Entscheidung, den Ordnungsverstoß mit den Mitteln des Strafrechts ahnden zu lassen, vermag der Behördenleiter innerhalb der dreimonatigen Antragsfrist (§ 77 b StGB) selbst zu treffen. Die Umstände fordern es nicht, hierfür etwa auf den in der Tatsituation anwesenden Hausberechtigten zurückzugreifen.[260]

Von dem Grundsatz, daß der Behördenleiter, in Gerichtsgebäuden also der Gerichtspräsident oder -direktor, den nach § 123 Abs. 2 StGB erforderlichen Strafantrag zu stellen berechtigt ist, gibt es eine charakteristische Ausnahme. In der Sitzung richtet sich der Hausfriedensbruch gegen die Verhandlungstätigkeit des Rechtsprechungsorgans Gericht. Das Hausrecht als die Befugnis, Personen aus dem Verhandlungszimmer, Sicherheitsbereich oder auch dem Gebäude zu weisen oder nicht einzulassen, leitet sich hier nicht von der Behördenspitze der Justizverwaltung ab. Seine materiell-gesetzliche Grundlage ist nicht die öffentlich-rechtliche Haus- und Ordnungs-

---

257 Für § 123 StGB auch: RGSt 51, 83, 84; *Tröndle*/Fischer, § 77 StGB, Rdnr. 22. Die Voraussetzungen, unter denen eine willensvertretende Stellung des Strafantrags zulässig ist, sind allerdings umstritten, vgl. LK-*Jähnke*, § 77 StGB, Rdnr. 52.

258 Vgl. RGSt 41, 416, 417 f.; Schönke/Schröder-*Lenckner*, § 123 StGB, Rdnr. 38; Tröndle/*Fischer*, § 123 StGB, Rdnr. 23.

259 Siehe oben unter Erster Teil II 3 a, S. 95 f.

260 Vgl. auch LK-*Schäfer*, § 123 StGB, Rdnr. 85; SK-*Rudolphi*, § 123 StGB, Rdnr. 46; Schönke/Schröder-*Lenckner*, § 123 StGB, Rdnr. 38; Tröndle/*Fischer*, § 123 StGB, Rdnr. 23, mit dem Hinweis, daß die lediglich im Sinne der 2. Alternative zur Aufforderung Berechtigten nicht strafantragsbefugt sind.

gewalt, sondern das Gerichtsverfassungsgesetz. Die sitzungspolizeilichen Vorschriften (§§ 175 Abs. 1 und 176 ff. GVG) berechtigen den vorsitzenden Richter bzw. das Gericht zu hausrechtlichen Maßnahmen. Sie schließen zur Sicherung der richterlichen Unabhängigkeit die Gerichtsverwaltung mit ihrem allgemeinen Ordnungsinstrument grundsätzlich von jeder Einflußnahme auf die Sitzung aus. Soweit das Hausrecht also als sitzungspolizeiliches auftritt, wird es allein durch den Inhaber der Sitzungspolizei ausgeübt.[261] Dies als richtig vorausgesetzt hat zur Folge, die an die hausrechtlichen Ausübungsberechtigung angebundene Befugnis zur Stellung des Strafantrags dann originär dem vorsitzenden Richter bzw. dem Gericht zuzuerkennen, wenn der Hausfriedensbruch in der Zuwiderhandlung gegen eine sitzungspolizeiliche Anordnung liegt. Auf eine "Übertragung des Hausrechts des Gerichtspräsidenten auf den Vorsitzenden" kommt es für das Strafantragsrecht ebensowenig an wie für die Tatbestandsrelevanz der primären raumbezogenen Anordnung.[262]

Die Befugnis des Hausrechtsinhabers, mit der Stellung des Strafantrags über die Strafverfolgung zu disponieren, verleiht seinen Ordnungsanordnungen besonderen Nachdruck.[263] Auch einfache sitzungspolizeiliche Verhaltensgebote (zu schweigen, eine Durchsuchung zu dulden usw.) erscheinen ja als von der Drohung garantiert, bei ihrer Nichtbefolgung eine durch § 123 StGB strafbewehrte hausrechtliche Maßnahme anzuordnen. Daher fordert auch die richterliche Unabhängigkeit (Art. 97 Abs. 1 GG), daß das Strafantragsrecht, mit dem über die ultima ratio der Ordnungswahrung in der Sitzung bestimmt wird, in der Hand des Inhabers der Sitzungspolizei liegt.[264]

§ 183 GVG verpflichtet das Gericht, strafverfolgend tätig zu werden, wenn eine Straftat in der Sitzung begangen wird.[265] Es hat den Sachverhalt festzustellen, darüber ein Protokoll aufzunehmen und dieses Protokoll der zuständigen Staatsanwaltschaft, gegebenenfalls dem Amtsgericht als Notstaatsanwalt (§§ 163 Abs. 2, 165 StPO), mitzuteilen. Hierin liegt zwar eine Anzeigepflicht,[266] nicht aber eine Verpflichtung, auch Strafantrag zu stellen,

---

[261] Vgl. oben unter Erster Teil IV, S. 114 ff.

[262] Vgl. oben unter Erster Teil IV 5, S. 137 ff. und Zweiter Teil II 2 b aa, S. 190 ff.

[263] RGSt 41, 416, 418.

[264] Etwas anderes folgt nicht aus § 77 a Abs. 1 i.V.m. Abs. 2 S. 1 StGB (Strafantragsrecht des Dienstaufsichtsführenden), denn auch der Hausfriedensbruch in der Sitzung ist nicht, wie es die Vorschrift fordert, gegen die Person des Richters begangen.

[265] Die Vorschrift gilt über gesetzliche Verweisungen außerhalb der ordentlichen Gereichtsbarkeit entsprechend, vgl. *Katholnigg*, § 183 GVG, Rdnr. 4; *Nierwetberg*, NJW 1996, 432, 433; MünchKomm-ZPO-*Wolf*, § 183 GVG, Rdnr. 5 m.w.N.; – dagegen: *Kissel*, § 183 GVG, Rdnr. 7.

[266] Vgl. *Nierwetberg*, NJW 1996, 432 ff., mit dem Vorschlag, § 183 GVG auf die Fälle teleologisch zu reduzieren, in denen sonst die Verfolgung der Straftat aus tatsächlichen Gründen scheitern würde.

wenn Antragsdelikte betroffen sind. Weil dem Gericht kein Ermessensspielraum verbleibt, ob es nach § 183 GVG verfährt oder nicht, kann die Normbefolgung allein die Besorgnis der Befangenheit der mitwirkenden Richter nicht begründen. Anders liegt es bei der Ausübung des Strafantragsrechts, die dem Berechtigten freigestellt ist. Hier entscheiden der Zusammenhang und die Umstände des Einzelfalls darüber, ob die Stellung des Strafantrages Grund gibt, Mißtrauen gegen die Unparteilichkeit des Richters zu rechtfertigen.[267] Bei dem Delikt des Hausfriedensbruchs in der Sitzung, das sich nicht gegen die Person des Richters, sondern gegen das von ihr abgelöste Abstraktum der Verhandlungstätigkeit richtet, dürfte dies seltener als bei Beleidigungs- und Körperverletzungsdelikten in Betracht kommen. Im übrigen wird die Problematik durch die Möglichkeit entschärft, den Strafantrag außerhalb der Sitzung in der Antragsfrist von drei Monaten nachholen zu können.

---

[267] BGH NStZ 1992, 290, 291; *Katholnigg*, § 183 GVG, Rdnr. 2; *Krehl*, NStZ 1992, 598 f..

Zusammenfassung

Die Untersuchung hat zu Ergebnissen geführt, die zwar kein grundstürzendes neues System aufrichten, wohl aber die verwaltungsrechtliche Diskussion um das Hausrecht mit der strafrechtlichen am Beispiel von Gerichtsgebäuden bruchlos verbinden. Die geregelten Befugnisse der Sitzungspolizei als Ausdruck der richterlichen Unabhängigkeit auf dem Gebiet der Ordnungswahrung fügen sich dem ein. Zusammenfassend bleibt festzuhalten:

Jeder staatliche oder unterstaatliche Träger öffentlicher Gewalt ist auf Territorium, das von ihm in öffentlich-rechtlicher Form genutzt wird, für den Schutz der Sachtätigkeit selbst zuständig. Diese Annexkompetenz erstarkt durch gewohnheitsrechtliche Geltung zur Eingriffsbefugnis. Für diese zwecksichernde, nach den Grundsätzen der Gefahrenabwehr auszuübende Eingriffsbefugnis genügt Gewohnheitsrecht den Anforderungen des öffentlich-rechtlichen Gesetzesvorbehalts. Es handelt sich um ein einheitliches Ordnungsinstrument, das als öffentlich-rechtliche Ordnungsgewalt bezeichnet werden kann. Es gewinnt durch die Sachstrukturen der tatsächlichen Einbeziehung in einen räumlich abgeschirmten Bereich sein Gepräge und kann durch engere verwaltungsrechtliche Sonderbeziehungen modifiziert werden. Eine besondere "Anstaltsgewalt" oder "Ordnungsgewalt" existiert daneben nicht.

Die Geltung der gewohnheitsrechtlichen Haus- und Ordnungsgewalt wird durch formell-gesetzliche Regelungen ausgeschlossen, soweit diese reichen. Zu ihnen gehören die sitzungspolizeilichen Vorschriften (§§ 175 Abs. 1 und 176 ff. GVG), die einen Teilbereich der Ordnungswahrung auf hoheitlichem Territorium speziell regeln. Insbesondere weisen sie die Ordnungsbefugnisse in der Sitzung dem vorsitzenden Richter bzw. dem Gericht zu, um deren sachliche Unabhängigkeit zu gewährleisten. Den Organen der Gerichtsverwaltung als den Ausübungsberechtigten der öffentlich-rechtlichen Haus- und Ordnungsgewalt ist es damit, von Extremfällen abgesehen, bereits im Ansatz verwehrt, über Ordnungsmaßnahmen auf die Rechts- und Wahrheitsfindung in der Sitzung Einfluß zu nehmen.

Der Begriff des Hausrechts bezeichnet die Befugnis, Personen den Zutritt zu Gebäuden und anderem befriedetem Besitztum zu verwehren oder sie hinauszuweisen. Die hausrechtliche Befugnis besteht nicht aus sich selbst heraus, sondern nur, wenn die Voraussetzungen der verschiedenen objektivrechtlichen Normen mit entsprechender Rechtsfolgenanordnung vorliegen. Diese Normen können solche des Zivilrechts oder solche des öffentlichen Rechts sein. In Gerichtsgebäuden sind es die Vorschriften der Sitzungspolizei und die öffentlich-rechtliche Haus- und Ordnungsgewalt, die neben anderen

Befugnissen auch ein Hausrecht einräumen. Eigentümer- und Besitzerbefugnisse, darunter die hausrechtlichen, sind verdrängt.

In der Vorschrift des Hausfriedensbruchs ist das Hausrecht für strafrechtsrelevant erklärt. Das Hausrecht ist das Recht des "Berechtigten", dessen Ausschlußwille § 123 StGB mit Strafe bewehrt und damit Untermerkmal des gesetzlichen Tatbestandes. Es stellt nicht das Rechtsgut des Hausfriedensbruchs dar, sondern ist lediglich das traditionelle Etikett für die Befugnis des Berechtigten, die sich aus den verschiedensten Vorschriften ergeben kann. Rechtsgüter der Strafnorm sind die materiellen Sozialwerte, zu deren Schutz die in § 123 StGB aufgeführten Objekte nach außen abgeschirmt worden sind. In den "abgeschlossenen Räumen, welche zum öffentlichen Dienst bestimmt sind", ist das die öffentlich-rechtliche Sachtätigkeit des Hoheitsträgers.

Soweit nach den Vorschriften der Sitzungspolizei und nach dem Gewohnheitsrechtssatz der öffentlich-rechtlichen Haus- und Ordnungsgewalt anwesenheitsbeschränkende Anordnungen getroffen werden können, ist der Ausschlußwille des jeweiligen Hausberechtigten strafrechtlich geschützt. Die öffentlich-rechtlichen Rechtmäßigkeitsvoraussetzungen schlagen als Voraussetzungen des Hausrechts auf das Strafrecht durch. In Gerichtsgebäuden fordern neben den Grundrechten und dem Grundsatz der Verhältnismäßigkeit die prozessualen Anwesenheits- und Beteiligungsrechte sowie die Grundsätze der Öffentlichkeit und der richterlichen Unabhängigkeit besondere Beachtung. Die Rechtmäßigkeit des Ausschlußwillens läßt bereits den Tatbestand des § 123 StGB entfallen. Auch wenn der Ausschlußwille in der Form eines sofort vollziehbaren Verwaltungsakts geäußert wurde, gilt nichts anderes.

– Literaturverzeichnis –

- Achterberg, Norbert, Die Annex-Kompetenz, in: DÖV 1966, S. 695 ff.
- ders., Allgemeines Verwaltungsrecht, 2. Aufl., Heidelberg 1986
- ders./Püttner, Günter, Besonderes Verwaltungsrecht,
  - Band I, Heidelberg 1990
  - Band II, Heidelberg 1992
- Alternativkommentar-StGB, Kommentar zum Strafgesetzbuch, Band 3, §§ 80 - 145 d, Neuwied und Darmstadt 1986
- Alternativkommentar-StPO, Kommentar zur Strafprozeßordnung, Band 2, Teilband 1, §§ 94 - 212 b, Neuwied, Kriftel u.a. 1992
- Amelung, Knut, Rechtsgüterschutz und Schutz der Gesellschaft, Frankfurt/Main 1972
- ders., Anmerkung zu OLG Zweibrücken NStZ 1985, 456, in : NStZ 1985, S. 457 f.
- ders., Der Hausfriedensbruch als Mißachtung physisch gesicherter Territorialität, in: ZStW 98 (1986), S. 355 ff.
- ders., Bemerkungen zum Schutz des "befriedeten Besitztums" in § 123 StGB, in: NJW 1986, S. 2075 ff.
- ders./Schall, Hero, Zum Einsatz von Polizeispitzeln: Hausfriedensbruch und Notstandsrechtfertigung, Wohnungsgrundrecht und Durchsuchungsbefugnis – OLG München, DVBl 1973, 221, in: JuS 1975, S. 565 ff.
- Armknecht, Malte, Hausfriedensbruch, Eine strafrechtliche und kriminologische Studie über die §§ 123, 124, 342 StGB, München 1970
- Arnhold, Dieter, Strafbarer Ungehorsam gegen rechtswidrige Verwaltungsakte, in: JZ 1977, S. 789 f.
- ders., Die Strafbewehrung rechtswidriger Verwaltungsakte, Frankfurt/Main, Bern u.a. 1978
- Artkämper, Heiko, Hausbesetzer Hausbesitzer Hausfriedensbruch, Berlin, Heidelberg u.a. 1995
- Arzt, Gunther/Weber, Ulrich, Strafrecht, Besonderer Teil, Lehrheft 1: Delikte gegen die Person, 3. Aufl., Bielefeld 1988
- Axer, Peter, Die Widmung als Schlüsselbegriff des Rechts der öffentlichen Sachen, Berlin 1994
- Bachof, Otto, Über öffentliches Recht, in: Verwaltungsrecht zwischen Freiheit, Teilhabe und Bindung, Festgabe aus Anlaß des 25jährigen Bestehens des Bundesverwaltungsgerichts, S. 1 ff.
- Bäumler, Helmut, Das subjektiv öffentliche Recht auf Teilnahme an Gerichts-verhandlungen, in: JR 1978, S. 317 ff.
- Bahls, Dietrich, Anmerkung zu BVerwGE 35, 103, in: DVBl. 1971, S. 275 ff.

- Bauer, Hartmut, Altes und Neues zur Schutznormtheorie, in: AöR 113 (1988), S. 582 ff.
- ders., Verwaltungsrechtslehre im Umbruch?, in: Die Verwaltung 1992, S. 301 ff.
- Baumann, Jürgen/Weber, Ulrich/Mitsch, Wolfgang, Strafrecht, Allgemeiner Teil, 10. Aufl., Bielefeld 1995
- Baumbach, Adolf/Lauterbach, Wolfgang/Albers, Jan/Hartmann, Peter, Zivilprozeßordnung, 58. Aufl., München 2000
- Baur, Fritz, Die Würde des Gerichts, in: JZ 1970, S. 247 f.
- Behm, Ulrich, Umfassen die Schutzobjekte des § 123 StGB Abs. 1 StGB auch Zubehörflächen?, in: GA 1986, S. 547 ff.
- Bendix, Ludwig, Die sitzungspolizeilichen Befugnisse des Vorsitzenden gegenüber dem Verteidiger, in: JW 1925, S. 901 ff.
- Berg, Günter/Knape, Michael/Kiworr, Ulrich, Allgemeines Polizei- und Ordnungsrecht für Berlin, Kommentar für Ausbildung und Praxis, 8. Aufl., Hilden/Rhld. 2000
- Berg, Wilfried, Das Hausrecht des Landgerichtspräsidenten – VGH München, BayVBl 1980, 723, in: JuS 1982, S. 260 ff.
- ders., Die öffentlich-rechtliche Anstalt, in: NJW 1985, S. 2294 ff.
- Berge, Herbert, Der Begriff des Hausrechts in § 123 St.G.B., Düsseldorf 1934
- Bernsmann, Klaus, Tatbestandsprobleme des Hausfriedensbruchs, in: Jura 1981, S. 337 ff., 403 ff., 465 ff.
- Bethge, Herbert, Das Hausrecht der öffentlichen Hand im Dilemma zwischen öffentlichem Recht und Privatrecht, in: Die Verwaltung 1977, S. 313 ff.
- Bettermann, Karl August, Anmerkung zu BVerwGE 35, 103, in: DVBl. 1971, S. 112 ff.
- Beyer, Klaus, Die Entfernung von störenden Zuhörern aus dem Gerichtssaal, in: DRiZ 1972, S. 284 f.
- Binding, Karl, Die Normen und ihre Übertretung, Erster Band, 4. Aufl., Leipzig 1922
- ders., Lehrbuch des Gemeinen Deutschen Strafrechts, Besonderer Teil, Erster Band, 2. Aufl., Leipzig 1902
- Bleckmann, Albert, Staatsrecht II – Die Grundrechte, 4. Aufl., Köln, Berlin u.a. 1997
- Blei, Hermann, Strafrecht II, Besonderer Teil, 12. Aufl., München 1983
- Bockelmann, Paul, Strafrecht, Besonderer Teil/3, München 1980
- Bodendorf, Tilo, Der Hausfriedensbruch, Sein Rechtsgut und Tatbestand in neuerer Entwicklung, Heidelberg 1970
- Böhmer, Karl-Hans, Ungebühr vor Gericht, Göttingen 1977
- Bohnert, Joachim, Die Willensbarriere als Tatbestandsmerkmal des Hausfriedensbruchs, in: GA 1983, S. 1 ff.

– Bonner Kommentar zum Grundgesetz, hrsg. von Rudolf Dotzer, Heidelberg, Stand 93. Lfg. Dezember 1999
– Brehm, Robert, Benutzungsregelungen gemeindlicher öffentlicher Einrichtungen, Frankfurt/Main 1974
– Breuer, Rüdiger, Die öffentlichrechtliche Anstalt, in: VVDStRL 44 (1986), S. 211 ff.
– Bull, Hans Peter, Allgemeines Verwaltungsrecht, 5. Aufl., Heidelberg 1997
– Bumke, Christian, Der Grundrechtsvorbehalt, Baden-Baden 1998
– Chen, Ai-er, Öffentlich-rechtliche Anstalten und ihre Nutzung, Baden-Baden 1994
– Christ, Egon, Die Verwaltung zwischen öffentlichem und privatem Recht, Frankfurt/Main, Bern u.a. 1984
– Coupienne, Heinrich, Der Einfluß des Zivilrechts auf das Delikt des Hausfriedensbruchs, Heidelberg 1926
– v. Danwitz, Thomas, Die Benutzung kommunaler öffentlicher Einrichtungen – Rechtsformenwahl und gerichtliche Kontrolle, in: JuS 1995, S. 1 ff.
– ders., Zur Funktion und Bedeutung der Rechtsverhältnislehre, in: Die Verwaltung 1997, S. 339 ff.
– Dingeldey, Thomas, Anmerkung zu BGH NJW 1982, 189 in: NStZ 1982, S. 160 f.
– Dreier, Horst, Grundgesetz, Kommentar,
  – Band I, Tübingen 1996
  – Band II, Tübingen 1998
– Drews, Bill/Wacke, Gerhard/Vogel, Klaus/Martens, Wolfgang, Gefahrenabwehr, 9. Aufl., Köln, Berlin u.a. 1986
– Dürig, Günter, Der öffentliche Dienst im Staat der Gegenwart (Diskussionsbeitrag), in: VVDStRL 37 (1979), S. 321 f.
– Ehlers, Dirk, Gesetzesvorbehalt und Hausrecht der Verwaltungsbehörden, in: DÖV 1977, S. 737 ff.
– ders., Verwaltung in Privatrechtsform, Berlin 1984
– ders., Das öffentliche Sachenrecht – ein Trümmerhaufen, in: NWVBl. 1993, S. 327 ff.
– Engelhardt, Hanns/App, Michael, Verwaltungs-Vollstreckungsgesetz, Verwaltungszustellungsgesetz, Kommentar, 4. Aufl., München 1996
– Engeln, Wilbert, Das Hausrecht und die Berechtigung zu seiner Ausübung, Berlin 1989
– Engels, Dieter, Hausbesetzung ist kein Hausfriedensbruch, in: DuR 1981, S. 293 ff.
– Erbguth, Wilfried, Die nordrhein-westfälische Braunkohlenplanung und der Parlamentsvorbehalt, in: Verwaltungsarchiv 86 (1995), S. 327 ff.

- Erichsen, Hans-Uwe, Besonderes Gewaltverhältnis und Sonderverordnung, in: Fortschritte des Verwaltungsrechts, Festschrift für Hans J. Wolff zum 75. Geburtstag, München 1973, S. 219 ff.
- ders., Schule und Parlamentsvorbehalt, in: Festschrift zum 125jährigen Bestehen der Juristischen Gesellschaft in Berlin, Berlin, New York 1984, S. 113 f.
- ders., Anmerkung zu BVerwG DVBl. 1986, 1202, in: DVBl. 1986, S. 1203 f.
- ders., (Hrsg.), Allgemeines Verwaltungsrecht,
  - 10. Aufl., Berlin, New York 1995
  - 11. Aufl., Berlin, New York 1999
- Eyermann, Erich/Fröhler, Ludwig, Verwaltungsgerichtsordnung, Kommentar, 10. Aufl., München 1998
- Fleiner, Fritz, Institutionen des Deutschen Verwaltungsrechts, 8. Aufl., Tübingen 1928 (Neudruck Aalen 1960)
- Folz, Hans-Ernst, Polizeiliche Zuständigkeit und kollidierende Kompetenzen anderer Hoheitsträger, in: JuS 1965, S. 41 ff.
- Forsthoff, Ernst, Lehrbuch des Verwaltungsrechts, Erster Band, Allgemeiner Teil, 10. Aufl., München 1973
- Foth, Eberhard, Anmerkung zu BGH JR 1979, 261, in: JR 1979, S. 262 f.
- Freitag, Hans Otto, Gewohnheitsrecht und Rechtssystem, Berlin 1976
- Frühling, Walter, Das Hausrecht öffentlicher Einrichtungen, Göttingen 1963
- Fürst, Walther/Mühl, Otto/Arndt, Horst, Richtergesetz, Kommentar und ergänzende Vorschriften, Berlin 1992
- Funk, Winfried, Grenzen der Dienstaufsicht über Richter im Hinblick auf deren verfassungsrechtlich geschützte Unabhängigkeit, in: DRiZ 1978, S. 357 ff.
- Fuß, Ernst-Werner, Personale Kontaktverhältnisse zwischen Verwaltung und Bürger, in: DÖV 1972, S. 765 ff.
- Gassmann, Jürgen, Hausfriedensbruch von Testkäufern, in: MDR 1964, S. 374 ff.
- Gassner, Ulrich M., Parlamentsvorbehalt und Bestimmtheitsgrundsatz, in: DÖV 1996, S. 18 ff.
- Gebhard, Hugo, Polizeipflichtigkeit der Hoheitsträger, in: DÖV 1986, S. 545 ff.
- Geppert, Klaus, Jura-Kartei 1982, StGB § 123/3
- ders., Zu einigen immer wiederkehrenden Streitfragen im Rahmen des Hausfriedensbruches (§ 123 StGB), in: Jura 1989, S. 378 ff.
- ders., Jura-Kartei 1995, GVG § 169/1
- Gerhards, Wolfgang, Die Strafbarkeit des Ungehorsams gegen Verwaltungsakte, in: NJW 1978, S. 86 ff.

– Gerhardt, Michael, Anmerkung zu BayVGH NJW 1980, 2722, in: BayVBl. 1980, S. 724 f.
– Gmelch, Horst, "Ungebühr vor Gericht" – zur Notwendigkeit einer Reform, München 1975
– Gössel, Karl Heinz, Strafrecht – Besonderer Teil, Band 1, Heidelberg 1987
– Götz, Volkmar, Allgemeines Polizei- und Ordnungsrecht, 12. Aufl., Göttingen 1995
– ders./Klein, Hans Hugo/Starck, Christian, Die öffentliche Verwaltung zwischen Gestzgebung und richterlicher Kontrolle, Göttinger Symposium, München 1985
– Greifeld, Andreas, Öffentliche Sachherrschaft und Polizeimonopol, in: DÖV 1981, S. 906 ff.
– Greiser, Peter, Störungen und Sabotageversuche in der Hauptverhandlung, in: JA 1983, S. 429 ff.
– ders./Artkämper, Heiko, Die "gestörte" Hauptverhandlung – Eine praxisorientierte Fallübersicht –, 2. Aufl., Bielefeld 1997
– Gröschner, Rolf, Vom Nutzen des Verwaltungsrechtsverhältnisses, in: Die Verwaltung 1997, S. 301 ff.
– Gündisch, Jürgen/Dany, Peter, Rundfunkberichterstattung aus Gerichtsverhandlungen, in: NJW 1999, S. 256 ff.
– Gusy, Christoph, Die Bindung privatrechtlichen Verwaltungshandelns an das öffentliche Recht, in: DÖV 1984, S. 872 ff.
– Haak, Dieter, Das Hausrecht an Behördengebäuden, in: DVBl. 1968, S. 134 ff.
– Häberle, Peter, Das Verwaltungsrechtverhältnis – eine Problemskizze, in: ders., Die Verfassung des Pluralismus, Königstein/Ts. 1980, S. 248 ff.
– Haft, Fritjof, Strafrecht, Besonderer Teil, 7. Aufl., München 1998
– Hamann, Andreas, Grundgesetz und Strafgesetzgebung, Neuwied, Berlin 1963
– Hanack, Ernst-Walter, Hausfriedensbruch durch Testkäufer – LG Frankfurt, NJW 1963, 1022, in: JuS 1964, S. 352 ff.
– Handbuch des Staatsrechts der Bundesrepublik Deutschland, hrsg. von Josef Isensee und Paul Kirchhof,
  – Band II, Demokratische Willensbildung – Die Staatsorgane des Bundes, Heidelberg 1987
  – Band III, Das Handeln des Staates, 2. Aufl., Heidelberg 1996
  – Band V, Allgemeine Grundrechtslehren, Heidelberg 1992
  – Band VI, Freiheitsrechte, Heidelberg 1989
– Hardinghaus, Herbert, Öffentliche Sachherrschaft und öffentliche Sachverwaltung, Berlin 1966
– Heinrich, Bernd, Der Umfang der Ausübung des Hausrechts in einer Wohnung bei mehreren Berechtigten im Rahmen des § 123 StGB, in: JR 1997, S. 89 ff.

– Helle, Ernst, Anmerkung zu LG Frankfurt/Main NJW 1963, 1022, in: NJW 1963, S. 1022 ff.
– Hermes, Reinhard, Der Bereich des Parlamentsgesetzes, Berlin 1988
– Herzberg, Rolf Dietrich, Eigenhändige Delikte, in: ZStW 82 (1970), S. 896 ff.
– ders./Hardtung, Bernhard, Irrtümer eines Hotelgastes – Ein Bericht über eine strafrechtliche Hausarbeit, in: JuS 1994, S. 492 ff.
– Hesse, Konrad, Grundzüge des Verfassungsrechts der Bundesrepublik Deutschland, 20. Aufl., Heidelberg 1995
– Hesselberger, Heinrich, Der Hausfrieden und seine Verletzung bei Miet- und privatrechtlichen Dienstverhältnissen, Erlangen 1931
– Heydemann, Christoph, Die Durchsetzbarkeit von Verhaltensbindungen im Recht der begünstigenden Verwaltung, Berlin 1995
– Hill, Hermann, Rechtsverhältnisse in der Leistungsverwaltung, in: NJW 1986, S. 2602 ff.
– Hirsch, Hans Joachim, Literaturbericht, Strafrecht – Besonderer Teil (I. Teil), in: ZStW 88 (1976), S. 752 ff.
– Hofmann, Hans, Sitzungspolizei im Strafprozeß, Frnakfurt/Main 1971
– Honig, Richard Martin, Die Einwilligung des Verletzten, Teil I, Mannheim, Berlin u.a. 1919
– Hübel, Jörg, Anmerkung zu BVerfG NJW 1998, 296, in: StV 1998, S. 243 ff.
– Huff, Martin W., Fernsehöffentlichkeit im Gerichtsverfahren – Kippt das BVerfG § 169 S. 2 GVG?, in: NJW 1996, S. 571 ff.
– Ipsen, Jörn/Koch, Thorsten, Öffentliches und privates Recht – Abgrenzungsprobleme bei der Benutzung öffentlicher Einrichtungen, in: JuS 1992, S. 809 ff.
– Jäger, Herbert, Strafgesetzgebung und Rechtsgüterschutz bei Sittlichkeitsdelikten, Stuttgart 1957
– Jäger, J., Der Hausfriedensbruch. §§ 123 & 124 R.STR.G.B., Tübingen 1885
– Jahn, Matthias, Sitzungspolizei contra "Konfliktverteidigung"?, in: NStZ 1998, S. 389 ff.
– Jakobs, Günther, Strafrecht, Allgemeiner Teil, 2. Aufl., Berlin, New York 1991
– Janiszewski, Udo, Eindringen durch Unterlassen?, in: JA 1985, S. 570 ff.
– Jankowski, Klaus, Der Ortstermin im Zivilprozeßrecht und der Eingriff in die Unverletzlichkeit der Wohnung, in: NJW 1997, S. 3347 ff.
– Jarass, Hans D./Pieroth, Bodo, Grundgesetz für die Bundesrepublik Deutschland, Kommentar, 5. Aufl., München 2000
– Jauer, Paul, Der Hausfrieden und seine besondere Berücksichtigung im geltenden Schuldrecht, Erlangen 1931
– Jecht, Hans, Die Öffentliche Anstalt, Berlin 1963

– Jellinek, Walter, Verwaltungsrecht, 3. Aufl., Berlin 1931 (Neudruck Bad Homburg v. d. H., Berlin u.a. 1966)
– Jesch, Dietrich, Gesetz und Verwaltung, 2. Aufl., Tübingen 1968
– Jescheck, Hans-Heinrich/Weigend, Thomas, Lehrbuch des Strafrechts, Allgemeiner Teil, 5. Aufl., Berlin 1996
– John, Richard Eduard, Die Verbrechen gegen den Staat, in: Handbuch des deutschen Strafrechts, hrsg. von Fr. v. Hotzendorff, Dritter Band, Berlin 1874
– Kageler, Herwig, Die gemeinsame und beschränkte zivilrechtliche Inhaberschaft des Hausrechts unter besonderer Berücksichtigung der Bestimmung des Rechtsguts des § 123 StGB, Hamburg 1974
– Kareklas, Stephanos Emm., "Eindringen" durch Unterlassen: Die dogmatische Begründung der Rechtsfigur bei § 123 StGB und ihre Fallkonstellationen, in: Festschrift für Theodor Lenckner zum 70. Geburtstag, München 1998, S. 459 ff.
– Kargl, Walter, Rechtsgüter und Tatobjekte der Strafbestimmung gegen Hausfriedensbruch, in: JZ 1999, S. 930 ff.
– Karlsruher Kommentar zur Strafprozeßordnung, 4. Aufl., München 1999
– Karpen, Hans-Ulrich, Polizei und Ordnungsgewalt in der Universität, in: WissR 1972, S. 195 ff.
– Katholnigg, Oskar, Strafgerichtsverfassungsrecht, Kommentar, 3. Aufl., Köln, Berlin u.a. 1999
– Keller, Robert, Vorvertragliche Schuldverhältnisse im Verwaltungsrecht, Berlin 1997
– Kirchhof, Ferdinand, Haushaltssanierung durch "sale and lease back" von Verwaltungsgebäuden?, in: DÖV 1999, S. 242 ff.
– Kissel, Otto Rudolf, Gerichtsverfassungsgesetz, Kommentar, 2. Aufl., München 1994
– Klein, Norbert, Grundrechte und Wesensgehalt im besonderen Gewaltverhältnis, in: DVBl. 1987, S. 1102 ff.
– Kleinknecht, Theodor/Meyer-Goßner, Lutz, Strafprozeßordnung, 44. Aufl., München 1999
– Kloepfer, Michael, Der Vorbehalt des Gesetzes im Wandel, in: JZ 1984, S. 685 ff.
– Knemeyer, Franz-Ludwig, Öffentlich-rechtliches Hausrecht und Ordnungsgewalt, in: DÖV 1970, S. 596 ff.
– ders., Janusköpfiges Hausrecht?, in: DÖV 1972, S. 303 f.
– ders., Öffentlich-rechtliches Hausrecht der Deutschen Bundesbahn, in: BayVBl. 1977, S. 206 ff.
– ders., Anmerkung zur Anmerkung von Michael *Gerhardt* zum Hausrechtsurteil des BayVGH in BayVBl. 1980, 724 ff., in: BayVBl. 1981, S. 152

– ders., Das Hausrecht der öffentlichen Verwaltung, in: VBlBW 1982, S. 249 ff.
– ders., Polizei- und Ordnungsrecht, 7. Aufl., München 1998
– Knoke, Thomas, Betriebliche Ordungsgewalt in Räumlichkeiten des Verwaltungsvermögens, in: AöR 94 (1969), S. 388 ff.
– Köhler, Gerd Michael, Die Polizeigewalt des Parlamentspräsidenten im deutschen Staatsrecht, in: DVBl. 1992, S. 1577 ff.
– Kölble, Josef, Zur Lehre von den – stillschweigend – zugelassenen Verwaltungszuständigkeiten des Bundes, in: DÖV 1963, S. 660 ff.
– Koenig, Kurt, Kann ein behördliches Hausverbot angefochten werden?, in: BayVBl. 1964, S. 14
– Köttgen, Arnold, Verwaltungsrecht der öffentlichen Anstalt, in: VVDStRL 6 (1929), S. 105 ff.
– Kopp, Ferdinand O./Schenke, Wolf-Rüdiger, Verwaltungsgerichtsordnung, 11. Aufl., München 1998
– Kortgen, Norbert, Probleme des Gewohnheitsrechts, Frankfurt/Main, Berlin u.a. 1993
– Kortmann, Klaus Jürgen, Muß das Hausverbot einer Verwaltungsbehörde befristet sein?, in: DVBl. 1972, S. 772 ff.
– Kortz, Helge, Ausschluß der Fernsehöffentlichkeit im Gerichtsverfahren, in: AfP 1997, S. 443 ff.
– Krebs, Walter, Die öffentlichrechtliche Anstalt, in: NVwZ 1985, S. 609 ff.
– Krehl, Christoph, Anmerkung zu BGH NStZ 1992, 290, in: NStZ 1992, S. 598 f.
– Krekeler, Wilhelm, Durchsuchung des Verteidigers beim Betreten des Gerichtsgebäudes, in: NJW 1979, S. 185 ff.
– Krey, Volker, Parallelitäten und Divergenzen zwischen strafrechtlichem und öffentlichrechtlichem Gesetzesvorbehalt, in: Festschrift für Günter Blau zum 70. Geburtstag am 18. Dezember 1985, Berlin, New York 1985, S. 123 ff.
– ders., Strafverfahrensrecht, Studienbuch, Bd. II, Stuttgart, Berlin u.a. 1990
– ders., Strafrecht, Besonderer Teil, Band 1, Besonderer Teil ohne Vermögensdelikte, 11. Aufl., Stuttgart, Berlin u.a. 1998
– Kromer, Michael, Sachenrecht des Öffentlichen Rechts, Berlin 1985
– Kuhl, Thomas, Der Kernbereich der Exekutive, Baden-Baden 1993
– Lackner, Karl/Kühl, Kristian, Strafgesetzbuch mit Erläuterungen, 23. Aufl., München 1999
– Lagodny, Otto, Strafrecht vor den Schranken der Grundrechte, Tübingen 1996
– Lange, Klaus, Die öffentlichrechtliche Anstalt, in: VVDStRL 44 (1986), S: 169 ff.
– Larenz, Karl/Wolf, Manfred, Allgemeiner Teil des Bürgerlichen Rechts, 8. Aufl., München 1997

- ders./Canaris, Claus-Wilhelm, Methodenlehre der Rechtswissenschaft, 3. Aufl., Berlin, Heidelberg u.a. 1995
- Leinius, Robert, Zum Verhältnis von Sitzungspolizei, Hausrecht, Polizeigewalt, Amts- und Vollzugshilfe, in: NJW 1973, S. 448 f.
- Leiser, Walter L., Das Hausrecht und sein Schutz im öffentlichen Recht, Greifswald 1916
- Leipziger Kommentar, Strafgesetzbuch, Großkommentar,
  - 10. Aufl., Vierter Band, §§ 80 bis 184 c, Berlin, New York 1988
  - 11. Aufl, Berlin, New York 1992 ff.
- Leuze, Dieter, Gesetz über die Universitäten des Landes Nordrhein-Westfalen, Kommentar, Bielefeld, Stand 14. Lfg. Dezember 1998
- v. Leveling, Heinrich, Der Rechtsschutz gegen die Anstaltsgewalt, München 1962
- Lisken, Hans/Denninger, Erhard, Handbuch des Polizeirechts, 2. Aufl., München 1996
- v. Liszt, Franz, Lehrbuch des Deutschen Strafrechts, 6. Aufl., Berlin 1894
- ders./Schmidt, Eberhard, Lehrbuch des Deutschen Strafrechts, 25. Aufl., Berlin und Leipzig 1927
- Löwe, Ewald/Rosenberg, Werner, Die Strafprozeßordnung und das Gerichtsverfassungsgesetz, Großkommentar, 24. Aufl.,
  - Erster Band, Berlin, New York 1988
  - Sechster Band, 1. Teilband, Berlin, New York 1996
- Löwer, Wolfgang, Die öffentliche Anstalt, in: DVBl. 1985, S. 928 ff.
- Löwisch, Manfred/Rieble, Volker, Besitzwehr zur Durchsetzung eines Hausverbots, in: NJW 1994, S. 2596
- Lorenz, Dieter, Die Folgepflicht gegenüber rechtswidrigen Verwaltungsakten und die Strafbarkeit des Ungehorsams, in: DVBl. 1971, S. 165 ff.
- Loschelder, Wolfgang, Vom besonderen Gewaltverhältnis zur öffentlich-rechtlichen Sonderbindung, Köln, Berlin u.a. 1982
- Ludwig, Ingo/Lange, Jerome, Mutmaßliche Einwilligung und willensbezogene Delikte – Gibt es ein mutmaßliches Einverständnis?, in: JuS 2000, S. 446 ff.
- Luthe, Ernst-Wilhelm, Besonderes Gewaltverhältnis und "Sachstrukturen", in: DVBl. 1986, S. 440 ff.
- ders., Das besondere Gewaltverhältnis – Selbstregulationsmodell des öffentlichen Rechts, Frankfurt/Main, Bern u.a. 1989
- Maetzel, Wolf Bogumil, Anmerkung zu BVerfGE 33, 1, in: DÖV 1972, S. 563
- Malmendier, Bertrand, "Konfliktverteidigung" – ein neues Prozeßhindernis?, in: NJW 1997, S. 227 ff.

– v. Mangoldt, Hermann/Klein, Friedrich/Achterberg, Norbert/Schulte, Martin, Das Bonner Grundgesetz, Kommentar, Band 6: Artikel 38 bis Artikel 49, 3. Aufl., München 1991
– Marx, Michael, Zur Definition des Begriffs "Rechtsgut", Köln, Berlin u.a. 1972
– Marxen, Klaus, Tonaufnahmen während der Hauptverhandlung für Zwecke der Verteidigung, in: NJW 1977, S. 2188 ff.
– Maul, Heinrich, Bild- und Rundfunkberichterstattung im Strafverfahren, in: MDR 1970, S. 286 ff.
– Maunz, Theodor/Dürig, Günter, Grundgesetz, Kommentar, Stand 36. Lfg., München Oktober 1999
– Maurach, Reinhart/Zipf, Heinz, Strafrecht, Allgemeiner Teil, Teilband 1, 8. Aufl., Heidelberg 1992
– Maurach, Reinhart/Schroeder, Friedrich-Christian/Maiwald, Manfred, Strafrecht, Besonderer Teil, Teilband 1, 8. Aufl., Heidelberg 1995
– Maurer, Hartmut, Allgemeines Verwaltungsrecht, 12. Aufl., München 1999
– Mayer, Otto, Die juristische Person und ihre Verwertbarkeit im öffentlichen Recht, in: Festgabe für Paul Laband zum 50. Jahrestage der Doktor-Promotion, 1. Band., Tübingen 1908, S. 1 ff.
– ders., Deutsches Verwaltungsrecht, 3. Aufl., Berlin 1924 (Nachdruck Berlin 1961)
– Merten, Detlef (Hrsg.), Das besondere Gewaltverhältnis, Berlin 1985
– Mitsch, Wolfgang, Strafbare Überlistung eines Geldspielautomaten – OLG Celle, NJW 1997, 1518, in: JuS 1998, S. 307 ff.
– Mößner, August, Der Hausfriedensbruch in rechtsvergleichender Darstellung, Tübingen 1914
– Müller, Hellmut, Die ungeschriebenen (ungesetzten) Rechtsquellen der Verwaltung im Lichte des Grundgesetzes, Würzburg 1970
– Müller, Paul, Zwangsweise Entfernung eines Rechtsanwalts aus dem Sitzungszimmer, in: NJW 1979, S. 22 f.
– v. Münch, Ingo/Kunig, Philip, Grundgesetz-Kommentar,
  – Bd. 1, Art. 1 bis Art. 19, 4. Aufl., München 1992
  – Bd. 2, Art. 21 bis Art. 69, 3. Aufl., München 1995
  – Bd. 3, Art. 70 bis Art. 146, 3. Aufl., München 1996
– Münchener Kommentar zur Zivilprozeßordnung,
  – Bd. 1, §§ 1-354, München 1992
  – Bd. 3, §§ 803-1048, EGZPO, GVG, EGGVG, München 1992
– v. Mutius, Albert/Ruge, Kay, Rechtsgrundlagen und Grenzen des Rederechts der Rechtsaufsicht in Sitzungen kommunaler Vertretungskörperschaften, in: LKV 1998, S. 377 ff.
– Nafpliotis, Georg, Die Anstaltsgewalt und ihre Grenzen, Marburg 1967
– Nierwetberg, Rüdiger, Strafanzeige durch das Gericht, in: NJW 1996, S. 432 ff.

– Nölting, Wilhelm, Der Hausfriedensbruch, Göttingen 1934
– Nomos-Kommentar zur Verwaltungsgerichtsordnung, Stand 2. Ergänzungslfg., Baden-Baden November 1999
– Oehler, D., Anmerkung zu OLG Hamburg NJW 1980, 1007, in: JR 1981, S. 33 f.
– Osenbrüggen, Eduard, Der Hausfrieden – Ein Beitrag zur Deutschen Rechtsgeschichte, Erlangen 1857 (Neudruck Aalen 1968)
– Ostendorf, Heribert, Die strafrechtliche Rechtmäßigkeit rechtswidrigen hoheitlichen Handelns, in: JZ 1981, S. 165 ff.
– Otto, Harro, Anmerkung zu OLG München NJW 1972, 2275, in: NJW 1973, S. 668
– ders., Besprechung von *Schall*, H., Die Schutzfunktionen der Strafbestimmung gegen den Hausfriedensbruch, in: JR 1978, S. 220
– ders., Grundkurs Strafrecht, Die einzelnen Delikte, 5. Aufl., Berlin, New York 1998
– Palandt, Otto, Bürgerliches Gesetzbuch, 59. Aufl., München 2000
– Papier, Hans-Jürgen, Richterliche Unabhängigkeit und Dienstaufsicht, in: NJW 1990, S. 8 ff.
– ders., Recht der öffentlichen Sachen, 3. Aufl., Berlin, New York 1998
– Pappermann, Ernst/Löhr, Rolf-Peter/Andriske, Wolfgang, Recht der öffentlichen Sachen, München 1987
– Pardey, Karl-Dieter, Versachlichung durch erzwungene Achtungsbezeugungen?, in: DRiZ 1990, S. 132 ff.
– Pestalozza, Christian, "Formenmißbrauch" des Staates, München 1973
– Pfeiffer, Gerd, Strafprozeßordnung und Gerichtsverfassungsgesetz, 2. Aufl., München 1999
– Piorreck, Karl Friedrich, Politische Einflußnahme auf die Justiz im demokratischen Rechtsstaat, in: DRiZ 1993, S. 109 ff.
– Plate, Jürgen, Wird das "Tribunal" zur "Szene"?, in: NStZ 1999, 391 ff.
– Ranft, Otfried, Verfahrensöffentlichkeit und "Medienöffentlichkeit" im Strafprozeß, in: Jura 1995, S. 573 ff.
– Rauch, Elmar, Geltung und Ausübung der Freiheitsgrundrechte im öffentlich-rechtlichen Anstaltsbenutzungsverhältnis, Münster 1962
– Rehbinder, Manfred, Das Ordnungsstrafverfahren wegen Ungebühr vor Gericht, in: MDR 1963, S. 640 ff.
– Reich, Andreas, Hochschulrahmengesetz, Kommentar, 6. Aufl., Bad Honnef 1999
– Reinhart, Michael, Das Bundesverfassungsgericht wechselt die Pferde: Der strafrechtliche Rechtmäßigkeitsbegriff, in: StV 1995, S. 101 ff.
– ders., Abschied vom strafrechtlichen Rechtmäßigkeitsbegriff, in: NJW 1997, S. 911 ff.
– Renck, Ludwig, Anmerkung zu BayVGH BayVBl. 1986, 271, in: BayVBl. 1986, S. 273 f.

- Rengier, Rudolf, Strafrecht, Besonderer Teil II, 2. Aufl., München 1999
- Rieffenberg, Walter, Das Hausrecht, Greifswald 1915
- Riegel, Leonhard, Kommt dem besonderen Gewaltverhältnis im Vergleich zum allgemeinen Gewaltverhältnis noch eigenständige Bedeutung zu? – Eine verfassungsrechtliche Studie, München 1975
- Röhl, Hans Christian, Verwaltung und Privatrecht – Verwaltungsprivatrecht?, in: Verwaltungsarchiv 86 (1995), S. 531 ff.
- Ronellenfitsch, Michael, Das besondere Gewaltverhältnis – ein zu früh totgesagtes Rechtsinstitut, in: DÖV 1981, S. 933 ff.
- ders., Das Hausrecht der Behörden, in: Verwaltungsarchiv 73 (1982), S. 465 ff.
- ders., Das besondere Gewaltverhältnis im Verwaltungsrecht, in: DÖV 1984, S. 781 ff.
- Roth, Helmut, Die kommunalen öffentlichen Einrichtungen, Frankfurt/Main, Berlin u.a. 1998
- Roxin, Claus, Sinn und Grenzen staatlicher Strafe, in: JuS 1966, S. 377 ff.
- ders., Aktuelle Probleme der Öffentlichkeit im Strafverfahren, in: Einheit und Vielfalt des Strafrechts, Festschrift für Karl Peters zum 70. Geburtstag, Tübingen 1974, S. 393 ff.
- ders., Anmerkung zu OLG Karlsruhe NJW 1975, 2080, in: JR 1976, S. 385 ff.
- ders., Strafrecht, Allgemeiner Teil, Band I, 3. Aufl., München 1998
- Rudolf, Walter, Polizei gegen Hoheitsträger, Tübingen 1965
- Rudolph, Kurt, Gedanken zur richterlichen Unabhängigkeit, in: Festschrift für Hannskarl Salger, Köln, Berlin u.a. 1995, S. 743 ff.
- Rudolphi, Hans-Joachim, Die verschiedenen Aspekte des Rechtsgutsbegriffs, in: Festschrift für Richard M. Honig, Göttingen 1970, S. 151 ff.
- Rüfner, Wolfgang, Formen öffentlicher Verwaltung im Bereich der Wirtschaft, Berlin 1967
- ders., Die Nutzung öffentlicher Anstalten, in: Die Verwaltung 1984, S. 19 ff.
- ders., Zur Lehre von der öffentlichen Anstalt, in: DÖV 1985, S. 605 ff.
- Rühl, Ulli F. H., Grundfragen der Verwaltungsakzessorietät, in: JuS 1999, S. 521 ff.
- Rüping, Hinrich, Der Schutz der Gerichtsverhandlung – "Ungebühr" oder "betriebliche Ordnungsgewalt"?, in: ZZP 1975, S. 212 ff.
- Rupp, Hans-Heinrich, Die "Verwaltungsvorschriften" im grundgesetzlichen Normensystem, in: JuS 1975, S. 609 ff.
- Sachs, Michael, Die Pflicht zum Einsatz von Leben und Gesundheit in öffentlich-rechtlichen Dienstverhältnissen, in: BayVBl. 1983, S. 460 ff.
- ders. (Hrsg.), Grundgesetz, Kommentar, 2. Aufl., München 1999

– Sadler, Gerhard, Verwaltungs-Vollstreckungsgesetz, Kommentar anhand der Rechtsprechung, 3. Aufl., Heidelberg 1996
– Sarstedt, Werner, Anmerkung zu OLG Nürnberg JZ 1969, 150, in: JZ 1969, S. 152 f.
– Sax, Walter, Grundsätze der Strafrechtspflege, in: Bettermann, Karl August/Nipperdey, Hans Carl/Scheuner, Ulrich, Die Grundrechte, Dritter Band, 2. Halbband, Berlin 1959
– Schäfer, Christian, Benutzungsregelung gemeindlicher öffentlicher Einrichtungen auf der Grundlage des § 35 Satz 2 3. Alternative VwVfG, Frnakfurt/Main, Bern u.a. 1986
– Schall, Hero, Die Schutzfunktionen der Strafbestimmung gegen den Hausfriedensbruch. Ein Beispiel für die soziologisch fundierte Auslegung strafrechtlicher Tatbestände, Berlin 1974
– ders., Hausbesetzungen im Lichte der Auslegung des § 123 StGB, in: NStZ 1983, S. 241 ff.
– Schenke, Wolf-Rüdiger, Strafbarkeit der Zwiderhandlung gegen einen sofort vollziehbaren, nachträglich aufgehobenen strafbewehrten Verwaltungsakt?, in: JR 1970, S. 449 ff.
– ders., Rechtsprechungsübersicht zum Verwaltungsprozeß – Teil 1, in: JZ 1996, S. 998 ff.
– Scheuerle, Wilhelm, Tugendkonforme Auslegung (des § 176 GVG), in: Festschrift für Fritz Baur, Tübingen 1981, S. 595 ff.
– ders., Vierzehn Tugenden für vorsitzende Richter, Berlin 1983
– Schild, Wolfgang, "Eindringen" (§ 123 StGB) bei individuellem Betretungsverbot, in: NStZ 1986, S. 346 ff.
– Schilken, Eberhard, Gerichtsverfassungsrecht, 2. Aufl., Köln, Berlin u.a. 1994
– Schilling, Theodor, Rang und Geltung von Normen in gestuften Rechtsordnungen, Berlin 1994
– Schmidhäuser, Eberhard, Strafrecht, Allgemeiner Teil, 2. Aufl., Tübingen 1984
– ders., Strafrecht, Besonderer Teil, 2. Aufl., Tübingen 1983
– Schmidt, Detlef, Die Unterscheidung von privatem und öffentlichem Recht, Baden-Baden 1985
– Schmidt, Eberhard, Lehrkommentar zur Strafprozeßordnung und zum Gerichtsverfassungsgesetz, Teil III, Göttingen 1960
– Schmidt, Thomas, Öffentlichkeitsgrundsatz versus Hausrecht – BGH, NJW 1994, 2773, in: JuS 1995, S. 110 ff.
– Schmidt-Aßmann, Eberhard, (Hrsg.), Besonderes Verwaltungsrecht, 11. Aufl., Berlin, New York 1999
– Schmidt-Bleibtreu, Bruno/Klein, Franz, Kommentar zum Grundgesetz, 9. Aufl., Neuwied und Kriftel 1999

– Schmidt-Räntsch, Günther/Schmidt-Räntsch, Jürgen, Deutsches Richtergesetz, Richterwahlgesetz, Kommentar, 5. Aufl., München 1995
– Schmidt-Räntsch, Ruth, Dienstaufsicht über Richter, Bielefeld 1985
– Schmitt, Otto Helmut, Öffentlichkeit der Sitzung und Ausweiskontrolle, in: DRiZ 1971, S. 20 f.
– Schmitt, Ulrich, Das öffentliche Hausrecht, Münster 1965
– Schnapp, Friedrich E., Garzweiler II und die Wesentlichkeitstheorie, in: NWVBl. 1996, S. 415 ff.
– Schneider, Egon, Ungebühr vor Gericht, in: MDR 1975, S. 622 ff.
– Schoch, Friedrich/Schmidt-Aßmann, Eberhard/Pietzner, Rainer, Verwaltungsgerichtsordnung, Kommentar, Stand 4. Ergänzungslfg., München März 1999
– Schöch, Heinz, Entkriminalisierung, Entpönalisierung, Reduktionismus, in: Festschrift für Horst Schüler-Springorum, Köln, Berlin u.a. 1993, S. 245 ff.
– Schön, Reinhard, Besetzung leerstehender Häuser – Hausfriedensbruch?, in: NJW 1982, S. 1126 ff.
– ders., Hausfriedensbruch und Nötigung bei Hausbesetzungen?, in: NJW 1982, S. 2649 f.
– Schönke, Adolf/Schröder, Horst, Strafgesetzbuch, Kommentar, 25. Aufl., München 1997
– Scholz, Rupert, Zur Polizeipflicht von Hoheitsträgern, in: DVBl. 1968, S. 730 ff.
– ders., Anmerkung zu BVerfGE 91, 125, in: NStZ 1995, S. 42 f.
– Schrameyer, Erhard, Die Polizeipflichtigkeiten von Hoheitsträgern, Münster 1971
– Schroeder, Friedrich-Christian, Besprechung von Schall, Hero, Die Schutzfunktionen der Strafbestimmung gegen den Hausfriedensbruch, in: JZ 1977, S. 39
– Schröder, Horst, Anmerkung zu BGH JR 1967, 303, in: JR 1967, S. 304 ff.
– ders., Anmerkung zu BayObLG JR 1969, 466, in: JR 1969, S. 467 f.
– Schulte, Bernd H., (In-) Kompetenzen des Verwaltungsrichters bei der örtlichen Augenscheinseinnahme, in: NJW 1988, S. 1006 ff.
– Schur, Wolfgang, Anspruch, absolutes Recht und Rechtsverhältnis im öffentlichen Recht, entwickelt aus dem Zivilrecht, Berlin 1993
– Schwabe, J., Anmerkung zu OLG Karlsruhe JR 1980, 342, in: JR 1980, S. 344 f.
– Schwarz, Mathias, Fernsehöffentlichkeit im Gerichtsverfahren, in: AfP 1995, S. 353 ff.
– Schwind, Hans-Dieter, "Ungebührliches" Verhalten vor Gericht und Ordnungsstrafe, in: JR 1973, S. 133 ff.
– Seibert, Claus, Maßnahmen gegen Sitzungsstörer, in: NJW 1973, S. 127 f.

- Seier, Jürgen, Problemfälle des § 123 StGB, in: JA 1978, S. 622 ff.
- ders., "Instandbesetzung – Hausherrschaft", in: JA 1982, S. 233 ff.
- Sendler, Horst, Unabhängigkeit als Mythos?, in: NJW 1995, S. 2464 ff.
- Serwe, L. H., Schilderwald, in: Schs-Ztg 1994, S. 119 f.
- Sina, Peter, Die Dogmengeschichte des strafrechtlichen Begriffs "Rechtsgut", Basel 1962
- Soehring, Jörg, Presserecht, 2. Aufl., Stuttgart 1995
- v. Staudinger, Julius, Kommentar zum Bürgerlichen Gesetzbuch mit Einführungsgesetz und Nebengesetzen, Drittes Buch, Sachenrecht, 13. Aufl., Berlin 1995
- Steinbrenner, Sitzungspolizeiliche Fragen, insbesondere im Zusammenhang mit Strafverfahren gegen Demonstranten, in: Die Justiz 1968, S. 235 ff.
- Stelkens, Paul/Bonk, Heinz Joachim/Sachs, Michael, Verwaltungsverfahrensgesetz, Kommentar, 5. Aufl., München 1998
- Stern, Klaus, Das Staatsrecht der Bundesrepublik Deutschland,
  - Band II, München 1980
  - Band III/1, München 1988
  - Band III/2, München 1994
- Stober, Rolf, Zum Informationsanspruch der Presse gegenüber Gerichten, in: DRiZ 1980, S. 3 ff.
- Stoiber, Edmund, Der Hausfriedensbruch im Lichte aktueller Probleme, München 1971
- Stürner, Rolf, Privatrechtliche Gestaltungsformen bei der Verwaltung öffentlicher Sachen, Tübingen 1969
- ders., Anmerkung zu BVerwGE 35, 103, in: JZ 1971, S. 98 f.
- ders., Anmerkung zu BGHSt 24, 329, in: JZ 1972, S. 664 ff.
- ders., Anmerkung zu BayObLG JZ 1977, 311, in: JZ 1977, S. 312 f.
- ders., Anmerkung zu BVerfGE 91, 125, in: JZ 1995, S. 297 ff.
- Systematischer Kommentar zum Strafgesetzbuch, Band II, Besonderer Teil (§§ 80-358), 6. Aufl., Stand 48. Lfg. August 1999, Neuwied und Kriftel
- Tettinger, Peter J., Hausrecht und Ordnungsgewalt in der Hochschule, in: WissR 1983, S. 221 ff.
- Thiele, Willi, Abschied vom "besonderen Gewaltverhältnis"?, in: ZBR 1983, S. 345 ff.
- Thieme, Werner, Die besonderen Gewaltverhältnisse, in: DÖV 1956, S. 521 ff.
- Trabandt, Joachim, Der kriminalrechtliche Schutz des Hausfriedens in seiner geschichtlichen Entwicklung, Hamburg 1970
- Tröndle, Herbert/Fischer, Thomas, Strafgesetzbuch und Nebengesetze, 49. Aufl., München 1999

- Versteyl, Ludger-Anselm, Der Bundestagspräsident und die parlamentarische Disziplinargewalt, in: NJW 1983, S. 379 ff.
- Voitl, Alexander, Behördliche Warnkompetenzen im Bundesstaat, Baden-Baden 1994
- Vosniakou, Ekaterini, Beiträge zur Rechtsverhältnistheorie, Frankfurt/Main, Bern u.a. 1992
- Wagner, Heinz, Besprechung von Schall, Hero, Die Schutzfunktionen ..., in: GA 1976, S. 156 f.
- Wallerath, Maximilian, Allgemeines Verwaltungsrecht, 4. Aufl., Siegburg 1992
- Wassermann, Rudolf, Die richterliche Gewalt, Heidelberg 1985
- Weber, Claus, Grundgesetz und formeller Rechtmäßigkeitsbegriff – BVerfGE 92, 191, in: JuS 1997, S. 1080 ff.
- Weber, Martina, Hausbesetzung als strafbarer Hausfriedensbruch?, Frankfurt/Main, Bern u.a. 1991
- Weber, Werner, Das besondere Gewaltverhältnis (Diskussionsbeitrag), in: VVDStRL 15 (1957), S: 186 ff.
- ders., Die Öffentliche Sache, in: VVDStRL 21 (1964), S. 145 ff.
- Welzel, Hans, Das Deutsche Strafrecht, 11. Aufl., Berlin 1969
- Wenzel, Karl Egbert, Das Recht der Wort- und Bildberichterstattung, 4. Aufl., Köln 1994
- Wessels, Johannes/Hettinger, Michael, Strafrecht, Besonderer Teil/1, 22. Aufl., Heidelberg 1999
- Wieczorek, Bernhard/Schütze, Rolf A., Zivilprozeßordnung und Nebengesetze, Großkommentar, 3. Aufl., Fünfter Band, Berlin, New York 1995
- Willms, Günther, Sitzungspolizei und Öffentlichkeit der Verhandlung, in: JZ 1972, S. 653 f.
- Winter, Manfred, Zum Zweck der Ordnungsmittel, in: NStZ 1990, S. 373 f.
- Witthohn, Hauke, Gewohnheitsrecht als Eingriffsermächtigung, Baden-Baden 1997
- Wolf, Manfred, Anmerkung zu BGHZ 67, 184, in: NJW 1977, S. 1063 f.
- ders., Gerichtsverfassungsrecht aller Verfahrenszweige, 6. Aufl., München 1987
- Wolff, Hans J./Bachof, Otto/Stober, Rolf,
  - Verwaltungsrecht I, 10. Aufl., München 1994
  - Verwaltungsrecht Band 1, 11. Aufl., München 1999
  - Verwaltungsrecht II, 5. Aufl., München 1987
- Zeiler, Horst, Das Hausrecht an Verwaltungsgebäuden, in: DVBl. 1981, S. 1000 ff.
- Zöller, Richard, Zivilprozeßordnung, 21. Aufl., Köln 1999
- Zuleeg, Manfred, Die Anwendungsbereiche des öffentlichen Rechts und des Privatrechts, in: Verwaltungsarchiv 73 (1982), S. 384 ff.

Kolibri 360 GmbH
Ferdinand-Jühlke-Straße 7
99095 Erfurt, Deutschland
produktsicherheit@kolibri360.de

Druck:
CPI Druckdienstleistungen GmbH
im Auftrag der
Kolibri 360 GmbH
Ferdinand-Jühlke-Str. 7
99095 Erfurt